PATAÑJALIS
YOGA-SUTRA

Wovon handelt das *Yoga-Sutra*?

Vor Kurzem fragte jemand auf GuteFrage.com: »Wie finde ich heraus, wonach ich suche? Ich bin auf der Suche nach irgendetwas, weiß aber nicht wonach. Wisst ihr, wie ich herausfinden kann, wonach ich suche? Nicht materiell, sondern spirituell.«

Meine Antwort: »Wahrscheinlich suchst du nach deinem wahren Selbst und nach dem Grund, warum du auf der Erde bist. Eine Antwort auf solche Fragen findest du in Kurzform in den Yoga-Sutras des Patañjali. Das sind 195 kurze Sätze über die Grundfragen menschlicher Existenz:

Was macht unser Geist?
Warum leiden wir?
Wie beseitigen wir Leiden?
Was ist Unwissenheit?
Wie erlangen wir Wissen?
Wie finden wir unsere persönliche Berufung?
Wie können wir glücklich und erfüllt leben?

Die Antwort des Yoga in einem Satz: Wir sind erst dann wahrhaft glücklich und erfüllt, wenn wir unser Selbst gefunden haben und unsere individuelle Seele wieder mit ihrem Ursprung, mit *Atma*, dem kosmischen Selbst, verschmilzt. Die Technik dazu besteht darin, den Geist zur Ruhe zu bringen und durch Meditation Samadhi zu erfahren.«

Die Lektüre ist für frisch gebackene ebenso wie für „altgediente" Yogis jeglicher Couleur und Schule eine große Bereicherung. Denn man spürt, dass hier nicht theoretisiert wird, sondern der Autor aus jahrzehntelanger spiritueller Praxis und Erfahrung schöpft. – Dr. Jens Petersen

Die Sutras möglichst wörtlich zu übersetzen und dann ganz persönliche Erfahrungen dazu wiederzugeben, scheint mir viel ehrlicher und authentischer, als noch irgendeine theoretische Interpretation! – Dr. med. Lothar Hahn

Empfehlenswert für alle, die Orientierung in ihrem Leben oder weitere Klarheit zu ihrer Yoga-Praxis suchen, angereichert durch die authentischen Erfahrungsberichte des Verfassers – sehr inspirierend. – Michael Floymayr

PATAÑJALIS YOGA-SUTRA

Yogakraft durch Samadhi & Sidhis

Im Lichte von Maharishis Vedischer Wissenschaft und Technologie
aus dem Sanskrit neu übersetzt und mit Erfahrungsberichten kommentiert
von Jan Müller, BSCI (MERU), MTHP

Alfa-Veda

Stendaler Str. 25 B, 39646 Oebisfelde, Germany
www.alfa-v eda.com
alfa-veda@email.de

Lektorat: Marret Hansen
Satz und Illustrationen: Jan Müller
Umschlaggrafik: Natalia Aninata
Kapitelgrafiken: Natalia Aninata, Katya Ulitina und Alex Illi
Druck: Libri Plureos GmbH, Friedensallee 273, 22763 Hamburg
alfa-veda.com

Paperback ISBN: 978-3-945004-27-2
Hardcover ISBN: 978-3-945004-28-9

Inhalt

Erfahrungen und Kommentare

Erster Schritt *Samādhi*: ruhevolle Wachheit

Dritter Schritt *Vibhūti*: Yogakräfte

Ein Augenblick
voll stillem Glück –
das kostbarste im Leben.
Der Augenblick
kehrt nie zurück,
nur das, was er bewirkt.

Ein Augenblick
voll stillem Glück
kann uns das Höchste geben,
führt leise uns
zum Selbst zurück,
wo alles Glück sich birgt.[*1]

Widmung

In tiefer Dankbarkeit gewidmet der Vedischen Tradition der Meister, die das Wissen eines erfüllten Lebens durch *Yoga* bis in unsere Zeit überliefert haben, und meinem Meister Maharishi Mahesh Yogi, dem ich just in dem Augenblick begegnete, als ich auf die schiefe Bahn abzugleiten drohte. Durch die Begegnung mit dem Meister wendete sich mein Schicksal, und ich konnte immer tiefere Einblicke und Erfahrungen auf dem Weg des *Yoga* gewinnen. In der Wochenzeitschrift INDIA TODAY vom 16. 9. 2017 schrieb der Gründer des American Institute of Vedic Studies, Vedacharya Dr. David Frawley:

> „*Maharishi Mahesh Yogi war vermutlich der einflussreichste Yoga-Meister aus Indien in den letzten 50 Jahren, mit Millionen von Anhängern in allen Teilen der Welt. Seine auf Meditation beruhenden Lehren hatten einen enormen Einfluss, nicht zuletzt auf einige der am höchsten gebildeten, wohlhabendsten und eloquentesten Geister in Ost und West. Er hatte einen starken Einfluss in Indien, wo er dem Image des Gurus und dem Wissenskorpus, dessen Verkörperung vom Guru erwartet wird, einen völlig neuen Anstrich verlieh. Im Westen wurde er zur Kultfigur, zum Inbegriff eines Yogi und Meditationsmeisters. Trotz der Bewunderung, die man ihm zollte, lehnte er Personenkult ab und verwies immer auf „höheres Wissen“, dessen Natur personenunabhängig sei.*
>
> *Es ist ihm gelungen, die uralten Überlieferungen des vedischen und yogischen Wissens in der Sprache von heute zu formulieren. [...] Die Lehren der alten Pandits Indiens, die in ihrem eigenen Land abschätzig als Museumsrelikte einer vergangenen Zeit betrachtet wurden, griff er auf, gab diesem Wissen geschickt ein neues Gewand und verhalf den Lehren zu neuem Ansehen als Wegweiser zu universalem Bewusstsein, als vorderste Front in Wissenschaft und Medizin für die zukünftige Evolution der Menschheit.*“

Wenn ich so
alleine bin,
setz ich froh
die Beine hin,
tauche ein
in Reines Sein,
schmelze hin
und bin
All-Ein.[*1]

||1||

prathamaḥ samādhi-pādaḥ ||

Erster Schritt: *Samādhi* – ruhevolle Wachheit

In diesem ersten Teil geht es um den ältesten und ursprünglichsten Schritt des Yoga: *Samadhi*, das Eintauchen in ruhevolle Wachheit bis zur Erfahrung der Transzendenz. Yoga wird definiert als Beruhigung der Geisteswellen bis zu ihrem Grundzustand, in dem wir in uns selbst ruhen und unsere Gehirnwellen kohärent werden. Patañjali nennt die verschiedenen Funktionsarten unseres Geistes und die Methoden, wie wir zur Ruhe kommen und uns selbst finden können. Wir lernen die verschiedenen Ebenen von Samadhi kennen, die wir durchlaufen, wenn wir beim Meditieren das oberflächliche Denken überschreiten und in feinere Schichten des Geistes eintauchen. Auch die Gründe, warum jemand wieder aufhört zu meditieren, und die Ablenkungen während der Meditation werden beschrieben. Auf Seite 15 und 16 sehen Sie die 51 kurzen Sanskrit-Sutras zunächst im Original in der *Devanagari*-Schrift.[*2]

prathamaḥ – erster, frühester, ältester, ursprünglichster, vorzüglichster; *pra-* vor, voran, vorwärts; *tha* schützen, bewahren; *atha* dann, von hier an, jetzt; *ma* Zeit, Glück; *pra+atha+ma* „vor der Jetzt-Zeit“ oder „vorwärts von hier an Glück“.
samādhi – *Samadhi*, ordnen, zusammenbringen, harmonisieren, in Übereinstimmung bringen, justieren, feinabstimmen; kontemplierende Meditation, ruhevolle Wachheit, transzendentales Bewusstsein.
Der Bedeutungsreichtum des Wortes *Samadhi* lässt sich – wie im Sanskrit üblich – aus seinen Einzelteilen erschließen:
sam mit, zusammen, verbunden;
sama eben, gleichmäßig, gleichartig, gleichbleibend, unverändert; Friede;
ā – bis zu; Ausruf eines sich auf etwas Besinnenden;
ādhi Gedanke;
ādhī denken, meditieren, wünschen, sehnen, sich kümmern;
adhī verstehen, wissen, kennen, erinnern, den Geist richten auf, studieren, lehren;
adhi über, darüber;
dhi sättigen, ergötzen, erfreuen; halten, tragen;
dhī Intelligenz.
sama+dhī gleichmäßige Intelligenz;
sama+dhi gleichmäßig erfreuen, gleichmäßig tragen;
sama+dhi Friede genießen;
sama+dhi gleichbleibend sättigen.
sam+ā+dhī verbunden mit – ah! – Intelligenz;
sama+ādhī gleichmäßiges Denken;
sama+ādhi gleichmäßiger Gedanke;
sama+adhī unverändert wissen;
sama+adhi gleichmäßig darüber;
pādaḥ – Fuß, Schritt, Viertel, Teil.

पातञ्जलयोगसूत्रपाठः ।

प्रथमः समाधिपादः ।

अथ योगानुशासनम् ॥ १ ॥
योगश्चित्तवृत्तिनिरोधः ॥ २ ॥
तदा द्रष्टुः स्वरूपेऽवस्थानम् ॥ ३ ॥
वृत्तिसारूप्यमितरत्र ॥ ४ ॥
वृत्तयः पञ्चतय्यः क्लिष्टाक्लिष्टाः ॥ ५ ॥
प्रमाणविपर्ययविकल्पनिद्रास्मृतयः ॥ ६ ॥
प्रत्यक्षानुमानागमाः प्रमाणानि ॥ ७ ॥
विपर्ययो मिथ्याज्ञानमतद्रूपप्रतिष्ठम् ॥ ८ ॥
शब्दज्ञानानुपाती वस्तुशून्यो विकल्पः ॥ ९ ॥
अभावप्रत्ययालम्बना वृत्तिर्निद्रा ॥ १० ॥
अनुभूतविषयासंप्रमोषः स्मृतिः ॥ ११ ॥
अभ्यासवैराग्याभ्यां तन्निरोधः ॥ १२ ॥
तत्र स्थितौ यत्नोऽभ्यासः ॥ १३ ॥
स तु दीर्घकालनैरन्तर्यसत्कारासेवितो दृढभूमिः ॥ १४ ॥
दृष्टानुश्रविकविषयवितृष्णस्य वशीकारसंज्ञा वैराग्यम् ॥ १५ ॥
तत्परं पुरुषख्यातेर्गुणवैतृष्ण्यम् ॥ १६ ॥
वितर्कविचारानन्दास्मितारूपानुगमात् संप्रज्ञातः ॥ १७ ॥
विरामप्रत्ययाभ्यासपूर्वः संस्कारशेषोऽन्यः ॥ १८ ॥
भवप्रत्ययो विदेहप्रकृतिलयानाम् ॥ १९ ॥
श्रद्धावीर्यस्मृतिसमाधिप्रज्ञापूर्वक इतरेषाम् ॥ २० ॥
तीव्रसंवेगानामासन्नः ॥ २१ ॥
मृदुमध्याधिमात्रत्वात्ततोऽपि विशेषः ॥ २२ ॥
ईश्वरप्रणिधानाद्वा ॥ २३ ॥
क्लेशकर्मविपाकाशयैरपरामृष्टः पुरुषविशेष ईश्वरः ॥ २४ ॥
तत्र निरतिशयं सर्वज्ञबीजम् ॥ २५ ॥
स पूर्वेषामपि गुरुः कालेनानवच्छेदात् ॥ २६ ॥

तस्य वाचकः प्रणवः ॥ २७ ॥
तज्जपस्तदर्थभावनम् ॥ २८ ॥
ततः प्रत्यक्चेतनाधिगमोऽप्यन्तरायाभावश्च ॥ २९ ॥
व्याधिस्त्यानसंशयप्रमादालस्याविरतिभ्रान्तिदर्शना
लब्धभूमिकत्वानवस्थितत्वानि चित्तविक्षेपास्तेऽन्तरायाः ॥ ३० ॥
दुःखदौर्मनस्याङ्गमेजयत्वश्वासप्रश्वासा विक्षेपसहभुवः ॥ ३१ ॥
तत्प्रतिषेधार्थमेकतत्त्वाभ्यासः ॥ ३२ ॥
मैत्रीकरुणामुदितोपेक्षाणां सुखदुःखपुण्यापुण्यविषयाणां
भावनातश्चित्तप्रसादनम् ॥ ३३ ॥
प्रच्छर्दनविधारणाभ्यां वा प्राणस्य ॥ ३४ ॥
विषयवती वा प्रवृत्तिरुत्पन्ना मनसः स्थितिनिबन्धनी ॥ ३५ ॥
विशोका वा ज्योतिष्मती ॥ ३६ ॥
वीतरागविषयं वा चित्तम् ॥ ३७ ॥
स्वप्ननिद्राज्ञानालम्बनं वा ॥ ३८ ॥
यथाभिमतध्यानाद्वा ॥ ३९ ॥
परमाणुपरममहत्त्वान्तोऽस्य वशीकारः ॥ ४० ॥
क्षीणवृत्तेरभिजातस्येव मणेर्ग्रहीतृग्रहणग्राह्येषु तत्स्थतदञ्जनतासमापत्तिः ॥ ४१ ॥
तत्र शब्दार्थज्ञानविकल्पैः संकीर्णा सवितर्का समापत्तिः ॥ ४२ ॥
स्मृतिपरिशुद्धौ स्वरूपशून्येवार्थमात्रनिर्भासा निर्वितर्का ॥ ४३ ॥
एतयैव सविचारा निर्विचारा च सूक्ष्मविषया व्याख्याता ॥ ४४ ॥
सूक्ष्मविषयत्वं चालिङ्गपर्यवसानम् ॥ ४५ ॥
ता एव सबीजः समाधिः ॥ ४६ ॥
निर्विचारवैशारद्येऽध्यात्मप्रसादः ॥ ४७ ॥
ऋतंभरा तत्र प्रज्ञा ॥ ४८ ॥
श्रुतानुमानप्रज्ञाभ्यामन्यविषया विशेषार्थत्वात् ॥ ४९ ॥
तज्जः संस्कारोऽन्यसंस्कारप्रतिबन्धी ॥ ५० ॥
तस्यापि निरोधे सर्वनिरोधान्निर्बीजः समाधिः ॥ ५१ ॥

इति पतञ्जलिविरचिते योगसूत्रे प्रथमः समाधिपादः ।

||1.1||

atha yogānuśāsanam ||

Jetzt die *Yoga*-Unterweisung.

„Jetzt geht 's los!"

Wie aufregend! Kennen Sie das? Etwas Neues beginnt! Etwas, worauf wir lange gewartet, worauf wir uns schon gefreut haben. Eine heimliche Verabredung. Ein Abenteuer mit ungewissem Ausgang. Eine Reise in unbekanntes Terrain ... Ja: Auch der eigene Geist kann ein unbekanntes Terrain sein. Obwohl wir ihn seit Geburt benutzen. Oder sogar schon vorher? Im Mutterleib? In früheren Leben? Ist die Suche nach unserem innersten Wesen und nach dem Grund, warum wir auf der Erde sind, nicht das größte Abenteuer überhaupt? Vor allem, wenn noch völlig ungewiss ist, wie die Reise verlaufen wird.

atha – jetzt, alsdann, von hier an, dann, darauf, sodann.
yoga – *Yoga*, Verbindung, Vereinigung, Selbstversenkung; zusammenbinden, verschmelzen; Einheit des Individuums mit dem kosmischen Selbst.
anuśāsanam – Unterweisung, Anweisung, Erklärung; *anu-* unter, nahe, entlang, mit, nach; *śās* zurechtweisen, anweisen, unterweisen, belehren, beherrschen; *anu-śās* unterweisen, belehren, den Weg zeigen; preisen, loben; *śāsanam* Lehre, Belehrung, Berichtigung; Dekret, Erlass, Anweisung; Schriftwerk, Buch.

Durch das Wort „*Atha* – Jetzt" leitet dieser Satz den Lebensabschnitt ein, den wir als Weg des *Yogi* bezeichnen und der für den einen vielleicht nach langer Suche am Lebensabend beginnt, für andere nach einer Krise, kurz nach der Pubertät, im Kindesalter oder in dem Augenblick, der die nächste Inkarnation einleitet. Stellen Sie sich zwei Seelen vor, die in der sternklaren Neujahrsnacht 1945 über dem Erzgebirge durch den Himmel schweben. Die eine Seele – nennen wir sie Atha – plant ein neues Erdenleben, die andere ist ihr Mentor.

Neujahrsnacht 1945: „*Atha!*"

„Atha!" ruft der Mentor.

„Was gibt's?" fragt Atha.

„Bist du bereit?"
„Wofür?"
„Für dein nächstes Erdenleben. Schau!"
Er schwenkt den Arm, und wir sehen aus der Vogelperspektive ein tief verschneites Holzhaus am Gebirgshang, dem wir uns lautlos nähern. Im Schlafzimmer brennt Licht. Im Ehebett liegt ein Pärchen.
„Deine Eltern", sagt der Mentor. „Gefallen sie dir?"
Prüfend sieht sich Atha im Schlafzimmer um. Auf dem Nachttisch stehen zwei halbvolle Rotweingläser und eine Flasche Bordeaux. Über dem rechten Stuhl hängt eine deutsche Majorsuniform. Atha zuckt zusammen.
„Ein deutscher Major? Um Himmels Willen!"
„Aber kein Nazi. Er hat nie gekämpft, ist Philosoph, Dichter, Musiker, Jurist. Marketender in Brüssel. Kauft in Frankreich Luxusgüter für die Wehrmacht ein. Und macht *Yoga.* Du kennst ihn von früher."
Atha schaut dem Mann ins Gesicht. Er ist etwa 40 und leicht betrunken. „War ich früher mal sein Vater?"
Der Mentor nickt.
„Und dieses Haus, wo ist das?"
„Erzgebirge. Südlich von Dresden."
„In Deutschland? Als Jude? Nie! Die bringen mich wieder um!"
„Als Sohn eines deutschen Majors wärst du kein Jude mehr. Wolltest du nicht Bücher in der Sprache von Goethe, Busch und Rilke schreiben?"
„Ja. Aber mein Lebensfaden wurde vorzeitig abgeschnitten. Deutschland liegt doch mit der ganzen Welt im Krieg. Diesmal möchte ich in Frieden leben. Am besten in Palästina."
„Frieden in Palästina? Mach dir nichts vor! Sobald du geboren wirst, herrscht in Deutschland mehr Frieden als in Palästina."
Mit gemischten Gefühlen schaut sich Atha das Pärchen an, das seine Eltern werden soll. Dann verschwindet die Szene, und der Mentor fragt: „Weißt du eigentlich, was dein Name bedeutet?"
„Das ist auf Hebräisch die männliche Form für du."
„Und die tiefere Bedeutung?"
„*Atha* schreibt sich mit *Alef, Tav* und *He.* Das *Alef,* der Anfang des *Alef-Bets,* verkörpert den Anfang, die Eins, die Einheit Gottes, die Harmonie der Weltseele."

„Und weiter?“

„Das *Tav*, das Ende des *Alef-Bets*, repräsentiert die Wahrheit.“

„Warum?“

„Weil das Wort *Emet* für Wahrheit auf *Tav* endet.“

„Warum wählten die Weisen nicht den Anfangs-, sondern den Endbuchstaben von *Emet*?“

„Weil uns die Wahrheit anfangs oft nicht attraktiv erscheint. Erst am Ende merken wir, dass sie der einzig richtige Weg war. Von *Alef* bis *Tav* bedeutet von Anfang bis Ende.“

„Und weiter?“

„Das *He* repräsentiert die Umkehr, die Rückkehr zum eigenen Selbst, durch die der Mensch Vollkommenheit im Denken, Sprechen und Handeln erreicht.“

„Gut“, sagt der Mentor. „Mit der *Kabbala* kennst du dich aus. Aber was sagt dir das Sanskritwort *Atha*, mit dem *Patañjalis Yoga-Sutra* beginnt? In Sanskrit wird der Sinn von der Aussprache abgeleitet. Vom Atemfluss durch Lippen, Zähne, Zunge, Mund und Kehle.“

„Ach so!“ Atha schließt die Augen und lässt den Klang auf der Zunge zergehen. „Beim A ist der Mund voll geöffnet, der Klang kann ungehindert fließen“, sagt er. „Die Reise geht also von Fülle zu Fülle. Aber dazwischen wird der Atem durch Th gestoppt. Beim Th trennt die Zunge den vorderen Mundraum vom hinteren ab. Die von außen sichtbaren Lippen und Schneidezähne deuten auf die Außenwelt. Die innere Mundhöhle dagegen liegt im Verborgenen. Also trennt das Th die Seele von ihrem inneren Ursprung. Das ist die Trennung des Individuums von der Allseele, wodurch der Kreislauf der Wiedergeburten beginnt. Am Ende aber landet die Reise, die beim A begonnen hat, wieder beim A, bei der Fülle.“

„Gut“, sagt der Mentor. „Bereits im ersten Wort des *Yoga-Sutra* erkennst du den Sinn von *Yoga*: Wie die Seele zu ihrem Ursprung zurückfindet. Mit diesen Eltern kann dir das gelingen. Also: Willst du diese Eltern oder nicht?“

So etwa könnte in der Nacht meiner Zeugung das Vorgespräch im Himmel für meine jetzige Inkarnation gelaufen sein. Dieses „*Atha* – Jetzt“, ist gleichzeitig Verbindungspunkt und Trennlinie zwischen unserer bisherigen Entwicklung und allem, was noch darauf wartet, erlebt, bewältigt und verdaut zu werden. Alles, was wir bisher gelernt und erfahren haben, hat schließlich dazu geführt, dass wir uns gerade jetzt mit Yoga und mit dem

Yoga-Sutra beschäftigen. Wie wir sehen, fasst sich Patañjali kurz. In prägnanten Sutras, die man auswendig lernen und von Generation zu Generation mündlich weitergeben kann. Das Rezitieren des gesamten Yoga-Sutra dauert weniger als eine halbe Stunde. Also eine Stichwortsammlung als Gedächtnisstütze, um beim mündlichen Vortrag den Faden nicht zu verlieren. Lange Erklärungen lässt er weg. Schließlich sollen die Sutras zum eigenen Nachdenken anregen, damit sich jeder mit dem Thema Yoga selbst auseinandersetzt. Deswegen habe ich auch den knappen und oft mehrdeutigen Telegrammstil beibehalten. Dieser sparsame Sutra-Stil führt dazu, dass das Yoga-Sutra immer wieder neu übersetzt und kommentiert wird.

Und ein Ende dieser Neu-Interpretationen ist nicht abzusehen. Denn jeder Autor deutet die Stichwörter anders und verbindet sie mit den Erkenntnissen aus seinem eigenen Leben. Das geht mir nicht anders. Darum halte ich mich in der Übersetzung so weit es geht mit erklärenden Ergänzungen zurück und veranschauliche den Sinn, den ich selbst aus den Sutras herauslese, durch Schilderung meiner eigenen Erfahrungen.

Da Sanskrit eine uralte Sprache ist, die sich über Jahrtausende immer weiter entwickelt hat, haben viele Wörter ein weit größeres Bedeutungsspektrum, als die deutsche Übersetzung zeigen kann. Darum finden Sie für wichtige Begriffe in der Wortliste auch Bedeutungen, die ich in der Übersetzung nicht verwendet habe, sowie die im Sanskrit übliche Analyse ihrer Einzelteile. So können Sie aus den Sutras Ihre eigene Botschaft herauslesen, die Ihnen im Augenblick am besten weiterhilft.

Das ganze Handbuch umfasst nur 195 Sutras, wörtlich „Fäden" oder „Leitfäden". Sutra ist auch der Faden, der zwei Teile zusammennäht und verbindet: den Bereich des Absoluten, den wir durch Samadhi erfahren, und den Bereich des Relativen und der Yoga-Kräfte, die unseren Alltag versüßen und erfolgreicher gestalten.

In diesem ersten Sutra lässt Patañjali offen, ob die Yoga-Unterweisung jetzt beginnt oder ob bereits im „Jetzt" die Unterweisung selbst liegt. Wer mit dem kosmischen Selbst verschmolzen ist und voll im Jetzt lebt, benötigt ja keine weitere Yoga-Unterweisung, da er in jedem Augenblick von seiner inneren Stimme geleitet wird. Dieser Leitfaden gibt ihm lediglich die Bestätigung, was mit Yoga überhaupt gemeint ist. Und diese folgt auch gleich im nächsten Sutra.

||1.2||

yogaś citta-vṛtti-nirodhaḥ ||

Yoga: Geistes-Wellen-Beruhigung.

Yoga besteht laut Patañjali darin, die geistige Aktivität zur Ruhe zu bringen. Alle Aufregung, die uns bei dem Satz „Jetzt geht 's los" erfasst hat, wird wieder besänftigt. Um zielgerichtet arbeiten zu können, muss unser unruhiger Geist zur Ruhe kommen. Dazu gibt uns Patañjali später noch verschiedene Ratschläge. Betrachten wir zunächst genauer die Wörter dieses Sutras.

yogaḥ – *Yoga* kommt von der Wurzel *yuj*, von der auch das deutsche *Joch* abstammt, das den Zugochsen mit dem Karren verbindet. *yuj* heißt verbinden, vereinen, zusammenführen, und *Yoga* ist der Vorgang, der etwas verbindet, auch der Weg zur Einheit und der Zustand der Vereinigung. Was vereint sich? Die individuelle Seele mit ihrem transzendenten Selbst, dem *Puruscha*, der kosmischen Allseele, die alles durchdringt und aus der alles entstanden ist.
citta – *Citta* kommt von der Wurzel *cit*: wahrnehmen, merken, beobachten, begreifen, sich zeigen, wissen, sich bewusst sein. *Citta* ist das, was gesehen, beobachtet, bemerkt wurde, auch das, was bemerkt, das Aufmerken, Bemerken, Denken, Gedanke, Gewahrsein, Bewusstsein, Gemüt, Geist.
vṛtti – *Vṛtti* kommt von der Wurzel *vart*: sich drehen, rollen, sich rollend bewegen, ablaufen, sich benehmen. *Vṛtti* ist also wörtlich das Rollen, Bewegen, Verhalten, Benehmen, die rollende Aktivität, die Welle, Funktion, Tätigkeit, Wirkung, Vibration.
ni-rodhaḥ – die Vorsilbe *ni-* bedeutet nieder, hinunter, hinein, rückwärts; *rodha*, von der Wurzel *rudh:* anhalten, aufhalten, hemmen, zurückhalten, ist das Zurückhalten, Festhalten. *ni-rodha* heißt also nach unten bringen, zurückhalten, stoppen, beruhigen, aufheben, transzendieren.
citta vṛtti nirodhaḥ heißt somit wörtlich: das Rollen des Geistes anhalten, beruhigen, besänftigen, transzendieren; oder, wenn wir *Yoga* nicht als Weg, sondern als bereits verwirklichten Zustand deuten: Geisteswellen in Ruhe.

Maharishi Mahesh Yogi antwortete auf die Frage nach der Bedeutung dieses Sutra: „Das heißt einfach: Transzendentales Bewusstsein ist ein Zustand von Yoga, in dem der Geist nicht arbeitet. – *Transcendental Consciousness is a state of yoga in which mind is not functioning.*" Wobei unter Geist „vibrierendes Bewusstsein" zu verstehen sei. Ähnlich übersetzte Osho: *Yoga is the cessation of mind* – Yoga ist der Stillstand (das Aufhören) des Geistes.

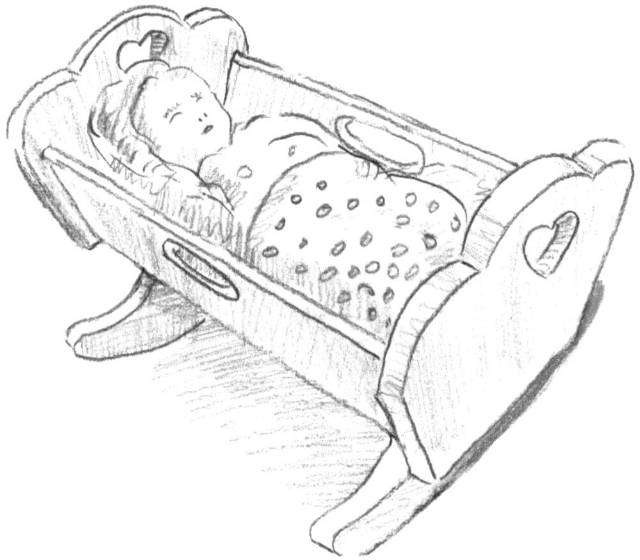

1.2 Yoga: Geistes-Wellen-Beruhigung.

Meine erste Yogatechnik lernte ich als Baby in der Wiege kennen: Beim Schaukeln wurde es im Köpfchen himmlisch hell und ruhig.

Wir sehen, Yoga ist im Grunde ganz einfach: Wir brauchen nur den Geist zur Ruhe zu bringen, weiter nichts. Nach dieser Definition ist bereits das Schaukeln in der Wiege eine Yoga-Technik, denn es beruhigt die Geisteswellen des Babys. So gesehen wird die Mehrheit der Menschheit gleich nach der Geburt mit der ersten, grundlegenden Yoga-Methode vertraut gemacht. Ich selbst erinnere mich noch an folgende Erlebnisse aus meiner Kindheit.

Mit Licht in den Himmel

Immer, wenn ich in der Wiege unruhig strampelte und schrie, schaukelten meine Mutter oder meine Oma beruhigend die Wiege, bis ich still wurde. Dabei wurde es in meinem Kopf hell und weit und weich wie Watte, und mein Geist schwebte höher und höher bis in den wohlvertrauten Himmel, wo ich mich wieder zu Hause fühlte. Als ich später in ein Kinderbett mit weißen Gitterstäben verlegt wurde, war dieses herrliche Schaukeln in der

Wiege leider vorbei. Wie sollte ich jetzt in den Himmel kommen? Plötzlich war ich ganz und gar in diesen unbeholfenen Kinderkörper gesperrt und hatte keinen Zugang mehr zum Himmel.

Kurz bevor die Russen den Osten Deutschlands besetzten, hatte mein Vater die ganze Familie aus dem Erzgebirge in den Westen gebracht, in ein fränkisches Dorf namens Deutenheim, weil es bei Bauern – wie er sagte – noch am ehesten etwas zu essen gab. Als ich noch keine zwei Jahre alt war, nahmen mich meine fünfjährige Schwester und mein Bruder, der schon sieben war, zum Baden und Spielen mit an die „Kleine Ehe", einen Bach, dessen Wasser schließlich in der Nordsee landete.

Während meine Geschwister auf der Wiese spielten, krabbelte ich unbemerkt zum Bach, kippte um und lag unter Wasser im steinigen Bachbett. Plötzlich schwebte meine Seele über dem Bach und sah meinen Körper im Wasser liegen. Meine Geschwister spielten mit anderen Kindern auf der Wiese und hatten mein Verschwinden nicht bemerkt. Ich fühlte mich frei und federleicht wie beim Schaukeln in der Wiege, wenn es vor dem Einschlafen hell im Kopf geworden und ich in den Wolkenfeldern meines Himmels gelandet war.

„Endlich wieder im Himmel", dachte ich. „Endlich wieder zu Hause."

Da hörte ich deutlich eine innere Stimme: „Aber du hast deine Aufgabe noch nicht erfüllt."

„Ich will aber nicht vom Himmel abgeschnitten sein."

„Gut. Aber dafür brauchst du nicht gleich zu ertrinken. Das geht auch anders."

In diesem Augenblick rief meine Schwester ängstlich meinen Namen. Sie lief ans Ufer des Baches, sah meinen Körper unter Wasser liegen und fing herzergreifend an zu weinen. Mein Bruder kam gelaufen, holte mich aus dem Bach und legte mich ans Ufer. Meine Schwester schrie um Hilfe. Die Mutter eines Nachbarkindes kam herbei, sah mich und sagte: „Lass mich mal. Ich bin Krankenschwester."

Sie legte mir ihren Mund über Mund und Nase und blies mir Luft ein. Dabei drückte sie mit den Fingern leicht auf meine Brust. Auf einmal schwebte ich nicht mehr über der Wiese, sondern sah das Gesicht der Frau direkt vor meinen Augen. „Er schlägt die Augen auf. Er atmet wieder. Gott sei Dank."

Ja: Ertrinken war nicht die beste Methode zur Geistes-Wellen-Beruhigung. Bald schon sollte mir etwas Besseres einfallen.

||1.3||

tadā draṣṭuḥ svarūpe'vasthānam ||

Dann Seher im Eigenzustand gegründet.

Sobald unser Geist zur Ruhe kommt, ruhen wir in uns selbst, in unserem eigenen Wesen, in der Form, in der wir uns zu Hause fühlen. So wie wir im Mutterleib noch ganz ohne Ablenkung der irdischen Einflüsse waren, behütet und geborgen, von der Mutter durch die Nabelschnur genährt, ohne Verpflichtung zu Steuererklärung und Mietzahlung, ohne Meetings und Prüfungstermine, frei und ungebunden wie im Himmel.

tadā – dann, alsdann, in dem Falle.
draṣṭṛ – Seher, Sehender, Wahrnehmender, Prüfer, Richter; von *dṛś, darś* sehen, schauen; sehend, wissend, wahrnehmend.
svarūpe – in eigener Gestalt, Eigenform, Eigenzustand, Wesen, Natur, Eigentümlichkeit; *sva-* selbst; *rūpa* Form, Gestalt.
avasthānam – gegründet, verweilend, verharrend; Stellung, Lage; *sthā* stehen, stillstehen, stehend; *ava+sthā* bleiben, verbleiben.

Warum aber spricht *Patañjali* nicht vom Geist, sondern vom Seher? Ist es nicht der Geist, der in seinem Eigenzustand ruht? Wer ist mit Seher gemeint? Ich kann darauf nur aus eigener Erfahrung antworten.

Der außenstehende Beobachter

Als Seele im Himmel, auch noch im Mutterleib und beim Schaukeln in der Wiege, identifizierte ich mich weder mit meinem Geist noch mit meinem Körper. Richtig wohl fühlte ich mich immer erst, wenn es im Kopf hell und weit wurde und ich wieder auf der hellgrünen Himmelswiese landete.

Beim Schaukeln in der Wiege hatte ich immer das Gefühl, dass in meinem Körper ein Klöppel wie in einer Glocke hin und her schwang. Dieses gleichmäßige Glockenschwingen war es gewesen, dass mich beruhigt und mit einem inneren Glücksgefühl erfüllt hatte. Manchmal schwang der Klöppel durch die Wirbelsäule vom Scheitel bis zum Steiß, manchmal im Kopf zwischen Stirn und Hinterkopf hin und her. Immer aber war das Schaukeln mit einem angenehmen Klang und mit Licht und Leichtigkeit verbunden. Dann löste sich die Enge meines Erdenkörpers auf und dehnte sich in weite Daunen- oder Wolkenfelder. Dieser tägliche Besuch der Himmelswelt gehörte genauso selbstverständlich zum Einschlafen wie das Frühstück nach dem Aufwachen.

Kurz nach meinem Untertauchen im Bach fand ich einen neuen Weg, die Glocke im Kopf wieder zum Schwingen zu bringen, um das Licht im Kopf anzuzünden und zum Himmel zu schweben.

Ich legte mich auf den Bauch und klopfte meinen Kopf rhythmisch ins Kopfkissen, bis es im Kopf wieder zu Schwingen begann und heller und weiter wurde. Erst wenn ich wieder auf der hellgrünen Himmelswiese gelandet war, schlief ich beruhigt ein.

Durch dieses „Klopfen" bekam ich zwar rote Stellen an Kinn und Stirn, aber es war meine Methode, die Geisteswellen zu beruhigen. Erst mit sieben oder acht Jahren, als ich längst in die Schule ging und meine himmlische Heimat so weit vergessen hatte, dass ich auch ohne Licht im Kopf einschlafen konnte, hörte das Klopfen auf.

Viele Jahre später, als es beim Meditieren in meinem Kopf heller wurde und Geist und Körper zur Ruhe kamen, erinnerte ich mich wieder an die Zeit, als meine Seele regelmäßig in den Himmel geschwebt war und sich dort zu Hause gefühlt hatte. Diese Seele, das innerste Selbst, das Körper und Geist als unbeteiligter Zeuge beobachtet und leitet, bezeichnet *Patañjali* treffend als *draṣṭṛ*, den „Seher".

||1.4||

vṛtti-sārūpyam itaratra ||

Denkwellen gleicher Form von hier nach hier.

oder: **Mit Denkwellen gleichförmig andernfalls.**

Dieses Sutra können wir auf zwei völlig entgegengesetzte Arten deuten: als Erläuterung der vorigen Sutras oder als Einleitung für das Folgende. Eine von der geläufigen Deutung völlig abweichende Aussage ergibt sich, wenn wir es im Lichte heutiger Messungen der Gehirnwellen bei TM-Meditierenden betrachten und das Wort itaratra nicht wie üblich mit „andernfalls" übersetzen, sondern nach Maharishi Mahesh Yogi ganz unkonventionell in zwei Wörter aufteilen als itar-atra: von hier nach hier.

vṛtti – das Rollen des Geistes, die mentale Aktivität, die wir heute mit modernen EEG-Geräten als Gehirnwellen messen und aufzeichnen können.
sā-rūpyam – gleichförmig, gleiche Form, Übereinstimmung, Kohärenz; *sa-* gleich, zusammen, verbunden; *rūpa* Form, Gestalt; *rūpya* schön gestaltet.
.itar-atra – von hier nach hier; *itaḥ* von hier; *atra* hier, da, hierher.
itaratra – andernfalls, sonst, ansonsten.

Gehirnwellen-Kohärenz

„Von hier nach hier" deutet eine virtuelle Bewegung der Denkwellen an, die keine räumliche Ausdehnung hat, sondern nur eine potentielle Dynamik zeigt. In der Quantenfeld-Theorie wird der im vorigen Sutra erwähnte Eigenzustand auch als „Grundzustand" oder „Vakuumzustand" beschrieben, ein Feld der geringsten Anregung voller virtueller Fluktuationen. Ein ähnlich geordneter Grundzustand der Gehirnwellen lässt sich heutzutage durch EEG-Messungen der Gehirnwellenkohärenz finden.

Dabei treten an verschiedenen Stellen der Schädeldecke Gehirnwellen gleicher Form auf: *vṛtti-sārūpyam,* also Wellen gleicher Frequenz, Phase und Amplitude; ein Zeichen, dass im Gehirn größtmögliche Kraft und Ordnung herrschen. Die folgenden Messungen zeigen, wie die Gehirnwellenkohärenz durch Ausübung der Transzendentalen Meditation (TM) zunimmt.

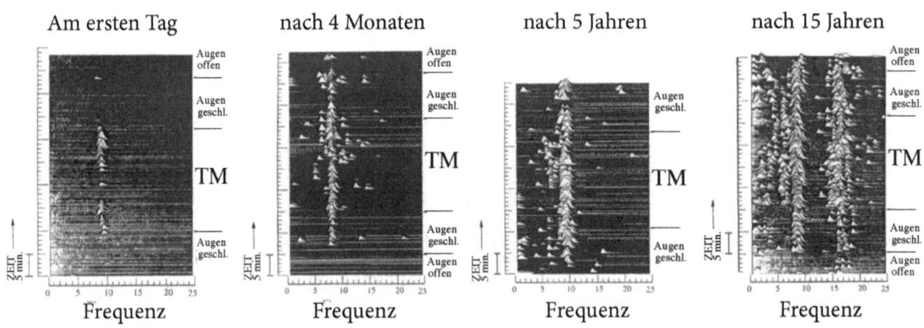

Zunahme der Gehirnwellenkohärenz während der Transzendentalen Meditation (TM). EEG-Ableitungen von Personen mit unterschiedlich langer Meditationspraxis. Jeder „Berg" auf der Grafik zeigt eine Übereinstimmung der Gehirnwellen zu 95 % über mindestens 10 Sekunden in verschiedenen Frequenzen von 0-25 Hertz. In Ruhephasen von Nichtmeditierenden treten beim Wachen oder Schlafen keine Kohärenzen auf. Als Kohärenz definieren Forscher dabei die mathematisch ermittelte Übereinstimmung zwischen den Phasen des EEGs einer bestimmten Frequenz, die an zwei verschiedenen Stellen der Kopfhaut abgeleitet werden.[*3]

Bereits in der ersten Meditation zeigen sich sofort Kohärenzen bei Alpha-Wellen (10 Hz), mit zunehmender Praxis auch bei Theta-Wellen (6 Hz) und schließlich in allen Wellenbereichen. Bald zeigen sich diese Kohärenzen mit geschlossenen Augen auch vor und nach der TM, ein Zeichen, dass sich der geordnete Ruhezustand des Gehirns auch außerhalb der Meditation fortsetzt.

Diese Deutung von *vṛtti-sārūpyam itar-atra* beschreibt die Art der Gedanken im Eigenzustand, dem Zustand der geringsten Anregung des Bewusstseins, als Gehirnwellen-Kohärenz.

Übersetzen wir das Wort *itaratra* dagegen wie üblich als „andernfalls", dann bildet dieses Sutra die Überleitung zu den folgenden Sutras, in denen die unterschiedlichen Arten gedanklicher Aktivität im nicht kohärenten Zustand beschrieben werden. „Andernfalls" bedeutet dann, wenn der Seher nicht in seinem Eigenzustand gegründet ist. Dann gleicht er sich den *Vrittis* an, den Gedankenwellen an der Oberfläche. Das ist die bisher übliche Deutung, die bei anderen Autoren und Kommentatoren unter anderem zu folgenden Übersetzungen führte:

- In den anderen geistigen Zuständen – mit *Vrittis* – identifiziert sich der Wahrnehmende mit den Bewegungen im Geist.
- Zu anderen Zeiten sieht sich der Seher als das veränderliche Bewusstsein.
- In anderen Umständen formen die Bewegungen des *Citta* die Erscheinungsformen des Sehers.
- Ansonsten kommt es zur Identifizierung mit den Fluktuationen des Geistes.
- Andernfalls hält sich der Bewusste für die Muster des Bewusstseins.
- Zu anderen Zeiten scheint der Seher anzunehmen, die Modifikationen des Geistes zu sein.
- Ansonsten identifiziert sich der Beobachter mit den Wendungen des Denkens.
- Zu anderen Zeiten nimmt das Selbst die Formen der mentalen Modifikationen an.
- Sonst verzerrt das Denken die Wahrnehmung.
- Andernfalls verfremden die Trübungen seine Wahrnehmungen.[*4]

Wir sehen, wie unterschiedlich Patañjalis knapper Sutrastil übersetzt werden kann. Die nächsten Sutras beschreiben die *Vrittis*, die grundlegenden Arten gedanklicher Aktivität, die durch Yoga beruhigt werden.

||1.5||

vṛttayaḥ pañcatayyaḥ kliṣṭākliṣṭāḥ ||

Denkarten sind fünffach – leidvoll, nicht leidvoll:

Da der menschliche Geist unendlich viele unterschiedliche Erfahrungen machen kann, beschränkt sich Patañjali auf fünf elementare Kategorien geistiger Aktivität, die sowohl mit Freude als auch mit Leid verbunden sein können.

vṛttayaḥ – die *Vrittis*, Denkarten.
pañcatayyaḥ – fünffach, fünffacher Art.
kliṣṭa – leidvoll.
akliṣṭāḥ – nicht leidvoll.

Diese fünf Grundaktivitäten werden im nächsten Sutra zunächst aufgezählt und anschließend jeweils in einem Sutra genauer definiert.

||1.6||

pramāṇa-viparyaya-vikalpa-nidrā-smṛtayaḥ ||

Erkenntnis, Irrtum, Einbildung, Schlaf, Erinnerung.

Falls Sie sich bisher gefragt haben, was wohl genau unter *Vrittis* zu verstehen ist, wird Ihnen spätestens jetzt klar, dass damit unsere ganz normalen geistigen Aktivitäten gemeint sind. Halten Sie doch einmal einen Augenblick inne und rufen Sie sich für jedes *Vritti* eigene Erfahrungen in Erinnerung.

pramāṇa – Mittel zu richtigem Wissen, Erkenntnis; rechter Maßstab; *pra-* vor, vorwärts; *pramā* Grundlage, Maßstab, richtige Vorstellung, wahres Wissen; messen, schätzen; *māna* messen, Messung, Maß, Maßstab, Beweis.
viparyaya – verkehrt; verkehrte Ansicht, Irrtum; Vertauschung, Gegenteil, Umkehrung; *vi-* Trennung und Abstand bezeichnend; *paryaya* Umlauf,

Wechsel, Verrückung, Umkehrung.
vikalpa – falsche Vorstellung, Einbildung; Unschlüssigkeit, Zweifel.
nidrā – Schlaf, Schläfrigkeit.
smṛti – Erinnerung, Gedenken, Gedächtnis.

Alltägliche Aktivitäten des Geistes

Wann und bei welcher Gelegenheit hatten Sie einmal eine wichtige Erkenntnis, wie kam sie zustande und wie würden Sie Ihre Erkenntnis in Worte fassen? War die Erkenntnis angenehm oder schmerzhaft? Wann haben Sie sich einmal geirrt, welche Folgen hatte es und wie hätten Sie den Irrtum vermeiden können? Ist Ihnen irgendeine Vorstellung bewusst, von der Sie überzeugt sind, dass sie stimmt, obwohl Sie keinerlei Beweise dafür haben und sie nur in Ihrer Einbildung existiert? Erinnern Sie sich, wann Sie das letzte Mal geschlafen haben?

Wir sehen, dieses Sutra bezieht sich auf den ganz normalen Alltag. Das einzig Rätselhafte ist, wie und warum diese täglichen Aktivitäten durch Yoga beruhigt werden sollen. Was wird denn aus unserem Leben, wenn all das zum Stillstand kommt? Welchen Vorteil soll das haben? Lohnt sich das Leben dann überhaupt? Gibt es dann noch Freude und Begeisterung?

Gut, auf Irrtümer können wir sicher gerne verzichten, vielleicht auch auf Einbildung oder Vorstellungen. Aber warum sollten Erkenntnisse zum Stillstand kommen? Oder Erinnerungen? Verlieren wir dann nicht völlig unser Gedächtnis und unseren Bezug zu Umwelt und Vergangenheit? Und wie und warum soll der Schlaf zum Stillstand kommen? All diese Fragen werden von Patañjali noch genauer untersucht und erörtert.

Zunächst jedoch definiert er die fünf *Vrittis* in je einem *Sutra* näher. Überprüfen Sie bitte, ob diese Definition mit Ihrer eigenen Lebenserfahrung übereinstimmt.

||1.7||

pratyakṣānumānāgamāḥ pramāṇāni ||

Wahrnehmen, Folgern, Zeugnis sind Erkenntniswege.

Wenn wir uns vergegenwärtigen, wie ein Kind Laufen und Sprechen lernt, dann merken wir, dass uns Patañjali keine abgehobene philosophische

Abhandlung über *Yoga* auftischt, sondern ein praktisches Handbuch für ein erfülltes Leben liefert, in dem wir von Anfang an mithilfe dieser Erkenntniswege unsere Muttersprache und viele andere nützliche Verhaltensmuster erlernen.

pratyakṣa – vor Augen liegend, augenfällig; Augenfälligkeit, Wahrnehmung, Innenschau; *prati* gegen, gegenüber, angesichts, vor; *akṣa* Auge.
anumāna – Schluss, Schlussfolgerung; Analogie; *anu* nach, gemäß; *māna* Meinung, Vorstellung; Ansehen, Achtung, Ehrenerweisung; Maß, Maßstab.
āgamāḥ – überlieferte Lehre, Lehrbuch, Vorschrift; bewiesene Wahrheit; Ankunft; *ā* her, herbei, herzu; *gama* gehend, Gang, Weg.
pramāṇāni – die Mittel zu richtigem Wissen, Erkenntniswege.

Leidvolle und nicht leidvolle Erkenntnisse

Schon als Kleinkind nehmen wir unsere Umwelt wahr, ziehen aus dem Verhalten unsere Schlüsse und lernen aus dem Mund der Erwachsenen unsere Muttersprache. Wir nutzen also die Erkenntniswege Wahrnehmen, Folgern und Zeugnis, um uns in der Menschenwelt zurechtzufinden. Erkenntnis ist etwas durchaus Nützliches und Erfreuliches. Warum also sollte sie auch leidvoll sein?

Die Antwort finden Sie in Ihrer eigenen Lebenserfahrung, wenn Sie sich die Augenblicke vor Augen führen, als Sie eine schmerzliche Erkenntnis machen mussten, die mit Enttäuschung oder Frustration verbunden war: Wir wünschen uns etwas, aber die Eltern verbieten es. Wir verlieben uns hoffnungslos und haben Liebeskummer. Wir vertrauen jemandem blind und merken erst später, dass wir betrogen wurden. Wir sind zu unvorsichtig und haben einen Unfall ... Sicher fallen Ihnen genügend Erlebnisse ein, in denen Sie spürten, dass Erkenntnisse nicht immer beglückend sind.

||1.8||

viparyayo mithyā-jñānam atad-rūpa-pratiṣṭham ||

Irrtum ist falsches Verständnis, das nicht auf Fakt beruht.

viparyayaḥ – verkehrt; Irrtum, Vertauschung, Verkehrtheit, Gegenteil.
mithyā – verkehrt, falsch, nicht wirklich, scheinbar.

jñānam – Wissen, Verstehen, Kenntnis, Erkennen.
atad – das nicht.
rūpa – Form, Gestalt, Erscheinung, Bild.
pratiṣṭham – feststehend, gegründet; Grundlage, Fundament.

Eine mystische Lichterscheinung

Ich erinnere mich noch gut an einen meiner ersten Irrtümer bezüglich *Yoga* und Spiritualität. Zu meinem dreizehnten Geburtstag schenkte mir mein Vater Yoganandas „*Autobiographie eines Yogi*". Die Geschichten der vielen wundertätigen *Yogis* in Yoganandas Buch erweckten in mir die Begeisterung für *Yoga*, und schon bald durchkämmte ich weitere Bücher über *Yoga* und machte meine ersten Meditationsversuche, um ebenfalls solche Yogakräfte zu erlangen. Eines der „schlauen Bücher" riet, sich im Schneidersitz vor eine brennende Kerze zu setzen und minutenlang mit halbgeschlossenen Augen in die Flamme zu schauen.

Das war tatsächlich beruhigend. Aufmerksam beobachtete ich das ruhige, sanfte Flackern der stillen Kerzenflamme und wurde dabei immer entspannter. Nach einer Weile schloss ich die Augen und staunte über die seltsame Lichterscheinung vor meinem inneren Auge: Ich sah eine blaugrün leuchtende Form mit breitem, tiefrotem Strahlenkranz. Selbst als ich die Augen öffnete, blieb die Erscheinung in der dunklen Zimmerecke sichtbar. Vor der vom Kerzenschein beleuchteten Wand dagegen wurde daraus eine dunkelrote Form mit hellblauem Strahlenrand. „Habe ich eben Gott gesehen?" schrieb ich in mein Tagebuch und schilderte begeistert die wunderbare Erscheinung.

Erst Jahre später wurde mir klar, dass ich nur das Nachbild der Kerzenflamme auf meiner Netzhaut gesehen hatte, das sich physiologisch leicht erklären ließ. Ich hatte zwar eine echte Wahrnehmung, hatte diese aber falsch gedeutet. Später lernte ich von einem Hobby-Zauberkünstler, wie man farbig lackierte Tischtennisbälle in der Hand durch Geschicklichkeit verschwinden und erscheinen lassen konnte. Das brachte manchen meiner Lehrer bald zur Weißglut, weil ich damit langweilige Unterrichtsstunden auflockerte, ohne dass sie mich überführen konnten. Immerhin waren die Zaubertricks ein unterhaltsamer Ersatz für echte Yogakräfte – und nützlich außerdem. Denn beim Zaubern lernte ich, die Wahrnehmung der Zuschauer so irrezuführen, dass sie etwas zu wissen glaubten, das nicht auf Fakt beruhte.

||1.9||

śabda-jñānānupātī vastu-śūnyo vikalpaḥ ||

Wortwissen folgend, doch gegenstandslos ist Einbildung.

śabda – Laut, Schall, Stimme, Wort, Rede, Name.
jñāna – Wissen.
anupātī – folgend.
vastu – Gegenstand, Ding, Objekt, Sache, Umstand.
śūnyaḥ – leer, frei von, fehlend.
vikalpaḥ – falsche Vorstellung, Einbildung; Unentschlossenheit, Zweifel.

Kindliche Luftschlösser

In meiner blühenden Fantasie hinterließen die von Yogananda geschilderten Wunderkräfte eine bleibende Spur. Als ich im Zug von Wiesbaden zu meinem Onkel nach Hamburg fuhr, malte ich mir aus, wie zeit- und kostensparend es doch wäre, mich einfach durch Geisteskraft von Wiesbaden nach Hamburg zu teleportieren. Ich schloss die Augen, konzentrierte mich auf meinen Wunsch und konnte mir einfach nicht erklären, warum mein Körper dem Befehl des Geistes nicht folgte und ich stundenlang im tuckernden Zug sitzen musste. Ich hatte doch schwarz auf weiß gelesen, das solche Geisteskräfte möglich waren. Warum klappte es nur nicht bei mir? Das Wortwissen allein reichte anscheinend nicht aus. Waren meine Geisteskräfte vielleicht noch nicht genügend geschult?

||1.10||

abhāva-pratyayālambanā vṛttir nidrā ||

Auf Abwesenheit von Vorstellung gründender Zustand ist Schlaf.

abhāva – Nichtsein, Nichtdasein, Fehlen, Abwesenheit.
pratyaya – Vorstellung, Konzept, Idee, Glaube, Annahme.
ālambanā – sich stützen auf; Stütze, Fundament, Grundlage.
vṛttiḥ – Tätigkeit, Zustand, Verhaltensweise, Natur, Wesen.
nidrā – Schlaf.

Zwischen Wachen und Schlafen

Während der Schulzeit schlief ich eine Zeit lang in einem Zimmer mit meinen beiden älteren Geschwistern. Wenn wir das Licht ausgeknipst hatten und schlafen sollten, waren wir allerdings noch putzmunter und unterhielten uns von Bett zu Bett im Dunkeln. Dabei merkte ich oft, wie sich die Wahrnehmung des Raums langsam ausdehnte. Während unsere Betten an gegenüberliegenden Wänden in rund zwei Meter Abstand standen, klangen die Stimmen meiner Geschwister schon bald wie von weit her. Das Bett meiner Schwester schien kilometerweit entfernt zu sein, ihre Stimme hallte durch den Nachthimmel vom Mond herüber, die Stimme meines Bruders kam vom Mars, und ich selbst flog losgelöst vom Erdenball durchs All. Die Stimmen wurden leiser, ferner, schwanden, und irgendwann war alles still und völlig weg ... Erst wenn der Wecker klingelte, lagen wir wieder in dem engen Schlafzimmer.

||1.11||

anubhūta-viṣayāsaṁpramoṣaḥ smṛtiḥ ||

Unvergessener Erfahrungsinhalt ist Erinnerung.

anubhūta – wahrgenommen, erfahren.
viṣaya – Bereich, Inhalt, Sinnesgegenstand.
asaṁpramoṣaḥ – unvergessen, nicht verloren.
smṛtiḥ – Erinnerung.

Ein unvergesslicher Traum

Es war in jenen Nächten, als wir zu dritt in einem Zimmer schliefen, dass ich mich eine Zeit lang immer wieder an denselben Traum erinnerte. Einfach, weil er so rätselhaft, befremdlich und verstörend war: Ich glitt eine Strecke auf glatter Bahn entlang, dann wurde der Weg holprig und ich kam nur stockend voran, bis es plötzlich wieder glatt und flüssig weiterging. In diesem Wechsel von glatt und holprig bewegte ich mich vorwärts bis zu einer großen Gestalt, die vor mir mitten auf dem Weg erschien. Und diese Gestalt – das war das Erschreckende – sah mir täuschend ähnlich, war aber größer und steif und stumm wie eine Puppe. Sie sah blass aus und ihre Augen waren geschlossen, als wäre sie tot.

Dieser immer wiederkehrende Traum ist mir noch heute, rund 65 Jahre später, unvergessen in Erinnerung, als hätte mein unbelebtes, großes Selbst erst gestern vor mir gestanden.

Nachdem Patañjali die fünf Arten von Vrittis, die wir aus dem Alltag kennen, näher definiert hat, erklärt er nun, wie sie beruhigt werden können. Er definiert also zunächst die Begriffe und gibt erst dann die ersten Ratschläge zur Yogapraxis.

||1.12||

abhyāsa-vairāgyābhyāṁ tan-nirodhaḥ ||

Durch Übung und Gelassenheit werden diese beruhigt.

Auch wenn die Funktionsarten des Geistes in der Definition klar unterschieden wurden, so fällt es uns doch oft schwer, Erkenntnis, Irrtum und Einbildung streng auseinanderzuhalten. Wir sehen die Sonne im Osten auf- und im Westen untergehen und könnten daraus folgern, dass sie sich um die Erde dreht. Dennoch ist es keine wahre Erkenntnis, sondern ein Irrtum, eine bloße Vorstellung. Auch bei den vielen, sich widersprechenden Nachrichten im Internet lassen sich *Fakt* und *Fake* oft schwer unterscheiden. Aber das ist im *Yoga* auch gar nicht nötig. Denn laut Patañjali sollen alle fünf Vrittis – selbst Erkenntnis und Erinnerung – beruhigt werden. Sobald der Geist zur Ruhe kommt, ist der Seher ja in seinem Eigenzustand gegründet und schöpft alles gerade notwendige Wissen aus dem Jetzt – durch die Verbindung mit seinem voll erwachten großen Selbst, dessen Führung ihm sogar im Tiefschlaf nicht verloren geht.

abhyāsa – Übung, Wiederholung, wiederholte Anwendung, Gewohnheit.
vairāgya = **virāga** – Gleichmut, Gelassenheit, Nichtverhaftetsein, Losgelöstheit; wörtlich *vi-rāga* begierdelos; *vi-* -los, frei von; *rāga* Farbe, Röte, Besitz, Leidenschaft, Verlangen, Begierde.
tat – das, diese.
ni-rodhaḥ – beruhigen; *ni-* nieder; *rodha* zurückhalten, stoppen.

Übung in Gelassenheit

Abhyāsa heißt Übung, aber auch Gewohnheit, regelmäßig wiederholte Anwendung. Um die geistige Aktivität zur Ruhe zu bringen, sollten wir uns also eine Übung zur Gewohnheit machen und regelmäßig wiederholen. Was könnte das sein? Welche Yogaübungen? Kopfstand, Kerze, Brücke, Atem anhalten und zählen? Da der Geist nicht durch Anstrengung, sondern durch Entspannung zur Ruhe kommt, fügt Patañjali zur Übung auch Gelassenheit hinzu. Denn Anstrengung raubt uns Gleichmut und Gelassenheit.

Wenn wir also in unseren Tagesablauf etwas einfügen wollen, um den Geist zu beruhigen, dann sollte es etwas sein, das wir gerne und ohne Anstrengung tun. Leider wird von vielen selbst ernannten Yoga-Experten dennoch behauptet, wir müssten uns anstrengen, konzentrieren, ständig bemüht sein, den Geist zu kontrollieren. Oft wird *Yoga* als *Joch* übersetzt, mit dem angespannt werde, und deshalb sei Anstrengung im *Yoga* notwendig. Alle diese Behauptungen lassen sich in die oben erwähnte Kategorie *Viparyaya – Irrtum* – einordnen. Patañjali rät genau das Gegenteil: regelmäßige und gelassene Beruhigung des Geistes als erste und wichtigste Übung auf dem Weg des Yoga.

Nur was uns Freude bringt, tun wir gerne regelmäßig: Schaukeln beruhigt den Geist und belebt zugleich.

||1.13||

tatra sthitau yatno'bhyāsaḥ ||

Darin Stillstehen sorgfältig üben.

Die Übung besteht also darin, die geistigen Aktivitäten, die Vrittis, regelmäßig mit Sorgfalt und Gelassenheit zur Ruhe zu bringen.

tatra – da, dort, daselbst.
sthitau – im Stillstand, Stehenbleiben, Verharren, Verweilen; *sthiti* Stillstand; von *sthā* stehen, standhalten, verweilen; ruhen, gegründet sein.
yatna – Streben, Eifer, Sorgfalt; sorgfältig, eifrig.
abhyāsaḥ – Übung, Wiederholung, Gebrauch, Gewohnheit.

Erste Yogaversuche zur Beruhigung des Geistes

Seit Yoganandas „Autobiographie eines Yogi" meine Begeisterung für *Yoga* geweckt hatte, durchstöberte ich als Schüler unsere Landesbibliothek nach Büchern über *Yoga* und probierte alle möglichen Übungen aus. Neben dem Schauen in die Kerzenflamme übte ich mich im langsam zählenden Ein- und Ausatmen mit Atemanhalten, beobachtete nach buddhistischer Art die Bewegung meiner Bauchdecke beim Atmen oder sang indische *Bhajans* mit, wozu ich von einem Jünger Yoganandas eingeladen wurde. Leider hielten alle diese Versuche nicht lange an. Sobald die erste Neugier und Experimentierfreude verflogen war, verlor ich bald die Lust an diesen Pflichtübungen, da ich keine tieferen und bleibenden Wirkungen auf mein Wohlbefinden oder auf die Klarheit meines Denkens feststellen konnte.

||1.14||

sa tu dīrgha-kāla-nairantarya-satkārāsevito dṛḍha-bhūmiḥ ||

**Wer dieses lange Zeit regelmäßig aufmerksam praktiziert,
ist fest gegründet.**

Wir sehen, dass zum Yoga Ausdauer gehört. Aber regelmäßig tun wir nur etwas, wozu wir motiviert sind, weil wir es gerne tun und einen deutlichen Fortschritt oder Vorteil darin erkennen.

sa – das, dieses, so.
tu – aber, dann.
dīrgha – lange.
kāla – Zeit.
nairantarya – ununterbrochen, regelmäßig, in kurzen Abständen.
satkāra – aufmerksam; Sorgfalt.
āsevitaḥ – praktiziert, eifrig geübt.
dṛḍha – fest.
bhūmiḥ – gegründet. Grund.

Ausdauer braucht Erfolgserlebnisse

Als ich kurz nach der Pubertät anfing, über den Sinn des Lebens nachzudenken, war mir schon klar, dass das Leben kein reines Zuckerschlecken war. Zum Beispiel, wenn ich mich aus der Ferne hoffnungslos in ein Mädchen verliebte, ohne den Mut zu haben, es anzusprechen. Ich fühlte mich in ihrer Gegenwart unsicher und gehemmt, verhielt mich tapsig, schämte mich und lief rot an. Dann hätte ich mir gewünscht, durch Yoga mehr Selbstbewusstsein, Mut und Spontaneität zu entwickeln, aber leider ließen die Erfolge so lange auf sich warten, dass ich die Übungen nie lange genug durchhielt.

||1.15||

dṛṣṭānuśravika-viṣaya-vitṛṣṇasya vaśīkāra-saṁjñā vairāgyam ||

Gesehenes, gehörtes Ding des nicht Dürstenden meisternd ist ein Zeichen von Gleichmut.

dṛṣṭa – gesehen, wahrgenommen; von *darś* sehen, erblicken, wahrnehmen.
anuśravika – gehört; von *śru* hören, erfahren, vernehmen.
viṣaya – Ding, Gegenstand.
vitṛṣṇasya – des Begierdelosen, nicht Dürstenden; *vi-* frei von; *tṛṣṇa* Durst, Gier, Begierde.
vaśīkāra – meisternd, bezwingend, dem Willen unterwerfend.
saṁjñā – Zeichen; Bezeichnung; Bewusstsein, Vorstellung; Einverständnis.
vairāgyam – Gleichmut, Gelassenheit, Begierdelosigkeit; *vi-* frei von; *rāga* Begierde, Leidenschaft.

Nur Wunscherfüllung macht uns wunschlos

Gesehenes und Gehörtes sind Sinneseindrücke, die der nicht Dürstende meistert, sobald er den Bewusstseinszustand des Gleichmuts erreicht hat. Manchmal wird dieses Sutra so gedeutet, dass der Yogi lernen müsse, seine Wünsche zu zügeln und im Zaum zu halten. Das widerspricht aber vollkommen sowohl unserer Lebenserfahrung als auch dem, was Patañjali in diesem Sutra sagt.

Überlegen wir einmal, wann ein Mensch keinen Durst mehr hat und wunschlos glücklich ist. Ist sein Durst gestillt, wenn er sich verbietet, etwas zu trinken? Oder ist der Durst gestillt, wenn er genug getrunken hat? Sind wir wunschlos glücklich, wenn wir tausend unerfüllte Wünsche haben, oder wenn unser schönster und tiefster Wunsch gerade erfüllt wurde? Diese einfache Überlegung macht uns deutlich, wovon dieses Sutra handelt: von einem Zustand der Erfüllung, der dadurch entsteht, dass wir fähig sind, all unsere Wünsche zu verwirklichen, sodass wir im Augenblick der Wunscherfüllung wunschlos glücklich sind. Wer gerade genug getrunken hat, den dürstet nicht. Da der Durst aber eine natürliche und lebenserhaltende Funktion unseres Körpers ist, wird der durstlose Zustand selbstverständlich nicht ewig währen. Nach einiger Zeit braucht der Körper erneut Flüssigkeit, und wir werden wieder etwas trinken, um den Durst zu löschen. Auf diese Weise meistern wir alle Sinneseindrücke dadurch, dass wir sie mühelos und ohne lange Zeitverzögerung befriedigen. Nur dann sind wir mit Gleichmut und Gelassenheit gesegnet.

Wer schon einmal in Gegenden war, in denen Menschen starken Mangel leiden, der weiß, dass diese Menschen, eben weil sie ihre Bedürfnisse nicht befriedigen können, innerlich voller unerfüllter Wünsche sind. Der Drang nach Wunscherfüllung brodelt so stark in ihnen, dass sie sogar bereit sind, dafür anderen zu schaden und Verbrechen zu begehen. Sich die eigenen natürlichen Bedürfnisse und Wünsche zu versagen, führt also keineswegs zu Gleichmut und Gelassenheit. Das erkennen wir am leichtesten bei Menschen, die glauben, es gehöre zu einem guten Yogi, sich in „Selbstbeherrschung" zu üben und sich möglichst viele Wünsche zu versagen. Selten werden solche Menschen glücklich sein und ihren Geist zur Ruhe bringen können. Statt Yoga nach Patañjali zu betreiben, machen sie sich das Leben unnötig schwer, indem sie einer falschen Lehre folgen.

Nichtig, vergänglich, eitel ist alles

Kurz nach der Pubertät, als ich anfing, tiefer über den Sinn des Lebens nachzudenken, lief ich in den Pausen oft grübelnd durch den Schulhof und dachte: Wozu ist das alles gut? Wozu soll ich wissen, dass im Jahre 333 bei Issos eine Keilerei stattfand? Das Vollstopfen mit Informationen, die mir im Alltag nicht weiterhalfen, erschien mir vollkommen sinnlos.

Auch die üblichen Gesprächsthemen meiner Mitschüler sagten mir nichts. Weder Fußball, Motorräder noch Autos konnten mich begeistern. Wehmütig suchte ich nach dem tieferen Sinn des Lebens. Und ich liebte den Anfang des Predigers aus dem Alten Testament: *„Nichtigkeit der Nichtigkeiten, sagt Kohelet, nichtig, vergänglich, eitel ist alles. Was hat der Mensch von all seiner Mühe, wofür er sich anstrengt unter der Sonne?“*

Das Streben nach Besitz, Geld und Macht erschien mir vergeblich, denn das war schließlich nicht von Bestand, war nur flüchtiger, durch die Finger rinnender Sand. Mein Abiturthema in Deutsch war Kafkas „Hungerkünstler“, der nichts essen wollte, weil er einfach nichts fand, was ihm schmeckte ...

Glücklich machte mich diese rastlose Suche allerdings nicht. Oft fühlte ich mich wie gelähmt, weil mir jede Motivation zum Handeln fehlte. Das war keineswegs der Gleichmut eines verwirklichten Yogis. Wie also lässt sich dieser Gleichmut, diese ausgeglichene Gemütsverfassung erreichen? Darüber gibt uns das nächste Sutra Auskunft.

||1.16||

tat paraṁ puruṣa-khyāter guṇa-vaitṛṣṇyam ||

Das Höchste durch Selbsterkenntnis ist Freiheit von den *Guṇas*.

Das Höchste, also der Gipfel des Gleichmuts, entsteht durch Erkenntnis des Selbst – *Puruscha*. Ist also mit dem „Nicht Dürstenden“ vielleicht unser wahres Selbst gemeint? Jene Bewusstseinsebene in der Tiefe unseres Geistes, die jenseits aller relativen Bindungen und aller Wünsche ist und die wir erfahren, sobald die *Vrittis* zur Ruhe gekommen sind? Wenn wir den unbeteiligten Beobachter im Inneren, das transzendente Selbst, *Puruscha*, bewusst erfahren und uns damit identifizieren, werden wir unabhängig von den drei *Gunas*, den Wirkkräften *sattva, rajas* und *tamas*, die alles Relative durchdringen.

tat – das.
para – das Höchste.
puruṣa – *Puruscha*, das transzendente Selbst, die Weltseele, die als unbeteiligter Beobachter der gesamten Schöpfung zugrundeliegt.
khyāteḥ – durch Erkenntnis, Einsicht.
guṇa – die drei Wirkkräfte *sattva, rajas* und *tamas* (siehe Glossar).
vaitṛṣṇya – Freiheit von Begehren, Befreiung, Begierdelosigkeit.

Wo finden wir *Puruscha*, das transzendente Selbst?

Die Frage stellt sich nun: Wie erreichen wir dieses Höchste, die Erkenntnis von *Puruscha*, unserem transzendenten Selbst? Wo ist dieses Selbst zu finden? Darauf erhielt ich zum ersten Mal im Herbst 1967 eine Antwort, als mich ein Plakat mit dem Konterfei eines bärtigen Yogi zu einem Vortrag über Transzendentale Meditation einlud, in dem anhand einer Grafik erklärt wurde, wie unsere Gedanken aus der Tiefe unseres Unterbewusstseins wie Luftblasen ins Bewusstsein steigen. An der Oberfläche unseres Wachbewusstseins, wo wir über die Sinne die Außenwelt wahrnehmen, grenzt unser subjektives Bewusstsein an unsere Umwelt, die objektive Welt, die uns umgibt und in der sich unser Körper bewegt. In der Tiefe unseres Geistes aber, wenn die geistige Aktivität vollkommen zur Ruhe kommt, stößt unser subjektives Bewusstsein an die Transzendenz, an Reines Bewusstsein, den Zustand ruhevoller innerer Wachheit ohne Gedanken. Das ist unser wahres Selbst, wo unsere individuelle Seele wieder mit ihrem Ursprung, der kosmischen Weltseele verschmilzt.

Außenwelt

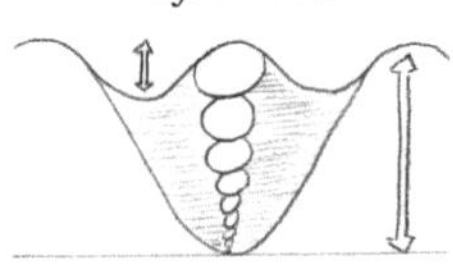

Transzendenz, das wahre Selbst

Maharishi wurde einmal gefragt: „Was ist der Zweck des Wünschens?“

Maharishi über das Selbst und den Zweck des Wünschens

„Fortschritt, Evolution. Wünschen ist nicht Verhaftetsein. Nicht das Wünschen bindet, wie die ganze Welt jahrtausendelang irrtümlich geglaubt hat. Nicht Wünschen bindet, sondern die Unfähigkeit, beim Wünschen das Selbst aufrechtzuerhalten. Wünschen ist die Grundlage der Evolution, denn Wünschen strebt immer nach mehr und mehr. Es ist völlig in Ordnung, dass sich jede Ebene des Lebens nach einer

höheren Ebene sehnt, nach der nächsthöheren Ebene. So ist das Leben! Im Sanskrit gibt es das Wort: Sansâra. Das bedeutet die Welt.

Wörtlich heißt es: Sansârati iti sansârah – Sansâra ist das, was weiter und weiter und weiter geht, auch wenn es sich verändert, aber es geht immer weiter und weiter. Es liegt also in der Natur der Welt, aufgrund von Wünschen immer weiter und weiter zu gehen. Ob man viel erreicht hat oder nicht, immer bleibt der Drang, der Fluss des Lebens Richtung mehr und mehr. Mehr und mehr ist ganz natürlich, es gehört zur Natur. Der gesamte Evolutionsprozess läuft nur aufgrund des Wünschens ab. Nicht das Wünschen bindet also, sondern die Unfähigkeit, unser Selbst in den Wogen des Wünschens zu bewahren.

Wünschen ist erhebend, es beflügelt uns, hebt uns an. Wünschen ist die Grundlage allen Fortschritts. Wünschen führt zur Erfüllung.

Die Ursache für Bindung ist die Unfähigkeit des Selbst, sich selbst zu erhalten. Wenn das Selbst ins Bewusstsein rückt, fängt es an, sich selbst zu erhalten. Solange das Selbst nicht auf der bewussten Ebene ist, kann es nicht aufrechterhalten werden.“ *5

||1.17||

vitarka-vicārānandāsmitā-rūpānugamāt samprajñātaḥ ||

Wortdenken, Feindenken, Glücksgefühl, Ich-Bin –
aus dieser Formfolge: *Saṁpragyāta*.

Auf dem Vortrag über Transzendentale Meditation wurde unser Bewusstsein mit einem Meer verglichen, das an der Oberfläche die bewegten Wellen unseres Geistes, die *citta-vṛttis* zeigt, die sich nicht willentlich beruhigen lassen. Ein Boot, das auf dem Wasser schwimmt, wird von den Wellen unwillkürlich hin und her geschaukelt. Ist das Boot aber mit einer Tauchkugel ausgerüstet, dann können wir die bewegte Oberfläche verlassen und in tiefere Schichten des Meeres eintauchen, wo sich Licht- und Druckverhältnisse verändern und das Wasser stärker in sich ruht. Dort erfahren wir eine Welt von Pflanzen und Tieren, die wir uns an der Oberfläche gar nicht vorstellen konnten. Und tauchen wir noch tiefer bis zum Meeresboden, tritt völlige Ruhe ein und wir erfahren nur noch ruhevolle Wachheit. Das ist der Vorgang des Transzendierens, den Patañjali in diesem Sutra beschreibt.

vitarka – grobes Denken, Überlegen, Vermuten, Sprachdenken; *vi-* zer- Vorsilbe, die Zerteilung bezeichnet; *tarka* Erwägen, Spekulation, Widerlegung.
vicāra – feines Denken, Unterscheidungskraft, Untersuchung, Ahnung, Erforschung; *cāra* Gang, Bewegung, Verfahren, Benehmen, Schwenkung.
ānanda – Glückseligkeit, Glücksgefühl, Wonne; *ā-* die voll geöffnete Mundstellung des A bezeichnet die Fülle, die Ganzheit; *nanda* Lust, Glück.
asmitā – Ichgefühl, Ichbewusstsein; Ich-bin-Heit, *asmi* ich bin; *-tā* -heit.
rūpa – Form, Gestalt, Erscheinung, Aussehen, Farbe.
anugamāt – aus der Folge, Abfolge, Reihenfolge.
saṁprajñātaḥ – genaues Wissen, Wissenheit; *sam-* zusammen, vereint, verbunden; *pra-* vor, fort, weg; *jñā* kundig, kennend, intelligent; *prajñā* einsichtig, verständig, klug, weise; *-taḥ* -heit; *prajñātaḥ* bekannt, verstanden.

Meine erste Meditation: feinere Ebenen des Denkens

Nachdem ich auf dem Vortrag über Transzendentale Meditation zum ersten Mal von einem transzendenten Selbst gehört hatte, das in der Tiefe unseres Bewusstseins zu finden sei, wollte ich dieser Sache auf den Grund gehen. War das bloße Theorie, oder konnte dieses Selbst im Inneren tatsächlich empirisch erfahren werden? Am Ende des Vortrags war eine Postkarte verteilt worden, mit der man um weitere Informationen bitten konnte. Darauf kreuzte ich schließlich das Kästchen an: „Ich interessiere mich für eine Einführung in die Transzendentale Meditation“ und schickte die Karte nach einigen Tagen ab.

Kurz darauf bekam ich die Nachricht, ich solle am Sonntag, den 12. November, um 11 ins Chauseehaus Wiesbaden kommen, um die Technik zu erlernen, und für die Einführungszeremonie ein paar Blumen, süße Früchte und ein weißes Taschentuch mitbringen. Diese Zeremonie hatte der Vortragende erwähnt, und sie war einer der Gründe gewesen, warum ich zunächst gezögert hatte, mich anzumelden. Denn er hatte in seinem leichten Wienerisch hinzugefügt: „A bissl sentimental derf mer wohl sein.“

Das hatte in mir den Verdacht erregt, dass ich irgendeine folkloristische Feier mit schmalzigen Liedern über mich ergehen lassen müsse. Mit ziemlicher Skepsis besorgte ich jetzt also die Utensilien und bereitete mich innerlich darauf vor, Augen und Ohren einfach zu verschließen und die Zähne zusammenzubeißen, bis das sentimentale Getue überstanden sei.

Dieses Bild von Maharishi Mahesh Yogi auf einem Plakat vor dem Wiesbadener Museum lockte mich im Herbst 1967 zu einem Vortrag über Transzendentale Meditation.

Umso freudiger war ich überrascht, dass die Zeremonie ganz anders verlief als befürchtet. Es war keineswegs ein Fest mit Ringelpiez und Anfassen, sondern eine kurze, würdige Andacht mit Rezitation auf Sanskrit. Zunächst sollte ich die Kursgebühr entrichten und einen Fragebogen mit meinen Personalien und den Gründen ausfüllen, warum ich die Meditation erlernen wollte. Ich schrieb: „Um die tieferen Schichten meiner Gefühlswelt zu erforschen." Schließlich erhoffte ich mir mehr Selbstbewusstsein und das Überwinden meiner Schüchternheit, die mich vor allem in der Gegenwart des anderen Geschlechts als ziemlich verklemmt erscheinen ließ. Als Beruf trug ich Kunststudent ein, obwohl ich gleichzeitig schon als Literaturübersetzer tätig war, denn die Studentengebühr betrug damals nur 58 D-Mark.

Mit diesem Fragebogen und den Utensilien für die Feier wurde ich in einen Raum geführt, bei dem die Vorhänge leicht zugezogen waren. Auf einem schmalen Tisch brannte eine Kerze vor einem Gemälde eines anderen Yogi, den ich noch nicht gesehen hatte. Außerdem roch es würzig nach Räucherstäbchen, was mir bereits aus der Hippie-Szene vertraut war, die damals gerade unter Studenten Einzug gehalten hatte.

Ein älterer Herr begrüßte mich auf bayrisch mit „Grüß Gott" und stellte sich als Meditationslehrer vor. Er war aus München angereist, um sich an diesem Wochenende mit den Meditierenden aus dem Rhein-Main-Gebiet zu treffen. „Gratuliere", sagte er, „heute ist Ihr geistiger Geburtstag."

Er ging mit mir den Fragebogen durch, gab mir eine meiner mitgebrachten Blumen in die Hand und bat mich dann, mich neben ihn zu stellen und der Zeremonie einfach zuzuschauen, die er in Dankbarkeit gegenüber der Tradition der Meister ausführen würde, aus der das Wissen von der Integration des Lebens stamme. Das Bild auf dem Tisch stelle Guru Dev dar, den Meister von Maharishi.

Während der kurzen Zeremonie hörte ich zum ersten Mal in meinem Leben Sanskrit und war fasziniert von diesem reinen klaren Klang. Mein Vater hatte mir einmal gesagt, jede Sprache drücke ein eigenes Weltbild aus, worunter ich mir anfangs gar nichts vorstellen konnte. Was war denn überhaupt mit verschiedenen Weltbildern gemeint? Die Welt war doch einfach so, wie wir sie erlebten.

Daher hatte ich in der Schule alle freiwilligen Arbeitsgemeinschaften für Sprachen belegt, war sogar zur Volkshochschule, zu Privatlehrern und zu anderen Schulen gegangen, um möglichst viele verschiedene Weltbilder von Hebräisch über Arabisch, Griechisch, Latein bis Russisch, Englisch, Französisch, Spanisch, Italienisch, Jiddisch und Esperanto kennenzulernen. Dieses Sanskrit aber klang ganz anders: noch älter, noch biblischer, noch ursprünglicher als Althebräisch, was ich bisher als die älteste Sprache betrachtet hatte.

Nach der kurzen Zeremonie bat mich der Meditationslehrer, mich zu setzen, und gab mir ein *Mantra*, das ich leise wiederholen sollte. Das war die zweite Überraschung an diesem Tag. Ich hatte erwartet, dass er jetzt einen Test machen würde, welches Mantra für mich das geeignete sei, denn auf dem Vortrag hatte es geheißen, dass jeder ein spezielles, für ihn geeignetes Mantra bekommen würde. Aber er sagte einfach nur ein Wort und bat mich, es zu wiederholen. Also gibt es anscheinend nur ein Wort, ging es mir durch den Kopf. Die Behauptung mit verschiedenen Mantras ist nur Hokuspokus, nur eine Schutzbehauptung, um das Geschäftsgeheimnis zu wahren.

Alle diese inneren Vorbehalte und Zweifel wurden jedoch schlagartig ausgelöscht, als ich begann, das Wort mit geschlossenen Augen innerlich zu wiederholen, ohne es laut auszusprechen. Denn jetzt geschah etwas vollkommen Neues in meinem Leben: Ich erlebte meine erste bewusste Reise nach innen in feinere Ebenen des Denkens, die ich in meiner Kindheit immer vor dem Einschlafen erfahren aber im Laufe des Älterwerdens längst wieder vergessen hatte.

Erst jetzt, fünfzig Jahre später, nachdem ich viele Jahre selbst als Meditationslehrer gearbeitet, Sanskrit studiert und den *Rik-Veda* neu übersetzt habe, lese ich bei Patañjali endlich die genauen Fachbegriffe für die geistigen Ebenen, die ich in meiner allerersten Meditation nach der Einführung in TM erfahren hatte.

Als ich das Mantra als Klangwort dachte und innerlich wiederholte, war mein Geist noch im normalen Wachbewusstsein auf der Ebene des Wortdenkens: *vitarka.*

Durch das Denken des Mantras wurde mein Geist ruhiger und ich merkte, wie sich das Mantra verfeinerte und seine feste Klangstruktur verlor. Es blieb nur ein feiner, vager Energieimpuls, der meinen Geist durchströmte. Das war die zweite Ebene, das feine Denken: *vicāra.*

Was war mit mir bei dieser Einführung geschehen? Anfangs hatte ich einfach den Klang gedacht, den ich als Mantra erhalten hatte. Aber schon nach kurzem hatte dieser Klang sich verändert, war leiser und feiner geworden, bekam seinen eigenen Rhythmus, fing an, schneller oder langsamer zu pulsieren. Und plötzlich war es nicht mehr nur ein Klang, sondern ein Kraftimpuls, eine magnetische Schwingung, die durch meinen Körper schwang wie ein Pendel, so wie ich es als Kleinkind beim Schaukeln in der Wiege erlebt hatte. Mein Kopf wurde zu einer schwingenden Glocke, und zwischen Stirn und Hinterkopf schwang ein Energieimpuls hin und her ... Oder schwang er durch die Wirbelsäule? Auf und ab vom Scheitel bis zum Steiß? Was geschah mit meinem Körper? Er kam mir vor wie ein Federbett, das von Frau Holle geschüttelt und aufgelockert wurde.

Dann verschwand auch dieser feine Impuls und machte einem Glücksgefühl Platz, einem Gefühl der heiteren Zufriedenheit mit mir selbst und der Welt: *ānanda.*

Und schließlich verlor sich selbst dieses wonnige Gefühl, bis ich nur noch spürte, dass ich bin: *asmitā.*

Ich saß nur noch da und hatte die Umgebung vollkommen vergessen. Alle äußerlichen Daten meines Körpers waren aus meinem Bewusstsein verschwunden. Wo war ich? Wer war ich? Wann war ich? Wie war ich? Was war ich? Und warum? All das war vergessen. Ich wusste nicht, wie groß mein Körper war, in welchem Raum ich saß, in welcher Position ich saß oder lag, wie ich hieß, wie alt ich war, was ich studierte ... Alles war vergessen. Aber etwas anderes war mir voll bewusst: Ich bin! Ich existiere! Ich bin lebendig, bin das Leben selbst. Und eine tiefe Erleichterung durchströmte mich.

Dieses bewusste Durchlaufen und Transzendieren verschiedener Denkebenen während der Transzendentalen Meditation nennt *Patañjali Sampragyata* (die Lautverbindung *jñ* wird im allgemeinen als *gy* gesprochen): mit Denkvorgängen verbundenes *Samadhi.*

Plötzlich musste ich tief einatmen, und dieser tiefe Atemzug brachte mein Bewusstsein wieder zurück in diesen Körper, der hier an einem Sonntag Vormittag in einem kleinen, halb abgedunkelten Hotelzimmer saß, in dem eine Kerze und zwei Räucherstäbchen brannten, die nach Sandelholz rochen.

Maharishis Meister Guru Dev, Bhagavan Swami Brahmananda Sarasvati, Jagadguru Shankaracharya von Jyotir Math. Vor einem Bild von Maharishis Meister fand die Zeremonie statt, bevor ich von meinem TM-Lehrer mein Mantra zum Meditieren bekam.

Wortdenken – *vitarka*
feines Denken – *vicāra*
Glücksgefühl – *ānanda*
Ich bin – *asmita*

= *Saṁprajñāta*

Dann hörte ich die leise Stimme meines Meditationslehrers, der mich bat, die Meditation zu beenden und nach einiger Zeit wieder die Augen zu öffnen.

Maharishi über die Ebenen von Samadhi

Als Maharishi 1971 in Amherst, Massachusetts, zu diesem Sutra befragt wurde, erklärte er:

> *„Alle diese beschriebenen Stufen sind verschiedene Ebenen eurer Erfahrung. Wenn ihr das Mantra aufnehmt, wird der Geist von Augenblick zu Augenblick ruhiger und ruhiger. Alle Zustände von Samadhi, die in den Yoga-Sutras von Patañjali beschrieben werden, erlebt ihr während der Transzendentalen Meditation auf einen Streich.*
>
> *Anfangs denkt ihr das Mantra ganz deutlich auf der groben Denkebene; etwas feiner als die grobe Oberfläche, aber dennoch deutlich das Mantra. Wenn es feiner wird, dann wird die Aussprache vager. Das ist Vitarka. Tarka ist Logik, Unterscheidungskraft. Wir können einen Klang vom anderen unterscheiden. Die Ebene der Unterscheidung ist eine feinere Ebene des Denkens, aber der Gedanke ist noch klar definierbar. √Bei Vicara ist das Mantra nicht mehr deutlich, aber der Geist ist noch auf der aktiven Ebene, er bewegt sich auf einer ganz feinen Denkebene. Das ist diese Ebene von Vicara.*
>
> *Feiner als Vicara ist die Ebene von Asmita. Asmi – Ich bin. Das ist die Ebene der Transzendenz. Ich bin. Asmi-ta – die Ich-bin-Heit.“*
>
> *Und Ananda ist eine Welle davon. Das Ich-Bin dehnt sich aus. Das ist ein sehr schöner Zustand. Ich-Bin ist Individualität, unmittelbares*

Gewahrsein, und diese Individualität dehnt sich aus, und durch die Ausdehnung kommt Ananda, Glückseligkeit oder Glücklichsein in der Ausdehnung der Individualität.“

||1.18||

virāma-pratyayābhyāsa-pūrvaḥ saṁskāra-śeṣo'nyaḥ ||

Anhalten des Denkens vorher geübt: *Samskara*-Rest – der andere.

Dieses *Sutra* verdeutlicht Patañjalis Telegrammstil, der uns zum eigenen Denken anregen soll. *Samskara* ist die Prägung, die ein Eindruck in unserem Nervensystem hinterlässt. Über die Sinne nehmen wir ständig Eindrücke auf, die unser Nervensystem verarbeitet und als Erfahrung abspeichert, damit wir daraus etwas lernen und uns dementsprechend verhalten. Durch die tiefe Entspannung während der Meditation werden Verspannungen, die durch Sinneseindrücke im Nervensystem entstanden sind, wieder aufgelöst. Ein Rest dieser Eindrücke bleibt aber noch in unserem Nervensystem gespeichert.

virāma – Anhalten, Beenden, Ende, Pause.
pratyaya – Denken, Gedanke, Erfahrung.
ābhyāsa – Übung, Gewohnheit.
pūrvaḥ – vorher, zuvor.
saṁskāra – *Samskara*, Eindruck, Nachwirkung.
śeṣaḥ – Rest, das Übrige; übrig.
anyaḥ – anders, der andere.

Ruhevolle Wachheit

Als ich in meiner ersten Meditation mit geschlossenen Augen das *Mantra* in der vorgeschriebenen Weise dachte und mich der Rhythmus des *Mantras* an das Schaukeln in der Wiege erinnerte, tauchten alte Erinnerungen wieder auf. Ich musste an die Schulzeit denken und was mir alles eingetrichtert worden war, und dachte: „Jetzt wird das alles wieder gelöscht, bis mein Kopf frei und unbelastet ist, bis ich wieder mit offenen Augen staunen kann wie ein neugeborenes Kind. Auf geht 's, zurück zur Geburt, die gesamte Erziehung wird gelöscht.“

Natürlich war das reichlich übertrieben. Schließlich hatte ich auch viel Nützliches gelernt: Sprechen, Schreiben, Lesen, Laufen, Fahrradfahren, Rechnen, Zeichnen, Malen ... Gewisse Fähigkeiten sind für das Leben auf der Erde durchaus sinnvoll und lebenswichtig. Ein Rest von Eindrücken ist also unerlässlich. So lange wir in diesem Erdenkörper inkarniert sind, bleibt immer ein Rest von Eindrücken bestehen. Auf Sanskrit heißt das *Lesh-Avidya* (*leśa* Rest, feine Spur; *avidya* Unwissenheit). Das ist die Auswirkung des *Karmas*, das in dieser Inkarnation zum Tragen kommt, also die Nachwirkung vergangener Eindrücke. Wenn wir den Geist zur Ruhe bringen, bis nur noch ein Rest von *Samskaras* übrigbleibt, erfahren wir den anderen Zustand der Wissenheit: Reines, Transzendentales Bewusstsein jenseits der zuvor genannten Denkebenen: den Zustand ruhevoller Wachheit.

||1.19||

bhava-pratyayo videha-prakṛti-layānām ||

Durch Geburt ist der Körperlose mit *Prakṛti* verschmolzen.

Prakriti bezeichnet die aus Erde, Wasser, Feuer, Luft, Äther, Geist, Intellekt und Ego bestehende Natur, also das, woraus unser manifestes Universum oder die Schöpfung besteht. Das Wort *Videha*, der „Körperlose“, hat zu vielen mystischen und teils recht haarsträubenden Deutungen dieses *Sutras* geführt. Im Folgenden meine Auslegung, was mit „*Videha*“ und dem Verschmelzen gemeint sein könnte.

bhava – Geburt, Entstehung, Dasein, Existenz, die Welt.
pratyayaḥ – Ursache, Vorstellung, Überzeugung, Verständnis.
videha – körperlos, vom Körper befreit; *vi-* ohne, -los; *deha* Körper.
prakṛti – Natur, Gestalt, natürliche Form.
layānām – der Verschmolzenen, *laya* verschmelzen.

Das körperlose Selbst

Etwa zur gleichen Zeit, als ich mit Transzendentaler Meditation begann, wurde meine Heimatstadt Wiesbaden von einer anderen Welle überrollt: Ein Hippie war aus Nepal mit einer Perlenkette um den Hals zurückgekommen, an der neben bunten Kugeln aus Holz, Glas und Keramik auch einige schwarzbraune, nach Wald und Erde riechende Kugeln aufgereiht waren, von denen er einige Brösel in ein Shillum stopfte und anzündete. Bei seiner Begrüßungsparty am Abend machte dieses Shillum im „Grünen Salon" die Runde. Nachdem ich daraus meinen ersten tiefen Zug gemacht hatte, breitete sich in mir langsam das Gefühl aus, mein Körper werde schwer und träge wie ein Stein und verschmelze mit der Umgebung, mit dem Sitzkissen unter mir, mit dem Fußboden, dem Haus, der Stadt, und schließlich mit dem ganzen Erdball: Ich war *stoned* und verschmolz buchstäblich mit *Prakriti*, der Natur. Kurze Zeit später machten auch die ersten LSD-Trips ihre Runde. Ich erinnere mich, wie ich mit früheren Schulkameraden durch die nächtlichen Straßen lief und mich wunderte, wieso wir alle in schweren Erdenkörpern herumliefen, die für meine berauschte Nase vor allem nach Schweiß und Urin rochen. Wenn ich den anderen in die Augen sah und das lebendige Leuchten darin erblickte, war deutlich zu spüren, dass unsere Körper von körperlosen Seelen bewegt wurden, und ich stellte mir vor, wie die schweren Körper leblos zu Boden sinken würden, sobald die Seele aus dem Körper entfleuchte. Während mir durch Haschisch das Verschmelzen mit der grobstofflichen Natur bewusst wurde, machte mir LSD bewusst, dass wir im Grunde körperlose Seelen sind, die sich zur Zeit auf dieser Erde inkarniert haben, um bestimmte Erfahrungen zu sammeln.

Sobald sich unser transzendentes, körperloses Selbst, *Puruscha,* durch Geburt inkarniert, verschmilzt es mit *Prakriti*, der Natur. Aus diesem Grunde betrachten wir unseren Körper im allgemeinen nicht als etwas von uns Getrenntes, obwohl unser wahres Selbst körperlos ist und vor und nach dieser Inkarnation auch ohne Körper weiter existiert. Unsere Seele ist nur in diesen irdischen Körper geschlüpft, um mit den fünf Sinnen die Außenwelt wahrzunehmen und mit den fünf Handlungsorganen etwas zu bewirken. Unser Körper ist unser Werkzeug. Sich mit ihm zu identifizieren ist, als würden wir glauben, der Hammer zu sein, mit dem wir einen Nagel in die Wand schlagen. Beim Hammer fällt es uns leicht, den Unterschied zwischen uns selbst und unserem Werkzeug zu erkennen. Beim Körper dagegen unterliegen wir gern der Täuschung, selbst das Werkzeug zu sein. Wir sind aber in Wirklichkeit der körperlose *Puruscha*, der nur für die Dauer seiner irdischen Geburt mit *Prakriti* verschmilzt, die aus Erde, Wasser, Feuer, Luft, Äther, Geist, Intellekt und Ego besteht.

||1.20||

śraddhā-vīrya-smṛti-samādhi-prajñā-pūrvaka itareṣām ||

Vertrauen, Stärke, Erinnerung gehen für andere dem Samadhi-Wissen voraus.

Der körperlose Puruscha lebt bewusst in der Transzendenz, selbst wenn er für die Dauer einer Inkarnation mit der Natur des Körpers verschmilzt. Die anderen aber, die Samadhi noch nicht verwirklicht haben, können Samadhi erreichen, indem sie sich vertrauensvoll an einen Meister wenden, mit Ausdauer die von ihm empfohlenen Übungen ausführen und durch Eintauchen nach innen ihre Er-Innerung beleben, bis sie sich wieder an das Wissen erinnern, das in den tieferen Schichten ihres Unterbewusstseins gespeichert ist.

śraddhā – Vertrauen, Zuversicht, Glaube; Treue, Aufrichtigkeit.
vīrya – Männlichkeit, Tapferkeit; Kraft, Wirksamkeit, Energie.
smṛti – Erinnerung, Gedächtnis.
samādhi-prajñā – *Samadhi*-Wissen.
pūrvaka – früher, vorher, der erste; begleitet von, verbunden mit.
itareṣām – der anderen.

Das Wort *Shraddha* – Vertrauen oder Glaube – mag viele nüchterne Menschen stutzig machen, die mit Glauben nach dem Motto „*Glauben heißt nicht wissen*" nichts zu tun haben wollen. Wir sollten uns aber vor Augen führen, dass wir als soziale Wesen einer arbeitsteiligen Gesellschaft täglich auf Vertrauen angewiesen sind. Wir vertrauen dem Bäcker, dass das Brot nicht vergiftet ist, einfach weil noch niemand daran gestorben ist. Genauso vertrauen wir einem *Yoga*-Meister, wenn wir sehen, dass er auf diesem Weg schon weiter vorangeschritten ist und seinen Schülern hilft, ihren Geist in tiefe Ruhe zu führen, aus der sie gestärkt hervorkommen. Und dieses Vertrauen wird noch mehr gestärkt, wenn unsere eigenen Erfahrungen bestätigen, was der Meister vorausgesagt hat. Durch die Übung der Meditation kommen uns außerdem immer mehr Erinnerungen an vergangene Eindrücke zurück, bis wir uns wieder unseres eigenen transzendentalen Ursprungs bewusst werden und das Wissen aus Samadhi ständig gegenwärtig haben.

Wissen aus Er-Innerung

Nachdem ich das Meditieren erlernt hatte, wurde es bald zu meiner Lieblingsbeschäftigung, mit geschlossenen Augen gemütlich auf dem Sofa zu sitzen, mein *Mantra* zu denken und die erstaunlichen Veränderungen zu beobachten, die sich dadurch in meinem Weltbild ergaben. Immer mehr angelerntes Wissen verlor seine Gültigkeit, mein bisheriges Weltbild kam ins Wanken, wurde brüchig und fiel um, bis sich viele überkommene Werte genau ins Gegenteil verkehrten. Vieles, was ich bisher als selbstverständlich angesehen hatte, drehte sich um und stand plötzlich auf dem Kopf. In mein Tagebuch malte ich eine Skizze, auf der Blumentöpfe kopfüber im Regal standen, und schrieb darunter: „Werte-Umwertung“. Irgendwann stellte ich mir die Frage: „Welcher Standpunkt stimmt? Wer von uns beiden spinnt? Ich oder die Gesellschaft?“

Werte-
Umwertung:

Plötzlich fallen
alle Vasen um.
Alles steht
mit Kopf
nach unten
im Regal.

Diese neuen Einsichten und Erkenntnisse, die durch das Eintauchen in tiefe Stille ganz spontan und ohne Absicht an die Oberfläche kamen, schrieb ich in Tagebuchnotizen, Geschichten und Gedichten auf oder fing sie in Zeichnungen und Bildern ein. Eine Zeichnung zeigte zwei gegenüberliegende Meereswellen, die am Wellenkamm jeweils die andere Welle von außen betrachten konnten. Wenn der Blickpunkt aber innerhalb des Wassers von einer Welle in die andere wanderte, dann wurde die zweite Welle nicht von außen erlebt, sondern ihre Sichtweise wurde von innen begriffen. Das Wasser war für mich eine Analogie für Reines Bewusstsein, das alle Wesen von innen durchdringt und verbindet, und die Wellen waren die Einzelwesen, die sich entweder von außen als getrennte Wesen oder von innen als Einheit erkennen konnten.

Diese und viele andere Einsichten kamen mir, wenn ich mit geschlossenen Augen in die Stille tauchte und meine Gedanken beobachtete, die während der Meditation nach oben stiegen. Und ich kam mir vor wie ein Philosoph, der von Tag zu Tag bahnbrechende Erkenntnisse und Entdeckungen machte.

Etwa ein halbes Jahr später, im April 1968, bekam ich eine Einladung zu einem Wochenendkurs im Spessart, wo ich meinen TM-Lehrer zum ersten Mal wieder traf. Erstaunt hörte ich, wie er erklärte, Maharishi vergleiche das Bewusstsein, das alle Wesen durchdringt, mit einem Meer, das an der Oberfläche Wellen bildet, die sich als Individuum empfinden. Tauchen die Wellen aber in die Tiefe, erkennen sie die untrennbare Verbindung mit allen anderen Wellen. Diese innere Verbindung durch das alldurchdringende Bewusstsein sei die vedische Art der Wissensvermittlung, die stattfinde, wenn der Schüler Vertrauen zum Meister habe und ihm sein Bewusstsein so weit öffne, dass es mit der Bewusstseinsebene des Meisters verschmelzen kann.

Da die meisten Erkenntnisse, die ich im Stillen durch Eintauchen nach innen gewonnen hatte, nun auch äußerlich durch Maharishi bestätigt wurden, entstand in mir ganz automatisch Vertrauen in seine Lehre. Ich merkte, dass in der Versenkung längst vergessene Erinnerungen aufstiegen, die nicht aus diesem Leben stammen konnten, sondern seit Urzeiten in meiner Seele geschlummert haben mussten und langsam wieder erwachten. Ich empfand mich als ein Wesen, dass Jahrtausende geschlafen hatte und jetzt durch Meditation wieder zu seinem vollen Bewusstsein erwachte. Und dieses Bewusstsein schloss nicht nur die begrenzte Sicht meiner jetzigen Inkarnation ein, sondern das gesamte Wissen der Schöpfung, das an der Grenze zur Transzendenz, im Reinen Bewusstsein, gespeichert war und abgerufen werden konnte.

||1.21||

tīvra-saṁvegānām āsannaḥ ||

Den ernsthaft nach Erlösung Verlangenden ist es nahe.

tīvra – eifrig, ernsthaft, stark, heftig, intensiv.
saṁvegānām – den Erlösung Verlangenden, nach Befreiung Strebenden.
āsannaḥ – nahe, in der Nähe.

Bewusstwerdung durch eifriges Meditieren

In den Büchern über *Yoga* hatte ich gelesen, dass für bleibenden Erfolg eine regelmäßige Praxis erforderlich sei. Das Dumme war nur, dass ich alle Übungen bereits nach Kurzem wieder abgebrochen hatte, weil sie zu anstrengend oder zu kompliziert waren oder mir weder Freude noch einen sichtlichen Vorteil gebracht hatten. Mit der Transzendentalen Meditation war die Erfahrung allerdings vollkommen anders. Dieses Eintauchen in bisher nie erfahrene Bereiche meines Unterbewusstseins war nicht nur stärkend und erfüllend, es war auch höchst abenteuerlich, wie beim Meditieren immer neue Geistesblitze aufstiegen und meine Wahrnehmung der Welt grundlegend veränderten.

Einmal sah ich Szenen vor Augen, die mich an frühere Leben erinnerten. Obwohl ich erst 22 war, sah ich mich als Achtzigjährigen neben einer Ehefrau in einem altmodischen Bett liegen.

Der chronologische Ablauf der Ereignisse, der sich üblicherweise wie ein einheitlicher Brei durch den Alltag zog, wurde plötzlich transparent und fächerte sich in verschiedene Ebenen der Wahrnehmung auf: Meine Augen und Ohren nahmen viel intensiver und deutlicher als früher wahr, was um mich herum geschah, was die Leute sprachen, wie sie sich bewegten, dazu die Straßengeräusche im Hintergrund, die vorbeifahrenden Motorräder und Autos.

Aus tieferen Schichten des Bewusstseins stiegen zur gleichen Zeit Erinnerungen aus der Kindheit auf: Der Teergeruch der heißen Straße oder ein bestimmter Pflanzenduft ließen Augenblicke wieder aufleuchten, in denen ich diesen Geruch zum ersten Mal gerochen hatte.

In einer anderen Ecke meines Bewusstseins stiegen philosophische Gedanken und Betrachtungsweisen auf. Ich wurde zum stillen Beobachter des großen Blätterteigs aus Handlungen, Gefühlen und Gedanken, merkte, wie Wünsche, Pläne und Zukunftsvisionen aufstiegen, und konnte es mir oft nicht verkneifen, sogar während der Meditation Stift und Papier zu zücken, um den sprudelnden Bewusstseinsstrom festzuhalten.

Die Zeit, die früher wie ein träger schlammfarbener Strom dahingeflossen war, änderte ihre Geschwindigkeit und rieselte wie feiner Sekundensand durch ein Stundenglas. Die alltäglichen Geräusche erklangen plötzlich wie Musik. Ein Wasserstrahl im Spülbecken zeigte bei genauer Betrachtung die Majestät und Schönheit eines sprudelnden Wasserfalls, ein vorbeituckernder Motor wurde zum Trommelsolo ... Aus dem zähen Brei des Alltags wurde ein knuspriger Blätterteig mit hauchdünnen, sich überlappenden Schichten, die ich alle gleichzeitig wahrnahm: die Sinneseindrücke der gegenwärtigen Außenwelt, die Erinnerungen und Zukunftspläne der Innenwelt, die flüchtige Erscheinungsform der Dinge und ihre zugrundeliegende Natur, die sich im Laufe des Wachstums langsam entfaltete ... In mein Tagebuch schrieb ich:

Und ich falle
durch den Blätterteig,
durch die vielen dünnen
Schichten dessen,
was den Füßen eben noch
als Grund erschien,
als das Dicke,
Unumstößliche,
auf dem sie ruhten,
sicher, felsenfest.[*1]

Durch die Einsichten während der Meditation und die Augenblicke der Stille, in denen ich weder Gedanken noch Mantra dachte und dennoch wach war, interessierte ich mich jetzt auch für indische Philosophie und belegte an der Uni Mainz ein Seminar, das von einem Inder gehalten wurde. Wie enttäuscht war ich aber, als er die Sanskritbegriffe *Atma* und *Brahma* zwar richtig aussprach, aber nur langatmige intellektuelle Erklärungen darüber abgab, denen offenbar jede persönliche Erfahrung von Atma fehlte.

Ich wandte ein, dass man Atma, das Selbst, doch nur durch Selbstversenkung im eigenen Inneren erfahren und erforschen könne, aber davon wollte der Dozent nichts wissen. Damit endete mein Versuch, an einer deutschen Universität Indologie zu studieren, und ich besuchte seine Vorlesung nie wieder. Ein Seminar über Atma ohne die Erfahrung der Transzendenz war für mich reine Zeitverschwendung.

Aber auch mein Studium der Germanistik, Linguistik und Literaturwissenschaft wurde durch das Meditieren eher zweitrangig. Die abenteuerliche Erforschung des eigenen Unterbewusstseins und der erwachenden Erinnerung meines zeitlosen Seelenlebens fand ich weitaus aufregender als die trockenen Vorlesungen in muffigen Hörsälen.

||1.22||

mṛdu-madhyādhimātratvāt tato'pi viśeṣaḥ ||

Schwach, mittel, stark, auch darin liegt der Unterschied.

Es liegt nahe, dass ein starkes Verlangen uns der Befreiung näher bringt als ein schwaches. Heißt das auch, dass wir schneller vorankommen, je intensiver wir meditieren? Meine eigene Erfahrung mag für manche überraschend klingen, aber vielleicht auch heilsam sein.

mṛdu – schwach, mild.
madhya – mittel.
adhimātratvāt – übermäßig, stark; Stärke, Intensität.
tatah – dort, von da her, davon, von diesen.
api – auch, sogar.
viśeṣaḥ – Unterschied, Verschiedenheit, Besonderheit, Eigentümlichkeit.

Das rechte Mittelmaß

Nach meiner ersten Meditation hatte mir mein TM-Lehrer das weiße Taschentuch, das er in der Zeremonie verwendet hatte, mit einer Blume und einem Stück Obst in die Hand gedrückt und gesagt: „So können Sie täglich morgens und abends 20 Minuten meditieren."

Als ich wieder zu Hause war, stellte ich die Blume in eine Vase und hatte das Gefühl, sie sei von einem feinen goldenen Licht umgeben. Auch das Obst und das Taschentuch, in dem sich ein paar Reiskörner aus der Zeremonie verkrümelt hatten, sahen aus, als wären sie geweiht worden und strahlten jetzt den Frieden aus, den ich während der ersten Meditation erfahren hatte.

Damals war ich gerade in eine Mitstudentin verliebt, mit der ich regelmäßig zum Kunststudium nach Mainz fuhr. Einige Tage vor der Einführung in die Meditation war ich zum ersten Mal für einen abenteuerlichen Job nach Jakarta geflogen und hatte mir auf dem Rückflug am Flughafen Singapur zwei schillernde Hemden mit Goldbrokatmuster gekauft, um damit vor dem Mädchen Eindruck zu schinden.

Als ich jetzt nach der ersten tiefen Meditation wieder nach Hause kam, öffnete ich den Schrank, betrachtete die protzigen Hemden und dachte: „So was Affiges! Das passt überhaupt nicht zu mir." Ich warf die nagelneuen Hemden kurzerhand in die Mülltonne und zog wieder den Kamelhaarpulli und die hellbraune Cordhose an, meine schlichte Studenten-Uniform, die ich seit Jahren trug und die meinem Wesen entsprach.

Und weil ich mit dem neu erwachten Selbstbewusstsein so zufrieden war, setzte ich mich gleich ein zweites Mal hin und schloss die Augen, um zu sehen, was das Meditieren noch alles bewirken konnte. Diese Reise nach innen erschien mir weitaus abenteuerlicher als meine erste Überquerung des Äquators. Also verbrachte ich bald auch an der Uni mehr Zeit im stillen Lesesaal als in den staubigen Hörsälen, wo die trockenen Rednerstimmen das Eintauchen ins eigene Bewusstsein erschwerten.

Voller Begeisterung protokollierte ich das Erwachen meines Bewusstseins, die immer feiner und schärfer werdenden Sinneswahrnehmungen und das Erblühen meiner Fantasie. Bald schrieb ich kein Tagebuch mehr, sondern ein Stundenbuch und schließlich ein Minuten- und Sekundenbuch, denn jeden Augenblick geschah etwas, dass ich zu Papier bringen wollte.

Ein guter Freund, der mich ständig Notizen machen sah, bemerkte treffend: „Ich glaube, du bist auch noch stolz auf deinen Mitschreibefimmel."

Ja, ich kam mir tatsächlich als etwas Besonderes vor, einfach, weil so vieles Überraschendes mit mir geschah. Zu dieser Zeit entdeckte ich den Roman „Ulysses" von James Joyce und konnte immer nur wenige Abschnitte lesen, weil mich der darin protokollierte Bewusstseinsstrom anregte, mehrere Tage lang meinen eigenen, immer wacher werdenden Bewusstseinsstrom zu Papier zu bringen.

Eines Vormittags saß ich meditierend auf dem Sofa, und als unsere Haushälterin zum Mittagessen rief, blieb ich einfach sitzen, weil ich den wohligen Zustand des inneren Friedens schlichtweg nicht beenden wollte. Nachdem ich die Meditation beendet hatte, kam ich tief entspannt, aber verspätet zum Mittagstisch, wo mich meine Stiefmutter wütend belehrte, dass man zum gemeinsamen Esstisch pünktlich zu erscheinen habe.

Der unverhofft laute Geräuschpegel und der harte Zusammenprall zweier völlig unterschiedlicher Weltbilder überforderten mein durch die Entspannung aufgeweichtes Nervensystem. Ohne das Essen anzurühren, stand ich auf, ging in den Garten und legte mich zitternd auf die Wiese. Ich kam mir vor wie eine auf den Müll geworfene Sprungfedermatratze voller Löcher, aus denen die Sprungfedern sprangen.

Nach diesem Vorfall rief mein Vater die damalige Kontaktperson für Transzendentale Meditation in Wiesbaden an, Frau Elnain, die mir dringend riet, sie zu besuchen und meine Meditationspraxis überprüfen zu lassen. Also ging ich zu ihr und berichtete stolz von den vielen Anzeichen meines erwachenden Bewusstseins.

Wie enttäuscht war ich allerdings, als die weißhaarige Dame nur sagte: „Keine Bange. Das geht alles wieder vorbei. Sie meditieren einfach viel zu viel und viel zu lange. Ihre Wahrnehmung verfeinert sich zu schnell. Es braucht mehr Zeit, um die neuen Sinnesreize stabil zu verarbeiten. Meditieren Sie ab jetzt nur noch zweimal täglich zwanzig Minuten, wie Ihnen aus gutem Grund bei der Einführung geraten wurde."

Dass sogar die Expertin für Meditation meinen Zustand als krankhaft einstufte, fand ich sehr enttäuschend. Ich fühlte mich unverstanden, verabschiedete mich beleidigt und hatte kein Bedürfnis mehr, meine Meditationspraxis noch einmal überprüfen zu lassen.

Warum erzähle ich das? Weil Patañjali hier auf den Unterschied zwischen schwach, mittel und stark hinweist. Viele eifrige Yogabegeisterte könnten das so auslegen, dass häufiges und langes Meditieren logischerweise schneller zum Ziel führe als eine weniger starke Praxis. Leider ist das bezüglich Transzendentaler Meditation ein Trugschluss: Durch die tiefe Entspannung während der Meditation lösen sich in unserem Nervensystem Stressknoten auf, die unsere Wahrnehmung abgestumpft oder blockiert hatten. Dadurch werden unsere Sinne schärfer und leiten mehr Eindrücke an das Gehirn weiter. Dort müssen diese Reize aber verarbeiten werden, und dazu muss unser Gehirn erst neue Vernetzungen anlegen, die ihre eigene Zeit des Wachstums benötigen. Aus diesem Grund wird empfohlen, TM mit nur 2 x 20 Minuten täglich zu beginnen. Die Flexibilität des Nervensystems sollte einhergehen mit Stabilität. Und Stabilität braucht seine Zeit. Die schnellste Entwicklung liegt bei TM also im goldenen Mittelmaß.

||1.23||

īśvara-praṇidhānād vā ||

Oder durch Hinwendung zu *Ishvara*.

Statt eifrig zu üben gibt es auch die Möglichkeit, sich einfach *Ishvara* zuzuwenden, was im allgemeinen als der „Herr" übersetzt wird. Von der Wortbedeutung heißt es aber auch der „beherrschende Raum", also jene Ebene der Schöpfung, die in der Sprache der modernen Physik als das „Einheitliche Feld der Naturgesetze" bezeichnet wird. Da Menschen unterschiedlich veranlagt sind, gibt es immer mehrere Wege zum gleichen Ziel.

īśvara – fähig sein, Herr, Herrscher, Gebieter; *īś* besitzen, gebieten, herrschen; Gebieter, Herr; *vara* Raum, Umkreis; der beste, vorzüglichste, schönste; *īś+vara* der beste Herrscher; der beherrschende Raum. In Begriffen der modernen Physik: das „Einheitliche Feld der Naturgesetze".
praṇidhānād – durch Hinwendung, Versenkung, Vertiefung; *pra* vor, *nī* führen, *praṇi* hinführen, Hingabe, , *dhā* setzen, stellen, legen, richten auf.
īśvara-praṇidhāna – Ergebung in den Herrn oder Versenkung in den beherrschenden Raum, ins Einheitliche Feld der Naturgesetze.
vā – oder.

Was hat Yoga mit Gott zu tun?

Bisher hat uns Patañjali in die Thematik des Yoga mit Begriffen eingeführt, die eher in den Bereich der Hirnforschung oder der Psychologie passen als in den Bereich der Religion. Jetzt konfrontiert er uns plötzlich mit einem religiösen Begriff, der manchen Wissenschaftler vielleicht eher abschrecken könnte. Warum tut er das?

Ich erinnere mich noch gut an meine Einstellung, die ich als Jugendlicher zu Gott hatte. In der Arbeitsgemeinschaft für Althebräisch, die ich während der Schulzeit besuchte, saß neben mir ein Mädchen, das als Voraussetzung für ein Theologiestudium das Hebraicum ablegen wollte. Mit ihr diskutierte ich öfters über Gott, denn für mich war Gott einfach der Vater der Schöpfung, der es sicher gerne sah, wenn alle seine Geschöpfe glücklich waren. Also bestand für mich die beste Art, Gott für seine Schöpfung zu danken, darin, ein glückliches und erfülltes Leben zu führen. Ich konnte nicht verstehen, warum ich dazu irgendwelche Glaubenssätze und Theorien studieren sollte, die mich bevormunden und mir vorschreiben wollten, was ich zu tun und zu lassen habe.

Ich merkte allerdings schnell, dass mir in der Meditation immer öfters Sprüche und Gleichnisse aus der Bibel bewusst wurden, die für mich auf einmal einen Sinn ergaben. „Das Himmelreich ist inwendig in euch“ oder „die Heimkehr des Verlorenen Sohnes“ konnte ich mit dem Eintauchen in feinere Schichten meines Unterbewusstseins verbinden. Die Heimat meiner Seele war der Bereich meines Unterbewusstseins, wo sich meine Seele als Individuum ursprünglich von der Weltseele, also vom Schöpfer, abgespalten hatte. Wenn mein Bewusstsein wieder zu seinem Ursprung zurückfand, dann entstand ein Gefühl der Heimkehr, und die Zeit vor dieser Heimkehr wurde als eine Odyssee, als eine Irrfahrt durch die Fremde empfunden. Ich selbst war also der verlorene Sohn, der wieder zurückfand in den Schoß der Mutter und den Einklang mit Mutter Natur als Heimkehr empfand.

Als ich im Herbst 1970 zum ersten Mal in Kössen, Österreich, Maharishi begegnete und ihn über Gott reden hörte, war ich anfangs ziemlich befremdet, denn die neutrale Technik der TM hatte nach meinem Verständnis nichts mit Religion zu tun. Im selben Atemzug lud Maharishi aber auch führende Wissenschaftler ein, uns die neuesten Forschungen in ihren Fachgebieten zu erklären, und gab dazu seine Kommentare aus vedischer Sicht. In diesen

Vorträgen erfuhr ich zum ersten Mal etwas über das von Einstein postulierte „Einheitliche Feld der Naturgesetze", den Bereich der Schöpfung, aus dem sich alle Energie- und Materiefelder ableiten lassen.

Unter diesem Gesichtspunkt kann die Wortwahl „Hinwendung zu Ishvara" sowohl in religiösen als auch in wissenschaftlichen Begriffen gedeutet werden: Wenn wir Gott als die letzte Ursache der Schöpfung betrachten, dann nähern wir uns in der Meditation mit unserem Geist dem Ursprung unseres Denkens, also diesem „besten, schönsten, vorzüglichsten Herrscher". Da unser Denken dabei immer feiner wird, nähern wir uns subjektiv derselben Ebene, die in der Naturwissenschaft als die feinste Ebene betrachtet wird, als das „Einheitliche Feld der Naturgesetze".

Nachdem uns Patañjali mit verschieden feinen Ebenen unseres Bewusstseins bekannt gemacht hat, die wir in Samadhi erfahren können, geht er jetzt auf den Grundzustand des Bewusstseins ein und benutzt dazu einen Begriff, der sowohl religiös als auch wissenschaftlich gedeutet werden kann, aber in beiden Fällen denselben Bereich beschreibt: die höchste und letzte Wirklichkeit als Ursprung der Schöpfung.

Wenn wir die Eigenschaften, die dem Einheitlichen Feld von der modernen Physik zugeschrieben werden, mit den Eigenschaften Reinen Bewusstseins vergleichen, stellen wir fest, dass sie identisch sind, und können daraus schließen, dass Reines Bewusstsein letztlich das Einheitliche Feld ist, aus dem sich die ganze Schöpfung mit allen Energie- und Materiefeldern entfaltet. Welche Eigenschaften dieses Reine Bewusstsein in der subjektiven Wahrnehmung hat, wird im nächsten Sutra beschrieben.

||1.24||

kleśa-karma-vipākāśayair aparāmṛṣṭaḥ
puruṣa-viśeṣa īśvaraḥ ||

Von Leid, Karma, Reife und Veranlagung unberührt,
von der Person getrennt ist Ishvara.

kleśa – Leid, Belastung, Elend, Schmerz, Kummer, Ärger, Illusion.
karma – Handlung, Karma.
vipāka – Ergebnis, Folge, Reifung, Handlungsfrucht.

āśayaiḥ – Speicher, Lagerstatt, Sitz der Gefühle und Gedanken, Anlage, Veranlagung, Absicht, Gesinnung.
aparāmṛṣṭaḥ – unberührt.
puruṣa – *Puruscha*, Person, Mann.
viśeṣaḥ – verschieden, getrennt.
īśvaraḥ – Herr, Herrscher, Gott; beherrschender Raum.

Unberührt vom Kummer des kleinen Selbst

Ich erinnere mich noch gut daran, wie befreiend es für mich war, als ich im Herbst 1970 in einem Vortrag von Maharishi zum ersten Mal erfuhr, dass wir in der Tiefe unseres Bewusstseins ein großes, kosmisches Selbst haben, das vollkommen unberührt von den kleinen Nöten und Begrenzungen unserer Persönlichkeit existiert.

Nur aufgrund unserer Verspannungen im Nervensystem ist uns der Zugang zu diesem wahren Selbst versperrt. Diese Verspannungen haben aber nichts mit unserer eigentlichen Natur zu tun. Wenn wir unser wahres Selbst entfalten und leben wollen, dann brauchen wir nur durch regelmäßige Meditation diese Verspannungen aufzulösen, und unsere Talente und Aufgaben entfalten sich ganz von selbst, sodass wir ein glückliches und erfülltes Leben führen können.

Seit diesem Vortrag empfand ich meine Unzulänglichkeiten nicht mehr als mein eigentliches Ich, sondern als etwas Fremdes, das ich wieder von mir abschütteln konnte. Die persönlichen Makel verzieh ich mir, in dem ich ein Auge zudrückte und sagte: „Schließlich bin ich ein Mensch und weder Engel noch Gott. Und als Mensch habe ich das Recht, Fehler zu machen und daraus zu lernen. Hauptsache, die Fehler werden langsam weniger."

Ishvara, der „beste Herrscher" oder der „beherrschende Raum", ist vollkommen unabhängig und unberührt von allen Bindungen, die mit Leid, Handlung, *Karma* und Veranlagung verbunden sind und unsere Persönlichkeit ausmachen. Er ist das Reine Bewusstsein in uns, das nicht den karmischen Einflüssen aus unseren Handlungen unterworfen ist. Ohne dieses Reine Bewusstsein am Grunde unseres Seins könnten wir gar nicht leben, denn es ist die Quelle allen Lebens und aller Lebenskraft.

||1.25||

tatra niratiśayaṁ sarvajña-bījam ||

Dort liegt der unübertroffene allwissende Keim.

Das Reine Bewusstsein in uns, das unsere Gedanken leitet und ihnen Energie und Intelligenz verleiht, ist der Samen der Allwissenheit, der bereits in uns angelegt ist. Wir müssen nur den Weg finden, diesen Samen zu kultivieren und zum Erblühen zu bringen.

tatra – da, dort.
niratiśaya – unübertroffen, im höchsten Maß.
sarvajña – allwissend, Allwissenheit; *sarva* alles; *jña* wissend, verstehend.
bīja – Keim, Samen.

Studium oder Selbststudium?

Als ich die Transzendentale Meditation erlernte, war ich gerade im zweiten Semester, also noch am Anfang meines Studiums. Ich weiß noch, wie ich zum ersten Mal im Bus vom Bahnhof Mainz zur Uni hochfuhr und dachte: „Jetzt wirst du Akademiker und lernst die Gesetze kennen, die hinter der Welt der Erscheinungen liegen."

Leider ließ sich dieser Wunsch durch das Lehrangebot der Uni nicht verwirklichen. Schon bald fühlte ich mich in den Hörsälen am falschen Platz, ich hatte das Gefühl, nur Ersatzwissen über das Leben zu bekommen, aber nicht die wahren Gesetze, die unser Leben bestimmen. Wenn mich jemand fragte, was ich an der Uni gelernt hätte, war meine Standardantwort: „Nescafé" Das war mein Synonym für billigen Ersatz wahrer Lebensweisheit.

Umso mehr war ich begeistert über die Erkenntnisse und Geistesblitze, die mir zu Bewusstsein kamen, wenn ich mit geschlossenen Augen in völliger Stille dasaß und einfach nur nach innen lauschte. Dadurch, dass ich regelmäßig in die Transzendenz eintauchte, entfalteten sich die dort gespeicherten Samenkörner der Allwissenheit ganz von selbst.

Später hörte ich Maharishi davon sprechen, dass wir in der Meditation die Wurzel vom Baum des Wissens wässern, um die Früchte des Wissens zu genießen.

||1.26||

sa pūrveṣām api guruḥ kālenānavacchedāt ||

Er war auch der Alten Lehrer, da zeitunabhängig.

Der Herr, das Reine Bewusstsein in uns, die Transzendenz, ist jenseits von Raum und Zeit und daher keinem zeitlichen Wandel unterworfen. Aus der Transzendenz keimten diese Sutras auf, aus der Transzendenz kamen die Weisheiten der Alten, die in den Sutras zusammengefasst werden, und aus der Transzendenz kommt auch heute wieder das Verständnis dieser zeitlosen Aussage über Yoga.

sa – er.
pūrveṣām – der Alten, der Früheren.
api – auch, sogar.
guruḥ – Guru, spiritueller Lehrer.
kālena – durch Zeit.
anavacchedāt – unabhängig, nicht begrenzt; *an-* un-, *avaccheda* Trennung.

Wissen aus zweiter Hand

Da ich zu Beginn meines Studium bereits Literaturübersetzer war, belegte ich an der Uni Mainz auch Vorlesungen für Literaturwissenschaft. Bald fiel mir auf, dass wir uns vor allem mit Sekundärliteratur beschäftigten und Gedanken über das machten, was andere zu Papier gebracht hatten. Woher aber hatten die Schriftsteller ihr Wissen, die nicht über andere Schriftsteller schrieben, sondern ihre eigenen Ideen zu Papier brachten und die inneren Welten beschrieben, die sich in ihrem eigenen Bewusstsein abspielten?

Also die Welten, die auch ich gerade aus der Versenkung ans Tageslicht förderte und mit Worten beschrieb. Schließlich entschied ich mich, auf eine professionelle Beschäftigung mit Wissen aus zweiter Hand zu verzichten und dafür lieber das zeitlose Wissen zu ergründen, das in der Tiefe meines eigenen Geistes schlummerte. Das Wissen jener Ebene, die Patañjali als Ishvara bezeichnet.

||1.27||

tasya vācakaḥ praṇavaḥ ||

Dessen Ausdruck ist *Pranava.*

tasya – dessen.
vācakaḥ – ausdrückend, bezeichnend, sprechend; Wortsymbol, Ausdruck.
praṇavaḥ – die Silbe *Aum* oder *Om,* die von Mönchen als *Mantra* zum Meditieren verwendet wird ; *pra-* vor, fort; vorzüglich, sehr, prächtig; *praṇa* alt, uralt; *pra-ṇu* brummen, vibrieren; *nava* neu, frisch, jung; Lob, Preis.

Nu? Wie heißt dein Mantra?

Praṇava ist die Bezeichnung für die heilige Silbe Om, die hier stellvertretend für alle Mantras steht, die uns während der Meditation als Fahrzeug nach innen dienen. Als mein Vater mich am 12. November 1967 zur TM-Einführung ins Chausseehaus Wiesbaden fuhr, wartete er im Foyer, bis ich das Meditieren erlernt hatte, und fragte dann: „Nu, wie heißt dein Mantra?"

„Wird nicht verraten", sagte ich. „Das Mantra ist nur zum Meditieren gedacht. Das soll ich für mich behalten."

„Dumme Geheimniskrämerei! Ich weeß es doch längst: Oum, oum, oum."

Er hatte sich bereits vor dem Zweiten Weltkrieg mit Yoga beschäftigt und ging davon aus, dass ich zum Meditieren selbstverständlich das Mantra Om bekommen hätte, das einzige, das damals im Westen bekannt war.

Aber er hatte sich getäuscht. Denn Om ist ein Mönchs-Mantra, das den Lebensweg der Enthaltsamkeit fördert. Wer dagegen aktiv im Leben stehen und die weltlichen Freuden voll genießen will, sollte sich tunlichst davor hüten, mit Om zu meditieren.

Maharishi über unterschiedliche Mantras für Mönche

„Jeder Klang bewirkt etwas im Universum. Manche Klänge machen die Menschen aggressiv, andere machen sie friedlich, manche bewirken, dass sich der Mensch zurückzieht und andere, dass er aktiv wird. Das Wissen darüber ist uns von unseren Meistern der Shankaracharya-Tradition überliefert.

Wir kennen die Wirkung bestimmter Wörter auf bestimmte Menschen. Wenn diese Wörter zur regelmäßigen Meditation benutzt werden, dann treten gute und schöne Wirkungen ein, und der Mensch wird glücklich, zufrieden und zugleich produktiv. [...]

Leider ist der feine Unterschied zwischen einem Klang, der für einen Sannyasi oder Einsiedler geeignet ist, und den Klängen für den Hausvater in Vergessenheit geraten, und dieser Verlust durchzieht die ganze Gesellschaft. [...]

In Indien meditiert man nicht richtig. Die Passivität kommt daher, dass viele Menschen den falschen Klang benutzen, das falsche Medium. Ein Hausvater braucht einen anderen Klang als ein Einsiedler. Jeder Klang erzeugt – in der richtigen Weise benutzt – seine Wirkung in der Atmosphäre. Stille ist die zugrundeliegende, motivierende Kraft der Aktivität.

Wenn Meditation richtig gemacht wird, dann wird der Hausvater aktiver und gleichzeitig friedvoller, kreativer und liebevoller. Und auch der Einsiedler erreicht das, was er sich im Leben wünscht." *6

Wie kommt es aber überhaupt, dass uns ein Klang, den wir im Geist wiederholen, in immer tiefere Bereiche unseres eigenen Bewusstseins führen kann, bis wir den Zustand der Transzendenz, den Augenblick völliger Wachheit bei gleichzeitiger Gedankenstille, bewusst erfahren?

Vielleicht hilft uns dazu der Vergleich mit Telefonnummern oder mit einem Passwort im Internet. Ähnlich wie in unserem Unterbewusstsein finden wir im Internet unendlich viele Bereiche, die ein spezifisches Wissen bergen, das nur dem offen steht, der das zugehörige Passwort kennt und Zugang zu diesem Sperrbereich findet.

Die vedische Tradition der Meister bewahrt sozusagen das Wissen zeitloser Passwörter, die uns den Zugang zu Ishvara öffnen, dem „Herrn" oder dem „beherrschenden Raum" in uns, in dem der Keim der Allwissenheit liegt. Die Zeitlosigkeit dieser Mantras drückt Patañjali durch das Wort *Pranava* aus, in dem die Wörter *prana* – uralt – und *nava* – neu – verschmelzen.

||1.28||

taj-japas tad-artha-bhāvanam ||

Das zu wiederholen erzeugt diesen Zweck.

Das Wiederholen eines Mantras wird hier als Methode empfohlen, die Vrittis, die Bewegungen des Geistes, zur Ruhe zu bringen und Samadhi zu erreichen.

tad – das, dies.
japas – flüsternd, raunend, still wiederholend.
tad – das, dies, diesen.
artha – Zweck, Ziel.
bhāvanam – bewirkend, bildend, erzeugend.

Meditation erfüllt den Zweck von *Yoga*

Nachdem ich mich jahrelang mit Yoga aus Büchern und unbefriedigenden Übungen herumgeschlagen hatte, wiederholte ich jetzt täglich einfach mein Mantra und erfüllte so den Zweck des Yoga, nämlich die geistige Aktivität zur Ruhe zu bringen. Während es immer noch Yogalehrer gibt, die behaupten, man könne Yoga nicht mit Samadhi beginnen, sondern müsse sich zunächst mit Verhaltensregeln und mit Körper- und Atemübungen beschäftigen, bevor man sich der letzten und höchsten Yoga-Disziplin widmen könne, belehrt uns hier Patañjali selbst eines Besseren: Der Zweck des Yoga wird durch Meditation, in der wir ein Mantra wiederholen und damit Samadhi erfahren, erreicht. Warum das so ist, wird im nächsten Sutra erklärt.

||1.29||

tataḥ pratyak-cetanādhigamo'py antarāyābhāvaś ca ||

Dann richtet sich die Wahrnehmung nach innen, und auch Blockaden schwinden.

tataḥ – dann, davon, dadurch.
pratyak, pratyañc – rückwärts, entgegengesetzt, nach innen gerichtet.

cetana – wahrnehmend, bewusst; Bewusstsein, Aufmerksamkeit.
adhigamaḥ – gehend; Auffindung, Erfahrung, Erkenntnis, Studium; *adhi* inwendig, hin zu, nach; *gama* gehend, Weg.
api – auch, sogar.
antarāya – Hindernis, Blockade.
abhāvaḥ – Verschwinden, Vernichtung, Abwesenheit.
ca – und.

Die Entdeckung der Innenwelt

Als Kleinkind in der Wiege hatte ich die Erfahrung gemacht, dass die Innenwelt, die ich mit geschlossenen Augen wahrnahm, entweder hell oder dunkel sein konnte. Mit dem Älterwerden war das innere Licht, das ich vor dem Einschlafen durch Schaukeln herbeigeführt hatte, immer seltener geworden und schließlich völlig verschwunden. Wenn ich als Jugendlicher die Augen schloss, war es wie bei den meisten Menschen einfach dunkel geworden. Die sichtbare Welt fand vor offenen Augen statt. Sobald ich die Augen schloss, wurde es dunkel. Das änderte sich jedoch wieder, als ich anfing zu meditieren.

Ganz allmählich kehrte die Erinnerung an meine kindlichen Himmelsbesuche zurück, und ich lernte wieder, meine innere Welt wahrzunehmen. Bald wurde die innere Welt strahlender und heller als die vom Sonnenlicht beschienene Außenwelt. Und durch diese märchenhaften Reise durch die eigene Innenwelt wurden mir nach und nach nicht nur viele Gleichnisse von Jesus klar, sondern auch die Bedeutung vieler Märchen, die ich als Kind nur als wundersame Geschichte gehört hatte. Allmählich wurde mir bewusst, dass viele Märchen nichts anderes sind als eine genaue Beschreibung der Reise nach innen, bei der rein abstrakte Bewusstseinsprozesse wie im Traum als anschauliche Seelenbilder mit archetypischen Figuren und Landschaften erlebt werden. Und es ist kein Zufall, dass ich genau eine Woche nach Erlernen der Meditation mein erstes Märchen schrieb.

Aber wie war das möglich? Was geschah in meinem Nervensystem, dass nicht nur meine äußeren Sinne schärfer und feiner wurden, dass ich besser riechen, sehen, hören konnte, sondern dass auch meine inneren Sinne wieder erwachten? Das innere Auge, das innere Ohr, die Innensinne, mit denen wir unsere Gedanken, Träume und Vorstellungen wahrnehmen.

Diese deutlicher werdende Wahrnehmung der Innenwelt ist eine Folge der Auflösung von Verspannungen, die unsere inneren Sinne blockiert haben. Jede Überreizung der Sinne durch zu starke Eindrücke, durch Schock oder Stresssituationen hinterlässt ihre Spur in unserem Nervensystem und bildet Knoten, strukturelle oder chemische Veränderungen, die den reibungslosen Informationsfluss unserer Sinneswahrnehmung bis zur Verarbeitung im Gehirn blockieren.

Durch tiefe Ruhe lösen sich diese Verspannungen wieder auf, und unsere Wahrnehmungsfähigkeit verfeinert sich. Wir nehmen nicht nur die grobstoffliche Materie wahr, sondern auch feinere Schwingungen, Gefühle, Stimmungen, eine Änderung der Atmosphäre je nachdem, ob ein lichtvolles, harmonisches Wesen oder ein dunkler, tief zerstrittener und unzufriedener Geist die Szene betritt.

Dieses Sutra beschreibt also nicht nur die Verfeinerung der Wahrnehmung durch Samadhi, sondern auch die Auflösung von Stress im Nervensystem, die zur besseren Wahrnehmung unserer Innenwelt führt.

||1.30||

vyādhi-styāna-saṁśaya-pramādālasyāvirati-bhrānti-darśanā-labdha-bhūmikatvānavasthitatvāni citta-vikṣepās te'ntarāyāḥ ||

Krankheit, Trägheit, Zweifel, Nachlässigkeit, Faulheit, Ausschweifung, Missverständnis, Nichterreichen der Ebenen, Unbeständigkeit, Geistesablenkungen: Dies sind die Hindernisse.

Hier werden die Hindernisse genannt, die uns davon abhalten, den Geist zu beruhigen und Samadhi zu erfahren. Immer wieder gibt es Menschen, die in einem lichtvollen Augenblick beginnen zu meditieren, aber irgendwann wieder aufhören, weil die äußeren Lebensumstände sie dazu zwingen oder weil sie vom Charakter her nicht genug Ausdauer oder nicht genug Wunsch nach Befreiung haben, oder weil sie falsche Erwartungen nicht erfüllt sehen, keine Erfolge erkennen können oder durch andere Sinneseindrücke abgelenkt werden. Wer aus derartigen Gründen wieder aufhört zu meditieren, behindert damit seinen Weg des Yoga und blockiert die Erfahrung von Samadhi. Auch ich hatte eine Phase, in der ich aufgehört hatte zu meditieren.

vyādhi – Krankheit.
styāna – Trägheit, Grobheit, Apathie, Steifheit, Sturheit.
saṁśaya – Zweifel, Bedenken, Ungewissheit; Gefahr.
pramāda – Rausch, Trunkenheit; Nachlässigkeit, Fahrlässigkeit.
ālasya – Faulheit, Schlaffheit, Trägheit, Kraftlosigkeit.
avirati – das Hängen an Sinnesobjekten, Ausschweifung, Zügellosigkeit.
bhrānti-darśana – irrtümliche Wahrnehmung; *bhrānti* Verwirrung, Unsicherheit, Irrtum; *darśana* Wahrnehmung; sehen, erleben, prüfen.
alabdha-bhūmikatva – Nichterreichen der Stufe; *alabdha* unerreicht; *bhūmikā* Stufe, Grad, Ebene; *-tva* -heit.
anavasthitatva – Unbeständigkeit; *an-* un-; *avasthita* fortführen, verfolgen, befolgen, ausführen, sich hingeben; zielgerichtet, fest, entschlossen.
citta-vikṣepāḥ – Geistesablenkungen: *citta* Geist, Gemüt, Denken, Wille; *vikṣepāḥ* Ablenkungen, Zerstreutheit, Hinwerfen, Hin-und-Herbewegen.
te – diese.
antarāyāḥ – Hindernisse, Unterbrechungen.

Meditation abgebrochen

Im Herbst 1967 stürmten in kurzer Folge drei Einflüsse auf mich ein, die meinem Leben jeweils eine andere Wendung gaben. Da ich als junger Sucher die Welt kennenlernen und erforschen wollte, egal, auf welche abenteuerliche Weise, ließ ich mich waghalsig auf alles ein, was meinen Weg kreuzte. Die trockenen Vorlesungen an der Uni brachten mir leider nicht die Einblicke in die zugrundeliegenden Gesetze der Natur, die ich mir vom Studium erhofft hatte, und so tat ich alles, um „das echte Leben" kennenzulernen

Das Erste war eine abenteuerliche, nicht ganz legale Möglichkeit, durch kurze Reisen in verschiedene Kontinente schnell zu Geld zu kommen. Das zweite war die Heimkehr eines Hippies aus Nepal mit der bunten Halskette voller Haschischkugeln, die er uns in einem Shillum kosten ließ. Und das dritte war der Vortrag über Transzendentale Meditation.

Am Tag nach dem TM-Vortrag fuhr ich mit einem Kumpel nach Bonn, wo wir uns ein Visum für Indonesien besorgten, und ich erklärte ihm im Zug begeistert, dass unser subjektives Bewusstsein nicht nur an der Oberfläche des Wachbewusstseins eine Grenze hatte, wo es an die objektive Außenwelt grenzt, sondern auch in der Tiefe, wo es an die Transzendenz stößt, an Reines Bewusstsein, den Zustand innerer Wachheit ohne Gedanken. Noch heute sehe ich, wie er mir im Zugabteil gegenübersaß und ungläubig den Kopf schüttelte. „Und so einen Bären hast du dir aufbinden lassen?“

Nach meinem ersten Jakartaflug mit Zwischenstopp in Bangkok hatte ich im November die Transzendentale Meditation erlernt, und mein abenteuerlicher Reisejob gab mir die Gelegenheit, mein erwachendes Bewusstsein in lebendigen Reisebeschreibungen auszudrücken. Bis diese Reisetätigkeit ein Jahr später abrupt beendet wurde: Im Oktober 1968 wurden am Flughafen Manila innerhalb eines Tages sieben deutsche und libanesische Goldschmuggler geschnappt. Einer davon war ich!

Und damit rutschte ich in ein Milieu ab, in dem ich völlig vergaß, regelmäßig zu meditieren. Andere Dinge drängten sich vor: das Leben in teuren Hotels mit käuflichen Damen, die Besuche verbotener Spielcasinos, die Gespräche mit den Verteidigern, die täglichen Vernehmungen beim Untersuchungsrichter, das Verfolgen der Presseberichte über die „Seven golden boys and girls“, die heimliche Erkundung möglicher Fluchtwege und das Kennenlernen einer „juristischen Wahrheit“, die mit der Wahrheitsfindung tatsächlicher Ereignisse, die ich bisher für selbstverständlich gehalten hatte, nur sehr geringe Überschneidungen aufwies.

Als ich nach gelungener Flucht endlich wieder zu Hause ankam, war dort inzwischen die Drogenwelle voll im Gange, und ich begann, mit Haschisch, LSD und Meskalin unterschiedliche Wahrnehmungsebenen zu erforschen. Erst im Herbst 1970 fand ich durch einen Kurs mit Maharishi in Kössen, Österreich, wieder zur regelmäßigen Meditation zurück.

Das waren meine persönlichen Hindernisse, die mich abhielten, nach innen zu tauchen und Samadhi zu erfahren. Es reicht also ein einziger der von Patañjali aufgezählten Faktoren. In meinem Falle waren es Nachlässigkeit, Ausschweifung, Unbeständigkeit und Geistesablenkungen.

||1.31||

duḥkha-daurmanasyāṅgam-ejayatva-śvāsa-praśvāsā
vikṣepa-sahabhuvaḥ ||

Schmerz, Verstimmung, Gliederzittern, schnaufendes Atemholen begleiten die Ablenkung.

Anders als im vorigen Sutra werden hier nicht die Hindernisse genannt, die die Erfahrung von Samadhi verhindern, sondern Symptome der Ablenkung, die während der Meditation auftreten können. Wer diese Begleiterscheinungen falsch deutet, kann an der Richtigkeit seiner Meditationspraxis zweifeln und wieder aufhören, sodass sie tatsächlich seinen Weg zu Samadhi behindern. Wer die psychosomatischen Vorgänge während der Meditation jedoch verstanden hat, der lässt sich durch diese Begleiterscheinungen nicht beirren und meditiert einfach regelmäßig weiter.

duḥkha – Unbehagen, Schmerz, Leiden.
daurmanasya – Trübsinn, Mutlosigkeit, Verstimmung, Verzweiflung.
aṅgam – Glied des Körpers.
ejayatva – das Erzittern; *ejaya* zittern, zucken, bewegen, erzittern lassen.
śvāsa – Zischen, Schnaufen, Keuchen, Hecheln, Seufzen.
praśvāsā – Einatmen, Atemholen.
vikṣepa – Ablenkung der Aufmerksamkeit, Zerstreutheit.
sahabhuvaḥ – begleiten, Begleiterscheinung.

Symptome der Stresslösung

Im November 1971 fuhr ich nach Mallorca, um unter Maharishis Leitung acht Monate lang intensiv zu meditieren und zum Meditationslehrer ausgebildet zu werden. Am ersten Tag, als ich ankam und im Hotelzimmer die Augen schloss, zeichnete ich nach der Meditation zwei Skizzen in mein Tagebuch. Durch meinen abenteuerlichen früheren Job hatte ich den Globus als kleine, durchs All fliegende Kugel mit unterschiedlich heißen und kalten Klimazonen kennengelernt. Und ich sah mich immer der Nase nach über den Erdball spazieren wie der Kleine Prinz über seinen Planeten.

Ich malte mich, wie ich „immer der Nase nach" rund um den Globus lief. Daneben malte ich ein zweites Bild. Darauf saß ich mit geschlossenen Augen im Lotussitz auf dem Globus und versenkte mich senkrecht nach innen. Darunter schrieb ich: „Jetzt nicht mehr der Nase, sondern der Wonne nach."

Jetzt sollte also das große Abenteuer der Reise durchs eigene Bewusstsein bis zum Licht am Ende des Tunnels beginnen. Ich durfte nur nicht auf halbem Wege steckenbleiben und den Kontakt zur Außenwelt verlieren.

Immer der Nase nach

Immer der Wonne nach

Was würde geschehen, wenn ich in irgendeiner halluzinierten Welt steckenbliebe und mich so sonderbar verhielte wie auf meinem ersten, viel zu starken LSD-Trip? Zum Glück geschah diese intensive Reise nach innen, durch den Wechsel von Yoga-Asanas, Atemübungen und Meditation unter der sachkundigen Anleitung eines Meisters, der alle Symptome, die dabei auftreten konnten, kannte und genau erklären konnte.

Wenn der Geist in feinere Stadien des Denkens eintaucht, die mit tieferer Ruhe verbunden sind, kommt automatisch auch die körperliche Aktivität zur Ruhe. Dadurch lösen sich im Nervensystem Verspannungen auf, die durch frühere Erlebnisse entstanden sind. Dabei können die Empfindungen und Erlebnisse, die seinerzeit die Verspannungen hervorgerufen haben, wieder hochkommen und ins Bewusstsein rücken.

Schmerz, Verstimmung, Gliederzittern, schnaufendes Atemholen – all diese Erscheinungen treten auf, wenn Geist und Körper tiefe Entspannung erfahren und sich Verspannungen im Nervensystem lösen. Das Eintauchen in die Stille wird dabei zwar kurzfristig unterbrochen, aber diese Zeichen sind kein Grund zum Abbrechen der Meditation.

Schmerz: Öfters wachte ich morgens mit stechenden Rückenschmerzen neben dem Schulterblatt auf, sodass ich mich kaum bewegen konnte. Da hatten sich Verspannungen in der Rückenmuskulatur gelöst, die einige Tage brauchten, bis sie sich an die neue Lockerheit gewöhnt hatten. Maharishi riet uns bei aufkommenden Schmerzen, die Empfindung nicht zu verdrängen, sondern im Gegenteil die Schmerzempfindung bewusst wahrzunehmen und die Aufmerksamkeit in die schmerzende Körperstelle wandern zu lassen, den Schmerz als ein Signal zu verstehen, das besondere Aufmerksamkeit erforderte. Und tatsächlich: Wenn ich den Schmerz nicht verdrängte, sondern die Empfindung bewusst in mich aufnahm, war das Gefühl nicht mehr schmerzhaft, sondern wurde als besonders intensive Körperwahrnehmung empfunden, die zwar seltsam, aber nicht unangenehm war und mich besonders wach rief. Und vor allem: Schon nach kurzer Zeit wurde die Empfindung schwächer, bis der Schmerz völlig verschwunden war und sich ein wohliges Gefühl der Erfrischung und Entspannung an dieser Körperstelle breitmachte.

Verstimmung: Manchmal traten beim Auflösen von Verspannungen auch die längst vergessenen oder verdrängten Erlebnisse wieder zutage, die sie ausgelöst hatten: die Trauer nach einer Enttäuschung, die Angst in einer Gefahrensituation, die Wut nach heftigem Streit, all das kam kurzfristig wieder an die Oberfläche, während sich der Stress im Körper auflöste. Eine tiefsitzende Stresslösung konnte durchaus dazu führen, dass das Gefühl auf die gegenwärtige Situation und auf völlig unschuldige Mitmenschen projiziert wurde. Eine Kursteilnehmerin drückte das so aus: „Ich entstresse im Augenblick auf jede Fliege an der Wand, selbst wenn gar keine Fliege da ist, selbst wenn gar keine Wand da ist."

Gliederzittern: Auch Gliederzucken tritt öfters auf, wenn sich Verspannungen lösen, wenn sich jahrelang verkrampfte Muskeln in tiefer Entspannung entkrampfen, oder wenn die Lebensenergie vom Steiß durch die Wirbelsäule nach oben steigt und den ganzen Körper erzittern lässt. Wir lassen dieses Gliederzucken oder -zittern einfach geschehen und begrüßen es als Zeichen, dass die Entspannung ihre Wirkung zeigt. Manche Kursteilnehmer, bei denen sich tiefsitzende Verspannungen lösten, machten in rhythmischen Abständen bestimmte Armbewegungen, die an indische Tanzfiguren erinnerten, bis sich der Stress gelöst hatte.

Schnaufendes Atemholen: In tiefer Entspannung verlangsamt sich unser Stoffwechsel, wodurch der Atem flacher und ruhiger wird, bis er für längere Zeit fast zum Stillstand kommen kann. Sobald sich in dieser tiefen Ruhe wieder ein Stress löst und die geistige und körperliche Aktivität anregt, müssen wir dann plötzlich tief einatmen, da der Stoffwechsel wieder in Gang kommt. Auch die Energie, die wir aus der Stille tanken, kann den Körper so stark durchströmen, dass wir heftig schnaufen oder hecheln müssen. Jeder kennt das tiefe Atemholen, wenn wir erleichtert aufatmen.

Wer den systematischen Einführungskurs für Transzendentale Meditation besucht hat, der weiß, dass solche vorübergehenden Ablenkungen zu erwarten sind, lässt sie geschehen und taucht erneut in tiefe Stille ein.

||1.32||

tat-pratiṣedhārtham eka-tattvābhyāsaḥ ||

Dem vorzubeugen: die eine Wahrheit wiederholt üben.

tat – das.
pratiṣedha – Beseitigung, Vorbeugung, Abwehr, Aufhebung.
artham – Zweck, Ziel, um zu.
eka – eines.
tattva – Wirklichkeit, Wahrheit, Wesen.
abhyāsaḥ – Übung, Wiederholung, wiederholte Anwendung.

In diesem Sutra wird uns geraten, uns durch die Ablenkungen nicht irritieren zu lassen, das große Ziel im Auge zu behalten und die regelmäßige Praxis nicht abzubrechen.

Dazu ist es ratsam, eine feste Routine einzuhalten, in der man täglich seinen Fokus auf die eine große Wahrheit richtet. Das können feste Meditationszeiten sein oder eine feste Zeit für Yogaübungen oder für vedische Lektüre, auf jeden Fall etwas, das durch tägliche Wiederholung zur Routine wird, sodass sich Körper und Geist daran gewöhnen und weniger anfällig gegen Hindernisse werden, die den Yoga-Weg blockieren könnten.

||1.33||

maitrī-karuṇā-muditopekṣaṇāṁ sukha-duḥkha-puṇyāpuṇya-viṣayāṇāṁ bhāvanātaś citta-prasādanam ||

Freundlichkeit, Güte, Glücklichsein der Ausgeglichenen in Glück und Leid, in guten und bösen Umständen zu entwickeln, beruhigt den Geist.

maitrī – Freundlichkeit.
karuṇā – Güte, Mitgefühl.
muditā – Glücklichsein.
upekṣaṇām – der Ausgeglichenen.
sukha – angenehm, glücklich, Freude, Wohlbehagen, Lust.
duḥkha – Leid, Unglück, Unbehagen, unglücklich.
puṇya – tugendhaft, recht, angenehm, Tugend.
apuṇya – untugendhaft, unrein, böse.
viṣayāṇām – der Bereiche, Erscheinungen.
bhāvanātaḥ – kultivieren, entwickeln.
citta – Geist.
prasādanam – klärend, klarmachen, reinigen, beruhigen, besänftigen.

Unser Verhalten wird ausgeglichener, wenn wir durch Meditation den Geist beruhigen. Freundlichkeit, Mitgefühl und eine heitere Natur entfalten sich dann ohne besonderes Augenmerk ganz von selbst. Diese Eigenschaften lassen sich durch die Technik des *Sanyama* unterstützen (siehe *Sutra* 3.23).

||1.34||

pracchardana-vidhāraṇābhyāṁ vā prāṇasya ||

Auch ausatmen und anhalten des Atems.

Wir können unseren Geist auch beruhigen, indem wir einmal tief ausatmen und den Atem eine Weile anhalten. Dabei beruhigt sich automatisch der Stoffwechsel. Wenn der Körper zur Ruhe kommt, beruhigt sich auch der Geist. Das machen wir oft ganz spontan, wenn wir etwas Aufregendes erlebt haben und wieder befreit aufatmen.

pracchardana – ausatmen.
vidhāraṇābhyām – durch anhalten.
vā – oder.
prāṇasya – des *Pranas*, des Atems.

||1.35||

viṣayavatī vā pravṛttir utpannā manasaḥ sthiti-nibandhanī ||

Auch ein Gebiet fortschreitend erforschen bewirkt des Geistes feste Bindung.

viṣayavatī – Gebiet erforschend; *viṣaya* Gebiet, Thema; *vat* verstehen, begreifen; *vati* fragen, erbeten.
vā – auch, oder.
pravṛttiḥ – fortschreiten, hervortreten, bestreben.
utpannā – entstanden, geboren, hervorgebracht.
manasaḥ – des Geistes.
sthiti – standhaft, fest, feststehend, Festigkeit.
nibandhanī – anbinden, festbinden, Band, Fessel.

Wir sehen, dass es gar nicht schwer ist, den Geist zur Ruhe zu bringen und an etwas zu binden, sobald wir ein Gebiet gefunden haben, das uns fesselt. Für die meisten Menschen ist das ihr Hobby, mit dem sie sich stundenlang beschäftigen können, ohne zu merken, dass die Zeit wie im Fluge verstreicht. Ob Briefmarkensammeln, Schach, Tennis, Tanzen, Fußball oder das Enträtseln von *Patañjalis* kryptischem *Sutra*-Stil; was immer unsere Aufmerksamkeit anzieht und längere Zeit bündelt, dient als Methode zur Beruhigung des Geistes.

Ein Thema kontinuierlich erforschen

Ich selbst merke gerade, wie die Unruhe meines Geistes bei der Überlegung, was ich heute erledigen will, durch die kontinuierliche Beschäftigung mit dem Yoga-Sutra völlig verflogen ist. Meine Hauptaufgabe ist zur Zeit nichts anderes, als das jeweils nächste Sutra zu lesen, die Sanskritwörter auf ihre Bestandteile zu analysieren und mich zu fragen, welche sinnvolle Botschaft ich darin finden und aus Erfahrung bestätigen kann. Durch dieses

Sutra wird mir gerade bewusst, wie dankbar ich bin, eine derart sinnvolle Aufgabe entdeckt zu haben, die meinen Geist vollkommen zufrieden stellt und beruhigt, sodass ich keine weitere Zerstreuung brauche. Dieses Sutra bereitet uns auch auf *Dharana* vor, die in Sutra 3.1 beschriebene Bindung des Geistes an einen Bereich, um Yogakräfte, die sogenannten Sidhis, zu verwirklichen.

||1.36||

viśokā vā jyotiṣ-matī ||

Sorgenfrei auch voll inneren Lichts.

Wenn wir das Licht spüren, das in unserem Herzen brennt und unseren Geist von innen her erleuchtet, dann sind wir sorgenfrei, denn wir werden voller Gottvertrauen von innen her geführt. Diese Erfahrung beschrieb König David sehr schön im Alten Testament in Psalm 23.4 mit den Worten: *„Und ob ich schon wanderte im finstern Tal, fürchte ich kein Unglück; denn du bist bei mir, dein Stecken und Stab trösten mich."*

viśokā – frei von Kummer und Sorge.
vā – oder, auch.
jyotiṣ-matī – lichtvoll; *jyotis* (inneres, himmlisches) Licht; *mat* voll, erfüllt.

||1.37||

vīta-rāga-viṣayaṁ vā cittam ||

Wunschloser Bereich auch der Geist.

Das innere Licht ist eine von vielen Wahrnehmungen, die uns sorgenfrei machen. Eine andere Wahrnehmung ist es, wenn wir uns rundum wohlfühlen, zufrieden sind und das Gefühl haben, „wunschlos glücklich" zu sein. Auch dann hat der Geist keinen Grund, ständig zu wandern und nach Glück zu suchen. Der Zustand der Wunschlosigkeit beruhigt den Geist. Die Frage ist nur, wie wir diese Wunschlosigkeit in unserem Geist erreichen.

vītarāga – wunschlos, begierdefrei; *vīta* begehrt, beliebt; vergangen, fehlend; schlicht; *rāga* Farbe, Reiz, Leidenschaft, Verlangen, Liebe, Freude.

viṣayam – Bereich, Reich, Sachgebiet, Fach, Wirkungskreis, Objekt.
vā – auch, oder.
cittam – Geist.

Die Biene sucht Nektar

In Indien wird der unruhige Geist mit einer Biene verglichen, die auf der Suche nach Nektar von einer Blüte zur nächsten fliegt. Sobald die Biene aber einen Blütenkelch mit Nektar gefunden hat, verweilt sie an der Quelle des Nektars. Genauso ist unser Geist ständig auf der Suche nach Glück. Er wird vom Glück angezogen. Glücklicherweise sind die feineren Bereiche des Geistes mit größerem Glück verbunden und energievoller als das grobe Denken an der Oberfläche. Sobald wir dem Geist die Möglichkeit geben, nach innen zu tauchen, tut er dies aufgrund seiner natürlichen Neigung ganz von selbst. Auf dieser natürlichen Tendenz des Geistes zum Angenehmen hin beruht die Wirkungsweise der Transzendentalen Meditation.

Das anstrengungslose geistige Wiederholen des Mantras öffnet unserem Geist das Tor nach innen, sodass er ganz von selbst von den angenehmeren Bereichen des Bewusstseins im Inneren angezogen wird, bis er seinen eigenen Ursprung, die Quelle des Denkens erfährt: Transzendentales Bewusstsein, Samadhi, wo er vollkommen zur Ruhe kommt. Der Erfolg dieser Meditationsmethode beruht also auf ihrer Anstrengungslosigkeit. Der Geist kommt zur Ruhe, weil wir ihm während der Meditation keinerlei Vorgaben machen, keinerlei Wünsche oder Suggestionen, kein Thema zur Konzentration oder Kontemplation vorgeben. Wir denken nur den Klang unseres Mantras und erfahren, wie sich dieser Klang verfeinert und immer vager, leiser und transzendenter wird, bis er sich völlig verflüchtigt und wir weder das Mantra noch einen Gedanken denken. In diesem Zustand der Transzendenz ist unser Geist völlig zur Ruhe gekommen und „wunschlos glücklich".

||1.38||

svapna-nidrā-jñānālambanaṁ vā ||

Oder Traum-Schlaf-Wissen erhalten.

svapna – Schlaf, Traum.
nidrā – Schlaf, Schläfrigkeit.

jñāna – Wissen.
ālambanaṁ – Stütze, stützen, erhalten.
vā – oder, auch.

Vielleicht hat Ihnen schon einmal ein Traum etwas über Sie selbst oder über einen Zusammenhang bewusst gemacht, auf den sie ohne den Traum nie gekommen wären. Dass wir durch Träume Erkenntnisse erlangen können, scheint also durchaus verständlich. Wie aber sollen wir im Schlaf Wissen erhalten? Der Schlaf wurde doch in Sutra 1.10 definiert als ein *„auf Abwesenheit von Vorstellung gründender Zustand"*. Was genau geschieht dabei?

Der Körper liegt bewusstlos da und atmet weiter. Der Stoffwechsel ist zwar im Vergleich zum Wachbewusstsein heruntergefahren, funktioniert aber weiterhin. In dieser Ruhe regeneriert sich das Nervensystem und löst die Ermüdungserscheinungen auf, damit wir am nächsten Tag wieder fähig werden, neues Wissen aufzunehmen. Und was macht währenddessen der Geist? Aus Erfahrung wissen wir, dass unser Geist niemals stillsteht. Deswegen ist es ja scheinbar so schwer, ihn zur Ruhe zu bringen. Was macht er also im Schlaf? Die neuesten Erkenntnisse des Neurowissenschaftlers Jan Born zeigen: Schlafen macht schlau. Er wies nach, dass wir im Tiefschlaf die tagsüber gelernten Informationen ordnen, aussortieren und Nützliches im Langzeitgedächtnis speichern. Auch Probleme löst das Gehirn, während wir schlafen. „Ohne Schlaf", meint er, „würden wir dumm bleiben." [*6a] Diese neue Erkenntnis wusste Patañjali anscheinend schon vor Jahrtausenden.

Traumzug der Yoga-Sutras

Kurz nachdem ich angefangen hatte, die Yoga-Sutras zu übersetzen, und merkte, wie hartnäckig sich Patañjalis Stichwortsammlung dagegen sträubt, in flüssige, leicht verständliche Sätze umgeformt zu werden, träumte ich von einem sperrigen Klappfenster, das tief ins Erdreich führte und in das ich nur mit großer Mühe einsteigen und wieder aussteigen konnte. Am nächsten Tag träumte ich von einer langen Wagenkolonne, aber als ich einen Wagen betrat, gab es nichts Lebendes darin. Es war ein lebensgroßes Schachspiel mit steinernen Figuren. Nach dem Aufwachen merkte ich, dass dieser leblose Tross die Sutras darstellte, die sich jeder flüssigen Deutung entzogen. Erst in der dritten Nacht, nachdem sich einige Sutras langsam fügten, träumte ich von einer Erdbeertorte, die mir mit Sahne zum Frühstück serviert wurde. Und kürzlich machte ich im Traum eine lichtvolle Entdeckung, die mit einem leuchtenden Kerzenständer verbunden war, den mir ein christlicher Priester abspenstig machen wollte. Schließlich rettete ich mich mit dem brennenden Kerzenständer in eine jüdische Kapelle. Ja, es war keine Synagoge, sondern eine Kapelle, wahrscheinlich ein Traumbild für die Verschmelzung von Christen- und Judentum. Als ich den Traum nach dem Aufwachen jemandem erzählte, kam die Frage auf, ob mit der lichtvollen Entdeckung vielleicht meine gegenwärtige Interpretation der Yoga-Sutras gemeint sein könnte.

||1.39||

yathābhimata-dhyānād vā ||

Wie auch durch *Dhyana*, Versenken in Erwünschtes.

yathā – wie, auf das, damit, sodass.
abhimata – erwünscht, ersehnt, geliebt, vorgestellt; Wunsch.
dhyānāt – durch gedankliches Versenken
vā – oder, auch.

Wir sehen, dass es viele Möglichkeiten gibt, den Geist zu beruhigen und damit das Ziel des *Yoga* zu erreichen. Ein *Yogi* ist keineswegs nur der Asket, der auf dem Nagelkissen sitzt und meditiert. Einerseits können wir mit dem Geist eintauchen in tiefe Ruhe, in der wir „wunschlos glücklich" sind. Wir können uns aber auch in unsere Lieblingsbeschäftigung vertiefen und unseren Wünschen nachgehen. Auch das befriedigt und beruhigt den Geist.

||1.40||

paramāṇu-parama-mahattvānto'sya vaśīkāraḥ ||

Vom allerkleinsten zum allergrößten Ende ist dessen Herrschaft.

parama – äußerst.
aṇu – klein.
parama – äußerst.
mahattva – groß.

antaḥ – Ende.
asya – dessen, seine.
vaśīkāraḥ – bezwingend, beherrschend, sich untertan machend.

Dieses Sutra spricht davon, wie uns das Versenken in Erwünschtes bis an die Grenzen vom Allerkleinsten und Allergrößten führen kann. Was aber ist genau mit dem „Versenken in Erwünschtes" gemeint, und wie soll uns das bis an die Grenzen unseres Raumgefühl vom Kleinsten und Größten bringen?

Ist es Ihnen schon einmal widerfahren, dass Sie beim Ausüben ihrer Lieblingsbeschäftigung völlig Raum und Zeit vergessen haben? Sie wollten nur eine begrenzte Zeit Ihrem Hobby nachgehen, weil Sie anschließend einen anderen Termin wahrnehmen wollten, und als Sie auf die Uhr schauten, war der Termin längst verpasst, weil die Zeit wie im Fluge vergangen war und Sie jedes Zeitgefühl verloren hatten.

Meine eigene Lieblingsbeschäftigung war über 35 Jahre lang die Neuübersetzung des Rik-Veda, jener Klangstruktur, die laut vedischer Überlieferung „*nitya* – ewig" und „*apaurusheya* – nicht von Menschen erschaffen" ist. Sie gilt als die Klangschwingung, die entsteht, wenn Reines Bewusstsein mit sich selbst in Wechselwirkung tritt und dadurch unsere Vorstellungswelt aus Raumzeit und Materie bewirkt, die wir gemeinhin als die Schöpfung bezeichnen. Diese Klangschwingung bildet also die Schnittstelle zwischen Reinem Bewusstsein auf der einen Seite und der Welt der Vorstellung auf der anderen Seite.

Beim Übersetzen hatte ich immer öfter das Gefühl, der vedische Urklang ziehe mich bis an die Grenze jener Bewusstseinsebene, wo der Veda im Reinen Bewusstsein lebendig pulsiert. Wenn mein Geist durch die Lücke zwischen den Klängen auf die andere Seite gerutscht und irgendwann wieder in die Welt der Vorstellung zurückgekehrt war, erschien mir die vedische Klangstruktur wie eine Art Rahmen, der die gesamte bunte Vorstellungswelt, in der wir leben, umschließt, während außerhalb dieses Rahmens nur blendend weißes Licht herrscht, reines Weiß ohne jegliche Form und Farbe. Auf diese Weise brachte mich das „Versenken in Erwünschtes" bis an die äußersten Grenzen meiner persönlichen Vorstellungswelt der Raumzeit.

||1.41||

kṣīṇa-vṛtter abhijātasyeva maṇer grahītṛ-grahaṇa-grāhyeṣu tat-stha-tad -añjanatā samāpattiḥ ||

Bei beruhigtem Denken wie klarer Kristall ruhen Kenner, Erkennen, Erkanntes, sich einander spiegelnd: *Samāpatti*.

Wenn unsere „Eigengeräusche" im Gehirn zur Ruhe kommen und wir uns in ein bestimmtes Thema versenken, verschmilzt unsere Aufmerksamkeit so mit dem Gegenstand der Betrachtung, dass wir alles andere ringsum vergessen und uns voll mit dem Vorgang der Wahrnehmung identifizieren. In diesem Zustand selbstbezogener Erkenntnis werden der Erkennende, das Erkannte und der Vorgang des Erkennens eins. So wie ein klarer Kristall seine Unterlage widerspiegelt, so spiegelt das Bewusstsein des Betrachters die Eigenschaften des Betrachtungsgegenstandes wider. Diesen Vorgang der Versenkung, bei dem wir völlig von unserem Thema absorbiert werden, nennt Patañjali *Samāpatti* – das Einswerden mit dem Betrachtungsgegenstand.

kṣīṇa – verringert.
vṛtteḥ – der *Vritti*, der Gedankenaktivität.
abhijātasya – des transparenten, klaren, reinen.
iva – wie.
maṇeḥ – des Kristalls.
grahītṛ – Begreifer, Kenner.
grahaṇa – begreifen, erkennen.
grāhyeṣu – im Begriffenen, Erkannten.
tat – das.
stha – stehend, ruhend, gegründet sein.
añjana-tā – Erscheinung, Färbung, Reflexion.
samāpattiḥ – zusammenfallen; Versenkung; *sama* gleich, eben, *pad* fallen.

Selbstbezogene Erkenntnis

Am Pfingstmontag 1996 erlitt ich durch einen Fahrradunfall in Vlodrop einen Schädelbasisbruch und lag drei Tage im Koma. Als ich nach dieser

Nahtoderfahrung meine Rik-Veda-Übersetzung fortführen und abschließen wollte, taten sich in der vedischen Klangfolge plötzlich neue Wortlücken auf, sodass sich daraus keine Sanskritwörter, sondern eine Botschaft in einer Sprache ergab, die wie urtümliches Deutsch und Englisch klang.

Der Anfang des Shri-Sukta, der auf Sanskrit aus den drei Wörtern *hiranya varnâm harinîm* besteht, zu deutsch *goldglänzender Klang, güldengrün,* zerbrach beispielsweise in acht einsilbigen Wörter: *hir an ya var nâm har in îm,* was für mich auf Hochdeutsch übersetzt den Sinn ergab: *Höre den wahren Namen an, ja, verharre in ihm!*

Auf diese Weise offenbarte der Urklang des Veda in dem Augenblick, in dem mein Bewusstsein mit dem Betrachtungsgegenstand in *Samāpatti* verschmolz, eine zwar vedische, aber vollkommen neue, überraschende Deutung. Die Botschaft darin war, dem vedischen Urklang – dem „wahren Namen" – völlig ohne vorgefasstes Konzept zu lauschen, in Stille in ihm zu verharren und so mit ihm zu verschmelzen, dass sich sein selbstbezogener Sinn von selbst offenbart.

Maharishi sagte einmal über die Deutung des Veda: „Nur das Selbst kann das Selbst vollständig erkennen und verstehen. – Only the Self can fully recognize the Self."

||1.42||

tatra śabdārtha-jñāna-vikalpaiḥ saṁkīrṇā
savitarkā samāpattiḥ ||

Dort mit Klang-Sinn-Wissen-Vielfalt vermischt:
Savitarkā Samāpatti.

tatra – dort.
śabda – Wort, Klang, Stimme, Name, Benennung.
artha – Zweck, Sinn, Bedeutung.
jñāna – Wissen, Idee.
vikalpaiḥ – durch/mit Wechsel, Wahl, Variation, Verschiedenheit, Vielfalt.
saṁkīrṇā – vermischt, vermengt, verunreinigt, mannigfaltig.
savitarkā – mit *Vitarka*, Vorstellung, Meinung, Vermutung; *sa-* mit.
samāpattiḥ – Versenkung.

Den Vorgang der Versenkung in einen Betrachtungsgegenstand können wir in Ebenen unterschiedlicher Tiefe aufteilen. Wenn wir gleichzeitig Gedanken wahrnehmen, die mit Klang und Bedeutung verbunden sind, wenn wir also merken, dass wir in Gedanken mit uns selbst reden und unsere Vorstellungen, Absichten oder Vermutungen wahrnehmen, was wir über den Gegenstand von anderen gehört haben oder welche Schlüsse wir daraus ziehen, dann nennen wir diese Ebene der Versenkung *Savitarka Samapatti*: die mit Vorstellung verbundene Versenkung.

||1.43||

smṛti-pariśuddhau svarūpa-śūnyevārtha-mātra-nirbhāsā nirvitarkā ||

Von Erinnerung frei, im Eigenzustand wie leer,
Ziel allein erscheint: *Nirvitarkā*.

smṛti – Erinnerung, Gedächtnis.
pariśuddhau – in der Klärung, Reinigung, geklärt.
svarūpa – Eigenform, Eigenzustand.
śūnyā – leer, hohl, Null, Vakuum.
iva – wie.
artha – Sinn, Zweck, Ding.
mātra – Maß, in vollem Maß, nur, allein.
nirbhāsā – Erscheinung, ähnlich, gleich.
nirvitarkā – unreflektiert, ohne nachdenken; *nir-* ohne, -los.

Wenn wir tiefer in die Stille eintauchen, die sprachliche Ebene des Denkens vergessen und nur unseren Eigenzustand spüren, ohne dass unsere Wahrnehmung von früheren Eindrücken überlagert und verzerrt wird, dann ist diese Art von Versenkung *Nirvitarka*: nicht mit Vorstellung verbunden. Wenn wir die im Gedächtnis gespeicherten Informationen wieder vergessen und loslassen können und frei von vorgefassten historischen Sprachkonzepten dem vedischen Urklang lauschen, können uns bestimmte Klangfolgen plötzlich vertraut erscheinen und uns aus dem Augenblick heraus eine ganz persönliche, überraschend neue Botschaft offenbaren.

||1.44||

etayaiva savicārā nirvicārā ca sūkṣma-viṣayā vyākhyātā ||

Ebenso sind *Savicārā* und *Nirvicārā* im feinen Bereich erklärt.

etayā – dadurch.
eva – so.
savicārā – mit Nachdenken, von Erwägungen begleitet, mit feinem Denken.
nirvicārā – ohne Nachdenken, nicht überlegend, ohne feines Denken.
ca – und.
sūkṣma – fein, feinstofflich.
viṣayā – Gebiet, Bereich, Fach, Objekt.
vyākhyātā – erklärt.

Nehmen wir nur noch feinstoffliche Gedanken oder Erscheinungen wahr, zum Beispiel feine Zustände des Mantras, die wir als Energieimpuls im Körper spüren, innere Lichterscheinungen, Farben oder feinstoffliche Wesenheiten, ohne uns dabei innerlich sprechen zu hören, dann erfahren wir die Ebene von *Savicara*: mit feinstofflicher Wahrnehmung verbunden. Auch diese Ebene können wir noch überschreiten, bis sich unser Bewusstsein so ausweitet, dass es fast das ganze All erfüllt, ohne spezifische Gedanken oder Wahrnehmungen zu haben. Diesen Zustand völliger Gedankenstille nennt Patañjali *Nirvicara*: nicht mit feinstofflicher Wahrnehmung verbunden.

||1.45||

sūkṣma-viṣayatvaṁ cāliṅga-paryavasānam ||

Und feinstoffliche Gegenständlichkeit endet im Merkmalslosen.

Dieses feine Denken reicht bis in die Transzendenz, ins Unmanifeste, wo die feinsten Gedanken so vage und ausgedehnt und allgemein werden, dass sie jede Eigenschaft verlieren und weder wahrgenommen, noch benannt, noch isoliert werden können.

sūkṣma – fein, feinstofflich.
viṣayatvam – sich beziehen auf; Gegenständlichkeit, *viṣaya* Objekt, Gegenstand, *-tvaṁ* -heit.

ca – und.
aliṅga – ohne Merkmale; *a-* un-; *liṅga* Merkmal, Kennzeichen.
paryavasānam – Schluss, Ende.

||1.46||

tā eva sabījaḥ samādhiḥ ||

Diese sind noch *Sabījaḥ Samādhi*.

tā – diese.
eva – wahrlich.
sabījaḥ – mit Samen, mit Keim; *sa-* mit; *bījaḥ* Samen, Keim.
samādhiḥ – Samadhi.

Solange wir noch an irgendetwas denken, seien es grobe sprachliche Sätze, feine Ideen, Gefühle, Ahnungen oder allerfeinste Impulse, die sich fast in Nichts auflösen, erfahren wir immer noch ein Samadhi, das Gedanken, Gefühle, Eindrücke und Handlungen als Samen in sich trägt und aufkeimen lässt. Diese Art von keimfähigem Samadhi nennt Patañjali *Sabija Samadhi*: das Samadhi mit Samen.

savitarka
nirvitarka
savicāra
nirvicāra

= *sabījaḥ samādhiḥ*

||1.47||

nirvicāra-vaiśāradye'dhyātma-prasādaḥ ||

In *Nirvicāra*-Klarheit ist *Adhyātma*-Reinheit.

nirvicāra – nicht überlegend, ohne nachdenken, ohne sich zu besinnen.
vaiśāradye – in Erfahrenheit, Kundigsein, Klarheit, Unfehlbarkeit.

adhyātma – das höchste Selbst, eigen; *adhi* oben, über, *ātman* Selbst.
prasādaḥ – Klarheit, Reinheit, Ungetrübtheit.

Sobald das feine Denken in der Transzendenz verschwindet und sich auch das Mantra verflüchtigt hat, ohne dass neue Gedanken an die Oberfläche steigen, erfahren wir den Zustand völliger geistiger Ruhe, den Zustand innerer Wachheit ohne Gedanken. *Nirvicara* heißt wörtlich ohne *Vicara*, ohne zu überlegen, nachzudenken, sich zu besinnen, zu grübeln oder zu zweifeln.

Die neueste Gehirnforschung hat ergeben, dass sich der Verstand erst nach etwa zwei Sekunden in unsere Gedanken und Fragestellungen einmischen kann. So lange braucht das Gehirn, um den Sinn einer Fragestellung an das Rechenzentrum weiterzuleiten, das dann eine logische und vom Verstand gebilligte Antwort ausgibt.

Der Verstand verarbeitet aber nur die Informationen, die ihm im üblichen Wachbewusstsein zur Verfügung stehen. Ihm unerklärliche Informationen aus dem Unterbewusstsein ignoriert er.

Wenn wir dagegen auf unser Bauchgefühl achten, das sich spontan als Ahnung meldet, kommt bereits vor der Sperrzeit von zwei Sekunden eine spontane Antwort, die durch Intuition aus dem Unterbewusstsein in unser Bewusstsein tritt.

Sobald wir durch regelmäßige Beruhigung des Geistes alle Verspannungen in unserem Nervensystem aufgelöst haben, die den Kontakt zu unserem *Adhyatma*, dem höchsten Selbst, blockieren oder die Information verzerren und färben, kommt diese Antwort direkt aus dem Selbst in reiner Klarheit an die Oberfläche.

||1.48||

ṛtam-bharā tatra prajñā ||

Dort ist *Ritam-Bharā-Pragyā*.

ṛtam – recht, rechtschaffen, wahr, glänzend; feste Ordnung, göttliches Gesetz, Recht, Wahrheit, der rechte Weg, Naturgesetz.
bharā – tragend, bringend, verleihend, gewinnen.
tatra – dort.

prajñā – Wissen, Weisheit, Unterscheidungsfähigkeit; verstehen.

Das Wissen, das aus der Transzendenz aufsteigt, ohne durch den Filter des Wachbewusstseins verzerrt zu werden, ist das reine, transzendentale Wissen, das sich treffsicher bewahrheitet und mit spontaner Wunscherfüllung verbunden ist. Diese Wissensebene der reinen Wahrheit wird *Ritam-Bhara-Pragya* genannt. Maharishi Mahesh Yogi erklärt diese Bewusstseinsebene anhand von Erfahrungen während der Transzendentalen Meditation.

Maharishi über *Ritam-Bhara-Pragya*

„Es gibt eine Bewusstseinsebene, die sich nicht ändert: Ritam-Bhara-Pragya. Diesen Bewusstseinszustand können wir aus unserer eigenen Erfahrung bestätigen. Überlegen Sie einmal, ob Sie in der Meditation, wenn auch nur für einen Augenblick, das Gefühl hatten „ich weiß alles" – vielleicht nur eine leise Ahnung dieses Gefühls „ich weiß alles".

Auf dieser Ebene des Bewusstseins – wenn das Mantra sehr fein, absolut verfeinert ist –, irgendwo in diesem Bereich liegt die Bewusstseinsebene, in der uns die Wahrheit dämmert. Ritam-Bhara bedeutet jener Intellekt, der nur die Wahrheit annimmt. Mit dieser besonderen Bewusstseinsebene kann unser bewusster Geist so vertraut werden, dass er fähig ist, dort zu verweilen. Und wenn der Geist dort verweilen kann, braucht er nur ein Wort zu denken, und alles, was mit diesem Wort verbunden ist, steigt auf und erscheint wie auf einem Fernsehschirm. Das Wort mit all seinen Bedeutungen, wie seine Form aufgebaut ist, welche Eigenschaften und relativen Aspekte in der Form liegen, alles ist bereits im Wort enthalten. Und wenn der Geist das Wort anstoßen kann, zeigt sich einfach sofort die ganze Wirklichkeit dieses Wortes. Aber nur auf dieser besonderen Ebene des Bewusstseins.

Wenn unser Bewusstsein auf dieser Ebene gegründet ist und wir an etwas denken, zeigt sich sofort die gesamte Beschaffenheit, der ganze Nutzen, alle Aspekte des Gegenstandes einfach wie auf einem Bildschirm und gibt uns das genaue, wahre, fehlerfreie Wissen über die Form. Diese Methode der Wissensgewinnung ist genauso fehlerfrei und tadellos wie die wissenschaftliche Untersuchung mit objektiven Methoden.

Das subjektive System der Wissensgewinnung ist so fehlerfrei und einwandfrei wie die objektiven Methoden der Wissenschaft. Dieses subjektive System der Wissensgewinnung befähigt uns nicht nur, das Wissen über etwas aus Sicht unseres eigenen Herzens zu schauen. Schon lange bevor wir diese Fähigkeit erlangen, wird auch das Leben auf ein hohes Niveau von Zufriedenheit und Erfüllung angehoben.

Wir gewinnen nicht nur Wissen, sondern entfalten den Wissenden in seiner vollen Glorie; der Wissende erblüht strahlender als je zuvor. Das ist der große Vorteil der subjektiven Methode der Wissensgewinnung: Das Subjekt selbst verfeinert sich. Die subjektive Methode, fehlerfreies, wahres Wissen über etwas zu erlangen, besteht darin, das Subjekt zu verfeinern. Und der erste Schritt zur Verfeinerung des Subjekts ist offensichtlich die Beseitigung der Blockaden, die das normale Funktionieren des Nervensystems behindern: das Auflösen von Verspannungen.

Dieser Vorgang, Stress aufzulösen und das Nervensystem zum normalen Funktionieren zu bringen, wird fortgesetzt, sodass das Nervensystem immer feiner und reiner wird, bis das Bewusstsein auf dieser feinen Ebene gegründet ist, wo wir allein der Wahrheit gegenüberstehen. Auf dieser Bewusstseinsebene kann nichts Unwahres aufsteigen, nur die Wahrheit dämmert.

Dieses System der Wissensgewinnung durch Reinigung der subjektiven Wahrnehmung ist der Grund, warum die vedische Tradition den Schwerpunkt vor allem auf die innere Erleuchtung legt. Auf das Äußere wurde weniger Wert gelegt. Die vedische Kultur und der vedische Lebensstil sind voll und ganz darauf ausgerichtet, diesen inneren Aspekt zu beleben.“ [*7]

Wir merken, dass wir diese Ebene erreicht haben, wenn wir immer öfter die Erfahrung machen, dass sich unsere Wünsche bereits kurz nach dem Wünschen erfüllen. Das können ganz winzige Kleinigkeiten sein, zum Beispiel, dass wir Lust auf einen Cappuccino haben, und schon lädt uns jemand ins Café ein. Oder wir wollen jemanden anrufen, und schon klingelt das Telefon und er meldet sich. Es kann aber auch etwas völlig Unvorhersehbares eintreten, wie ich es am Abend des 5. Dezember 1970 in Berlin erlebte.

Kosmische Wohnungssuche

Im Herbst 1970 besuchte ich einen Dreiwochenkurs bei Maharishi Mahesh Yogi in Kössen, Österreich. Ich wohnte damals in Berlin-Schöneberg in einer Wohngemeinschaft mit Ensemblemitgliedern des Musicals *Hair*, die während meiner Abwesenheit nächtliche Feste mit lauter Musik feierten, sodass uns die Wohnung mit Räumungstermin zum 6. Dezember gekündigt wurde. Als ich vom Kurs zurückkam, suchten alle bereits eifrig nach einer neuen Bleibe. Ich fühlte mich jedoch durch die Erfahrungen des Kurses und die Begegnung mit Maharishi so von der Natur getragen, dass ich felsenfest überzeugt war, mein neues Zuhause müsse sich von selbst ergeben. Darum sagte ich: „Sucht ihr nur, ich ziehe einfach um, wenn wir raus müssen."

„Und wohin?"

„Das wird sich finden. Für mich sorgt die Natur."

„Und was machst du, wenn du am 6. Dezember nichts gefunden hast?"

„Dann fahre ich mit dem Möbelwagen durch die Stadt und sehe, wo mich die Natur hinsetzen will."

Sie grinsten spöttisch. „Na dann viel Glück!"

Kurz vor Weihnachten, zwei Wochen nach dem Umzug, trafen wir uns wieder. Die meisten hatten eine Bleibe in Kreuzberg Hinterhof zwischen jugoslawischer und türkischer Volksmusik gefunden und fragten mich: „Und wo wohnst du?"

„In Frohnau", sagte ich. „In dem Villenviertel im Norden direkt am Wald, in der Nähe des Buddhistischen Tempels. Zur Zeit habe ich die ganze Wohnung samt Garten für mich allein."

„Wie kam denn das?"

„Am Abend des 5. Dezember fragte mich ein Meditationslehrer, ob ich Lust hätte, mit ihm eine Villa zu besichtigen, die er als Meditationszentrum mieten wollte. Ich fuhr also mit nach Frohnau und war dabei, wie er den Mietvertrag unterschrieb. Auf der Heimfahrt fragte er mich, ob ich nicht Lust hätte, schon mal einzuziehen und das Haus zu hüten, solange er zur Lehrerfortbildung in Mallorca sei. ‚Das trifft sich gut', sagte ich, ‚morgen muss ich sowieso aus meiner Wohnung'."

„Aber das konntest du doch vorher gar nicht wissen!"

„Das hab ich euch doch gesagt: Hätte ich mir vorher was gesucht und gemietet, hätte ich nicht einfach ja sagen und einziehen können."

||1.49||

śruta-anumāna-prajñābhyām anya-viṣayā viśeṣārthatvāt ||

Anders als gehörtes und gefolgertes Wissen zeigt es die Besonderheit des Objekts.

śruta – Gehörtes.
anumāna – Schlussfolgerung.
prajñābhyām – als beide Erkenntnisse.
anya – anders.
viṣayā – Gebiet, Bereich, Wissensfeld, Objekt, Gegenstand.
viśeṣa – besonders, Unterschied, Verschiedenheit, Besonderheit.
arthatvāt – aus *artha* Zweck, Sinn; Ursache, Nutzen; Ding, *-tva* -heit.

Dieses Sutra weist auf die besonderen Vorteile von *Ritam-Bhara-Pragya* hin. In Sutra 1.7 wurden drei Quellen der Wissensgewinnung genannt: Wahrnehmung, Folgern und Zeugnis, also überliefertes, von anderen gehörtes Wissen. Die direkte Wahrnehmung beruht jedoch weder auf Schlussfolgerung noch auf überliefertem Wissen. Daher ist wahrgenommenes Wissen nicht nur unmittelbar, es zeigt auch die genauen Einzelheiten, die in überliefertem oder erschlossenem Wissen nicht enthalten sind, da diese nur den allgemeinen Fall beschreiben. Haben wir zum Beispiel einen Schlüssel verloren und wollen wissen, wo er ist, dann brauchen wir das genaue Wissen über den Fundort, das wir durch *Ritam-Bhara-Pragya* gewinnen können.

||1.50||

taj-jaḥ saṁskāro'nya-saṁskāra-pratibandhī ||

Der entstandene Eindruck steht dem anderen Eindruck entgegen.

tat – das.
jaḥ – geboren, entstanden.
saṁskāraḥ – *Samskara,* Eindruck.
anya – andere.
saṁskāra – *Samskara*, Eindruck.
pratibandhī – Widerspruch, entgegengesetzt.

Der Eindruck, der durch *Ritam-Bhara-Pragya* entsteht, überwiegt alle anderen Eindrücke und kann sie sogar neutralisieren. Aber selbst dieses reine Wissen aus *Ritam-Bhara-Pragya* ist immer noch ein Eindruck, der unsere Geisteswellen bewegt. Das Ziel des *Yoga* ist jedoch laut Sutra 1.2 *citta-vṛtti-nirodhaḥ* – die vollkommene Geistes-Wellen-Beruhigung. Deswegen ist das höchste Ziel von Samadhi erst erreicht, wenn wir auch noch diese letzten Eindrücke, die letzten Samskaras zur Ruhe bringen können.

||1.51||

tasyāpi nirodhe sarva-nirodhān nirbījaḥ samādhiḥ ||

Wenn sogar das beruhigt aus Beruhigung von allem:
Nirbīja-Samādhi.

tasya – dessen.
api – sogar.
nirodhe – in Beruhigung.
sarva – alles.
nirodhāt – aus Beruhigung.
nirbījaḥ – keimlos, samenlos.
samādhiḥ – *Samadhi.*

Sobald alle Samskaras beruhigt sind, erfahren wir die tiefste Ebene von ruhevoller Wachheit: *Nirbija-Samadhi* – das keimlose Samadhi, den Zustand, in dem wir so im Einklang mit der Natur denken und handeln, dass wir keine neuen Keime für neue Samskaras oder neues Karma erzeugen.

Dann hinterlassen die Sinneseindrücke keinerlei Verspannungen mehr in unserem Nervensystem, und unser Handeln erzeugt keinen bindenden Einfluss, denn es erfüllt nur den kosmischen Zweck nach dem Gebot der Stunde.

Wir fühlen uns frei von äußeren Zwängen als reines Werkzeug der Natur, wie es im Neuen Testament im ersten Brief des Petrus 4.10 heißt: *„Und dienet einander, ein jeder mit der Gabe, die er empfangen hat, als die guten Haushalter der mancherlei Gnade Gottes."*

Das Reine Bewusstsein in uns, die Transzendenz, enthält alle Impulse, die für das evolutionäre Handeln im Augenblick notwendig sind, und schickt diese Impulse an die Oberfläche unseres Wachbewusstseins, damit wir im Einklang mit der Natur als „die guten Haushalter der mancherlei Gnade Gottes“ handeln und damit unserer Umwelt dienen können.

iti patañjali-viracite yoga-sūtre prathamaḥ samādhi-pādaḥ ||
So in Patañjalis komponiertem Yoga-Sutra erster Schritt:
***Samādhi* – ruhevolle Wachheit.**

iti – so, auf diese Weise; so sprechend; das Gehen, Sichbewegen.
patañjali – *pat* fliegen, dahineilen, sich schnell durch die Luft bewegen; sich herablassen, niederlassen, sich senken, niederwerfen, sich stürzen, sich werfen; herabfallen, niederfallen; vom Himmel zur Erde niederfahren; sich richten auf, fallen auf, treffen auf; sich ereignen, eintreten; *añjali* die beiden hohl aneinandergelegten Hände, wie zum Empfangen einer Gabe; wenn zur Stirn erhoben ein Zeichen der Unterwerfung; Gruß, Respekt, Segen; zwei Handvoll; zwei Handvoll Wasser als Opferguss an die Manen.
viracite – in Komposition, Zusammenfassung, geschrieben, komponiert, poetisch, zusammengestellt.
yoga-sūtre – im Yoga-Sutra; *sūtra* Garn, Faden, Schnur; Messschnur; Gürtel; Linie; Plan; das Durchlaufende, Zusammenhaltende, Regelnde; kurzgefasste Regel, Lehrsatz, Lehrbuch in Sutra-Form.
prathamaḥ – erster, vorderster, ursprünglichster.
samādhi – *Samadhi*, ruhevolle Wachheit.
pādaḥ – Fuß, Schritt, Teil, Viertel.

Schaukellied [*1]

Eine Wanne voller Wonne
ist das Sein.
In die Wanne voller Wonne
tauch ich ein.
Aus der Wanne voller Wonne
tauch ich auf.
Bring die Wonne aus der Wanne
mit herauf.
Sonne trocknet Wonne ein,
wieder in die Wanne rein,
in das süße Nass –
Spaß macht das!

dvitīyaḥ sādhana-pādaḥ ||

Zweiter Schritt: *Sādhana* – der Weg zum Erfolg

Dieser zweite Teil handelt vom Yoga der Tat. Er beschreibt die fünf äußeren Glieder des Yoga, die das Verhalten und die Einstellung eines Yogi zeigen, der durch den ersten Schritt - Samadhi – mit seinem inneren höchsten Selbst verschmilzt und die Auswirkung der Meditation im täglichen Leben spürt. Er nennt die Ursachen für Leiden, handelt vom Gesetz des Karma und wie durch Verletzen der Naturgesetze Leiden entsteht. Er beschreibt, wie wir die Grundursache für Leiden, die Unwissenheit, beseitigen können. Und er stellt die acht Glieder des Yoga vor und geht auch kurz auf die Aspekte ein, die heute die meisten Menschen im Westen unter Yoga verstehen: auf Yoga-Asanas und Atemübungen.

dvitīyaḥ – zweiter.
sādhana – zum Ziel führend, hervorbringend, bewirkend; bewältigen, ausführen, gewinnen, erobern, meistern, beherrschen, heilen; Mittel, Werkzeug; Erfolg, Ergebnis, Meisterung, Beweis, Beweismittel.
pādaḥ – Fuß, Schritt, Viertel, Teil.

Zen[*1]

Im Sit-Zen
wie im
Tan-Zen
verschmelzen
wir zum
Gan-Zen.

द्वितीयः साधनपादः ।

तपःस्वाध्यायेश्वरप्रणिधानानि क्रियायोगः ॥ १ ॥
समाधिभावनार्थः क्लेशतनूकरणार्थश्च ॥ २ ॥
अविद्यास्मितारागद्वेषाभिनिवेशाः क्लेशाः ॥ ३ ॥
अविद्या क्षेत्रमुत्तरेषां प्रसुप्ततनुविच्छिन्नोदाराणाम् ॥ ४ ॥
अनित्याशुचिदुःखानात्मसु नित्यशुचिसुखात्मख्यातिरविद्या ॥ ५ ॥
दृग्दर्शनशक्त्योरेकात्मतेवास्मिता ॥ ६ ॥
सुखानुशयी रागः ॥ ७ ॥
दुःखानुशयी द्वेषः ॥ ८ ॥
स्वरसवाही विदुषोऽपि तथा रूढोऽभिनिवेशः ॥ ९ ॥
ते प्रतिप्रसवहेयाः सूक्ष्माः ॥ १० ॥
ध्यानहेयास्तद्वृत्तयः ॥ ११ ॥
क्लेशमूलः कर्माशयो दृष्टादृष्टजन्मवेदनीयः ॥ १२ ॥
सति मूले तद्विपाको जात्यायुर्भोगाः ॥ १३ ॥
ते ह्लादपरितापफलाः पुण्यापुण्यहेतुत्वात् ॥ १४ ॥
परिणामतापसंस्कारदुःखैर्गुणवृत्तिविरोधाच्च
दुःखमेव सर्वं विवेकिनः ॥ १५ ॥
हेयं दुःखमनागतम् ॥ १६ ॥
द्रष्टृदृश्ययोः संयोगो हेयहेतुः ॥ १७ ॥
प्रकाशक्रियास्थितिशीलं भूतेन्द्रियात्मकं भोगापवर्गार्थं दृश्यम् ॥ १८ ॥
विशेषाविशेषलिङ्गमात्रालिङ्गानि गुणपर्वाणि ॥ १९ ॥
द्रष्टा दृशिमात्रः शुद्धोऽपि प्रत्ययानुपश्यः ॥ २० ॥
तदर्थ एव दृश्यस्यात्मा ॥ २१ ॥
कृतार्थं प्रति नष्टमप्यनष्टं तदन्यसाधारणत्वात् ॥ २२ ॥
स्वस्वामिशक्त्योः स्वरूपोपलब्धिहेतुः संयोगः ॥ २३ ॥
तस्य हेतुरविद्या ॥ २४ ॥
तदभावात् संयोगाभावो हानं तद्दृशेः कैवल्यम् ॥ २५ ॥
विवेकख्यातिरविप्लवा हानोपायः ॥ २६ ॥
तस्य सप्तधा प्रान्तभूमिः प्रज्ञा ॥ २७ ॥

योगाङ्गानुष्ठानादशुद्धिक्षये ज्ञानदीप्तिरा विवेकख्यातेः ॥ २८ ॥
यमनियमासनप्राणायामप्रत्याहार धारणाध्यानसमाधयोऽष्टावङ्गानि ॥ २९ ॥
अहिंसासत्यास्तेयब्रह्मचर्यापरिग्रहा यमाः ॥ ३० ॥
जातिदेशकालसमयानवच्छिन्नाः सार्वभौमा महाव्रतम् ॥ ३१ ॥
शौचसंतोषतपःस्वाध्यायेश्वरप्रणिधानानि नियमाः ॥ ३२ ॥
वितर्कबाधने प्रतिपक्षभावनम् ॥ ३३ ॥
वितर्का हिंसादयः कृतकारितानुमोदिता लोभक्रोधमोहपूर्वका मृदुमध्याधिमात्रा
दुःखाज्ञानानन्तफला इति प्रतिपक्षभावनम् ॥ ३४ ॥
अहिंसाप्रतिष्ठायां तत्सन्निधौ वैरत्यागः ॥ ३५ ॥
सत्यप्रतिष्ठायां क्रियाफलाश्रयत्वम् ॥ ३६ ॥
अस्तेयप्रतिष्ठायां सर्वरत्नोपस्थानम् ॥ ३७ ॥
ब्रह्मचर्यप्रतिष्ठायां वीर्यलाभः ॥ ३८ ॥
अपरिग्रहस्थैर्ये जन्मकथंतासंबोधः ॥ ३९ ॥
शौचात्स्वाङ्गजुगुप्सा परैरसंसर्गः ॥ ४० ॥
सत्त्वशुद्धिसौमनस्यैकाग्र्येन्द्रियजयात्मदर्शनयोग्यत्वानि च ॥ ४१ ॥
संतोषादनुत्तमः सुखलाभः ॥ ४२ ॥
कायेन्द्रियसिद्धिरशुद्धिक्षयात्तपसः ॥ ४३ ॥
स्वाध्यायाद् इष्टदेवतासंप्रयोगः ॥ ४४ ॥
समाधिसिद्धिरीश्वरप्रणिधानात् ॥ ४५ ॥
स्थिरसुखमासनम् ॥ ४६ ॥
प्रयत्नशैथिल्यानन्तसमापत्तिभ्याम् ॥ ४७ ॥
ततो द्वन्द्वानभिघातः ॥ ४८ ॥
तस्मिन्सति श्वासप्रश्वासयोर्गतिविच्छेदः प्राणायामः ॥ ४९ ॥
बाह्याभ्यन्तरस्तम्भवृत्तिर्देशकालसंख्याभिः परिदृष्टो दीर्घसूक्ष्मः ॥ ५० ॥
बाह्याभ्यन्तरविषयाक्षेपी चतुर्थः ॥ ५१ ॥
ततः क्षीयते प्रकाशावरणम् ॥ ५२ ॥
धारणासु च योग्यता मनसः ॥ ५३ ॥
स्वविषयासंप्रयोगे चित्तस्य स्वरूपानुकार इवेन्द्रियाणां प्रत्याहारः ॥ ५४ ॥
ततः परमा वश्यतेन्द्रियाणाम् ॥ ५५ ॥

इति पतञ्जलिविरचिते योगसूत्रे द्वितीयः साधनपादः ।

||2.1||

tapaḥ-svādhyāyeśvara-praṇidhānāni kriyā-yogaḥ ||

Tapas, Selbst-Studium, _Iśvara_-Versenkung: Yoga der Tat.

Yoga der Tat ist der Weg des werktätigen Menschen im Gegensatz zum Einsiedler oder Mönch. Es ist aber auch die Aktivität, die ein Mönch im Wechsel zur Meditation ausführt, um die in tiefer Stille erfahrenen Eigenschaften und Kräfte in den Alltag zu integrieren und zu stabilisieren. Um die Geisteswellen aktiv zur Ruhe zu bringen, brauchen wir nur drei Punkte zu beachten.

tapaḥ – Wärme, Hitze, Glut; Verinnerlichung, Beschaulichkeit, Versenkung nach innen; Askese, Selbstdisziplin; von *tap* warm, heiß sein, glühen, erwärmen, erhitzen, verbrennen;, geglüht, geläutert werden; sich kasteien.
svādhyāya – Selbststudium, Veda-Studium, Studium heiliger Schriften; *sva* selbst, *adhyāya* lesen, studieren; Kapitel.
īśvara – vermögend etwas zu tun oder zu werden; *Ishvara*, Herr, Gott; die oberste Gottheit; die Seele, das Selbst; *īś* besitzen, vermögen, beherrschen, mächtig sein; Herr, Eigentümer; *vara* Raum, Umkreis; der beste, vorzüglichste, schönste; *īś+vara* der beste Herrscher, der beherrschende Raum: das „Einheitliche Feld der Naturgesetze".
praṇidhāna – Hingabe, Vertrauen, Versenkung, Vertiefung; *pra* vor, *nī* führen, leiten, *praṇi* hinführen, Hingabe, Führer, *dhā* setzen, stellen, legen, richten auf; *dhāna* haltend, enthaltend; Behälter, Sitz; *nidhāna* niedersetzen, niederlegen, aufbewahren; Ort des Niedersetzens, Behälter; ein verborgener Schatz; etwas in sich bergend, bewahrend.
īśvara-praṇidhāna – Hingabe zu Gott; *īś+vara+praṇi+dhāna* Hinführen zum beherrschenden Raum, zum Einheitlichen Feld der Naturgesetze.
kriyā – Ausführung, Beschäftigung; Geschäft; Handlung, Tätigkeit.

Tapas, wörtlich *Hitze, Glut,* wird im Allgemeinen als Askese gedeutet, aber davon will der aktive Mensch nichts wissen. Schließlich wollen wir das Leben in allen seinen Sinnesfreuden genießen. Maharishi Mahesh Yogi versteht *Tapas* als das *Entfachen der Lebensglut* durch das Zurückziehen der

Sinne in den Bereich größerer Freude während der Meditation. Wenn die Freuden, die wir im Laufe unserer inneren Entwicklung entdecken, größer sind als die bisherigen Sinnesgenüsse, dann wenden sich die Sinne ganz von selbst diesen inneren Freuden zu und vergessen die bisherigen Gewohnheiten. In Sutra 2.43 wird *Tapas* noch genauer definiert.

Schlechte Gewohnheiten verlieren ihren Reiz

Im Herbst 1970 war ich als Kettenraucher bei etwa 40 Zigaretten am Tag gelandet und davon so abhängig, dass mich ein Schaffner in Berlin nachts aus der S-Bahn warf, weil ich im menschenleeren Nichtraucher-Waggon geraucht hatte. Da es die letzte S-Bahn nach Mitternacht war, musste ich eine halbe Stunde zu Fuß nach Hause pilgern. Als ich wenige Wochen später in einer nichtrauchenden Meditationsgruppe wohnte, vergaß ich im Laufe der Wochen einfach, mir Zigaretten zu kaufen. Irgendwann war mir sogar der Zigarettendunst anderer Raucher unangenehm. Ich hatte nie bewusst den Wunsch gehabt, mit dem Rauchen aufzuhören, aber die innere Ausgeglichenheit durch Meditation machte die „Nervenberuhigung“ durch Rauchen einfach überflüssig und weniger attraktiv.

Der zweite Bereich ist *Svadhyaya*, von *sva* – das Selbst – und *adhyaya* – *lesen, studieren* oder *Kapitel*. Durch Meditation tauchen wir in feinere Bereiche unseres Innenlebens und werden uns unserer eigentlichen Anlagen, Wünsche und Aufgaben immer mehr bewusst. Viele Menschen verbringen ihr ganzes Leben damit, irgendeine Art von Befriedigung und Erfüllung zu suchen, und stellen dann enttäuscht fest, dass auch diese Erfahrung oder Tätigkeit noch nicht das Richtige war. Indem wir in die Stille tauchen, steigen ganz von selbst verdrängte und verborgene Wünsche an die Oberfläche.

Bisher nur leise Geahntes wird uns bewusst, tiefe Sehnsüchte erwachen und werden stärker, Lust an bestimmten Tätigkeiten erwacht und belebt neue Vorlieben, Talente und Hobbys, kurz, wir können immer deutlicher das „Buch mit sieben Siegeln“ lesen, das wir selbst sind, und immer neue Kapitel unseres Lebens aufschlagen. Durch das Selbststudium steigt unser Selbstvertrauen und das Selbstbewusstsein, sodass wir auch im Handeln erfolgreicher werden. In Sutra 2.44 wird *Svadhyaya* noch genauer definiert.

Svadhyaya wird auch als Selbststudium des Veda und der Vedischen Literatur verstanden, obwohl „Veda" in diesem Wort gar nicht vorkommt. Das ist auf die enge Beziehung zwischen dem Veda und dem eigenen Selbst zurückzuführen, die Dr. Tony Nader in dem Buch „Menschlicher Körper – Ausdruck des Veda und der Vedischen Literatur" ausführlich erläutert. Durch genaue Analyse der Struktur der Vedischen Literatur und der Struktur unseres Körpers stellte er verblüffende Parallelen zwischen beiden fest.

Die 195 Yoga-Sutras spiegeln sich beispielsweise in den 195 Gruppen von Assoziationsfasern der Großhirnrinde wider. Pada 1 entspricht der Struktur des Hinterhauptlappens, Pada 2 dem Stirnlappen, Pada 3 dem Scheitellappen und Pada 4 dem Schläfenlappen mit Limbischem System. Daraus schließt er, „dass das Wiederholen der Sutras Unregelmäßigkeiten oder Ungleichgewichte in der Funktionsweise des Gehirns und des gesamten Organismus neutralisiert. Lesen der Yoga-Sutras ist nährend und lebensfördernd." [*8]

Der dritte Bereich ist *Ishvara-Pranidhana,* die Versenkung in *Ishvara,* im allgemeinen gedeutet als Hingabe zu Gott oder Ergebung in den Willen Gottes. *Ishvara* ist ein religiöser Begriff, und wer an Gott glaubt, der versteht darunter die Hinwendung zu Gott, entweder im Gebet oder durch gottergebenes Dienen oder Gottesdienst.

Betrachten wir die Bedeutung von *Ishvara* genauer, dann finden wir die Silbe *ish – beherrschen* und *vara – der Raum,* also der *beherrschende Raum:* jener Bereich, der in der modernen Quantenmechanik als das „Einheitliche Feld der Naturgesetze" bezeichnet wird, der Ursprung aller Materie und Energie. Das entspricht genau der Sanskritbedeutung von *īśvara* als das, was fähig ist, *etwas zu tun oder zu werden.* In der Philosophie nennt man diesen Bereich das Unmanifeste, die Transzendenz, das Reine Sein, Reines Bewusstsein, aus dem alles entstanden ist. Genau in dieses Feld vertiefen wir uns während der Transzendentalen Meditation, wenn der Geist völlig zur Ruhe gekommen ist.

Von *Ishvara* handeln auch die Sutras 1.23-27 und 2.45. Wir sehen, dass alle drei Empfehlungen bereits durch das erste Kapitel über Samadhi vorbereitet wurden. Und daran knüpft auch das nächste Sutra an.

||2.2||

samādhi-bhāvanārthaḥ kleśa-tanū-karaṇārthaś ca ||
***Samādhi* erreichen ist Ziel und Leiden verringern Nutzen.**

Dieses Sutra nennt uns den Hauptvorteil, den uns die Beschäftigung mit *Yoga* bringt: ein Leben ohne Leiden. Und es wird auch gleich die Methode dazu genannt: Die Erfahrung von *Samadhi*. Regelmäßiges Transzendieren befreit uns von *Klesha*, von Leiden, Schmerz und Mangel, von der Plage des Alltags, von unseren eigenen Fehlern. Gleichzeitig ist *Samadhi* auch das Ziel. Denn durch regelmäßige Erfahrung von *Samadhi* während der täglichen Meditation gewöhnt sich unser Nervensystem daran, den Zustand Reinen Bewusstseins immer länger und bewusster auch im normalen Wachzustand aufrechtzuerhalten, bis uns die Transzendenz im gesamten 24-Stundenzyklus selbst im Träumen und Schlafen erhalten bleibt und wir uns ständig unseres wahren inneren Selbst bewusst sind.

samādhi – *Samadhi*; *sama* gleichmäßig; *dhī* Intelligenz; *sama+dhī* gleichmäßige Intelligenz; *dhi* sättigen, erfreuen; halten; *sama+dhi* gleichmäßig ergötzen; *adhi* über, darüber; *sama+adhi* gleichmäßig darüber.
bhāvana – kultivieren, bewirken, erreichen.
arthaḥ – Zweck, Ziel; Ursache, Grund, Veranlassung; Nutzen, Vorteil; Reichtum, Besitz, Vermögen; Begehr, Verlangen, Bedarf; Sinn, Bedeutung; Begriff, Inhalt; Art und Weise.
kleśa – Leiden, Schmerz, Leidensquelle, Makel, Plage.
tanū – schwach.
karaṇa – machen.
arthaḥ – Zweck, Ziel, Ursache, Grund, Veranlassung, Nutzen, Vorteil, Reichtum, Besitz, Vermögen.
ca – und.

||2.3||

avidyāsmitā-rāga-dveṣābhiniveśāḥ kleśāḥ ||
Unwissenheit, Ichbezogenheit, Verlangen, Abneigung, Lebensdrang sind Leidensquellen.

Hier erfahren wir die fünf Hauptursachen für Leiden. Die Unwissenheit über unser wahres kosmisches Selbst führt dazu, dass wir uns mit unserem kleinen Ego, mit den damit verbundenen Vorlieben und Abneigungen und dem Festhalten an liebgewordenen und gewohnten Umständen identifizieren.

avidyā – Unwissenheit; *a-* un-; *vidyā* Wissen, Verständnis.
asmitā – Ichbezogenheit; *asmi* ich bin; *-tā* -heit.
rāga – Leidenschaft, Verlangen.
dveṣa – Hass, Abneigung.
abhiniveśāḥ – Lebensdrang, Selbsterhaltungstrieb.
kleśāḥ – die Leiden, Schmerzen, Leidensquellen, Makel, Plagen.

Die nächsten Sutras definieren die Leidensursachen genauer.

||2.4||

avidyā kṣetram uttareṣāṁ prasupta-tanu-vicchinnodārāṇām ||

Unwissenheit Grundlage der folgenden latenten, schwachen, abgebrochenen, aktiven.

Avidya, die Unwissenheit, ist der Grund für alle anderen Leidensursachen, egal, ob sie besonders ausgeprägt oder nur latent und kaum bemerkbar sind. Jeder Charakter ist verschieden. Was bei einem Egomanen besonders auffallend und störend ist, kann bei einem bescheidenen Menschen im Hintergrund schwelen und erst in einer späteren Lebensphase bemerkbar werden oder tatsächlich bereits erfolgreich gemeistert sein. Für alle diese Makel der Persönlichkeit aber ist die Unwissenheit über das wahre Selbst die Ursache.

avidyā – Unwissenheit; *a-* un-; *vidyā* Wissen.
kṣetram – Feld, Bereich, Grundlage.
uttara – folgende.
eṣāṁ – von diesen.
prasupta – schlafend, latent, schlummernd.
tanu – schwach, ausgedünnt.
vicchinna – unterbrochen, abgebrochen.
udārāṇām – groß, aktiv, mächtig.

||2.5||

anityāśuci-duḥkhānātmasu
nitya-śuci-sukhātma-khyātir avidyā ||

Im Vergänglichen, Unreinen, Leid und Nicht-Selbst das Ewige, Reine, Glück und Selbst zu sehen ist Unwissenheit.

Wenn wir nichts davon wissen, dass in uns ein höheres Selbst existiert, unabhängig von Zeit und Raum, unabhängig von unseren kleinen Fehlern, von Leid und Elend, von unseren Wünschen und Abneigungen, dann identifizieren wir uns mit den Begrenzungen unseres kleinen Egos und den damit verbundenen Unzulänglichkeiten, die uns Kummer und Sorgen bereiten.

anitya – nicht ewig.
aśuci – unrein.
duḥkha – Leid.
an-ātma-su – im Nicht-Selbst.
nitya – ewig.
śuci – rein.
sukha – Freude, Glück.
ātma – *Atma*, das Selbst.
khyātiḥ – wahrnehmen, erkennen.
avidyā – Unwissenheit; *a-* un-; *vidya* Finden; Wissen, Kenntnis; *vid* finden; wissen, begreifen, erkennen, verstehen; merken, wahrnehmen, erfahren; wähnen, halten für.

Das Wissen vom Selbst wirkt befreiend

Ich erinnere mich noch gut daran, wie befreiend es für mich war, als ich im Herbst 1970 in Kössen, Österreich, in einem Vortrag von Maharishi zum ersten Mal erfuhr, dass uns aufgrund unserer Verspannungen im Nervensystem der Zugang zu unserem wahren Selbst versperrt ist, diese Verspannungen aber nichts mit unserer eigentlichen Natur zu tun haben. Wenn wir unser wahres Selbst entfalten und leben wollen, dann brauchen wir diese Verspannungen nur durch regelmäßige Meditation aufzulösen, und unsere Talente und Aufgaben entfalten sich ganz von selbst, sodass wir ein glückliches und erfülltes Leben führen können (siehe auch Erfahrung zu Sutra 1.16).

Seit diesem Vortrag empfand ich meine Unzulänglichkeiten nicht mehr als mein eigentliches Ich, sondern als etwas Fremdes, das ich von mir abschütteln kann. Und von Jahr zu Jahr zeigte sich immer deutlicher mein ewiges, kosmisches Selbst, das sich in der Erfüllung seiner Lebensaufgabe ausdrücken konnte. Die persönlichen Makel verzieh ich mir, in dem ich ein Auge zudrückte und mir sagte: „Schließlich bin ich ein Mensch und weder Engel noch Gott. Und als Mensch habe ich das Recht, Fehler zu machen und daraus zu lernen. Hauptsache, die Fehler werden langsam weniger."

||2.6||

dṛg-darśana-śaktyor ekātmatevāsmitā ||

Seher-Ansichts-Kräfte wie eins gleichsetzen: Ichbezogenheit.

Die zweite Leidensquelle ist *Asmita*, die Ichbezogenheit, die hier näher definiert wird. Das große kosmische Selbst, unser innerstes Bewusstsein, der unbeteiligte Beobachter, hat sich in unserem Körper inkarniert, um die Welt aus einem individuellen Blickpunkt zu erleben. Durch unsere fünf Sinne erfahren wir alles genau aus dem Blickwinkel innerhalb von Raum und Zeit, den wir gerade einnehmen. Wir sehen uns selbst im Spiegel und identifizieren uns mit unserem augenblicklichen Erscheinungsbild, unserem *Darshan*.

dṛk – Seher.
darśana – sehen, erblicken, wahrnehmen; Ansicht, das Sichtbarwerden oder -sein, zum Vorschein Kommen.
śaktyoḥ – in den Kräften, Fähigkeiten, Vermögen; Geschick; Wirksamkeit.
eka – eins.
ātmatā – Identität, Natur.
ekātmatā – Einheit, Gleichheit des Wesens, das Einssein mit.
iva – wie, als ob.
asmitā – Ichbezogenheit; *asmi* ich bin; *-tā* -heit.

Meine gegenwärtige Ich-Perspektive

Da ich mich gerade zu Beginn des dritten Jahrtausends in einem warmen Zimmer in Sachsen-Anhalt befinde, sehe ich die Welt aus diesem Blickwinkel. Wäre ich zwei Jahrhunderte früher oder später an dieser Stelle, würde ich eine völlig andere Realität wahrnehmen. Oder wäre ich in diesem Augenblick nicht in Deutschland, sondern auf dem entgegengesetzten Punkt der Erde, fröre ich in einer baumlosen Berglandschaft auf einer stürmisch kalten Antipoden-Insel in der Südsee. Gegen diese begrenzte Sicht ist im Grunde nichts einzuwenden, denn sie ist ja der Zweck dieser Inkarnation: Wir wollen die Welt als Individuum erleben. Der Nachteil beginnt, wenn wir uns mit unserer augenblicklichen Erscheinung völlig identifizieren. Wir vergessen unser ewiges, von Raum und Zeit unabhängiges Selbst und sind gebunden an die Sorgen und Nöte, die uns gerade beschäftigen, oder sind stolz auf die Erfolge, die unser kleines Ego gerade erreicht hat.

Die Identifizierung mit dem, was wir als Individuum darstellen, begrenzt uns auf die Sicht des kleinen Egos und bringt daher Leiden mit sich. Je öfter wir in Samadhi eintauchen und uns mit unserem kosmischen Selbst identifizieren, dem unbeteiligten Seher, desto leichter fällt es uns, einen gewissen Abstand zu den täglichen Erlebnissen zu bewahren und unseren Auftritt auf der Bühne des Lebens als weiser Zuschauer zu verfolgen und zu genießen.

||2.7||

sukhānuśayī rāgaḥ ||

Freude führt zu Verlangen.

Wenn wir etwas Angenehmes erleben, möchten wir es gerne wiederholen. Wir begehren es, sehnen uns danach oder werden sogar abhängig davon. Das ist die dritte Leidensquelle: *Raga*, das Verlangen, die Leidenschaft, Begierde, Gier. Natürlich ist nichts dagegen einzuwenden, das Leben mit all seinen weltlichen und fleischlichen Genüssen auszukosten und zu genießen. Unangenehm wird das Verlangen erst, wenn wir etwas haben wollen, was sich im Augenblick nicht erfüllen lässt.

sukha – Angenehmes, Freude, Glück.
anuśayī – Folge, Ergebnis.
rāgaḥ – Leidenschaft, Gier, Verlangen; *ra* Feuer, Liebe, Begehren; *ga* gehend, sich bewegend, sich beziehend auf.

Von Liebeslust zu Liebesleid

Wenn wir das Erlebnis einer wunderbaren Liebesbeziehung hatten und das Schicksal sich gewendet hat, stehen wir plötzlich ohne den geliebten Partner da, fühlen uns verlassen, einsam, ungeliebt, versinken in Liebeskummer und leiden so sehr, dass wir jede Lust am Leben verlieren und uns womöglich Selbstmordgedanken plagen.

Ent-Täuscht
Immer wenn ein Traum zergeht,
weil mein Stern sich weiterdreht,
stehe ich mit Ach und Ja
ohne meine Täuschung da. *1

Dieses kleine Gedicht schrieb ich 1977 nach einem schmerzhaften und zugleich heilsamen Liebeskummer. Glücklicherweise wurde mir dabei gleichzeitig bewusst, dass ich mich zu sehr mit meinem kleinen Ego identifiziert und meine Sehnsucht nach Einheit zu sehr auf die andere Person projiziert hatte, und dass uns das Gefühl der Enttäuschung nur deshalb so schmerzt, weil uns die Täuschung aus Gewohnheit liebgeworden ist. Erst wenn wir die Identifikation mit unserem kleinen Ego aufgeben und in Samadhi mit unserem großen kosmischen Selbst verschmelzen, der Kraftquelle und dem eigentlichen Ziel aller Liebe, erfahren wir die Freude, die keine Enttäuschung bewirkt.

In der *Brihadaranyaka-Upanishad* heißt es: „*Nicht um des Gatten willen ist der Gatte lieb, sondern um des Selbst willen. Nicht um der Gattin willen ist die Gattin lieb, sondern um des Selbst willen. Nicht um der Söhne willen sind die Söhne lieb, sondern um des Selbst willen. Nicht um der Wesen willen sind die Wesen lieb, sondern um des Selbst willen. Das Selbst, fürwahr, sollte man sehen, hören, bedenken, zu verwirklichen suchen.*“ (2.4.5)

Sobald wir uns nicht mehr mit unserem kleinen Ego identifizieren, sondern mit unserem großen Selbst, beginnen wir auch, dieses große Selbst mehr und mehr in unserer Umgebung zu erkennen, denn schließlich ist es die Lebensquelle für alle Geschöpfe. Und wir verstehen, dass wir deswegen in den Partner, die Partnerin verliebt waren oder sind, weil wir in ihm oder ihr die Eigenschaften wiederfinden, die wir auch in der Tiefe unserer eigenen Seele als uns vertraut und eigen empfinden.

Wir brauchen also keinesfalls auf die Erfahrung der Freude zu verzichten, können aber das unangenehme Gefühl von unerfülltem Verlangen dadurch besänftigen, dass wir das Selbst im eigenen Inneren erkennen.

||2.8||

duḥkhānuśayī dveṣaḥ ||

Leid führt zu Abneigung.

Leidvolle Erfahrungen wie Schmerz und Elend führen dazu, dass wir etwas nicht wieder erleben wollen, es ablehnen oder gar hassen. Das ist die vierte Leidensquelle: *Dvescha*, Abneigung, Widerwille, Ablehnung, Aversion, Feindschaft, Hass.

duḥkha – Schmerz, Leid, Unbehagen, Unglück.
anuśayī – Folge, Ergebnis.
dveṣaḥ – Abneigung, Ablehnung, Hass; *dva, dvi* zwei; *ṣa* Verlust, Zerstörung, Wissensverlust, Rest, Überbleibsel.

Die Falle der Feindbilder

Es ist eine seltsame Ironie des Schicksals, dass diese Leidensquelle vor allem in religiösen Kreisen zu heftigen Kämpfen von Fanatikern führt. Das ist um so absurder, wenn wir bedenken, dass jede Religion schon von der Namensbedeutung „*religare* – zurückbinden, rückwärts anbinden" den Sinn hat, das kleine Individuum wieder mit seinem kosmischen Selbst, seinem „Schöpfer" zu verbinden und sich daher über jede andere Religion freuen sollte, die das gleiche Ziel verfolgt: aus den verlorenen Kindern Gottes wieder Menschen zu machen, die den Zugang zu ihrem eigenen göttlichen Ursprung wiederfinden und „heil" werden. Schließlich waren es solche „Heiligen", die den

Weg der „Rückbindung“, der „Religion“ dereinst begründeten. Auch aus politischen und wirtschaftlichen Gründen werden Feindbilder aufgebaut. Die Lösung ist auch hier, die kleinen individuellen Grenzen zu transzendieren und in der Tiefe des Bewusstseins das Feld der Liebe und des Friedens zu beleben, sodass sich auch unterschiedliche Völkergruppen und soziale Schichten gegenseitig respektieren und verstehen lernen.

||2.9||

sva-rasa-vāhī viduṣo'pi tathā rūḍho'bhiniveśaḥ ||

Selbsterhaltungstrieb hat selbst der Weise,
daher auch aufsteigenden Überlebensdrang.

Die letzte Leidensquelle ist *Abhinivesha*, das Festhalten an den Dingen, das vom krampfhaften Klammern an kleine Alltäglichkeiten bis hin zum Festhalten am Leben selbst reicht und bei jedem Menschen unterschiedlich stark ausgeprägt ist.

sva –selbst-, eigen-.
rasa – Saft, Essenz, Geschmack.
sva-rasa – Selbst-Natur, Eigensaft, Selbsterhaltungstrieb.
vāhin – Träger, tragend, fahrend, fließend, bestehend, bringend, habend.
viduṣaḥ – des Weisen.
api – sogar.
tathā – so, daher.
rūḍhaḥ – entstanden, aufgekommen.
abhiniveśaḥ – Lebensdrang, Selbsterhaltungstrieb, Überlebensdrang; Beharrlichkeit; Anhänglichkeit am Körper, Lebenslust.

Ein Mensch mit geringer Frustrationstoleranz leidet bereits, wenn der Nachbar das Fenster lieber offen oder geschlossen haben will, wenn der Kaffee ein Stück Würfelzucker zu viel oder zu wenig hat oder wenn der Akku seines Handys mitten im Gespräch leer wird. Aber selbst der Weise, der über solche Kleinigkeiten erhaben lächelt, ist nicht frei von dieser Leidensquelle, denn auch er klammert sich instinktiv ans Leben und wird bei Gefahr vom Selbsterhaltungstrieb und Überlebensdrang getrieben.

||2.10||

te pratiprasava-heyāḥ sūkṣmāḥ ||

Rückkehr zum Ursprung löst diese Feinen.

Wenn die Leidensquellen nur fein ausgeprägt sind, lassen sie sich auflösen, indem wir wieder zum Ursprünglichen zurückkehren und unser wahres Selbst entfalten, weil die Unwissenheit, die Grundursache aller Leiden, damit verschwindet.

te – sie, diese.
prati-prasava – wiedereingehen, Wiederauflösung, Rückkehr zum Ursprünglichen; Gegenbefehl; *prati-* gegen; *prasava* Lauf, Strömung, Erweckung; Zeugung, Gebären, Geburt.
heyāḥ – aufzulösen.
sūkṣmāḥ – die Feinen.

||2.11||

dhyāna-heyās tad-vṛttayaḥ ||

***Dhyana*, Meditation löst diese Vṛttis auf.**

Sind die Leidensquellen stärker ausgeprägt, dann spüren wir sie als Vrittis, als Denkwellen, die uns innerlich bewegen und aufwühlen. Diese können wir durch Dhyana beruhigen, durch Meditation. Denn sobald wir den Geist zur Ruhe bringen, lösen sich alle in uns wühlenden Sorgen und Leidensquellen auf, von der Unwissenheit über Ichbezogenheit, Verlangen und Abneigungen bis hin zum Verhaftetsein und Nicht-Loslassen-Können.

dhyāna – *Dhyana,* Meditation.
heyāḥ – aufzulösen.
tat – das, diese, dessen.
vṛttayaḥ – die *Vrittis,* die Wellen, Vibrationen, Fluktuationen, Aktivitäten.

Die Wirkung der Meditation wird durch zahlreiche wissenschaftliche Untersuchungen über die positiven Wirkungen der Transzendentalen Meditation in vielen Lebensbereichen bestätigt. In vielen Bereichen wurden Meta-Analysen der durchschnittlichen Ergebnisse verschiedener Studien durchgeführt. Meta-Analysen von 19 TM-Studien zeigen signifikant verringerte Sucht, von 16 TM-Studien verringerte Angst, von 18 TM-Studien gesteigerte Selbstverwirklichung, und diese Aufzählung von Wirkungen ließe sich endlos fortsetzen. [6]

||2.12||

kleśa-mūlaḥ karmāśayo dṛṣṭādṛṣṭa-janma-vedanīyaḥ ||

Leidursache Karma-Speicher
im sichtbar-unsichtbaren Leben zu erfahren.

Der Grund für Leiden, das wir im gegenwärtigen Leben oder in Zukunft erfahren, hängt mit unserem *Karma* zusammen, den gespeicherten Folgen unserer vergangenen Handlungen.

kleśāḥ – Leiden, Schmerz, Leidensquelle, Makel, Plage.
mūlaḥ – Wurzel, Ursache, Grundlage, Basis.
karma – Handlung, *Karma.*
āśayaḥ – Ruheplatz, Heimstatt, Sitz, Lagerstatt, Ansammlung, Speicher.
dṛṣṭa – sichtbar, gegenwärtig.
adṛṣṭa – unsichtbar, zukünftig.
janma – Leben.
vedanīyaḥ – zu wissen, zu erfahren.

||2.13||

sati mūle tad-vipāko jātyāyur-bhogāḥ ||

Besteht dieser Grund, folgen Geburt, Lebensspanne, Erfahrungen.

Solange wir noch die Folgen unserer vergangenen Handlungen zu ernten haben, werden wir immer wieder geboren, durchleben Inkarnationen auf der Erde und machen unsere Erfahrungen. Wir durchlaufen den Kreislauf von Geburt und Tod, bis wir alles *Karma* abgetragen haben.

sati – seiend, existierend.
mūle – in der Wurzel, Ursache, Grundlage.

tat – das, dessen.
vipākaḥ – Frucht tragen, Folge, Ergebnis, Reife, reifen.
jāti – Geburt, Stand, Klasse, soziale Schicht.
āyuḥ – Leben, Lebensdauer, Lebensspanne.
bhogāḥ – Erfahrungen, Genüsse.

||2.14||

te hlāda-paritāpa-phalāḥ puṇyāpuṇya-hetutvāt ||

Freude und Schmerz sind Früchte der guten und schlechten Ursache.

„Wie man in den Wald hineinruft, so schallt es heraus." Dieses Sprichwort beschreibt das Gesetz von Ursache und Wirkung, das auf Sanskrit *Karma* genannt wird. Ob die Handlungen, deren Früchte wir ernten, in diesem oder in einem früheren Leben geschahen, spielt dabei keine Rolle, denn unsere individuelle Seele nimmt ihren jeweiligen Entwicklungsstand von einer Inkarnation zur nächsten mit.

te – sie.
hlāda – Freude.
paritāpa – Schmerz.
phalāḥ – Früchte, Resultate, Folgen.
puṇya – gut, richtig, verdienstvoll.
apuṇya – schlecht, falsch.
hetutvāt – Ursache, Grund.

Der genießende Yogi

1982 trat ich einer Gruppe alleinstehender Männer bei, die sich hauptberuflich der Bewusstseinsentwicklung widmeten und viele Stunden des Tages in die Stille tauchten, um höhere Bewusstseinsstufen zu erforschen. Manche waren überaus eifrig dabei und empfanden die strikte Tagesroutine eher als leidige Pflichtübung, die der schnellen Entwicklung dienen sollte, andere nahmen das Leben leichter und genossen vor allem den reibungslosen Fluss im Wechsel von tiefer Ruhe und dynamischer Aktivität, verbunden mit dem wachsenden Gefühl der Zusammengehörigkeit einer Gruppe, in der alle dasselbe

Der wahre Yogi braucht kein Nagelkissen, um die Geisteswellen zu beruhigen.

Was wird wohl der Meister zu seinem lockeren Lebensstil sagen, dachten manche. Aber Maharishi kannte ihn gut und sagte nur: „Seine Hauptaufgabe in diesem Leben ist das Genießen." Anscheinend hatte er sich durch vergangene Taten ein Leben voller Freude verdient.

||2.15||

pariṇāma-tāpa-saṁskāra-duḥkhair guṇa-vṛtti-virodhāc
ca duḥkham eva sarvaṁ vivekinaḥ ||

Wandel, Schmerz, *Saṁskāras* durch Mühen aus *Guṇa-Vṛtti*-Widerstreit, und so alles Leid des Unterscheidenden.

Wer genau unterscheiden kann, wodurch Leiden entsteht, der erkennt, dass alles Leid durch Verletzen der Naturgesetze entsteht, durch Widerstreit gegen die Aktivität (*Vritti*) der *Gunas*, der drei Grundeigenschaften, die das gesamte relative Leben durchdringen und aufrechterhalten.

pariṇāma – Veränderung, Wandel.
tāpa – Hitze, Schmerz, Weh, Qual.
saṁskāra – *Samskara,* latenter Eindruck, Prägung, Nachwirkung; Stimmung; Zubereitung, Bearbeitung; Bildung, Erziehung; Fehlerfreiheit, Richtigkeit.

duḥkhaiḥ – durch Leiden, durch Mühen.
guṇa – *Gunas*, Grundeigenschaften der Natur.
vṛtti – Aktivität, Fluktuation, *Vritti.*
virodhāt – aus Widerspruch, Widerstreit, Konflikt, Verkehrtheit.
ca – und.
duḥkham – Leid.
eva – wahrlich, so, in der Tat.
sarvaṁ – alles.
vivekinaḥ – des Unterscheidenden, Urteilenden, Verständigen.

Wenn wir uns gegen den ständigen Wandel der Natur sträuben, entsteht Schmerz, der unangenehme Eindrücke in unserem Nervensystem hinterlässt, und wir mühen uns, mit der Natur fertig zu werden. Aber das Auflehnen gegen die Wirkkräfte der Natur ist so aussichtslos wie Don Quijotes Kampf gegen Windmühlen und beruht nur auf Unwissenheit und verzerrter Wahrnehmung der Wirklichkeit. Viel einfacher und müheloser ist es, sich nicht gegen den ständigen Wandel der Natur zu sträuben, ihn für die eigene Evolution zu nutzen und im Einklang mit der Natur zu leben, indem wir das kosmische Selbst in uns beleben.

||2.16||

heyaṁ duḥkham anāgatam ||

Vermeide die Gefahr, die noch nicht gekommen ist.

Wenn uns bewusst wird, dass alles Leiden durch Verstoß gegen die Naturgesetze entsteht, dann brauchen wir nur im Einklang mit den Naturgesetzen zu leben und beugen damit dem Entstehen von Leiden vor.

heyaṁ – zu vermeiden.
duḥkham – Leid, Elend, Gefahr.
anāgatam – noch nicht gekommen.

Ein Leben im Einklang mit den Naturgesetzen erzeugt keine Reibung und keine neuen Folgen von Handlungen, kein *Karma*, das zu neuem Leiden führt.

||2.17||

drașṭṛ-dṛśyayoḥ saṁyogo heya-hetuḥ ||

Die Seher-Gesehenes-Identifikation ist die zu meidende Ursache.

Jetzt erfahren wir, wie wir die Ursache allen Leidens vermeiden können, indem wir die Identifikation mit dem Gesehenen, zum Beispiel mit unserem Spiegelbild, vermeiden. Wenn wir uns mit dem Gesehenen identifizieren, vergessen wir, wer wir selbst sind. Wir wissen zwar, welche Person wir im Augenblick darstellen, aus deren Blickwinkel wir die Welt sehen, aber unser innerstes Selbst, Atma, das unbegrenzte, kosmische Sein, das uns als Bewusstsein durchdringt und belebt, gerät dabei in Vergessenheit. Wir identifizieren uns nur mit dem, was wir sehen und wahrnehmen können.

drașṭṛ – Seher, Beobachter.
dṛśyayoḥ – des Gesehenen, im Gesehenen.
saṁyogaḥ – Verbindung, Identifikation.
heya – zu vermeiden.
hetuḥ – Ursache, Grund.

||2.18||

prakāśa-kriyā-sthiti-śīlaṁ bhūtendriyātmakaṁ
bhogāpavargārthaṁ dṛśyam ||

Licht, Handlung, Gestalt ist des Gesehenen Natur, aus Elementen und Sinnen bestehend, zum Zwecke der Erfahrung und Befreiung.
wörtlich: **Licht-Handlung-Form-Natur, Element-Sinn-Wesen, Genuss-Befreiung-Zweck: Gesehenes.**

Der Vorgang der Wahrnehmung kommt dadurch zustande, dass unsere fünf Sinne Hören, Tasten, Sehen, Schmecken und Riechen mit den fünf Elementen Raum, Luft, Feuer, Wasser und Erde Kontakt aufnehmen und dadurch etwas wahrnehmen, was eine feste Form hat, die einen bestimmten Zweck erfüllt. Diese Wahrnehmung dient dazu, dass wir Erfahrungen machen, durch die wir lernen und uns weiter entwickeln, bis wir das dahinter liegende Wesen erkennen und von der Bindung der Wahrnehmung befreit werden.

prakāśa – Licht, Helle, Leuchten, Offenbarwerden, Manifestation; hell, leuchtend, glänzend; offen, offenbar, sichtbar; allgemein bekannt; laut, für alle hörbar; *pra* vor, füllend, *kāśa* sichtbar sein, Schein; *kāś* leuchten, erscheinen.
kriyā – Handlung, Aktivität, Arbeit; Mittel, Instrument.
sthiti – Stetigkeit, Stehen, Stillstehen; Trägheit, Bleiben, Verweilen, Feststehen, Unbeweglichkeit; Standort; Stellung; Dasein, Zustand; Form, Gestalt.
śīlaṁ – Eigenschaft, Charakter, Gewohnheit; Natur, Wesen.
bhūta – Element, physisch, grobstofflich.
indriya – Sinnesorgan, Wahrnehmungsorgan, Sinn.
ātmakaṁ – Wesen, Natur, Eigentümlichkeit; *ātma Atma*, das Selbst, *ka* wer, welcher; *ātmaka* zu *Atma* gehörend, *Atma* eigen; *ātma+ka* wer ist *Atma*?
bhoga – Erfahrung, Genuss.
apavarga – Befreiung, Erleuchtung, die letzte Befreiung der Seele; Abschluss, Ende; Gabe, Geschenk; *apa* ab, weg, fort; *varga* Abwender, Beseitiger; *varj* wenden, drehen, abdrehen, ablenken, beseitigen, abwenden, abspannen.
arthaṁ – Zweck, Sinn, Ziel.
dṛśyam – das Gesehene, Wahrgenommene.

Vom Zweck unserer Wahrnehmung

Im Zustand der Befreiung nehmen wir die Welt aus fünf Elementen weiterhin mit unseren fünf Sinnen wahr, werden davon aber nicht mehr überschattet, sondern sind uns der Unbegrenztheit unseres wahren Selbst, *Atma*, des Reinen Bewusstseins im Inneren, ständig bewusst. Gehen wir der Wahrnehmung auf den Grund, erkennen wir in *Atmaka*, der Natur der Elemente und Sinne, die Frage *Atma ka? Wer ist Atma?*

Und wir sehen: Sowohl unsere Sinne, der subjektive Bereich der Wahrnehmung, als auch die Elemente, der objektive Bereich der Wahrnehmung, sind in ihrem Wesen *Atma*. Das ist der Zweck der Wahrnehmung im Zustand der Erleuchtung.

||2.19||

viśeṣāviśeṣa-liṅga-mātrāliṅgāni guṇa-parvāṇi ||

Bestimmt und unbestimmt, mit und ohne messbare Merkmale sind die *Guna*-Zustände.

Wenn wir im Reinen Sein verankert sind, erkennen wir, dass das gesamte relative Leben aus einem Wechselspiel der drei *Gunas* besteht, der drei Grundeigenschaften *Sattva, Rajas* und *Tamas,* die sowohl die materielle Welt mit ihren festumrissenen Objekten durchdringen als auch die feinstoffliche Welt unserer Gefühle und Gedanken bis hin zu den abstraktesten Erscheinungen, die bis ins Unmanifeste, in die Transzendenz hinein reichen.

viśeṣa – besonders, bestimmt, unterschiedlich.
aviśeṣa – unbestimmt, nicht unterscheidbar.
liṅga – Zeichen, Charakteristik, Merkmal.
mātra – Maß, Höhe, Tiefe, Breite; Zeitmaß, Dauer; in vollem Maß, rein, nur.
aliṅgāni – ohne Merkmale, die Unmanifestierten.
guṇa – *Gunas,* die drei Grundeigenschaften der Natur *sattva, rajas* und *tamas.*
parvāṇi – Zustände, Schritte, Ebenen; Absatz, Abschnitt; Zeitabschnitt; *par* füllen, sättigen, nähren; *van* wünschen, verlangen; bezwingen; *par+van* nähren von Wünschen.

Par-van, das Wechselspiel von Nähren und Wünschen

Das Spiel der drei *Gunas* findet in Schritten – *parvan* – statt, im Wechselspiel von *par* – nähren und *van* – wünschen, das unsere Sinne nährt und immer höhere und feinere Wünsche entstehen lässt, die auch durch Sinneserfahrung genährt werden, bis wir schließlich im Feinsten, in der Erfahrung der Transzendenz Erfüllung finden (siehe dazu auch Maharishis Aussage über den Zweck des Wünschens im Kommentar zu Sutra 1.16).

||2.20||

draṣṭā dṛśi-mātraḥ śuddho'pi pratyayānupaśyaḥ ||

Der Seher ist Sehen in vollem Maße, rein, sogar Grund wahrnehmend.

Wenn der Seher, das Selbst, in vollem Maße das Gesehene sieht, dann nimmt er sogar den Grund des Gesehenen wahr, die tiefere Ursache seiner Erfahrung, die letztendlich zur Erkenntnis von *Atma*, dem kosmischen Selbst, führt, wie das folgende *Sutra* bestätigt.

draṣṭā – der Seher, der Wahrnehmende.
dṛśi – das Sehen, Schauen.
mātraḥ – rein, ausschließlich, nur, in vollem Maße.
śuddhaḥ – rein.
api – auch, ferner, sogar.
pratyaya – Gedanke, Glaube; Vorstellung, Begriff; Grund, Ursache.
anupaśyaḥ – wahrnehmen.

||2.21||

tad-artha eva dṛśyasyātmā ||

Der wahre Zweck des Gesehenen: *Atmā*.

Laut Sutra 2.18 dient die wahrnehmbare Welt dazu, durch die Sinne erfahren zu werden und uns bis zur Erleuchtung zu führen. Das Gesehene führt uns also letztendlich wieder zu unserem wahren Selbst, zu unserem Atma, zurück. Wenn wir den Zustand der Einheit erreicht haben, nehmen wir sowohl in uns selbst als auch in dem, was wir sehen, dasselbe kosmische Selbst wahr: *Atma*.

tat – dessen.
artha – Zweck, Ziel.
eva – allein, wahrlich, nur.
dṛśyasya – des Gesehenen.
ātmā – Wesen, Natur, *Atma*, das Selbst.

||2.22||

kṛtārtham prati naṣṭam apy anaṣṭam tad anya-
sādhāraṇatvāt ||

**Zweck erreicht, für ihn erledigt,
noch unerledigt für andere aus Gemeinsamkeit.**

Sobald dieser Zweck erreicht ist, sobald uns das Gesehene unser eigenes Selbst bewusst gemacht hat, hat es für uns jegliche Bedeutung verloren, nicht aber für andere, die daran noch etwas lernen können. Denn die Sinnesobjekte werden ja nicht nur von einem einzigen Subjekt wahrgenommen, sondern sind eine objektive, das heißt gemeinsame „intersubjektive" Wirklichkeit: Sie werden von vielen Subjekten gleichzeitig wahrgenommen.

kṛta – getan, erreicht, vollendet.
arthaṁ – Zweck.
prati – für, bezüglich.
naṣṭam – zerstört, verschwunden.
api – noch.
anaṣṭaṁ – nicht zerstört.
tat – das.
anya – andere.
sādhāraṇatvāt – aus Gemeinsamkeit, Universalität.

Für andere, die im Gesehenen noch nicht Atma erkennen, gilt Folgendes.

||2.23||

sva-svāmi-śaktyoḥ svarūpopalabdhi-hetuḥ saṁyogaḥ ||

**Der beiden selbst-Selbst-Kräfte
Selbst-Gestalt-wahrnehmen-Grund: Verbindung.**

In diesem Sutra kommt die Silbe *sva* für *selbst* gleich drei Mal vor, und zwar in *sva*, *svami* und *svarupa.*

sva – eigen, das Eigene, Besitz, die eigene Person, das kleine Selbst, das Ich, das Ego.
svāmi – *Svami*, Eigner, Besitzer, Gebieter, Herr, das große Selbst; *āmī* zerstören, neutralisieren; *sva+āmī* das kleine Selbst neutralisieren.
śaktyoḥ – der beiden Kräfte, Fähigkeiten, Geschicke, Wirksamkeiten.
svarūpa – Selbst-Form, eigene Gestalt, Wesen, Natur, Eigenzustand.
upalabdhi – wahrnehmen; in Erfahrung bringen, gewahrwerden; Erlangung, Auffassung, Verständnis; erlangt, verwirklicht.
hetuḥ – Ursache, Grund.
saṁyogaḥ – Verbindung, Identifikation, Vereinigung.

Sva bedeutet Eigentum, *Svami* Eigentümer und *Svarupa* die eigene Gestalt. Es geht also offensichtlich um eine Eigentumsfrage und ist daher eines der rätselhaftesten und zugleich wichtigsten *Sutras* über Weg und Ziel des *Yoga*, das aus verschiedenen Blickwinkeln betrachtet jeweils einen anderen, ebenfalls gültigen Sinn ergibt. Da das folgende *Sutra* „deren Ursache Unwissenheit" lautet, muss hier ein Vorgang beschrieben werden, der mit Unwissenheit verbunden ist. Welcher Vorgang könnte das sein?

Die doppelte Wahrnehmung der Selbstgestalt

Welche Wahrnehmung der Selbstgestalt beruht auf Verbindung, die durch Unwissenheit entsteht? Über diese Frage haben wir zu zweit mehrere Tage lang gebrütet und immer wieder neue Fragen und scheinbare Antworten gefunden, bis wir schließlich dachten: Wir finden keine Lösung. Und die Ursache dafür ist unsere eigene Unwissenheit, die uns *Patañjali* mit diesem rätselhaften Satz lächelnd vor Augen führt. Dennoch hat sich unsere Ausdauer gelohnt, und wir fanden schließlich folgende Erklärung.

Sva ist das, was einem *selbst* gehört, der eigene Besitz, auch das kleine Selbst, das Ich, das Ego. Das sind wir *selbst*, mit kleinem S geschrieben.

Svami ist der Herr, der Besitzer, der das kleine Selbst besitzt. *Svami* ist also *Atma*, unser kosmisches, großes Selbst, mit großem S geschrieben.

Shaktyoh ist der Genitiv Dual von *Shakti* und heißt: der beiden Kräfte, Fähigkeiten, Wirksamkeiten. Es geht also um einen Vorgang, der sich auf die Fähigkeiten des kleinen und des großen Selbst bezieht, wobei das große Selbst, der *Svami*, als Eigentümer und Herr des kleinen Selbst fungiert.

Svarupa ist die Form des Selbst, und zwar sowohl die eigene Gestalt, die das kleine Selbst im Spiegel sieht, als auch der Eigenzustand des großen Selbst, wenn das Ziel des *Yoga* erreicht ist und die Geisteswellen, wie in *Sutra* 1.2 beschrieben, völlig zur Ruhe gekommen sind, sodass der Seher wieder laut *Sutra* 1.3 *svarūpe avasthānam* in seinem Eigenzustand gegründet ist, dem Grundzustand des Geistes.

upalabdhi heißt wahrnehmen, auch Auffassung und verwirklicht. Das kleine Selbst nimmt seine eigene Gestalt im Spiegel wahr und ist der Auffassung, dass dieses Spiegelbild sein wahres Selbst zeigt. Sobald der Geist in seinem Grundzustand völlig zur Ruhe gekommen ist und Selbstverwirklichung erreicht hat, nimmt er das große Selbst in seinem Eigenzustand wahr.

hetuḥ heißt Grund, die Ursache dessen, was das kleine und das große Selbst wahrnehmen. Und diese Ursache besteht aus *saṁyogaḥ*, der Identifikation oder der Verbindung der beiden.

Nachdem wir jedes Wort in seinem Bedeutungsreichtum analysiert und verstanden haben, können wir uns aus diesem *Sutra* folgenden Reim machen. Wir sehen uns selbst im allgemeinen als eine Person, die einen Körper mit seinen Handlungs- und Sinnesorganen, einen Geist mit Gedanken und Gefühlen, einen Intellekt mit Unterscheidungsfähigkeit und ein Ego mit Ichgefühl besitzt. Alles das sind die Kräfte und Fähigkeiten – *Shakti* – von *sva*, dem kleinen Selbst, unserem Ego. Dieses Wesen, das uns vor dem Spiegel als Spiegelbild entgegenlacht, nehmen wir als unsere eigene Gestalt – *svarupa* – wahr, die wir „Ich" nennen. Der Grund dafür ist die Identifikation mit dem Körper, den wir besitzen. Wir identifizieren uns mit unserer relativen, sichtbaren Erscheinung.

Das Wort *samyoga* heißt aber nicht nur Identifikation, sondern auch Verbindung. Offensichtlich geht es um die Verbindung des kleinen und des großen Selbst. Wieso ist diese Verbindung der Grund für die Wahrnehmung der eigenen Gestalt? Was wäre, wenn sich das große Selbst nicht mit dem kleinen Selbst verbunden hätte?

Dann könnten wir unser Spiegelbild gar nicht wahrzunehmen, denn dann wären wir ohne Bewusstsein und ohnmächtig. Nur weil sich das große Selbst, das reine, Transzendentale Bewusstsein, mit diesem Körper verbunden hat, sind wir überhaupt lebensfähig und können uns bewusst wahrnehmen. Ohne Bewusstsein könnten wir uns nicht als Ich empfinden, könnten weder unterscheiden noch denken oder fühlen. Wir wären „bewusstlos“.

Und aufgrund dieser Verbindung hat auch das große Selbst die Fähigkeit – die *Shakti* – in seiner Selbstgestalt den *Svami*, den Besitzer dieses Körpers, und dessen wahre Kräfte der Erkenntnis wahrzunehmen. Nur durch die Verbindung mit dem kleinen Selbst kann es, obwohl es in ewiger Stille ruht, das Selbst wachrufen und in die Stille zurücklocken, wo das kleine mit dem großen Selbst verschmilzt und im Zustand von *Yoga*, der Einheit, gegründet ist. Dann erweitert sich unser Bewusstsein von der Identifikation mit der eigenen Gestalt bis zur Identifikation mit dem Besitzer und Herrscher dieser Gestalt, mit *Atma*, dem großen, kosmischen Selbst. Und der Seher weilt in *svarupa*, seinem transzendentalen Eigenzustand.

Wir sehen hier die geniale Kunst Patañjalis, in einem einzigen kurzen Satz den ganzen Sinn einer menschlichen Inkarnation vom Start in Unwissenheit bis zum Ziel des Yoga zusammenzufassen, indem er den Bedeutungsreichtum der Wörter sinnvoll ausschöpft.

||2.24||

tasya hetur avidyā ||

Deren Ursache: Unwissenheit.

tasya – deren.
hetuḥ – Ursache, Grund.
avidya – Unwissenheit.

Es ist offensichtlich, dass die Identifikation des kleinen Selbst mit seiner eigenen Gestalt, die es im Spiegel sieht, auf Unwissenheit beruht, denn eigentlich müssten wir uns nicht mit unserem Besitz identifizieren, nicht mit dem, was wir haben, sondern mit dem, was wir sind, also mit dem Besitzer und Eigentümer des Körpers. Nur aufgrund von Unwissenheit betrachten wir das Vergängliche als das Ewige und das Nicht-Selbst als das Selbst, wie in *Sutra* 2.5 beschrieben. Aber warum sollte Unwissenheit auch die Ursache dafür sein, dass sich das große Selbst überhaupt mit dem kleinen Selbst verbunden hat? Warum kommen wir nicht von vornherein als erleuchtete Wesen auf die Erde, die sich ihres kosmischen Selbst voll bewusst sind?

Warum leben wir aus Unwissenheit auf der Erde?

Weil das kosmische Selbst die Vielfalt seiner Schöpfung genießen und diese Schöpfung aus unendlich vielen verschiedenen Blickwinkeln einzelner Individuen erkennen und erfahren will, haucht es seinen lebendigen Odem in all seine Geschöpfe und schlüpft in die unterschiedlichsten Rollen wie ein Stückeschreiber, der sich alle widerstreitenden Rollen der Darsteller selbst ausdenkt. Im Zehnten Mandala des *Rik Veda* wird das transzendente Urwesen in *Sukta* 90 beschrieben als der Tausendköpfige *Puruscha*:

1. Tausend Köpfe hat Puruscha,
tausend Augen, tausend Füße.
Er umringt allseits die Welt und
überragt sie um zehn Finger.
2. Puruscha ist dies alles hier,
was ward und was noch werden wird,
der Unsterblichkeit gebietend,
die durch Speise weiter aufsteigt.
3. Derart groß ist seine Größe,
und noch größer ist Puruscha:
Ein Viertel ist das Irdische,
drei Viertel das Unsterbliche. [*9]

Damit diese Rollen überzeugend wirken, müssen die Darsteller vergessen, dass sie nur Teilaspekte desselben Autors sind. Sie müssen sich mit ihrer begrenzten individuellen Rolle identifizieren, müssen sich mit Unwissenheit umhüllen, um überhaupt auf der Bühne des Lebens auftreten zu können.

Die Unwissenheit ist also die Voraussetzung für die Verbindung von kleinem und großem Selbst, das heißt für unsere Inkarnation in einem irdischen Körper, und für die Identifikation mit dieser irdischen Hülle. Nur ganz selten inkarniert sich ein voll bewusstes Wesen auf Erden in einem menschlichen Körper, ein sogenannter *Avatara*, um die Menschheit wieder auf den Weg zu *Brahman*, der Ganzheit, zurückzuführen.

Erst wenn wir uns wieder mit unserem großen, transzendentalen Selbst identifizieren, können wir unserer eigenen Gestalt aus der Ewigkeit als unbeteiligter Beobachter zuschauen und genießen, wie sie sich als Schauspieler über die Bühne des Lebens bewegt.

||2.25||

tad-abhāvāt saṁyogābhāvo hānaṁ tad dṛśeḥ kaivalyam ||

Ist das nicht mehr, ist die Identifikation beseitigt, das befreit den Seher: *Kaivalya.*

Wenn der Seher durch die wiederkehrende Erfahrung der Transzendenz auch während seiner Inkarnation im Körper sein wahres Selbst nicht mehr vergisst, dann erfährt er die Freiheit der Seele von der Identifikation mit der gesehenen Erscheinung, die absolute Glückseligkeit von *Kaivalya.*

tat – das.
abhāvāt – aus dem Nichtsein, Beseitigung, Vernichtung.
saṁyoga – Verbindung, Identifikation.
abhāvaḥ – Nichtsein, Beseitigung, Abwesenheit.
hānaṁ – Befreiung.
tat – das.
dṛśeḥ – des Sehers.
kaivalyam – *Kaivalya,* Alleinheit, absolute Einheit, Glückseligkeit; Singularität; *kevala* allein, einzig, absolut, pur, ganz, das Eine ohne ein Zweites.

||2.26||

viveka-khyātir aviplavā hānopāyaḥ ||

Unterscheidende Erkenntnis ungetrübt: Befreiungsweg.

Wenn der Seher die Fähigkeit von *Viveka-Khyāti,* der Unterscheidungskraft durch Erkenntnis hat, wird er von Unwissenheit befreit, denn er sieht nicht mehr, wie in *Sutra* 2.5 beschrieben, im Vergänglichen, Unreinen, Leid und Nicht-Selbst das Ewige, Reine, Glück und Selbst, sondern unterscheidet zwischen dem unbegrenzten, ewigen Selbst im Inneren und den vergänglichen Erscheinungen der sich ständig verändernden Relativität im Äußeren.

viveka – Unterscheidung(skraft).
khyātiḥ – Erkenntnis.
aviplavā – ungetrübt, ungestört, beständig.

hāna – Befreiung, Auflösung.
upāyaḥ – Mittel, Methode, Weg.

Sobald das Selbst im Inneren ständig lebendig und bewusst bleibt, erfahren wir „Kosmisches Bewusstsein“ und sind auf dem Wege zur Befreiung.

||2.27||

tasya saptadhā prānta-bhūmiḥ prajñā ||

Dessen sieben Ebenen gipfeln in *Pragyā*.

Die sieben Ebenen des Weges der Befreiung sind die sieben Bewusstseinszustände Wachen, Träumen, Schlafen, Transzendentales Bewusstsein, Kosmisches Bewusstsein, Gottesbewusstsein und Einheitsbewusstsein.

tasya – dessen, dafür.
saptadhā – siebenfältig, siebenfach.
prānta – Ende, Höhepunkt, Grenze, gipfelnd.
bhūmiḥ – Stufe, Ebene.
prajñā – Wissen, Erkenntnis; *pra* erfüllend, *jñā* kundig, intelligent.

Transzendentales Bewusstsein ist neben Schlafen, Träumen und Wachen der vierte Hauptbewusstseinszustand, die ruhevolle Wachheit, die wir während der Meditation mit geschlossenen Augen erfahren, wenn der Geist völlig zur Ruhe kommt.

Kosmisches Bewusstsein, der fünfte Bewusstseinszustand, ist dann erreicht, wenn Transzendentales Bewusstsein durch regelmäßige Meditation so gefestigt ist, dass es auch im Wachen, Träumen und Schlafen erhalten bleibt, wodurch wir Wachschlaf erfahren.

Gottesbewusstsein, der sechste Bewusstseinszustand, entwickelt sich spontan aus dem Kosmischen Bewusstsein durch die Verfeinerung der Sinneswahrnehmung, bis wir auch die feinstoffliche Wirklichkeit, die himmlischen oder göttlichen Welten, den feinsten Bereich des Relativen wahrnehmen können.

Einheitsbewusstsein ist der siebte Bewusstseinszustand, in dem wir den vollen Durchblick durch das Relative erreicht haben und auch in der

Außenwelt dasselbe Transzendentale Bewusstsein erkennen können, das wir anfangs nur in der Meditation am Grunde unseres eigenen Denkens erfahren haben. Das sind die verschiedenen Kapitel des „Buches mit sieben Siegeln", das wir durch das Selbststudium aufschlagen.

Im Einheitsbewusstsein – *Kaivalya* – ist die höchste Stufe der Erkenntnis erreicht: *Pragya* – die erfüllende Erkenntnis.

||2.28||

yogāṅgānuṣṭhānād aśuddhi-kṣaye jñāna-dīptir ā-viveka-khyāteḥ ||

Durch Yoga-Glieder-Praxis Unreinheit beseitigt:
Weisheitslicht bis unterscheidende Erkenntnis.

Nachdem Weg und Ziel der Erkenntnis genau definiert wurden, wird jetzt der Zustand der Erleuchtung beschrieben, den wir leben, sobald die Unreinheiten in Körper und Geist durch *Yoga* beseitigt sind und wir *Viveka-Khyāti* erreicht haben, die unterscheidende Erkenntnis, die immer spontan zwischen dem Vergänglichen, Unreinen, Leid und Nicht-Selbst und dem Ewigen, Reinen, Glück und Selbst unterscheiden kann.

yoga – *Yoga.*
aṅga – Glied.
anuṣṭhānāt – durch Übung, Praxis.
aśuddhi – unrein, Unreinheit.
kṣaye – auflösen, beseitigen.
jñāna – Wissen, Weisheit.
dīptiḥ – Licht.
ā – bis zu.
viveka – Unterscheidungskraft.
khyāteḥ – Erkenntnis.

||2.29||

yama-niyamāsana-prāṇāyāma-pratyāhāra-
dhāraṇā-dhyāna-samādhayo'ṣṭāv aṅgāni ||

Yama, Niyama, Āsana, Prāṇāyāma, Pratyāhāra,
***Dhāraṇā, Dhyāna, Samādhi* sind die acht Glieder.**

Patañjali nennt acht Glieder des Yoga, die sich durch die Beruhigung der Geisteswellen in Samadhi ganz von selbst entfalten.

yama – Zügel; Lenker; *Yama*, der Verwalter; festgesetzte Ordnung; Selbstbeherrschung; *yam* halten, festhalten; aufrichten; zügeln, bändigen.
niyama – Bändigung, Zurückhaltung, Beschränkung, Lebensregel, Versprechen, Gelübde; *nī* leiten, führen, lenken; *nī+yama* hinführen zum Lenker.
āsana – Sitzen, Sitz, Platz; Körperstellung; sich setzen; *ās* sitzen, sich setzen, wohnen; stillsitzen, verweilen, verharren; anhalten, dauern.
prāṇāyāma – Atemübung, Anhalten des Atems; *prāṇā Prana*, Lebensenergie, *yāma* Bewegung; Anhalten; *yam* halten, festhalten, tragen; erheben, schwingen, aufrichten; zusammenhalten, bändigen, zügeln.
pratyāhāraḥ – *Pratyahara*, Zurückziehen der Sinne, Rückzug; *prati* gegen, entgegen, *āhāra* Nahrung, Nahrung einnehmen; herbeiholen; *har* tragen, halten; bringen, holen; zurückziehen, zurückhalten.
dhāraṇā – *Dharana*, Binden des Geistes an einen Bereich; tragend, bewahrend; *dhar* halten, tragen, stützen, aufrecht erhalten.
dhyāna – *Dhyana*, Meditation, einen einzigen Gedanken ausdehnen; *dhi* erfreuen; *dhī* Erkenntnis, Intelligenz; *āna* einatmen.
samādhayaḥ – *Samadhi*, transzendieren; zusammenfügen; Verbindung, Verein, ein Ganzes; Andacht, Vertiefung, Aufmerksamkeit auf das Höchste; *sam* zusammen; *sama* eben, ebenmäßig, sich gleich bleibend; Friede, Gleichmäßigkeit; *ādhi* Gedanke; *ādhī* meditieren, verstehen; *dhī* denken, wahrnehmen, betrachten; Andacht, Einsicht, Erkenntnis, Geist, Intelligenz.
aṣṭau – acht.
aṅgāni – Glieder.

Da alle diese Glieder jeweils nur in einem Sutra definiert werden, ohne irgendwelche praktischen Übungen zu ihrer Verwirklichung zu nennen, weist Maharishi darauf hin, dass Patañjali diese Glieder als Beschreibung des Zustandes von Yoga versteht, als das natürliche Verhalten eines verwirklichten Yogis, und nicht als Methode, um Yoga zu erreichen. Es nutzt nichts, sich als Scheinheiliger zu gebärden, wenn man in Wirklichkeit noch nicht so weit ist und weltliche Gelüste hat. Seine Definition der acht Glieder unterscheidet sich daher deutlich von den üblichen Interpretationen.

Er definiert sie wie folgt:
Yama – der Verwalter, der die acht Glieder verwaltet und zusammenhält.
Niyama – die Regeln, durch die der Verwalter regiert.
Asana – der stabile Sitz der Einheit.
Pranayama – die Bewegung der Aktivität.
Pratyahara – Erfahrung zur Befriedigung der Sinne.
Dharana – an der Einheit festhalten.
Dhyana – Meditation.
Samadhi – Transzendentales Bewusstsein, die Einheit des individuellen Bewusstseins mit kosmischer Intelligenz. *10

Maharishi über die acht Glieder des Yoga

„Patañjali beschreibt nur die Prinzipien, was im Zustand von Yoga geschieht oder auf dem Weg zu Yoga, auf dem Weg zur Integration. Er zählt acht Aspekte auf. [...] Der Name von Patañjalis Yoga ist Aschtanga-Yoga. Aschta heißt acht und Anga heißt Glied. Patañjali beschreibt acht Glieder des Yoga, acht Glieder des Körpers von Yoga. Das heißt, der Zustand des integrierten Lebens hat acht Aspekte. Hier beginnt bereits das Missverständnis. Das Missverstehen des Namens hat große Verwirrung gestiftet. Er wurde als acht Stufen zu Yoga interpretiert. [...]

Aber Glieder und Stufen sind nicht dasselbe. Glieder entwickeln sich gleichzeitig. Es bildet sich nicht zuerst die Hand und dann der Fuß und dann die Nase. Alle Glieder eines Körpers wachsen gleichzeitig. Stufen dagegen folgen eine nach der anderen. Sie entstehen nacheinander und werden eine nach der anderen genutzt. Das ist ein riesiger Unterschied.

Patañjalis Philosophie bringt die acht Aspekte des Zustands der Einheit, der Integration, ans Licht. Bei der Deutung als acht Stufen führt die endlose Verwirrung wer weiß wohin. Patañjali sagt nicht, es seien acht Stufen, und Samadhi sei die letzte Stufe. Das ist Unsinn. Wenn das so wäre, könnte man Samadhi nie erreichen. Denn bereits der erste Schritt erfordert, dass man das erreicht, was sich niemals ändert: Satya.“ *11

||2.30||

ahiṁsā-satyāsteya brahmacaryāparigrahā yamāḥ ||

Ahimsa, Satya, Asteya, Brahmacharya, Aparigraha: die _Yamas._

Die *Yamas* – Gewaltlosigkeit, Wahrheit, Nichtstehlen, Keuschheit und Nicht-Habgier – werden oft als Gebote missverstanden, die wir bewusst versuchen sollen zu befolgen.

ahiṁsā – Nichtverletzen, Gewaltlosigkeit; *a* nicht, un-, *hiṁsa* verletzend.
satya – Wahrheit, Wahrhaftigkeit, Wahrheitsliebe, Ehrlichkeit.
asteya – Nichtstehlen; *a* nicht, un-, *steya* Diebstahl.
brahmacarya – Keuschheit, Zölibat, Enthaltsamkeit. *brahma* Ganzheit, *carya* herumgehen, wandern; benehmen, Wandel; besorgen, beschäftigen.
aparigraha – Nicht-Habgier; *a-* un, *pari* rings, umher, *graha* „grabschen", greifen, sammeln, halten, horten, zusammenscharren.
yama – Zügel; Lenker; *Yama*, der Verwalter; festgesetzte Ordnung; Selbstbeherrschung; *yam* halten, festhalten, tragen; erheben, schwingen; aufrichten; zusammenhalten, zügeln, bändigen.

Die Erfahrung zeigt jedoch, dass sich unser Verhalten ganz von selbst verändert, wenn wir regelmäßig *Samadhi* erfahren, sodass wir die *Yamas* nicht als Gebote, sondern als Bestätigung dafür betrachten können, dass die Meditation die gewünschte Wirkung zeigt und wir uns Richtung Einklang mit der Natur entwickeln. Aus diesem Grunde widmet Patañjali das ganze erste Kapitel dem Thema Samadhi: Sobald wir beginnen, den Geist zur Ruhe zu bringen, stellt sich das richtige Verhalten, das in *Yama* und *Niyama* näher beschrieben wird, ganz von selbst und ohne Mühe ein. Wir brauchen uns in keiner Weise zu beschränken oder unser Verhalten künstlich zu „frisieren".

Maharishi über *Yama*

„Das Wort Yama bedeutet Verwalter. Yama ist der Verwalter. Und was verwaltet das Leben? Das Sein ist der Verwalter. Das Sein wird zur lebenden Realität. Das ist der Zustand von Yoga." [*11]

||2.31||

jāti-deśa-kāla-samayānavacchinnāḥ
sārva-bhaumā mahā-vratam ||

Von Geburt, Ort, Zeit, Brauch unabhängig, globale, große Regel.

Wenn wir die Schriften verschiedener Kulturen der Erde vergleichen, finden wir fast überall die gleichen oder sehr ähnliche Regeln für ein Verhalten im Einklang mit der natürlichen Evolution. Diese Regeln sind also nicht auf einen kleinen Kreis eingeweihter *Yogis* beschränkt, sondern weltweit in allen Kulturen der Erde gültig und anerkannt.

jāti – Geburt, Stand, Klasse, Kaste, soziale Schicht.
deśa – Ort, Bereich, Gegend.
kāla – Zeit.
samaya – Sitte, Brauch, Konvention, Bedingung, Satzung.
anavacchinnāḥ –nicht begrenzt, nicht bedingt, unabhängig.
sārva – alles.
bhaumā – die Erde betreffend, irdisch.
sārva-bhaumā – allumfassend, global, über die ganze Erde verbreitet.
mahā – groß.
vratam – Regel, Wille, (religiöses) Gebot, Gesetz, vorgeschriebene Ordnung.

||2.32||

śauca-saṁtoṣa-tapaḥ-svādhyāyeśvara-praṇidhānāni niyamāḥ ||

Reinheit, Zufriedenheit, *Tapas*, Selbststudium,
in *Ishvara* versenken: die *Niyamas*.

śauca – innere und äußere Reinheit, Reinigung.
saṁtoṣa – Zufriedenheit; *sam-* zusammen, *toṣa* Freude, Befriedigung.
tapaḥ – Wärme, Hitze, Glut; Verinnerlichung, Beschaulichkeit, Versenkung nach innen; Askese, Selbstdisziplin; *tap* warm; erwärmen, erhitzen, zum Glühen bringen.
svādhyāya – Selbststudium, *sva* selbst, *adhyāya* lesen, studieren; Kapitel.
īśvara – *Ishvara*, Herr, Gott; *īś* besitzen, vermögen, beherrschen, *vara* Raum,

Umkreis; der beste, vorzüglichste, schönste.
praṇidhānāni – Hingabe, Versenkung, Vertiefung; *pra* vor, *nī* führen, leiten, *praṇi* hinführen, Hingabe, Führer, *dhā* setzen, stellen, legen, richten auf.
niyamāḥ – Lebensregeln, *nī* führen, leiten.

Jeder einzelne Punkt der fünf *Yamas* und fünf *Niyamas* wird später noch in einem separaten Sutra näher definiert.

||2.33||

vitarka-bādhane pratipakṣa-bhāvanam ||

Zum Zweifel ausräumen: Gegenteil denken.

vitarka – Vermutung, Zweifel, Grübeln, Erwägen.
bādhane – entfernen, beseitigen.
pratipakṣa – Gegenteil, Gegensatz, Gegenseite.
bhāvanam – bewirken, bilden, fördern, vorstellen, ausmalen, denken.

||2.34||

vitarkā hiṁsādayaḥ kṛta-kāritānumoditā lobha-krodha-moha-pūrvakā mṛdu-madhyādhimātrā duḥkhājñānānanta-phalā iti pratiprakṣa-bhāvanam ||

Erwägen von Gewalt und Ähnlichem, ob getan, veranlasst, gebilligt, beruht auf Gier, Zorn, Irrtum, mild, mittel, übermäßig. Unendliches Leid und Unwissenheit sind Folgen. Also: Gegenteil fördern.

Dieses Sutra ermahnt alle, die Gewalt aus Habsucht, Hass oder Irrtum befürworten, entschuldigen, veranlassen oder ausführen, dass sie, egal, ob im Kleinen oder Großen, früher oder später die Früchte ihres Handelns ernten und sich dann wundern werden, warum das Leid „aus heiterem Himmel" über sie hereinbricht. Spätestens dann sollten sie zur Einsicht kommen.

vitarkāḥ – Vermutung, Zweifel, Grübeln, Erwägen.
hiṁsā – verletzend, schädigend; Schädigung, Gewalt.
ādayaḥ – und ähnliches.

kṛta – getan, ausgeführt.
kārita – veranlasst, hervorgerufen, bewirkt.
anumoditāḥ – gebilligt, gelobt.
lobha – Gier, Habsucht, Verlangen.
krodha – Zorn, Ärger, Wut.
moha –Irresein, Irrtum.
pūrvakāḥ – früher, früher gewesen, Vorfahr; begleitet, verbunden mit.
mṛdu – weich, zart, geschmeidig; Milde.
madhya –mittel, in der Mitte, Mitte.
adhimātrāḥ – hochgradig, übermäßig, über alle Maßen.
duḥkha – Unbehagen, Schmerz, Leiden.
ajñāna – Nichtwissen, Unwissenheit.
ananta – unendlich.
phalāḥ – Früchte Ergebnisse, Resultate, Folgen.
iti – so, also, auf diese Weise.
pratiprakṣa – Gegenteil, Gegensatz, Gegenseite.
bhāvanam – bewirken, bilden, fördern, vorstellen, ausmalen, denken.

||2.35||

ahiṁsā-pratiṣṭhāyāṁ tat-saṁnidhau vaira-tyāgaḥ ||

Ahimsa gefestigt: in dessen Umkreis verschwindet Feindschaft.

Noch immer herrscht die verbreitete Meinung vor, dass Unruheherde nur durch massives Aufgebot an Polizei oder Militär beruhigt werden könnten. Dieses Sutra weist uns den Weg, Gewalt nicht durch Gewalt, sondern durch Gewaltlosigkeit zu befrieden. *Ahimsa* – Gewaltlosigkeit – wurde im letzten Jahrhundert durch Mahatma Gandhi berühmt, der Indien durch gewaltlosen Widerstand gegen die Briten zur Unabhängigkeit verhalf.

ahiṁsā – Nichtverletzen, Gewaltlosigkeit; *a-* nicht, un-, *hiṁsa* verletzend.
pratiṣṭhāyām – gegründet.
tat – das, dessen.
saṁnidhau – im Umkreis, in der Nähe.
vaira – Feindschaft, Feindseligkeit.
tyāgaḥ – loslassen, aufgeben.

Frieden durch Kohärenz erzeugende Gruppen

Dass sich dieser altbewährte Weg auch heute als wirksam erweist, zeigt eine Reihe von soziologischen Untersuchungen über die Wirkung von großen Meditationsgruppen auf die nähere und weitere Umgebung. Im Jahr 1972 gab es in den USA eine Reihe von Städten, in denen 1 % der Bevölkerung Transzendentale Meditation erlernt hatte. Für elf solcher Städte wurden benachbarte Städte mit vergleichbaren demographischen Variablen als nicht-meditierende Kontrollstädte ausgewählt. In den elf Städten, in denen 1 % der Bevölkerung die TM-Technik erlernt hatte, wurde im Vergleich zu den Kontrollstädten ein Rückgang der Kriminalität um 16,5 % festgestellt. Dies war der Beginn weiterer Untersuchungen und Feldversuche über den Rückgang von Feindschaft im Umkreis von meditierenden Gruppen, die unter dem Begriff „Maharishi-Effekt" veröffentlicht und bekannt wurden.

Maharishi über *Ahimsa*

Maharishi sieht *Ahimsa* als die natürliche Eigenschaft eines Menschen, der in *Yoga* gefestigt ist.

> *„Ahimsa heißt Gewaltlosigkeit. Der Zustand der Gewaltlosigkeit ist eine Bewusstseinsebene, in der man immer lebensunterstützende Wirkungen hervorruft. Ein Zustand, in dem man einfach nichts Lebensfeindliches tun kann. Das ist der Zustand im Kosmischen Bewusstsein, wo die Aufmerksamkeit unbegrenzt ist und man alles als Zeuge wahrnimmt. Und alles Streben wird von kosmischer Intelligenz geleitet, und jeder Handlungsschritt ist im Sinne der Evolution. Unter dem Schutz der kosmischen Intelligenz entwickelt sich alles zu jeder Zeit. Sobald das Individuum das angenommen hat, geht alles, was wir denken oder tun, spontan in Richtung Evolution. In diesem Zustand, in dem man immer lebensunterstützende Wirkung erzeugt, wird Gewaltlosigkeit spontan gelebt.*
>
> *Solange ein Mensch noch fähig ist, lebensfeindliche Einflüsse zu schaffen, wie klein oder groß auch immer, ist Gewalt unvermeidbar, ob bewusst oder unbewusst. Wenn ich jemanden verletzt habe, mit einem Stock oder einem negativen Gedanken, dann wurde er verletzt. Und nicht nur er, die ganze Schöpfung wurde verletzt. Gewaltlosigkeit ist erst dann verwirklicht, wenn man einfach nicht mehr fähig*

ist, irgendetwas in der Schöpfung zu verletzen. Das geschieht auf der Bewusstseinsebene, die wir Reines Bewusstsein nennen oder reine Intelligenz oder kosmische Intelligenz, die nur noch lebensunterstützend ist. Das ist der Zustand integrierten Lebens. Nur in diesem Zustand verletzt man keinen Aspekt des Lebens mehr. Gewaltlosigkeit bedeutet also, Kosmisches Bewusstsein zu erreichen."[11]

||2.36||

satya-pratiṣṭhāyām kriyā-phalāśrayatvam ||

Satya gefestigt: Handeln von Erfolg gekrönt.

Satya heißt Wahrheit, Wahrheitsliebe. „Ehrlich währt am längsten." Diese Wahrheit kennt auch der deutsche Volksmund. Und wenn „Lügen haben kurze Beine" ebenfalls stimmt, dann ist das Handeln ohne Wahrheitsliebe höchstens für kurze Zeit von scheinbarem Erfolg gekrönt. Aber nicht nur der Volksmund weiß das. Auch jeder erfolgreiche Geschäftsmann weiß, dass sein „guter Ruf" die beste Garantie für lang anhaltenden geschäftlichen Erfolg darstellt.

satya – Wahrheit, Wahrhaftigkeit, Wahrheitsliebe, Ehrlichkeit, Sprechen der Wahrheit; das Wirkliche; Wirklichkeit; wirklich, wahr, echt; wahrhaft, ernstlich; zuverlässig, treu, ehrlich.
pratiṣṭhāyām – gegründet, fest, beständig.
kriyā – Handlung, Aktivität.
phala – Frucht, Ergebnis, Resultat, Folge.
āśrayatvam – Grundlage, Basis, Sitz, Anschluss, Verbindung, Verknüpfung.

Wahrhafte Gedankenkraft

Neben der allgemeinen Bedeutung von *Satya* als Wahrheitsliebe hat *„Handeln von Erfolg gekrönt"* auch noch eine spirituelle Bedeutung, denn auch Sprechen und Denken sind Handlungen, wenn auch nicht mit Händen, so doch mit Mund oder Geist. Ein *Yogi*, der im Bewusstsein von *Satya* verankert ist und nur Wahrheit spricht, dessen Wort wird tatsächlich zur Wahrheit und verwirklicht sich. Deswegen muss er aufpassen, was er denkt und sagt. Spricht er im Zorn unbedacht einen Fluch aus, dann kann er die Wirkung des Fluches womöglich nicht mehr rückgängig machen.

Sogar ein unausgesprochener Gedanke kann zur Folge haben, dass er sich verwirklicht. Das veranschaulicht folgende Geschichte: Ein in *Satya* gefestigter *Yogi* wird in der Einsamkeit des Himalaya durch das ferne Brüllen eines Tigers aus seiner Meditation aufgeschreckt und denkt: Was wäre, wenn der Tiger käme und mich fräße? Und sein Gedanke wurde von Erfolg gekrönt: Der Tiger kam und fraß ihn auf.

Ein ähnlicher Effekt ist in der Psychologie bekannt, indem eine positive Erwartungshaltung das Ergebnis genauso beeinflussen kann wie eine Befürchtung. In der Medizin ist neben dem Heilung fördernden Placebo-Effekt auch der krankmachende Nocebo-Effekt bekannt, der um so stärker greift, je mehr die Versuchsperson von der *Wirksamkeit* des Scheinmittels überzeugt ist. Je stärker wir in *Satya* verankert sind, desto größer ist die Wahrscheinlichkeit, dass sich unsere Wünsche oder Befürchtungen verwirklichen.

Maharishi über *Satya*

Maharishi deutet *Satya* als Eigenschaft eines verwirklichten *Yogi.*

> *„Satya ist Wahrheit. Was bedeutet Wahrheit? Das, was sich nie verändert. Was verändert sich nie? Nur das Reine Sein ändert sich nie. Wenn sich die Wahrheit unserer Aufmerksamkeit öffnet, dann hat die Praxis des Yoga begonnen. Und wenn Wahrheit dauerhaft in unserer Aufmerksamkeit gegründet ist, dann ist der Zustand von Yoga stabil. Das ist der Anfang und das Ende von Yoga, Integration. Durch Transzendentale Meditation wird dieser Zustand erreicht. Gleich von Anfang an öffnet sich das unbegrenzte, transzendentale Bewusstsein unserer individuellen Aufmerksamkeit. Dadurch etablieren wir unbegrenztes Bewusstsein, und das ist der Zustand von Yoga, Einheit.*
>
> *Im Allgemeinen wird gefordert, dass man für Satya zuerst üben muss, die Wahrheit zu sagen. Wir sehen, was für ein Durcheinander dadurch entsteht. Die Verwirklichung des Seins wird als Gewohnheit angesehen, die Wahrheit zu sagen. So plump! Das haben die Kommentatoren aus Patañjali gemacht.*
>
> *Die Praxis, die Wahrheit zu sagen, ist so etwas Lächerliches. Die Wahrheit zu sagen kann man nicht üben. Man kann nur eine Ebene des Bewusstseins entwickeln, in der man immer die Wahrheit sagt. Um das zu schulen, müssen wir Reines Bewusstsein entwickeln. Wer*

diese Bewusstseinsebene nicht entwickelt hat, kann nicht die Wahrheit sagen. Es wird nie die reine Wahrheit sein.

Wahrheit erreichen wir nicht, indem wir wachsam versuchen, nur die Wahrheit zu sagen. Das ist viel zu anstrengend. Man sagt etwas und merkt erst später: Oh, da hab ich was Falsches gesagt. Wahrheit entwickelt sich durch Reines Bewusstsein, und dann leben wir spontan und bequem unser Leben, wie es sich ergibt. Satya als ein Aspekt von Yama ist nicht begrenzt auf Sprechen der Wahrheit oder Sehen der Wahrheit. Gemeint ist die Bewusstseinsebene im Zustand des Yoga, die ganz natürlich ist. Dann sprichst du nicht nur die Wahrheit, du riechst und fühlst Wahrheit. Wenn das Bewusstsein offen ist für Reines Bewusstsein oder Sein, dann geschieht jede Handlung als eine Welle der Wahrheit. Das heißt die Wahrheit leben.“ *[11]

||2.37||

asteya-pratiṣṭhāyāṁ sarva-ratnopasthānam ||

***Asteya* gefestigt: aller Wohlstand tritt ein.**

Wer hat sich nicht schon einmal über sogenannte „Geschäftemacher“ geärgert, deren ganzes Geschäftsgebaren erkennen lässt, dass es ihnen vor allen Dingen um den Gewinn geht. Mit solchen Menschen machen wir nur einmal Geschäfte und dann nie wieder. Wir merken bald, dass sie uns eigentlich nur unsere Zeit, unsere Energie und unser Geld stehlen. Seriöse Geschäftsleute dagegen, die vor allem daran denken, wie sie der Gesellschaft und ihren Kunden einen Nutzen bringen können, der selbstverständlich auch mit Geld und Weiterempfehlung belohnt wird, bringen durch ihren „guten Ruf“ ihr Geschäft immer weiter zum Blühen und können ihr Leben lang in Wohlstand und Überfluss leben.

asteya – Nichtstehlen; *a* nicht, un-, *steya* Diebstahl.
pratiṣṭhāyām – gegründet, fest, beständig.
sarva – alles.
ratna – Juwel, Edelstein, Reichtum, Gabe, Habe, Besitz, Wohlstand.
upasthānam – zur Seite stehen, zur Verfügung stehen, vorhanden sein.

Maharishi über *Asteya*

„Solange man durch jedes wahrgenommene Objekt gefangen genommen wird, solange ist Stehlen lebendig. Jeder ist ein Dieb, wenn er etwas besitzt, was ihm nicht gehört. Was gehört uns wirklich? Nur der unendliche Wert des Selbst gehört uns, und wenn wir diesen unendlichen Wert nicht leben und durch diesen oder jenen Besitz gefesselt werden, wenn irgendetwas Wahrgenommenes das Reine Sein überschattet, dann nimmt man etwas in Besitz, was einem nicht gehört. Nur das Selbst gehört uns, Unbegrenztheit, Sein, Unendlichkeit, Unsterblichkeit. Das ist unser Zuhause. Alles andere gehört uns nicht. Diesen Zustand haben wir nur im Kosmischen Bewusstsein, wo man nichts besitzt, sondern nur Zeuge ist. [...]

Ein moderner Mensch wird überrascht sein, wenn man ihm rät, nicht zu stehlen: Ich bin kein Dieb, ich stehle nicht. Wie soll ich Nicht-Stehlen praktizieren? Das kann man nicht üben, wir sind sowieso keine Diebe. Was soll man da üben? Das Ganze kommt durcheinander. Es stiehlt doch sowieso keiner. Wenn Patañjalis Philosophie beschriebe, man müsse Nicht-Stehlen praktizieren, dann wäre das für jeden zivilisierten Menschen nur absurd." [*11]

||2.38||

brahmacarya-pratiṣṭhāyāṁ vīrya-lābhaḥ ||

***Brahmacharya* gefestigt: Vitalität gewinnen.**

Brahmacharya bedeutet für den Einsiedler, der sich aus der Gesellschaft zurückziehen will, ein Leben im Zölibat, was ihm aber nicht schwer fällt, eben weil er von Natur aus die Gesellschaft meidet. Für den aktiven Menschen hingegen heißt es nur ein sittliches Verhalten, das sich nicht in sexuelle Exzesse verliert und das für einen Menschen, der regelmäßig in Samadhi eintaucht und dabei inneres Glück erfährt, ganz natürlich ist.

brahmacarya – Keuschheit, Enthaltsamkeit, Zölibat, *brahma* das *Brahman*, das Absolute; Weisheit; *carya* wandern, wandeln, beschäftigen mit; Benehmen, Betragen, Wandel, Frömmigkeit; *brahma+carya* in *Brahma* wandeln.
pratiṣṭhāyām – gefestigt.

vīrya – Energie, Männlichkeit, Tapferkeit, Kraft, Wirksamkeit, Vitalität.
lābhaḥ – erlangen, gewinnen.

Selbst jemand, der auf Grund von frühkindlichen Traumata durch Missbrauch als Trotzreaktion oder aus Rache am anderen Geschlecht ein promiskes Verhalten an den Tag legt, kann diese posttraumatischen Syndrome durch regelmäßiges Transzendieren deutlich besser in den Griff bekommen. Dass sich durch Enthaltsamkeit die Lebenskraft steigert und sich statt in sexueller Entladung eher in geistigen, künstlerischen und spirituellen Aktivitäten ausdrückt, ist ein allgemein bekanntes Phänomen.

Maharishis Deutung von *Brahmacharya*

„Charya heißt leben. Brahmacharya heißt Brahman leben. Brahman zu leben heißt den höchst beschwingten Zustand des Bewusstseins zu leben. Das ist alles. Ganz einfach. Die Einheit leben.“ [*12]

Dieses Wandeln in Einheit drückt sich auch in folgendem Gedicht aus:

Das innere Licht,
im Stillen entzündet,
weist uns die himmlische Welt.
Königlich wandelt in sich,
von Wonne und Wohlklang umhellt,
wer dieses Wunderlicht findet. [*1]

||2.39||

aparigraha-sthairye janma-kathaṁtā-saṁbodhaḥ ||

***Aparigraha* gefestigt: Wie und Warum der Geburt verstehen.**

Das „Wie und Warum der Geburt verstehen“ heißt, dass wir uns darüber klar werden, aus welchem Grunde und zu welchem Zweck wir zur Zeit auf der Erde inkarniert sind.

aparigraha – Nicht-Habgier; *a-* un, *pari* rings, umher, *graha* „grabschen“, greifen, sammeln, halten, horten, zusammenscharren.

sthairye – in Stabilität, Festigkeit, Standhaftigkeit.
janma – Geburt, Leben.
kathaṁtā – Art und Weise, das Wie und Warum, *katham* wie, woher, auf welche Weise?
sambodhaḥ – Wissen, Verstehen, Verständnis

Wenn wir von Habgier überschattet Reichtümer anhäufen, die wir in diesem Leben gar nicht nutzen können, dann verlieren wir den Sinn unseres Lebens leicht aus den Augen. Nicht-Habgier bedeutet nicht, dass wir auf Besitz verzichten müssen. Je nach Aufgabe und Lebenssinn braucht der eine mehr Werkzeuge und Mittel und einen größeren Einflussbereich als ein anderer, aber der Erwerb und Besitz der Mittel sollte der Aufgabe angemessen sein. Ein König hat weitaus mehr Besitz angehäuft als ein Bettler, und doch kann der Bettler aufgrund seines Mangels von weit größerer Habgier getrieben werden und lauter wertlosen Tand in seinem Lager horten, während der König womöglich freigiebig Gaben verschenkt. Auch hier hat Maharishi seine eigene Deutung, indem er erklärt, wie *Aparigraha* durch das Leben in Einheit verwirklicht wird.

Maharishi über *Aparigraha*

„Im Zustand der Einheit liegt nichts mehr außerhalb des eigenen Seins. Alles ist in Begriffen des Selbst. In diesem Zustand ist alles, egal was es ist, in Begriffen des eigenen Selbst. Das ist die Wirklichkeit im Zustand von Yoga. Dann ist man jenseits der Begrenzung von Habgier. Man beginnt, alles zu besitzen. Das ist Einheitsbewusstsein. Es gibt nichts außerhalb von mir selbst. Nur in diesem Zustand hat man sich über Habgier erhoben. Wenn mein Selbst unendlich ist und ich etwas Endliches besitze, dann besitze ich etwas, das nicht zu mir gehört. Es ist Eigentum der drei Gunas. Es gehört zum Feld der Veränderung, und ich besitze es. Also lebe ich nicht den Wert von Aparigraha, Nicht-Habgier.“ *[11]

||2.40||

śaucāt svāṅga-jugupsā parair asaṁsargaḥ ||

Durch Reinheit: körperlicher Fitnesswunsch, von anderen unberührt.

Reinheit bezieht sich auf alle Aspekte der Persönlichkeit, von der äußeren Reinigung des Körpers durch morgendliches Waschen, Zungenkratzen und Zähneputzen über die Entgiftung des Körpers durch ayurvedische Entschlackungskuren bis hin zur Befreiung des Nervensystems von Verspannungen und Blockaden, die das freie Fließen von Energie im Körper behindern. Mit dieser Art von körperlich-geistiger Hygiene wächst auch das Verständnis für die gesundheitlichen Bedürfnisse des Körpers, sodass wir ihn vor Krankheit behüten und bis ins hohe Alter fit erhalten möchten. Gleichzeitig werden wir geistig unabhängiger und lassen uns weniger von der Meinung anderer oder den Unreinheiten der Massenmedien beeinflussen.

śaucāt – durch Reinheit, Reinigung.
sva – eigen.
aṅga – Glied, *svāṅga* eigener Körper.
jugupsā – zu bewahren wünschen; *gup* hüten, bewahren, schützen,
paraiḥ – von anderen
asaṁsargaḥ – ohne Kontakt, ohne Bindung.

Maharishi über *Sauca*

Maharishi sieht *Sauca* als die Reinheit des Nervensystems, durch die wir höhere Bewusstseinsstufen erfahren, und der Weg dazu geschieht durch regelmäßiges Transzendieren. Es nutzt nichts, nur den guten Willen zur Reinheit zu haben. Dadurch lässt sich *Yoga*, die Beruhigung der Geisteswellen, nicht erreichen:

> *„Es gibt keinen anderen Weg, Reinheit zu erlangen, außer durch Auflösen von Verspannungen, um ein reines Nervensystem zu bekommen. Die bloße Einstellung hat nicht die leiseste Kraft, Körper und Geist zu transformieren.“* *[12]

||2.41||

sattva-śuddhi-saumanasyaikāgryendriya-jayātma-darśana yogyatvāni ca ||

Und *Sattva,* Klarheit, gute Laune, Zielgerichtetheit, Sinnesbeherrschung, Selbstverwirklichung und Fitness.

Dieses Sutra unterstreicht noch einmal die Vorteile, die Reinheit von Körper und Geist mit sich bringt.

sattva – *Sattva*, das Sein, Wesen, Charakter; Entschlossenheit, Energie, Mut; das gute Wesen, geistiges Wesen, Geist.
śuddhi – Reinigung, Läuterung, Befreitwerden, Bereinigung, Klarheit.
saumanasya – Zufriedenheit, Heiterkeit, gute Laune.
eka – eins.
ekāgrya – Zielgerichtetheit, Fokus.
agrya – an der Spitze, vorzüglich, ausgezeichnet, der vorderste.
indriya – Sinn.
jaya –Beherrschung, Meisterung.
ātma – *Atma*, das Selbst.
darśana – Sicht, Anblick, Verwirklichung.
yogyatvāni – Fitness
ca – und

||2.42||

saṁtoṣād anuttamaḥ sukhalābhaḥ ||

Aus Zufriedenheit: unübertroffenes Glück gewinnen.

Zufriedene Menschen ziehen nicht nur andere zufriedene Menschen an, sondern auch glückliche Umstände, sogar wilde oder scheue Tiere werden von ihrem inneren Frieden angezogen. Nicht ohne Grund nennen wir einen glücklichen Menschen einen Glückspilz, der die glücklichen Ereignisse und Erfolge im Leben geradezu magisch anzieht.

saṁtoṣāt – aus Zufriedenheit; *sam-* zusammen, *toṣa* Freude, Befriedigung.
anuttamaḥ – unübertroffen.
sukha – Freude, Glück.
lābhaḥ – erlangen, erreichen.

Die höchste Stufe des Glücks erfahren wir schließlich im Einheitsbewusstsein, der siebten Entwicklungsstufe auf dem Weg zu Yoga, der Einheit mit Atma. In diesem Zustand hat sich unsere Wahrnehmung so verfeinert, dass wir die Transzendenz, die wir durch regelmäßiges Eintauchen in Samadhi in uns selbst stabilisiert haben, auch in unserer Umwelt wiederfinden und uns daher mit allem vertraut und überall zu Hause fühlen. Denn aus allem, was uns begegnet, lacht uns Atma, unser kosmisches Selbst, entgegen.

Maharishi über Zufriedenheit

„Der einzige Weg, dieses Gesetz im täglichen Leben zu verwirklichen, ist es, ein Leben in Fülle zu erfahren, und das beginnt auf der Ebene Transzendentalen Bewusstseins. Der subjektive Wert der Fülle stabilisiert sich im Kosmischen Bewusstsein, und der objektive Wert erreicht seinen höchsten relativen Grad im Gottesbewusstsein. Zweihundertprozentige Fülle, 100 Prozent im objektiven und 100 Prozent im subjektiven Bereich – vollkommene Zufriedenheit und Erfüllung – wird erst im Zustand der Einheit erreicht.“ *12

||2.43||

kāyendriya-siddhir aśuddhi-kṣayāt tapasaḥ ||
Körper-Sinne-Vollendung durch Unreinheit-Beseitigen aus *Tapas*.

Was unter *Tapas* zu verstehen ist und wie sich die Sinne durch Meditation ganz von selbst kultivierteren und reineren Genüssen hingeben, wurde bereits im Kommentar zu Sutra 2.1 ausführlich erläutert.

kāya – Körper.
indriya – Sinne.
siddhiḥ – Vollendung.
aśuddhi – Unreinheit.

kṣayāt – durch beseitigen.
tapasaḥ – aus *Tapas*, Hitze, Glut, Verinnerlichung, Beschaulichkeit, Versenkung nach innen; Askese, Selbstdisziplin; *tap* warm; erwärmen, erhitzen, zum Glühen bringen.

Maharishi über *Tapas*

„Die wörtliche Bedeutung von tapas heißt Hitze, Glut, – das Glühen im Leben verstärken. Leben ist Unendlichkeit, Unsterblichkeit, Unerschütterlichkeit, Unbegrenzheit, das Absolute, und daher heißt stärkeres Glühen im Leben den Wert der Unendlichkeit, der Unsterblichkeit, des absoluten Seins verstärken." *12

||2.44||

svādhyāyād iṣṭa-devatā-saṁprayogaḥ ||

Durch Selbststudium: Kontakt zur verehrten Gottheit.

Selbststudium ist einerseits die Vertiefung ins eigene Innere, bis wir unser wahres Selbst gefunden haben, andererseits auch das Studium der Schriften, aus welcher Kultur auch immer wir kommen. Durch regelmäßiges Eintauchen in uns selbst beginnen wir ganz spontan, die Schriften unserer eigenen Kultur besser zu verstehen.

svādhyāyāt – durch Selbststudium, sva selbst, *adhyāya* Kapitel, lesen.
iṣṭa – gewünscht, verehrt, gesucht, beliebt.
devatā – Gottheit, Impuls kreativer Intelligenz
saṁprayogaḥ – Verbindung, Kontakt, Einheit.

Jeder, der nach innen taucht und sich selbst studiert, wird naturgemäß aufgrund seiner Kindheit, seiner Abstammung und seiner Kultur andere innere Bilder erleben und andere Gottheiten verehren. Aber genauso wie jeder Mensch in Bildern träumt, egal, ob er es während des Tages noch weiß oder nicht, so drückt sich auch sein Seelenleben in inneren Visionen aus, die ihm versteckte Botschaften mitteilen. Die eine schreibt sie in ihr Tagebuch, der andere erzählt seine Träume seiner Psychologin, wieder ein anderer verarbeitet sie in Märchen oder Romanen oder komponiert daraus abendfüllende Opern. Alle diese kulturellen Schöpfungen können erlebt, verstanden oder neu erschaffen werden, wenn wir durch Eintauchen in Samadhi die Seelenreise zu uns selbst beginnen.

Kulturelle Prägungen visuell erleben

Ich erinnere mich, wie mir nach einigen Monaten der Meditation plötzlich immer mehr Aussprüche von Jesus klar wurden. Auf einmal konnte ich mit „*Das Himmelreich ist inwendig in euch*" etwas anfangen, oder mit „*So ihr nicht umkehrt und werdet wie die Kinder, werdet ihr nicht ins Himmelreich kommen.*" [*13]

1981, als ich in einer viermonatigen Schweigephase in einer selbstgebauten Lehmhütte auf Sri Lanka meine innere Heimkehr zum Selbst anschaulich wie einen Opernstoff erlebte, verstand ich das Gleichnis der „Heimkehr vom verlorenen Sohn" und auch die „Vertreibung aus dem Paradies." All diese Bilder hatte ich während der Schulzeit zwar kennengelernt, hatte aber nie die darin enthaltene Botschaft verstanden. Erst, als sich die abstrakten Strukturen meines Bewusstseins vor meinem inneren Auge personifizierten, verstand ich auch die bildhafte Sprache der Bibel und der als Kind gehörten Märchen. Ich fühlte mich selbst wie der Frosch, der von der Prinzessin wach geküsst und wieder zum Prinzen wird, ich fühlte mich wie Parzival, der einkehrt in die Gralsburg und das Geheimnis des Grals entdeckt, oder ich sah mich selbst auf einem Flügelpferd sitzend bis zur Sonne reiten. Das Flügelpferd war der tragende Gedanke, auf dem mein Bewusstsein davongetragen wurde, und die Sonne war mein strahlendes, leuchtendes Selbst, das Zentrum meiner Welt.

Maharishi über *Svadhyaya*

Maharishi leitet seine Definition von *Svadhyaya* aus den Wörtern *sva* für Selbst und *adhyaya* für Kapitel ab. Wir öffnen durch Transzendentale Meditation immer neue Kapitel unseres Selbst.

> „*Wenn wir unsere Aufmerksamkeit auf uns selbst richten, erfahren wir das wie das Öffnen eines neuen Kapitels.*" [*11] „*Wir schließen das Kapitel Wachbewusstsein und öffnen das Kapitel Transzendentales Bewusstsein. Genauso schließen wir das Kapitel Kosmisches Bewusstsein, wenn wir in Gottesbewusstsein eintreten, und ebenso vom Gottesbewusstsein zu Einheitsbewusstsein.*" [*12]

||2.45||

samādhi-siddhir īśvara-praṇidhānāt ||

Samadhi-Vollendung durch Vertiefen in *Ishvara*.

samādhi – *Samadhi*, ruhevolle Wachheit, Transzendentales Bewusstsein.
siddhiḥ – Perfektion, Vollendung, Vollkommenheit, Yogakraft.
īśvara – vermögend etwas zu tun oder zu werden; *Ishvara*, Herr, Gott; die höchste Seele, *Atma*; *īś* besitzen, vermögen, beherrschen, *vara* Raum, Umkreis; der beste, vorzüglichste, schönste; *īś+vara* der beherrschende Raum: das „Einheitliche Feld der Naturgesetze".
praṇidhānāt – durch Hingabe, Vertrauen, Versenkung, Vertiefung; *pra* vor, *nī* führen, leiten, *praṇi* hinführen, Hingabe, Führer, *dhā* setzen, stellen, legen, richten auf.
īśvara-praṇidhāna – Ergebung in Gottes Willen; *īś+vara+praṇi+dhāna* Hinführen zum beherrschenden Raum, zum Einheitlichen Feld der Naturgesetze.

Ishvara ist die alte Sanskritbezeichnung für das, was die moderne Superstring-Theorie das Einheitliche Feld der Naturgesetze nennt, aus dem alle Energie und Materie entsteht. In philosophischen Begriffen ist es die Transzendenz, Reines Sein, Reines Bewusstsein, das Unmanifeste oder das Absolute. In religiösen Begriffen der höchste Gott, die höchste Seele, *Atma*. Da wir während der Transzendentalen Meditation in die Transzendenz eintauchen, können wir diesen Vorgang aus religiöser Sicht auch als „Vertiefen in *Ishvara*" oder als „Hingabe und Ergebung in den Willen Gottes" bezeichnen.

Wenn wir Transzendentales Bewusstsein so stabilisiert haben, dass wir es auch während des Wachens, Träumens und Schlafens im Hintergrund aufrechterhalten können, dann bleibt das innere Licht der Selbstbewusstheit als ruhige Hintergrundstrahlung alle 24 Stunden des Tageszyklus erhalten und wir erfahren einen neuen Bewusstseinszustand, den wir „Kosmisches Bewusstsein" nennen. In diesem Zustand haben wir ständig bewussten Zugang zu unserem eigenen kosmischen Selbst und handeln nicht auf Grund unserer begrenzten individuellen Sicht, sondern im Einklang und zum Wohle des Ganzen nach dem „Willen Gottes". Aber auch da hört die Entwicklung unseres Bewusstseins noch nicht auf.

Unsere Wahrnehmung verfeinert sich weiter, bis wir durch unsere Sinne auch die feinstoffliche Wirklichkeit um uns herum wahrnehmen können, die für uns vorher unsichtbar und unhörbar war. Unsere inneren Sinne, mit denen wir bisher nur unsere eigenen Gedanken, Vorstellungen und Träume wahrnehmen konnten, werden so aktiviert, dass wir auch in der Außenwelt mehr sehen können als nur die grobstoffliche Materie.

Wir sehen zum Beispiel die feinen elektrischen Energiefelder, die durch die Kirlian-Fotografie als Aura bekannt und sichtbar gemacht wurden. Die Geordnetheit der Gehirnwellen, die wir technologisch durch EEG-Messungen nachweisen können, wirkt sich auf die Färbung der Ausstrahlung aus, die um den Kopf herum wahrnehmbar ist, sodass wir anhand der Aurafarbe erkennen können, ob sich jemand gerade niedergeschlagen, zornig oder glücklich fühlt. Die gespannte Atmosphäre in einem Raum, in dem gerade Streit herrscht, lässt sich anhand der Färbung, Form und Intensität der Vibrationen wahrnehmen, die in dem Raum schwingen. Alle diese energetischen, feinstofflichen Wahrnehmungen erinnern eher an die himmlische Welt, die unsere Seele außerhalb der irdischen Inkarnationen gewohnt ist, weshalb Maharishi diese Art von Bewusstseinszustand auch „*Bhagavad Chetana* – Gottesbewusstsein" nennt. Dieser Bewusstseinszustand entwickelt sich spontan aus dem Kosmischen Bewusstsein durch Hingabe und durch die Entfaltung der Herzensqualitäten.

Die letzte Vollendung von Samadhi ist schließlich erreicht, wenn wir in der Außenwelt nicht nur die feinstofflichen Erscheinungen wahrnehmen können, sondern auch das alldurchdringende Reine Bewusstsein, das wir bisher nur in uns selbst, am Grunde unseres eigenen Denkens, erfahren konnten. Dann verschmilzt unser kosmisches Selbst im Inneren mit dem kosmischen Selbst im Äußeren, und wir nehmen die Einheit zwischen unserer individuellen Seele und unserer Umwelt wahr. Dieser Bewusstseinszustand ist in der vedischen Literatur als „*Kaivalya* – Einheitsbewusstsein" bekannt. Wir erkennen die Einheit unserer individuellen Existenz mit unserem Schöpfer, der uns nach Genesis 1.27 in seinem Ebenbild erschaffen und uns seinen lebendigen Odem eingehaucht hat.

Maharishi über *Ishvara-Pranidhana*

„Pranidhan heißt aufsaugen in sich selbst – wir öffnen uns völlig für das feinste Relative und das Absolute. Das ist Ishvara-Pranidhan. Das

heißt uns hingeben. Wenn wir über Hingabe sprechen, dann kommt als erster und höchster Wert für Hingabe die Einheit unseres Bewusstseins mit dem feinsten Relativen, mit dem himmlischen Aspekt des Lebens.“ *11

||2.46||

sthira-sukham āsanam ||

Standfester, bequemer Sitz: *Asana.*

Asanas, die Yogastellungen, haben nichts mit Gymnastik zu tun, auch nichts mit anstrengenden Verrenkungen. Im Gegenteil: Wer sich bei Yogaübungen anstrengt und dabei außer Atem kommt, macht definitiv etwas falsch.

sthira – unbewegt, ruhig, standfest, sicher, anhaltend, ausdauernd.
sukham – angenehm, bequem, behaglich, leicht; Wohlbefinden.
āsanam – *Asana*, Sitzen, Sitz, Platz; Körperstellung; sich setzen; *ās* sitzen, sich setzen, wohnen; stillsitzen, verweilen, verharren; anhalten, dauern.

Etwa ein halbes Jahr nach Erlernen der Meditation lernte ich auf meinem ersten Wochenendkurs im Spessart ein einfaches und bequemes Set von *Asanas* kennen, das ich täglich für einige Minuten vor der Meditation ausführen sollte. Die Übungen waren genau das, was Patañjali über *Asanas* sagt: ruhige, bequeme Positionen, die das Bewusstsein automatisch durch leichtes Dehnen und Strecken auf bestimmte Körperstellen lenken, sodass Stoffwechsel, Drüsen und Hormonhaushalt angeregt und ins Gleichgewicht gebracht werden.

Maharishi über *Asanas*

Obwohl Maharishi diese bequemen Yogaübungen empfiehlt, sieht er auch dieses Sutra nicht als Beschreibung einer Übung – dazu ist es viel zu allgemein – sondern als Definition des Zustandes von Yoga:

„Der standfeste Aspekt, die Stabilität von Yoga, wo ist dieser Aspekt? Natürlicherweise auf der körperlichen Ebene, auf der Ebene der Sinne, des Geistes, des Intellekts, des Seins. Und natürlicherweise auf der Ebene der Umgebung, auf der Ebene des ganzen Universums. Er ist

inmitten aller Verschiedenheit, denn Einheit ist Nicht-Verschiedenheit, und dieser Zustand ist überall.“ *12

||2.47||

prayatna-śaithilyānanta-samāpattibhyām ||

Anspannung loslassen, Unendlichkeit erfahren.

Wenn *Yoga-Asanas* in ruhiger und bequemer Weise ausgeführt werden, kann sich der Körper entspannen und eine bestimmte Stellung für einige Zeit halten, die mit sanfter Dehnung oder Streckung verbunden ist. Dabei wird das Bewusstsein automatisch von der gedehnten Körperstelle angezogen und bewirkt, dass sich dort etwas normalisiert und wieder ins Gleichgewicht kommt. Wenn das Bewusstsein in diesen Bereich fließt, wird der entsprechende Körperteil vom Bewusstsein der Unbegrenztheit durchtränkt, was einen heilenden und ganzheitlichen Vorgang bewirkt, ähnlich wie beim Gießen einer Pflanze. Auf diesem Vorgang beruht die gesundheitsfördernde und bewusstseinserweiternde Wirkung der körperlichen *Yoga*-Übungen.

prayatna – Bemühen, Anspannung.
śaithilya – Entspannung, Loslassen, Lockerung.
ananta – endlos, grenzenlos, Unbegrenztheit, Unendlichkeit.
samāpattibhyām – durch Erfahrung, Zusammenfallen, Werden zu,.

||2.48||

tato dvandvānabhighātaḥ ||

Dadurch von Gegensätzen unbeeinträchtigt.

Wenn wir im Zustand der Einheit leben, wie Maharishi sagt, dann sind wir von Gegensätzen unbeeinträchtigt, *„denn Einheit ist Nicht-Verschiedenheit, und dieser Zustand ist überall.“* *12

tataḥ – dann, dadurch.
dvandva – Gegensatzpaar, Polarität; Streit, Zank; Zweikampf; Zweifel.
anabhighātaḥ – unbeeinträchtigt, unbehindert, *abhighāta* Schlag, Angriff.

Auch auf Yogaübungen trifft dieses Sutra zu. Durch die *Asanas* wird unser Körper widerstandsfähiger, und unser Immunsystem kann sich besser anpassen an Kälte und Hitze, an zu feuchte oder zu trockene Luft, zu viel Lärm, Trubel und Hektik oder zu stille Einsamkeit. Sinne, Geist und Nervensystem werden anpassungsfähig und können besser mit extremen Umweltsituationen zurechtkommen.

||2.49||

tasmin sati śvāsa-praśvāsayor gati-vicchedaḥ prāṇāyāmaḥ ||

Darin bleibend Ein-und-Ausatem-Fluss teilen: *Pranayama*.

tasmin – darin.
sati – seiend, bleibend.
śvāsa – Einatmung.
praśvāsayoḥ – der Ausatmung.
gati – gehen, fließen, Fluss, Gang, Bewegung.
vicchedaḥ – anhalten, hemmen, aufhalten, unterbrechen, teilen, unterscheiden; Verschiedenheit, Trennung, Einschnitt.
prāṇāyāmaḥ – *Pranayama*, Atemübung; *prāṇā Prana*, Hauch, Atem, Lebensgeist, Lebenskraft; *āyāma* Spannung, Dehnung, Ausdehnung; anhalten, hemmen.

Eine solche einfache Atemtechnik lernte ich auf meinem ersten Wochenendkurs von meinem Meditationslehrer zusammen mit den einfachen Yogaübungen kennen. Nach den Asanas, den körperlichen Übungen, nahmen wir eine ruhige und bequeme Haltung ein, in der wir anschließend meditieren wollten, und atmeten einige Minuten lang auf bestimmte Art und Weise ein und aus, wobei der Atemfluss abwechselnd durch das linke und rechte Nasenloch gelenkt wurde.

Maharishi über *Pranayama*

Da Patañjali keine konkreten Anweisungen zu Atemübungen gibt, interpretiert Maharishi *Pranayama* als allgemeine Aussage der Yoga-Philosophie.

> *„Prana ist die Lebenskraft, der grundlegende Antrieb für alle Aktivität. Es belebt diese acht unterschiedlichen Lebensaspekte und bringt sie*

dann zusammen und in Harmonie. Als Gesamtheit lässt Prana sie zusammen in einem Atemzug der Einheit atmen, das ist die Einheit des Lebens.

Ohne diesen Grundantrieb für Aktivität, ohne Prana, wäre die Verbindung zwischen Individualität und Universalität nicht möglich. Ohne diese Grundkraft des Lebens, diesen Impuls für Aktivität, können sich die verschiedenen Glieder nicht verbinden. Es ist die Kraft von Prana, die Lebenskraft, die den Atem einhaucht und die acht Glieder belebt und zusammenbringt." *12

Der Atem bildet die Brücke zwischen dem Individuum und dem kosmischen Sein, zwischen dem Lebensstrom des Einzelnen und dem ewigen Ozean des kosmischen Lebens. Das Atmen bildet sozusagen den individuellen Strom aus dem Ozean kosmischen Seins. Bei jedem Einatmen nimmt das kosmische Prana die Identität der individuellen Lebenskraft an, und bei jedem Ausatmen verbindet sich der Strom des individuellen Lebens mit dem kosmischen Sein, sodass sich das Leben des Einzelnen zwischen Aus- und Einatmen mit dem kosmischen Sein vereint. Das Atmen des Einzelnen ist also die Natur des kosmischen Seins. Das Atmen des Einzelnen ist das Vibrieren von Prana. Die Kunst zu sein und zu atmen besteht darin, den Einzelnen auf die Ebene des ewigen kosmischen Seins anzuheben. Das lässt sich durch regelmäßige Praxis der Transzendentalen Meditation erreichen. *14

Ähnlich dichtete Goethe über das Ein- und Ausatmen:

Im Atemholen sind zweierlei Gnaden:
Die Luft einziehen, sich ihrer entladen;
jenes bedrängt, dieses erfrischt;
so wunderbar ist das Leben gemischt.
Du, danke Gott, wenn er dich presst,
und dank' ihm, wenn er dich wieder entlässt. *15

||2.50||

bāhyābhyantara-stambha-vṛttir deśa-kāla-saṁkhyābhiḥ paridṛṣṭo dīrgha-sūkṣmaḥ ||

Ausatmen, einatmen, Stillstand, Frequenz nach Stelle, Dauer, Anzahl beachten: lang, fein.

bāhya – äußerer.
ābhyantara – innerer.
stambha – Stillstand, Erstarrung, Unbeweglichkeit, Hemmung.
vṛttiḥ – Frequenz, Fluktuation, Aktivität.
deśa – Platz, Ort, Stelle.
kāla – Zeit, Dauer.
sankhyābhiḥ – durch die Anzahlen.
paridṛṣṭaḥ – Beachtung.
dīrgha – lang.
sūkṣmaḥ – subtil, verfeinert, fein.

Wenn der Atemrhythmus beim Ein- und Ausatmen auf entspannte Weise verändert wird, bis die Atemzüge langsamer, feiner und leiser werden, dann kommen Geist und Körper bereits durch die Atmung zur Ruhe, und wir können neben Ein- und Ausatmen auch den dritten Abschnitt der Atmung deutlich wahrnehmen: den Stillstand nach dem Ausatmen bis zum nächsten Atemzug. Bei dieser feinen Atmung wird *Prana*, die Lebensenergie, besonders intensiv in den Körper aufgenommen und reinigt die Energiekanäle. Diese ruhige Atmung eignet sich gleichzeitig als Übergang von *Pranayama* zur Meditation.

||2.51||

bāhyābhyantara-viṣayākṣepī caturthaḥ ||

Den äußeren und inneren Bereich transzendiert der Vierte.

Der Zustand ruhevoller Wachheit während der Meditation, in dem wir Transzendentales Bewusstsein erfahren, überschreitet sowohl den äußeren Bereich der körperlichen als auch den inneren Bereich der geistigen Aktivität. Dieser Zustand unterscheidet sich physiologisch deutlich messbar von den drei Zuständen Wachen, Schlafen und Träumen und wird daher in Vers 7 der *Mandukya Upanishad* als vierter Hauptbewusstseinszustand – *Chaturtha* oder *Turiya, der Vierte* – bezeichnet.

bāhya – äußerer.
abhyantara – innerer.
viṣaya – Bereich.

ākṣepī – überschreiten, transzendieren.
caturthaḥ – der Vierte.

Die Erfahrung der Transzendenz führt zu einer Senkung der Stoffwechselrate, die auch die Atmung verfeinert und still werden lässt. Tief in Reines Bewusstsein versunken, werden wir uns des Körpers erst wieder bewusst, wenn wir plötzlich wieder tief einatmen müssen, was Geist und Körper an die Oberfläche des Wachbewusstseins zurückbringt. Nach dieser Erfahrung fühlen wir uns ausgeruht, erfrischt und voller neuer Erkenntnisse und Tatendrang.

||2.52||

tataḥ kṣīyate prakāśāvaraṇam ||

Dann schwindet Lichtumschleierung.

Der Schleier der Unwissenheit, der das innere Licht der Erkenntnis getrübt hat, wird weggerissen, und wir erkennen mit klarem Durchblick die höchste Wirklichkeit.

tataḥ – dann, dadurch, von da her.
kṣīyate – wird beseitigt.
prakāśa – Licht.
avaraṇam – Schleier, Verhüllung, Umschleierung.

||2.53||

dhāraṇāsu ca yogyatā manasaḥ ||

Und Geist für *Dharana* fähig.

Jetzt ist der Geist ruhig genug, um auf einen Bereich fokussieren zu können, wie es in *Sukta* 3.1 für *Dharana*, die erste Komponente zur Meisterung der Yogakräfte, beschrieben wird. Genau diese Reihenfolge wird im TM-Sidhi-Programm eingehalten: Nach einfachen und bequemen *Yoga-Asanas* folgen einige Minuten *Pranayama*, dann die Erfahrung des „Vierten" Zustandes und schließlich *Dharana*, das „Binden des Geistes an einen Bereich".

dhāraṇāsu – in *Dharana*, in Fokussierungen.

ca – und.
yogyatā – Eignung, Fähigkeit, Befähigung.
manasaḥ – des Geistes.

||2.54||

sva-viṣayāsaṁprayoge cittasya svarūpānukāra ivendriyāṇāṁ pratyāhāraḥ ||

Ohne eigenen Objekt-Kontakt des Geistes Selbstnatur nachahmend, gleichsam der Sinne Rückzug: *Pratyahara*.

Der Geist hat die natürliche Tendenz, die Aufmerksamkeit zum Angenehmen hin fließen zu lassen. Wenn wir die Augen schließen und meditieren, folgen die Sinne ganz automatisch dem Geist, der zum Bereich größeren Glücks nach innen wandert, und ziehen sich dadurch von den Sinnesobjekten der Außenwelt zurück. Das Zurückziehen der Sinne geschieht also durch den Vorgang der Meditation ganz von selbst aufgrund der „Selbstnatur des Geistes". Wir brauchen dazu nichts zu tun. Wir müssen lediglich zwei Meditationszeiten von jeweils rund 20 Minuten am Morgen und Abend in unseren Tagesablauf integrieren.

sva – eigen.
viṣaya – Objekt, Gegenstand.
asaṁprayoge – lösen, zurückziehen, ohne Kontakt.
cittasya – des Geistes.
svarūpa – Eigenzustand, Selbstnatur, natürliche Tendenz.
anukāraḥ – nachahmen, nachmachen, gleichend, Nachahmung, Gleichheit.
iva – wie, gleichsam.
indriyāṇāṁ – der Sinne.
pratyāhāraḥ – *Pratyahara*, Zurückziehen, Rückzug; *prati* gegen, entgegen, *āhāra* Nahrung; herbeiholen; *har* tragen, holen; zurückziehen, zurückhalten.

Maharishi über *Pratyahara*

Das Wort *Pratyahara* besteht aus den Wörtern *prati* – gegen, entgegen – und *āhāra* – Nahrung. Maharishi deutet es daher als „Nahrung aus der umgekehrten, entgegengesetzten Richtung".

„In welcher Richtung auch immer Befriedigung zu finden ist, das ist die natürliche Ausrichtung der Sinne. In diese Richtung bewegen sie sich: nach innen, nach außen, nach links, nach rechts, nach oben, nach unten. Welche Richtung auch immer, die Sinne gehen immer in die Richtung, wo sie Nahrung finden, Wahrnehmung, Erfahrung. Die Nahrung ist das, was sie befriedigt.“ *12

||2.55||

tataḥ paramā vaśyatendriyāṇām ||

Dadurch höchste Beherrschung der Sinne.

Wir brauchen auf keinerlei Annehmlichkeiten zu verzichten, brauchen uns nicht mit verschränkten Beinen auf ein Nagelbrett zu setzen oder in Hitze und Kälte im Freien „Tapas“ zu üben, sondern integrieren in unseren Tagesablauf lediglich zwei regelmäßige Meditationszeiten, um als ersten Schritt des Yoga Samadhi zu erfahren.

tataḥ – dadurch.
paramā – höchst.
vaśyatā – Meisterung, Kontrolle, Beherrschung.
indriyāṇām – der Sinne.

Dadurch ändert sich allmählich ganz von selbst unser gesamtes Verhalten, sodass wir automatisch die fünf *Yamas* und die fünf *Niyamas* leben. Und wenn wir durch geistige Ruhe und Klarheit unser Leben besser im Griff haben, finden wir auch Zeit, zusätzlich einige Minuten *Yoga-Asanas* und *Pranayama* zu machen, und das Zurückziehen der Sinne, *Pratyahara*, erledigt sich während des Transzendierens ganz von selbst. Deswegen wird der *Ashtanga-Yoga*, der achtgliedrige *Yoga*, auch als *Raja-Yoga* bezeichnet: als der königliche Weg zur Einheit.

iti patañjali-viracite yoga-sūtre dvitīyaḥ sādhana-pādaḥ ||

So in Patañjalis komponiertem Yoga-Sutra zweiter Schritt:
***Sādhana* – der Weg zum Erfolg.**

||3||

tṛtīyo vibhūti-pādaḥ ||

Dritter Schritt: *Vibhūti* – Yogakräfte

In diesem dritten Teil werden die speziellen Techniken beschrieben, die zu unterschiedlichen Yogakräften führen. Wir erfahren, wie wir bestimmte Bereiche des Lebens durch geistige Techniken vertiefen und stärken können und welche Vorteile und Fähigkeiten wir dadurch gewinnen. Wie wir durch innere Schau Wissen erlangen und wie uns das Eintauchen in Samadhi dabei hilft. Welche entscheidende Rolle das Dharma, die eigene Bestimmung, auf unserem Lebensweg spielt, und auf welche Art wir teils sehr praktische, teils recht exotische Yogakräfte entwickeln können.

Der aus drei Stufen bestehende Prozess des *Sanyama* zur Entfaltung von Yogakräften wird zwar theoretisch beschrieben, die praktische Anwendung kann jedoch nur von einem ausgebildeten Lehrer in persönlicher Unterweisung erlernt werden. Daher gibt Patañjali auch keine konkreten Übungsanweisungen.

Ich selbst habe die Technik des *Sanyama* 1977 in Seelisberg am Vierwaldstättersee im Rahmen des TM-Sidhi-Programms erlernt und im Laufe der Jahre erste Erfahrungen damit gesammelt.

Da jeder Mensch aufgrund seines Nervensystems und seiner Vergangenheit andere Erfahrungen macht, sollen diese Erfahrungsberichte lediglich verdeutlichen, wie die ersten Anzeichen von Yogakräften unseren Alltag bereichern und erfolgreicher gestalten können.

tṛtīya – dritter.
vibhūti – durchdringend, reichlich, mächtig, wirksam; Entfaltung, Vervielfältigung, reiche Fülle; Manifestation einer Kraft, Machtäußerung; Yogakraft; glücklicher Erfolg, Herrlichkeit, Pracht, Wohlfahrt, Wohlergehen, Glück; Glücksgüter, Reichtum.
pādaḥ – Fuß, Schritt, Viertel, Teil.

तृतीयो विभूतिपादः ।

देशबन्धश्चित्तस्य धारणा ॥ १ ॥

तत्र प्रत्ययैकतानता ध्यानम् ॥ २ ॥

तदेवार्थमात्रनिर्भासं स्वरूपशून्यमिव समाधिः ॥ ३ ॥

त्रयमेकत्र संयमः ॥ ४ ॥

तज्जयात् प्रज्ञालोकः ॥ ५ ॥

तस्य भूमिषु विनियोगः ॥ ६ ॥

त्रयमन्तरङ्गं पूर्वेभ्यः ॥ ७ ॥

तदपि बहिरङ्गं निर्बीजस्य ॥ ८ ॥

व्युत्थाननिरोधसंस्कारयोरभिभवप्रादुर्भावौ
निरोधक्षणचित्तान्वयो निरोधपरिणामः ॥ ९ ॥

तस्य प्रशान्तवाहिता संस्कारात् ॥ १० ॥

सर्वार्थतैकाग्रतयोः क्षयोदयौ चित्तस्य समाधिपरिणामः ॥ ११ ॥

ततः पुनः शान्तोदितौ तुल्यप्रत्ययौ चित्तस्यैकाग्रतापरिणामः ॥ १२ ॥

एतेन भूतेन्द्रियेषु धर्मलक्षणावस्थापरिणामा व्याख्याताः ॥ १३ ॥

शान्तोदिताव्यपदेश्यधर्मानुपाती धर्मी ॥ १४ ॥

क्रमान्यत्वं परिणामान्यत्वे हेतुः ॥ १५ ॥

परिणामत्रयसंयमादतीतानागतज्ञानम् ॥ १६ ॥

शब्दार्थप्रत्ययानामितरेतराध्यासात्संकरस्तत्प्रविभागसंयमात्सर्वभूतरुतज्ञानम् ॥ १७ ॥

संस्कारसाक्षात्करणात्पूर्वजातिज्ञानम् ॥ १८ ॥

प्रत्ययस्य परचित्तज्ञानम् ॥ १९ ॥

न च तत्सालम्बनं तस्याविषयीभूतत्वात् ॥ २० ॥

कायरूपसंयमात्तद्ग्राह्यशक्तिस्तम्भे चक्षुःप्रकाशासंप्रयोगेऽन्तर्धानम् ॥ २१ ॥

सोपक्रमं निरुपक्रमं च कर्म । तत्संयमादपरान्तज्ञानम् अरिष्टेभ्यो वा ॥ २२ ॥

बलेषु हस्तिबलादीनि ॥ २४ ॥

प्रवृत्त्यालोकन्यासात्सूक्ष्मव्यवहितविप्रकृष्टज्ञानम् ॥ २५ ॥

भुवनज्ञानं सूर्ये संयमात् ॥ २६ ॥

चन्द्रे ताराव्यूहज्ञानम् ॥ २७ ॥

ध्रुवे तद्गतिज्ञानम् ॥ २८ ॥

नाभिचक्रे कायव्यूहज्ञानम् ॥ २९ ॥
कण्ठकूपे क्षुत्पिपासानिवृत्तिः ॥ ३० ॥
कूर्मनाड्यां स्थैर्यम् ॥ ३१ ॥
मूर्धज्योतिषि सिद्धदर्शनम् ॥ ३२ ॥
प्रातिभाद्वा सर्वम् ॥ ३३ ॥
हृदये चित्तसंवित् ॥ ३४ ॥
सत्त्वपुरुषयोरत्यन्तासंकीर्णयोः प्रत्ययाविशेषो भोगः
परार्थत्वात्स्वार्थसंयमात्पुरुषज्ञानम् ॥ ३५ ॥
ततः प्रातिभश्रावणवेदनादर्शास्वादवार्ता जायन्ते ॥ ३६ ॥
ते समाधावुपसर्गा व्युत्थाने सिद्धयः ॥ ३७ ॥
बन्धकारणशैथिल्यात्प्रचारसंवेदनाच्च चित्तस्य परशरीरावेशः ॥ ३८ ॥
उदानजयाज्जलपङ्ककण्टकादिष्वसङ्ग उत्क्रान्तिश्च ॥ ३९ ॥
समानजयाज्ज्वलनम् ॥ ४० ॥
श्रोत्राकाशयोः संबन्धसंयमाद्दिव्यं श्रोत्रम् ॥ ४१ ॥
कायाकाशयोः संबन्धसंयमाल्लघुतूलसमापत्तेश्चाकाशगमनम् ॥ ४२ ॥
बहिरकल्पिता वृत्तिर्महाविदेहा । ततः प्रकाशावरणक्षयः ॥ ४३ ॥
स्थूलस्वरूपसूक्ष्मान्वयार्थवत्त्वसंयमाद्भूतजयः ॥ ४४ ॥
ततोऽणिमादिप्रादुर्भावः कायसंपत्तद्धर्मानभिघातश्च ॥ ४५ ॥
रूपलावण्यबलवज्रसंहननत्वानि कायसंपत् ॥ ४६ ॥
ग्रहणस्वरूपास्मितान्वयार्थवत्त्वसंयमादिन्द्रियजयः ॥ ४७ ॥
ततो मनोजवित्वं विकरणभावः प्रधानजयश्च ॥ ४८ ॥
सत्त्वपुरुषान्यताख्यातिमात्रस्य सर्वभावाधिष्ठातृत्वं सर्वज्ञातृत्वं च ॥ ४९ ॥
तद्वैराग्यादपि दोषबीजक्षये कैवल्यम् ॥ ५० ॥
स्थान्युपनिमन्त्रणे सङ्गस्मयाकरणं पुनरनिष्टप्रसङ्गात् ॥ ५१ ॥
क्षणतत्क्रमयोः संयमाद्विवेकजं ज्ञानम् ॥ ५२ ॥
जातिलक्षणदेशैरन्यतानवच्छेदात्तुल्ययोस्ततः प्रतिपत्तिः ॥ ५३ ॥
तारकं सर्वविषयं सर्वथाविषयमक्रमं चेति विवेकजं ज्ञानम् ॥ ५४ ॥
सत्त्वपुरुषयोः शुद्धिसाम्ये कैवल्यम् ॥ ५५ ॥

इति पतञ्जलिविरचिते योगसूत्रे तृतीयो विभूतिपादः

||3.1||

deśa-bandhaś cittasya dhāraṇā ||

Bereich-Bindung des Geistes: *Dharana*.

deśa – Ort, Stelle, Platz, Gegend, Gebiet, Bereich.
bandha – Bindung, Verbindung, Fessel, Anheftung, Ausrichtung.
cittasya – des Geistes.
dhāraṇā – tragend, aufrechterhaltend, bewahrend; festhalten, anhalten; unverwandte Richtung des Geistes auf einen bestimmten Gegenstand.

Dharana heißt, den Geist an einen Bereich zu binden. Eine konkrete Stelle wird allerdings nur in wenigen Sutras genannt: Himmelskörper wie Sonne, Mond, Polarstern (Sutra 3.26-28) oder Körperstellen wie Nabel, Kehlgrube, Bronchien, Kopf und Herz (Sutra 3.29-34). Alle anderen Sutras erwähnen keinen Ort, sondern einen abstrakten Begriff, sodass wir „Bereich-Bindung" auch als Bindung des Geistes an ein bestimmtes Wissensgebiet, einen Themenbereich, an einen Punkt der Aufmerksamkeit deuten müssen.

||3.2||

tatra pratyayaika-tānatā dhyānam ||

Dort den einen Gedanken ausdehnen: *Dhyana*.

tatra – dort.
pratyaya – Gedanke.
eka-tānatā – kontinuierlicher, auf Eines gerichteter Fluss der Aufmerksamkeit; *tan* sich dehnen, strecken, ausdehnen, in die Länge ziehen; *tāna* Faden, lang anhaltender Ton, Ausdehnung, Kontinuum, Objekt der Erkenntnis.
dhyānam – Vertiefung, Meditation, Reflexion, Nachdenken.

Ob wir fähig sind, unseren Geist längere Zeit an einen Bereich zu binden, können wir leicht an alltäglichen Tätigkeiten sehen, denen wir uns länger widmen, ohne uns ablenken zu lassen. Beim Autofahren richten wir unsere Aufmerksamkeit automatisch kontinuierlich auf die Straße, beim Tennis oder Fußballspiel auf den Ball, beim Schachspiel auf die möglichen Züge, beim Kochen auf Garzeiten und Gewürze und so weiter. Jede Tätigkeit, die uns Freude und Erfüllung bringt, kann unsere Aufmerksamkeit fesseln und den Geist zielgerichtet machen, sei es Hobby oder Beruf, sei es Handwerk, Wissenschaft, Sport oder Kunst. Im allgemeinen wird *Dhyana* als Meditation übersetzt, denn während der Meditation verweilt der Geist für lange Zeit auf dem Gegenstand der Meditation, zum Beispiel dem Mantra.

||3.3||

tad evārtha-mātra-nirbhāsaṁ svarūpa-śūnyam iva samādhiḥ ||

Das wahre Objektmaß scheint im Eigenzustand wie Null: *Samadhi.*

tat – das, dieses.
eva – wahrlich, wahrhaftig, wirklich, genau.
artha – Ziel, Zweck, Ursache, Motiv, Nutzen; Ding, Objekt.
mātra – Maß, Maßstab, Menge, Masse, Größe; nur, lediglich, nichts als.
nirbhāsam – Schein, Erscheinung.
svarūpa – Eigenform, Eigenzustand; *sva* Selbst, eigen, *rūpa* Form, Zustand.
śūnya – leer, hohl, unbewohnt, abwesend, Leere, Vakuum, Nichts, Null.
iva – wie, gleichsam, so gut wie, als ob.

Die Schlüsselwörter in diesem Sutra über Samadhi sind *svarūpa-śūnyam iva:* Eigenzustand wie Null. Hier wird der Vorgang des Transzendierens beschrieben, bei dem ein Gedanke immer feiner und feiner wird, bis er – in mathematischen Begriffen – „gegen Null konvergiert" oder – in Begriffen der modernen Quantenphysik – den Vakuumzustand erreicht, *shunya*, den Grundzustand, in dem alle Möglichkeiten latent vorhanden sind. In diesem Grundzustand der geringsten Anregung des Bewusstseins ist der Geist in seinem Eigenzustand – *svarūpa* – und in der Lage, sein volles geistiges Potenzial anzuzapfen. Durch Transzendentale Meditation wird unser Geist geschult, diesen Zustand auf natürliche Weise regelmäßig mühelos zu erfahren.

Gleichzeitig schrumpft in diesem Grundzustand auch der Betrachtungsgegenstand von seiner ursprünglichen Ausdehnung auf fast Null zusammen, also auf die kleinste messbare Größe, die wir heute nach Max Planck als Planck-Skala bezeichnen. In der heutigen Physik liegt die Untersuchung eines Objektes mit derartig kleinen Strukturen weit jenseits der technischen

Möglichkeiten, da die Energie, die die Materie zusammenhält, in immer kleineren Maßstäben exponentiell zunimmt.

Dieser Ausflug in die Quantenphysik verdeutlicht das enorme Energiepotenzial, das sich auf der Ebene von *Samadhi* in unserem Geist auftut und zum Verwirklichen der Yogakräfte genutzt werden kann. Auf der Ebene der geringsten Anregung des Bewusstseins sind unsere Gedanken um viele Zehnerpotenzen mächtiger als auf der groben Ebene des alltäglichen Wachbewusstseins. Im normalen Wachbewusstsein kann die Gewohnheit des Transzendierens nicht geschult werden, sondern nur durch regelmäßige Meditation. Diese Erfahrung von *Samadhi* ist die Voraussetzung für das erfolgreiche Praktizieren von *Sanyama*, der Technik zur Verwirklichung der Yogakräfte.

Maharishi über die Kunst des Handelns aus der Stille

„Die Kunst des Handelns besteht darin, die Aktivität zunächst auf Null zu bringen und von da aus die Handlung zu beginnen. Wir ziehen gleichsam den Pfeil auf dem Bogen zurück, bevor wir losschießen. Die Kunst liegt darin, den Pfeil auf dem Bogen so weit wie möglich zurückzuziehen, bis er den Zustand der Nichtaktivität erreicht. Von diesem Punkt aus kann der Pfeil durch einfaches Loslassen ohne Mühe abgeschossen werden. Die Kunst des Handelns besteht also lediglich aus dem Zurückziehen und Loslassen des Pfeils. Dann schießt er naturgemäß mit geringstem Aufwand und maximaler Kraft vorwärts.

Indem wir die Aktivität des Geistes zum Stillstand bringen und von diesem Punkt aus die Handlung beginnen, ist der Kraftaufwand zur Durchführung der Handlung am geringsten. Die Handlung bringt die größtmöglichen Ergebnisse, und der Handelnde kultiviert den Zustand ewiger Freiheit. Wenn der Handelnde im ewigen Sein gegründet handelt, unterliegt er nicht dem bindenden Einfluss der Handlung. Das ist die wahre Kunst des Handelns.“ [*16]

||3.4||

trayam ekatra saṁyamaḥ ||

Drei in einem: *Sanyama*.

trayam – dreifach, dreierlei, Dreiheit, Dreizahl.
ekatra – in einem, zusammen, vereint, als eins, an einem Ort.
saṁyamaḥ – *Sanyama*, Bändigung, Zügelung, Fesselung, Zusammenbinden.

Sanyama (die Sanskritschreibung *Saṁyama* mit dem punktierten *ṁ* wird *Sanyama* gesprochen) ist also die Fähigkeit, die Aufmerksamkeit an einen Bereich zu binden, dort auszudehnen und dann Samadhi zu erfahren, den Zustand der geringsten Anregung des Bewusstseins. Der Vorgang klingt vielleicht etwas kompliziert. Wer aber die Technik der Transzendentalen Meditation und das TM-Sidhi-Programm erlernt hat, der weiß, wie genial einfach und mühelos die Technik des *Sanyama* praktiziert werden kann.

||3.5||

taj-jayāt prajñālokaḥ ||

Durch dessen Meisterschaft: Wissensschau.

tat – das.
jayāt – durch Meisterung, Meisterschaft, Sieg, Beherrschung.
prajñā – Einsicht, Weisheit, Wissen; *pra* erfüllend; *jñā* wissen, erfahren.
ālokaḥ – Sehen, Schau, Sicht, Vision, Anblick, Licht, Glanz, Schein.

Durch den Vorgang, die Aufmerksamkeit auf einen Bereich zu lenken und dabei die geistige Aktivität gleichsam auf Null zu reduzieren, öffnet sich ganz von selbst das mit dem Bereich verbundene Wissensgebiet und zeigt sich dem in seinem Eigenzustand weilenden Betrachter. Maharishi erklärte das so: „*You think about history, and history begins to roll.* Du denkst über Geschichte nach, und das Thema Geschichte spult sich von selbst ab."

Wir brauchen nur unsere Aufmerksamkeit entspannt auf ein Thema zu lenken, und die Assoziationen dazu stellen sich im Geist von selbst ein.

Genauso entfaltet sich das tiefere Wissen, das auf feineren Ebenen der Natur gespeichert ist, sobald unser Geist im *Samadhi* die Ebene von *Ritam-Bhara-Pragya,* wie in *Sutra* 1.43 beschrieben, bewusst erfahren und wahrnehmen kann.

Maharishi über das Wünschen vom Feld aller Möglichkeiten

Auf einem Vortrag vom 29. September 1980 in Seelisberg, Schweiz, sagte Maharishi über das TM-Sidhi-Programm: „Transzendentale Meditation kultiviert den Geist, in seinem einfachsten Zustand zur Ruhe zu kommen, im Transzendentalen Bewusstsein, der Quelle der gesamten Schöpfung. Von dieser Funktionsebene aus kann der Geist alles nach Belieben erschaffen. Das TM-Sidhi-Programm schult den Geist, von dieser einfachsten Bewusstseinsebene aus zu wünschen. Das Wünschen von diesem Feld aller Möglichkeiten verwandelt das Bewusstsein in den gewünschten Wert. Das ist der Mechanismus der mühelosen, spontanen Schöpfung."

Als ich dieses Zitat einer befreundeten TM-Lehrerin schickte, schrieb sie mir begeistert: „Dieser Satz von Maharishi ist wunderschön: *Desiring from this field of all possibilities transforms consciousness into the desired value.*

Auf einmal wird mir so richtig klar, dass alles, was ist, nichts anderes ist, als Bewusstsein, in eine bestimmte Form moduliert. Das ist die Welt der Manifestationen. Das ist, was geschieht, wenn wir uns manifestieren. Und alles, was wir sind, ist nichts weiter als eine Manifestation unserer Wünsche, die sich dann in dieser Form, in diesen Charakteristiken ausdrücken. Und das ist, was wir in diesem Moment erleben. Und während wir es leben, formen unsere Wünsche schon wieder die nächste Form von uns, unser Leben morgen, übermorgen usw. Alles ist nichts weiter als ein ununterbrochenes Formen an uns, an unseren Wünschen, wie wir gerne sein wollen. Bis zum Schluss die Vollkommenheit erreicht ist und wir das vollkommene Bild, die Manifestation von Reinem Bewusstsein sind, in unserer eigenen Form, in unseren eigenen Charakteristiken, aber eben vollkommen in Reinheit und Potential. Dann ist der Zweck der Manifestation erreicht, und wir können erfüllt wieder im unmanifesten Sein versinken.

Und wenn wir das Ziel, die Vollkommenheit, erreicht haben, erkennen wir, dass alles nur ein Spiel war. Dass das Ganze nur gemacht wurde, um sich auszudrücken, um zu ‚spielen', aber dass es in dem ganzen Spiel nicht einen

Moment gab, an dem wir nicht das formlose Sein waren, das sich nun in einer Form ausdrückte. Und dass unsere Form selbst in Momenten, in denen sie nicht perfekt aussah, doch immer ein Ausdruck der Perfektion war, da nur aus dieser spezifischen Form die nächste Form wachsen konnte bis hin zur scheinbaren Vollendung, die schon immer Vollendung war. ☺

Ich wünschte, ich hätte die richtigen Worte, diese Erkenntnis, die so glücklich und zufrieden macht, in ihrer Selbstverständlichkeit und Faszination auszudrücken. Es ist eine bestimmte Energie, die in dieser Erkenntnis wach wird und sich multipliziert. Wunderschön! Ein einziger Satz, der dieses Wissen so lebendig offenbart!“

Wissensschau durch tagelanges Nachdenken

Wie der hier beschriebene Prozess des *Sanyama* neue Erkenntnisse liefert, wurde mir anschaulich vor Augen geführt, als wir zu zweit fast eine ganze Woche lang nur über den Sinn eines einzigen *Sutras* von *Patañjali* nachdachten, über *Sutra* 2.23, dessen Sinn uns anfangs vollkommen rätselhaft schien. Tagelang wurde unser Geist nur von dieser einen Frage gefesselt: Was ist der tiefere Sinn dieses *Sutras* aus sieben Sanskritwörtern? Unser Geist war an diesen Bereich gebunden: *Dharana*. Und der Gedanke ließ uns nicht mehr los, auch nicht während der regelmäßigen Meditation, wo uns die Frage weiterhin beschäftigte: *Dhyana*. Während der Meditation aber wurde der Gedanke schließlich transzendiert, und wir erfuhren den Bereich der geringsten Anregung: *Samadhi*. Dadurch kamen jeden Tag neue Aspekte und Fragen dieses *Sutras* ans Licht als Ergebnis des tagelangen *Sanyamas*: die Wissensschau.

Im weiteren Sinne gibt uns *Patañjali* mit der Beschreibung von *Sanyama* einen Erfolgstipp für das ganze Leben mit auf den Weg. Wer seine Lebensaufgabe erkennt und seinen Geist dauerhaft an diesen Bereich bindet, während er gleichzeitig regelmäßig in *Samadhi* eintaucht und dabei die machtvolleren Ebenen seines Bewusstseins belebt, dessen Denken und Handeln ist ganz von selbst von Erfolg gekrönt, weil er immer tiefere Einsichten in sein Wissensgebiet gewinnt und sich dadurch von seinen Mitbewerbern abhebt. Er erlangt Meisterschaft auf seinem Gebiet und wird von Erfolg gekrönt: *Vibhuti*.

||3.6||

tasya bhūmiṣu viniyogaḥ ||

Dessen Anwendung in Stufen.

tasya – dessen.
bhūmi – Erde, Grund, Boden; Ebene, Stockwerk; Stadium, Stufe, Grad.
bhūmiṣu – in Stadien, in Stufen, in Graden, stufenweise, schichtweise.
viniyogaḥ – Anwendung, Verwendung, Gebrauch.

Der entscheidende Ausdruck in diesem Sutra ist *bhumiṣu* – stufenweise. Da Patañjali weiß, dass *Sanyama* einen ungeübten Geist leicht überfordern kann, rät er, *Dharana, Dhyana, Samadhi* stufenweise anzuwenden, damit wir uns nicht anstrengen und den Erfolg verhindern. Denn Samadhi lässt sich nicht durch Anstrengung erreichen, sondern nur durch Loslassen und Eintauchen in die Stille, in der Vritti, die Aktivität des Geistes, zur Ruhe gekommen ist.

Dieses Sutra, das sich auf die Technik des Sanyama bezieht, wurde von vielen Interpreten des Yoga-Sutra fälschlicherweise auf alle acht Glieder des Yoga bezogen, sodass die acht Angas, die acht Glieder, immer wieder als acht Stufen und Samadhi als die achte und letzte Stufe missverstanden wurde, die man erst in Angriff nehmen könne, nachdem man die ersten sieben Stufen gemeistert habe. *Ashtanga-Yoga* heißt aber nicht achtstufiger, sondern achtgliedriger Yoga. Dieses Missverständnis ist nur möglich, wenn man bereits Patañjalis allerersten Satz missachtet: *prathamaḥ samādhi-pādaḥ – Erster Schritt: Samadhi.* Denn durch Samadhi wird das in Sutra 1.2 genannte Ziel erreicht: *yogaś citta-vṛtti-nirodhaḥ – Yoga ist Geistes-Wellen-Beruhigung.* Indem wir lernen, den Geist durch regelmäßige Meditation zur Ruhe zu bringen und in Transzendentales Bewusstsein einzutauchen, beleben wir gleichzeitig alle acht Glieder des Yoga.

Als Maharishi 1960 zum ersten Mal nach Deutschland kam, beschwerten sich bei ihm vier Yogalehrer darüber, dass er den Menschen die letzte Stufe des Yoga – Samadhi – gleich als erstes lehre. Diese Begegnung schilderte er später mit folgenden Worten.

Maharishis erste Begegnung mit deutschen Yogalehrern

Dann war da die Geschichte mit den Yogalehrern. Vier deutsche Yogalehrer meldeten sich für ein persönliches Gespräch an. Ich sagte. „In Ordnung, Wir treffen uns privat."

Kaum hatten die vier den Raum betreten, sagte der Erste: „Ihre Transzendentale Meditation hat dem Yoga in Deutschland den Todesstoß versetzt."

Ich sagte: „Wenn Sie das Ende des Yoga in Deutschland bedauern, dann sind Sie mir herzlich willkommen, denn wer das Ende des Yoga bedauert, ist mein Freund."

Der Zweite sagte: „Ihre Lehre widerspricht Patañjali."

Ich sagte: „Falls jemand eine Lehre verbreitet, die Patañjali widerspricht, und wenn Sie das falsch finden, dann sind auch Sie mein Freund. Denn auch ich betrachte Patañjali als die Autorität für Yoga. Ich heiße Sie herzlich willkommen."

Der Dritte sagte (inzwischen waren sie auf halbem Weg zur Sitzecke, und jeder attackierte mich auf seine Weise, während ich mich vor Lachen kaum halten konnte): „Nein. Patañjali spricht von acht Stufen, während Sie sagen, man könne einfach so mit dem Meditieren beginnen."

Ich sagte: „Oh! Setzen Sie sich doch bitte, dann besprechen wir alles in Ruhe. Meines Wissens spricht Patañjali keineswegs von acht Stufen zur Einheit, sondern von den acht Angas, also von den acht Gliedern der Einheit. Glieder sind keine Stufen. Wenn sich im Mutterleib die Gliedmaßen entwickeln, dann bildet sich der ganze Körper mit allen Gliedmaßen gleichzeitig und nicht ein Glied nach dem anderen."

Dem konnten sie nicht widersprechen, sie mussten mir Recht geben. […] Später haben sie die TM-Bewegung sehr gefördert. [*18]

Wir sind bisher davon ausgegangen, dass sich dieses Sutra auf die Sutras 3.1-5 bezieht. „*Dessen Anwendung in Stufen*" kann sich aber auch auf die folgenden Sutras beziehen, die verschiedene Bereiche für Sanyama samt ihrem Nutzen aufzählen. Die logische Reihenfolge dieser Sutras bewirkt, dass wir bei längerem Nachdenken über ein Thema häufig ganz von selbst beim nächsten Thema landen, das im darauffolgenden Sutra behandelt wird.

||3.7||

trayam antar-aṅgaṁ pūrvebhyaḥ ||

Dreiheit Innenglied zu den Vorigen.

trayam – dreifach, dreierlei, Dreiheit, Dreizahl.
antar-aṅgaṁ – Innenglied.
pūrvebhyaḥ – zu den Vorigen, Vorhergenannten.

Die fünf im zweiten Teil beschriebenen Glieder des Yoga befassen sich mit äußeren Bereichen wie Verhalten, Körper, Atem und Sinne, die drei letztgenannten Glieder dagegen schulen unmittelbar den Geist, wobei Samadhi das wichtigste Glied ist, da die Geisteswellen dabei zur Ruhe kommen.

Maharishi bringt das Beispiel der Beine eines Tisches: Egal, an welchem Bein wir ziehen, es bewegt sich immer der ganze Tisch, und die anderen Beine werden mitgezogen. Da der Geist am flexibelsten und am leichtesten zu bewegen ist, ziehen wir ihn nach innen, und Verhalten, Körper, Atem und Sinne folgen automatisch. Aber die Verinnerlichung hört selbst hier nicht auf.

||3.8||

tad api bahir-aṅgaṁ nirbījasya ||

Selbst das ein Außenglied von *Nirbija*.

tad – das.
api – sogar, selbst.
bahir-aṅgaṁ – Außenglied, äußeres Glied.
nirbīja – samenlos; *nis-*, *nir-* ohne, -los; *bīja* – Samen, Keim; Ursprung.

Nirbija, der „Keimlose", ist der Zustand unbegrenzter Bewusstheit, in dem selbst Sanyama hinfällig und als äußeres Glied des Yoga betrachtet wird. Sobald wir am Ziel des Yoga, der Einheit mit dem Höchsten, angelangt sind, brauchen wir uns nicht mehr um den Weg zu kümmern. Wir leben frei und glücklich im Atha, im Jetzt, aus dem wir alles Wissen über Yoga schöpfen können. Wer diesen keimlosen Zustand des Nirbija aber noch nicht erreicht hat, muss zunächst lernen, den Geist völlig zur Ruhe zu bringen. Die Methode dafür wird im Folgenden erklärt.

||3.9||

vyutthāna-nirodha-saṁskārayor abhibhava-prādurbhāvau nirodha-kṣaṇa-cittānvayo nirodha-pariṇāmaḥ ||

Wenn Aufsteigen und Beruhigen der *Samskaras* verschwindet, erscheint beruhigter Augenblick. Diese Geistesverbindung hat Beruhigung zur Folge.

vyutthāna – aufsteigen, erwachen.
nirodha – Beruhigung, anhalten.
saṁskārayoḥ – der *Samskaras*, der Eindrücke, der Nachwirkungen.
abhibhava – verschwinden.
prādurbhāvau – erscheinen.
nirodha – beruhigung, anhalten.
kṣaṇa – Augenblick.
citta – Geist.
anvaya – Verbindung, Zusammenhang.
nirodha – Beruhigung, anhalten.
pariṇāmaḥ – Umwandlung, Veränderung, Folge, Ausgang.

Dieses *Sutra* kann auf vielfache Weise übersetzt werden, immer aber geht es um das Beruhigen der aufsteigenden und hemmenden Eindrücke, also darum, wie der Geist durch Meditation zur Ruhe gebracht werden kann. Es beschreibt genau den Vorgang, der während der Transzendentalen Meditation im Geist abläuft. Beim Erlernen der Meditation bekommen wir von einem Lehrer ein Mantra, das uns hilft, den Geist zur Ruhe zu bringen. Dieses Mantra ist ein beruhigender Eindruck, ein Samskara der Beruhigung. Während wir das Mantra denken und der Geist dadurch ruhiger und entspannter wird, lösen sich durch die damit verbundene körperliche Entspannung im Nervensystem automatisch frühere Eindrücke, frühere Samskaras auf und erzeugen aufsteigende Gedanken, die den Geist wieder an die bewegte Oberfläche bringen. Sobald dieses ständige Auf und Ab von aufsteigenden und beruhigenden Eindrücken jedoch verschwindet, erfahren wir einen

Augenblick tiefer Stille ohne Mantra und Gedanken. Das Mantra hat sich verfeinert und verflüchtigt, und ein neuer Gedanke ist noch nicht aufgestiegen. Das ist der Augenblick ruhevoller Wachheit, Samadhi, der Zustand Transzendentalen Bewusstseins.

Wenn der Geist sich regelmäßig mit diesem beruhigten Augenblick verbindet, wird er im Laufe der Zeit immer ruhiger, und wir haben Yoga erreicht: die Beruhigung der Wellen des Geistes.

||3.10||

tasya praśānta-vāhitā saṁskārāt ||

Dessen ruhiges Fließen aus dem *Samskara*.

tasya – dessen.
praśānta – ruhig.
vāhitā – Fließen, Fluss, Strom, Strömung.
saṁskārāt – aus dem *Samskara;* oder: durch den Eindruck.

„Dessen" bezieht sich offensichtlich auf den Geist, der als Folge der Beruhigung ganz im Stillen aus dem Einflussbereich der Sinneseindrücke heraus fließt und unabhängig davon wird. Maharishi erklärt den Eindruck und die Nachwirkung der *Samskaras* mit folgender Analogie.

Wenn das Nervensystem steif und verspannt ist, dann hinterlässt ein Eindruck eine lange spürbare Spur, so wie ein Messer eine bleibende Kerbspur in Holz hinterlässt. Wird das Nervensystem durch regelmäßige Meditation flexibel wie Wasser, dann hinterlässt derselbe Eindruck nur eine flüchtige Spur, die sich bald wieder beruhigt wie die Wellenbewegung im Wasser.

Wird das Nervensystem aber so leicht und frei wie Luft, dann hinterlässt der gleiche Eindruck keinerlei messbare Spur mehr im Nervensystem, so wie ein Windhauch in der Luft schon nach kurzer Zeit nicht mehr zu spüren ist. Das ist der Zustand des Nervensystems eines Menschen, der sich durch regelmäßige Transzendenzerfahrung aus dem Einflussbereich der *Samskaras* befreit hat.

||3.11||

sarvārthataikāgratayoḥ kṣayodayau cittasya samādhi-pariṇāmaḥ ||

Zerstreutheit und Zielgerichtetheit des Geistes schwindet und wächst infolge von *Samādhi*.

Wenn der Geist die ruhevolle Wachheit von *Samadhi* erfährt, werden die Sinne immer weniger von den Sinnesobjekten der Außenwelt angezogen und der Geist immer weniger abgelenkt. Aufgrund der inneren Ruhe und Gelassenheit fällt es uns immer leichter, uns ohne Ablenkung so lange auf eine Sache zu fokussieren, bis sie erfolgreich zum Abschluss gekommen ist. Besonders kreative Menschen leiden oft darunter, dass sie sich für viele Dinge interessieren und sich mit ihren vielfältigen Talenten zu sehr verzetteln. Die regelmäßige Erfahrung von *Samadhi* hilft uns zu fokussieren und bei der Sache zu bleiben: Zerstreutheit des Geistes schwindet und Zielgerichtetheit wächst.

sarvārthata – Zerstreutheit; *sarva* alles, ganz, vieles; *artha* Ziel, Zweck, Grund, Objekt; *arthatā* Objektbezogenheit.
ekāgratayoḥ – der Eins-Gerichtetheit; *ekāgratā* Zielgerichtetheit, Fokus; *eka* eins.
kṣaya – Abnahme, Verminderung, abnehmen, aufhören, versiegen.
udaya– aufsteigen, zunehmen, hervortreten.
cittasya – des Geistes.
samādhi – *Samadhi*, ruhevolle Wachheit, transzendentales Bewusstsein.
pariṇāmaḥ – Umwandlung, Veränderung, Folge, Ausgang.

||3.12||

tataḥ punaḥ śāntoditau tulya-pratyayau cittasyaikāgratā-pariṇāmaḥ ||

Dort erlöschen und erscheinen wieder ähnliche Gedanken infolge der Geistesausrichtung.

tataḥ – dort, dann, dadurch.
punaḥ – erneut, wieder.
śāntoditau – *śānta* beruhigt, still, erloschen, *uditau* aufsteigend.
tulya – gleich, gleicher Art, vergleichbar, ähnlich.
pratyayau – beide Gedanken.
cittasya – des Geistes.
ekāgratā – Eins-Gerichtetheit, Zielgerichtetheit, Fokus.
pariṇāmaḥ – Umwandlung, Veränderung, Folge, Ausgang.

Dieses Sutra beschreibt die Assoziationskette, die durch das kontinuierliche Binden des Geistes an einen Bereich auf der Ebene von Samadhi, der geringsten Anregung des Bewusstseins, in Gang gesetzt wird. Die Wissensschau entsteht durch das immer neue Aufsteigen ähnlicher Gedanken, die unser Unterbewusstsein mit dem Gegenstand unserer Aufmerksamkeit verbindet.

||3.13||

etena bhūtendriyeṣu dharma-lakṣaṇāvasthā-pariṇāmā vyākhyātāḥ ||

Dadurch wird in Elementen und Sinnesorganen der Wandel von Aufgabe, Merkmal und Zustand erklärt.

etena – dadurch.
bhūta-indriyeṣu – in Elementen und Sinnesorganen.
dharma – *Dharma*, Bestimmung, Aufgabe, Daseinszweck, Berufung.
lakṣaṇa – Eigenschaft, Merkmal.
avasthā – Situation, Zustand, Lage.
pariṇāmā – Wandel, Entwicklung, Veränderung. Abfolge, Folge.
vyākhyātāḥ – erklärt.

Durch die Assoziationskette spult sich in unseren Sinnesorganen die gesamte zeitliche Entwicklungsfolge eines Betrachtungsgegenstandes ab, mitsamt des Wandels seiner Aufgaben, seiner Eigenschaften und der Situationen, in denen er sich befindet. Ein Baby hat andere Aufgaben, Merkmale und einen anderen Zustand als ein Erwachsener oder ein Greis. Ein vom Töpfer aus frischem Ton gestalteter Topf durchläuft verschiedene Aufgaben und Stadien von neu bis gebraucht bis alt und zerbrochen. All diese zeitlichen Veränderungen spulen sich ganz von selbst im Zuge des Sanyama vor unserem inneren Auge ab und entfalten in unserem Geist das in dem Gegenstand latent enthaltene Wissen.

||3.14||

śāntoditāvyapadeśya-dharmānupātī dharmī ||

Dem beendeten, gegenwärtigen und unbestimmten *Dharma* passt sich der *Dharmin* an.

śānta – beendet.
udita – aufkommend, gegenwärtig.
avyapadeśya – unbestimmt.
dharma – *Dharma*, Bestimmung, Aufgabe, Daseinszweck, Berufung.
anupātī – folgend, anpassend.
dharmin – Träger des *Dharmas*, Gegenstand, Werkzeug.

Das jeweils anstehende *Dharma*, die Aufgabe, ist nach dem Prinzip der Funktionalität die eigentliche Ursache für den Wandel des Werkzeugs, das diese Aufgabe hat. Der Träger des *Dharmas*, der *Dharmin*, passt seine Merkmale und seinen Zustand der gegenwärtigen oder kommenden Aufgabe an, um diese optimal zu erfüllen, wobei die zukünftige Aufgabe noch unbestimmt ist, also noch nicht feststeht, sondern von den zukünftigen Umständen abhängt.

Wer schon einmal seinen Beruf oder sein Hobby gewechselt oder aus einem Nagel oder Drahtbügel durch Verbiegen einen Dietrich gemacht hat, kann diese Aussage sicher aus eigener Erfahrung bestätigen. Während der Drahtbügel vorher mit Kleidung behangen im Schrank hing, dreht er sich jetzt mit einem asymmetrischen Ende durch ein Schlüsselloch. Durch die veränderte Zweckbestimmung haben sich Merkmal und Zustand des Werkzeugs vollkommen verändert. Genauso ändern sich unsere Lebensumstände und unsere Fähigkeiten durch einen Berufswechsel. Die neue Aufgabe erfordert Fortbildung, neue Herausforderungen müssen bewältigt werden, vielleicht liegt auch ein Ortswechsel an. Und auch die unbestimmten, noch in der Zukunft liegenden Aufgaben werden unsere Eigenschaften und unsere Lage weiter verändern.

||3.15||

kramānyatvaṁ pariṇāmānyatve hetuḥ ||

Veränderungsprozess Ursache in Evolutionswandel.

krama – Verlauf, Ablauf, Folge, Prozess.
anyatvam – Unterschied, Veränderung, Andersartigkeit, Anderssein; *anya* anders, *tva* -heit.
pariṇāma – Wandel, Entwicklung, Evolution, Veränderung. Abfolge, Folge.
anyatve – im Unterschied, im Anderssein, in der Veränderung.
hetuḥ – Grund, Ursache.

Dieses Sutra vertieft noch einmal die Tatsache, dass sich jedes Ding und jedes Lebewesen im Laufe seiner Entwicklung je nach Daseinszweck in Form, Eigenschaften und Zustand verändert. Patañjali bereitet uns Schritt für Schritt darauf vor, den zeitlichen Wandel alles Erschaffenen als ein Ganzes zu betrachten und bei der Wahrnehmung eines Objekts den gegenwärtigen Zustand nicht als isolierte Momentaufnahme, sondern als lebendigen Ablauf zu betrachten, bei dem sich die Form je nach Funktionalität dem Daseinszweck, der Bestimmung des Objekts, seinem Dharma anpasst.

||3.16||

pariṇāma-traya-saṁyamād atītānāgata-jñānam ||

Durch *Sanyama* auf den Dreierwandel: Vergangenheit-Zukunfts-Wissen.

pariṇāma – Wandel, Entwicklung, Veränderung. Abfolge, Folge.
traya – drei.
saṁyamāt – durch Sanyama.
atīta – vorbei, hinüber, vergangen, hingeschieden.
anāgata – noch nicht gekommen, zukünftig.
jñānam – Wissen.

Es ist einleuchtend, dass ein Nachdenken über den Wandel der Dinge mit ihrem sich ändernden Daseinszweck automatisch die Assoziationskette über ihren vergangenen und zukünftigen Zustand in Gang setzt, selbst wenn wir dabei nicht im Zustand ruhevoller Wachheit, im Samadhi verankert sind, sondern am Schreibtisch oder am Stammtisch sitzen. Da sich jeder nachdenkliche Mensch Gedanken über Vergangenheit und Zukunft eines Betrachtungsgegenstandes machen kann, beginnt Patañjali seine Aufzählung der verschiedenen Bereiche für Sanyama mit dieser einfachen und folgerichtigen Feststellung.

Die Zukunft wird hierbei nicht als unveränderliche Tatsache, die wir hellseherisch vorausschauen können, definiert, sondern als das, was noch nicht eingetroffen ist und daher auch noch nicht genau bestimmt werden kann. Nur bestimmte Tatsachen können mit Sicherheit vorausgesagt werden, zum Beispiel, dass jedes Lebewesen irgendwann auf die Welt kam, seinen Zustand im Laufe des Wachstums verändert und seinen Körper irgendwann wieder aufgeben muss, was laut Patañjali eng mit dem Wandel des Daseinszwecks, des Dharmas, zusammenhängt.

Die meisten Menschen haben Angst, über das Ende ihrer gegenwärtigen Inkarnation nachzudenken. Dabei ist die Tatsache, dass wir unsere sterbliche Hülle irgendwann einmal wieder verlassen müssen, das einzig Sichere, das wir über unsere Zukunft wissen. Alles andere hängt davon ab, wie wir uns bei der nächsten Weggabelung entscheiden. Nur zum Ablegen des Erdenkörpers sind alle Sterblichen verdonnert. Oder ist es gar keine Pflicht, sondern eine freiwillige Entscheidung? Oder gar ein heißbegehrter Wunsch, sobald wir unsere Aufgabe zur vollsten Zufriedenheit erfüllt und unsere Neugier restlos befriedigt haben?

Schließlich haben wir uns einmal eine bestimmte Lebensaufgabe gesetzt, einen „Daseinszweck“, denn sonst wären wir nicht hier.

Die befreiende Begegnung mit dem Tod

Ich habe bereits ein Nahtod-Erlebnis hinter mir und weiß: Als ich zu Pfingsten 1996 mit gebrochenem Schädel drei Tage auf der Intensivstation im Koma lag, hat sich mein Geist nur auf einen einzigen Gedanken gebündelt: meine Lebensaufgabe. Aber ich hatte mein Dharma noch nicht erfüllt. Darum wollte und konnte ich nicht sterben. Ich kämpfte hart um die Verlängerung und lebe daher noch, aber nur zu diesem einen Zweck: mein Dharma, meinen Daseinszweck zu erfüllen. Alles andere ist unwichtig geworden.

Seitdem ich dem Tod persönlich begegnet bin, ist auch meine Angst vor ihm gewichen. Alles, was gewöhnlich über ihn gemunkelt wird, sind billige Klischeevorstellungen. Er erschien mir weder als Knochenmann noch mit Sense, sondern auf leisen Sohlen in Turnschuhen als junger, sympathischer Sportler mit einer großen Stoppuhr, auf die er schaute, um anzudeuten, dass meine Zeit abgelaufen sei. Und er ließ sogar mit sich reden. Allerdings nur unter der Bedingung, dass ich mich ab jetzt voll auf meine Aufgabe fokussiere und mich nicht mehr ablenken lasse.

Laut vedischer Überlieferung bündelt sich das gesamte Karma des Lebens im Augenblick des Todes in einem einzigen Wunsch, der die Richtung der nächsten Inkarnation bestimmt. Aus eigener Erfahrung kann ich sagen, dass es mir geholfen hat, seither zielgerichtet und ohne Verzettelung an dieser einen Aufgabe zu arbeiten.

||3.17||

śabdārtha-pratyayānām itaretarādhyāsāt saṁkaras tat-pravibhāga-saṁyamāt sarva-bhūta-ruta-jñānam ||

Klang-Sinn von Begriffen verschieden von einem zum anderen. Aus Missdeutung Verwirrung. Durch Sanyama auf diese Einteilung: aller Wesen Lautverständnis.

śabda – Klang, Wort, Name, Benennung.
artha – Sinn, Bedeutung.
pratyayānām – der Gedanken, Begriffe, Vorstellungen.
itara itara – verschieden, von einem zum anderen.
adhyāsāt – aus falscher Übertragung, Überlagerung, Missdeutung.
saṁkaraḥ – Verwirrung, Vermischung.
tat – das.
pravibhāga – Unterscheidung, Einteilung, Klassifikation.
saṁyamāt – durch *Sanyama*.
sarva – alle.
bhūta – Wesen.
ruta – Laut, Gebrüll, Gewieher, Summen, Vogelsang.
jñānam – Wisssen, Verständnis.

Jede Art drückt den Sinn von Gedanken mit anderen Klängen aus. Ein Hund sagt nicht Miau, eine Katze nicht Wauwau. Wer Laut und Bedeutung falsch zuordnet, kann andere Arten nicht verstehen. Durch Sanyama auf die unterschiedliche Klang-Sinn-Zuordnung verstehen wir die Laute aller Wesen. Jeder, der sich ein Haustier hält oder mit Tieren zu tun hat, kann bestätigen, dass er ein Tier immer besser versteht, je tiefer er sich in dessen Gedanken und Gefühle hineinversetzen und seine Lautäußerungen richtig deuten kann

Vögel antworten mir

Kurz nachdem ich in Seelisberg am Vierwaldstättersee die TM-Sidhi-Technik erlernt hatte, praktizierten wir unser Programm in einem großen aufblasbaren Zelt, durch dessen dünne Wände man die Vögel zwitschern hörte. Am Ende des TM-Sidhi-Programms ruhten wir uns aus, und ich hörte oft entspannt und wach den Vögeln zu. Im Laufe der Zeit hatte ich immer mehr das Gefühl, dass sie nicht nur wahllos zwitscherten, sondern durch ihre Laute bestimmte Botschaften ausdrückten. So konnte ich es mir nicht verkneifen, durch die Zähne zu pfeifen und in ähnlicher Tonlage zu antworten.

Anfangs gab es darauf keine Reaktion. Anscheinend wurde mein unbeholfenes Pfeifen von den Vögeln nicht als Botschaft verstanden. Aber im Laufe der Wochen versuchte ich es immer wieder, und wenn ich ein gutes Programm hinter mir hatte und besonders gut ausgeruht war, geschah es immer öfter, dass mein Pfeifen den Vogellauten nicht nur sehr ähnlich klang, sondern auch beantwortet wurde. Die Themen unserer Unterhaltung habe ich vergessen, es waren belanglose Kleinigkeiten aus der Vogelwelt, aber ich weiß noch, wie ich mich freute, als ich zum ersten Mal das deutliche Gefühl hatte, eine Antwort auf mein Gezwitscher zu erhalten.

||3.18||

samskāra-sākṣat-karaṇāt pūrva-jāti-jñānam ||

Durch *Samskara*-vor-Augen-führen: frühere Leben wissen.

saṁskāra – *Samskara*, Eindruck, Nachwirkung.
sākṣat – vor Augen, offenbar, erschaut, erkannt.
karaṇāt – durch die Tätigkeit; mit *sākṣat* durch das Sich-vor-Augen-Führen.

pūrva – früher, vorher, zuvor.
jāti – Geburt, Wiedergeburt, Inkarnation.
jñānam – Wissen.

Wenn wir erkennen, welche Nachwirkungen von früheren Eindrücken noch in uns gespeichert sind, die sich nicht aus unserem jetzigen Leben erklären lassen, erinnern wir uns an frühere Inkarnationen, in denen diese Eindrücke gespeichert wurden.

Verblüffende Neigung aus früheren Leben

Als Jugendlicher stieß ich beim Stöbern nach Büchern über deutsche Mundarten eines Tages in der Landesbibliothek Wiesbaden auf ein Buch über „Jüdisch-Deutsch siehe Jiddisch" und war so fasziniert von der hebräischen Schrift, die mir viel vertrauter vorkam als die lateinischen Buchstaben, dass ich wie wild die abgedruckten jiddischen Witze auswendig lernte und überall zum Besten gab, am Sabbat bald willkommener Gast in der Synagoge war und bereits als Schüler jiddische Literatur übersetzte. Im Antiquariat des Harrassowitz-Verlags kaufte ich alte hebräische Bibeln und Talmud-Ausgaben und hatte bald eine umfangreiche jiddisch-hebräische Bibliothek. Für meinen Vater war dieser Hang zum Judentum so unerklärlich, dass er oft scherzhaft sagte: „Du bist sicher vom Skiläufer, der im Erzgebirge vorbeikam, als ich in Brüssel stationiert war."

Kurz nachdem ich 1967 angefangen hatte zu meditieren, blitzten mir während der Meditation öfters Momentaufnahmen aus früheren Leben auf. Ich sah mich als Jude von ca. 42 Jahren, der 1942 in Deutschland gewaltsam zu Tode kam, ich sah mich als alten Mann mit Ehefrau in einem Schlafzimmer des 19. Jahrhunderts, und als ich kurz darauf mit einer Studentengruppe Polen besuchte, fühlte ich mich in Lodz und Krakau sofort zuhause. Damals wusste ich weder etwas von den Yoga-Sutras noch von Sanyama, aber durch meine unerklärliche Neigung zum Judentum leuchteten während der Meditation automatisch Szenen aus vergangenen Leben auf, die meine gegenwärtigen Interessen und Fähigkeiten erklärten.

Rückführung bis zum Anfang der Individualität

Als mein Bruder, der als NLP-Trainer tätig war, einmal schilderte, wie er eine Kollegin erfolgreich bei einer Rückführung bis ins Mittelalter begleitet hatte, bat ich ihn, mit mir eine Rückführung bis zu dem Augenblick zu machen, in dem sich meine individuelle Seele vom kosmischen Selbst, der Weltseele, abgespaltet hatte, um das Leben eines Individuums zu führen. Ich setzte mich zum Meditieren hin, und mein Bruder lenkte mit leiser Stimme meine Aufmerksamkeit behutsam von der Gegenwart Schritt für Schritt immer weiter zurück in die Vergangenheit.

Der erste erschütternde Augenblick, der mir Tränen in die Augen trieb, war der Augenblick der Geburt, mit dem dieses Leben als Erdenbürger begonnen hatte. Der nächste, ebenfalls sehr berührende Zeitpunkt war der Augenblick meiner Zeugung, der mir klar machte, warum ich mich für diese Inkarnation und diese Eltern entschieden hatte.

Dann ging es immer weiter zurück, viele Jahrtausende, bis zu einem Leben als Bewusstseinsforscher in Atlantis, das mir auch vorher schon in Meditationen aufgeleuchtet war. Und schließlich verließen wir die Erde, meine Seele war eine Art Sternzeichen am Himmel und sah den Erdball nur als winzigen Stecknadelkopf in der Ferne.

Dann kam der Augenblick, den ich erleben wollte, und mir wurde klar, warum ich mich als Individuum von Puruscha, der Allseele, getrennt hatte. Seither bin ich mir viel deutlicher meines eigentlichen Dharmas bewusst und weiß auch besser, welche Aufgaben mir noch bevorstehen, ehe ich diesen Kreislauf der Geburten wieder zum Abschluss bringen kann.

||3.19||

pratyayasya para-citta-jñānam ||

Eines Gedanken: Wissen vom fernen Geist.

pratyayasya – eines Gedanken.
para – fern, früher, später; das Höchste, der höchste Geist, die Weltseele.
citta – Geist.
jñānam – Wissen.

Wenn wir uns nicht unsere Samskaras vor Augen führen, sondern einen Gedanken, dann erlangen wir das Wissen eines fernen Geistes. Das Wort *para* heißt außer „fern" auch „früher", „später" und „der Höchste". Es bleibt unserer Wahl überlassen, welches Wissen wir erlangen möchten. Das Wissen eines anderen Menschen, eines in der Ferne Lebenden, eines Früheren oder Späteren, vielleicht das Wissen von Patañjali persönlich oder gar das Wissen des Höchsten, das Wissen von Puruscha, der Weltseele, aus der wir uns einst als Individuum abgespalten haben, um den Kreislauf der Wiedergeburten zu durchlaufen.

Das innere Telefon

1983 legte ich mich vor dem Schlafengehen oft mit geschlossenen Augen hin und führte im Geist Gespräche. Wenn ich wissen wollte, wie es meinen Verwandten ging, rief ich sie innerlich beim Namen. Als ich sie fragte, ob sie diese Unterhaltung bewusst miterlebten, erhielt ich die Antwort, dass ich nicht mit ihrem Wachbewusstsein verbunden war, sondern mit ihrer Sicht auf der Ebene Transzendentalen Bewusstseins, jenem Feld, das alles durchdrang und alle individuellen Blickpunkte in sich enthielt.

Wenn ich mich mit meiner älteren Schwester unterhielt, sprach ich nicht mit der Person in München, sondern mit ihrem transzendentalen Aspekt, einer Art Anrufbeantworter mit ihrer Stimme. Nur wenn sie ihre Aufmerksamkeit zur gleichen Zeit auf ihr Transzendentales Bewusstsein lenken und sich mit mir unterhalten würde, könnte sie diese Unterhaltung bewusst erfahren.

Wenn mein Geist im Transzendentalen Bewusstsein verankert war, konnte ich auch Ferngespräche empfangen. Eines Tages dachte ich traurig an einen Freund, der gerade in den besten Jahren seinen Körper verlassen hatte, da hörte ich ihn innerlich von seinem Übergang in die geistige Welt schwärmen, über den er sehr glücklich war. Zu anderen Zeiten sprach ich mit meiner Mutter, meiner Großmutter und anderen Verwandten, die ihren Körper schon vor vielen Jahren verlassen hatten.

Eine Methode, mein „inneres Telefon" zu überprüfen, bestand darin, einen Bekannten im Geist etwas zu fragen, worüber er wahrscheinlich im nächsten Brief schreiben würde, und seine schriftliche Nachricht mit der geistig empfangenen zu vergleichen. Eine andere Bestätigung fand ich, als mir jemand schrieb: „Deine Intuition ist erstaunlich. In jedem Brief schreibst du etwas, worüber ich gerade ein paar Tage vorher nachgedacht habe." Jemand, dem ich von meinen geistigen Gesprächen berichtet hatte, schrieb: „Ich bin immer mehr erstaunt, dass dieses innere Telefon tatsächlich funktioniert."

In der Ruhephase nach dem TM-Sidhi-Programm gewöhnte ich mir an, meinen Verwandten, Freunden und Förderern einem nach dem anderen ein glückliches, gesundes und erfülltes Leben zu wünschen. Darüber sprach ich aber mit niemandem.

Einmal bat mich ein Freund, ihn von der Ebene der Stille in einer bestimmten Situation zu unterstützen. Ich nahm ihn in meine Liste auf und wünschte ihm täglich ein erfolgreiches Gelingen. Einen Monat später schrieb er: „Vielen Dank für deine Hilfe. Alles wieder in bester Ordnung."

Telepathischer Rundruf ohne Handy

Der praktische Nutzen dieser telepathischen Verbindung auf der Ebene Transzendentalen Bewusstseins zeigte sich besonders deutlich am Freitag, den 10. Februar 1984, als wir mit 28 TM-Sidhi-Praktizierenden von Washington D. C. nach Frankfurt am Main fliegen wollten, um am Sonntag zwei wichtige Treffen mit hunderten von Teilnehmern in Nord- und Süddeutschland zu leiten. Das Dumme war nur, dass vor den Treffen am Sonntag keine Flüge mehr nach Frankfurt frei waren. Was sollten wir tun?

Schließlich ging einer nach dem anderen bis auf eine Handvoll Leute frustriert zum Shopping in die Stadt. Nur unser Reiseleiter fuhr direkt zum Flugplatz, um zu sehen, ob sich noch etwas machen ließ. Eine halbe Stunde später rief er an: Eine Gruppe Japaner habe gerade ihren Flug storniert und wir könnten noch am selben Tag fliegen. Wir mussten nur spätestens in 15 Minuten zum Flugplatz aufbrechen.

Wie konnten wir aber – damals noch ohne Mobilfunk – unsere in der Stadt verstreuten Kollegen zusammentrommeln? Wir entschieden uns, gemeinsam eine Minute die Augen zu schließen und im Geist mit dem Aufruf „Kommt sofort zurück" alle zurückzurufen. Wir zweifelten nicht daran, dass bei allen jetzt mächtig die Alarmglocken läuteten.

Dann holten wir alles Gepäck aus den Zimmern und stellten es am Eingang zu den wartenden Taxis. Langsam trudelte einer nach dem anderen vom Einkaufsbummel ein. Sobald ein Taxi voll war, fuhr es los. Schließlich fehlte nur noch ein Mitglied aus meinem Team. Ich wartete mit dem letzten Taxi, aber die Abfahrtzeit verstrich, ohne dass er auftauchte. Zwei Minuten über der Zeit kam er um die Ecke gehetzt und rief: „Was ist denn bloß los? Vor einer viertel Stunde drehte ich mich auf dem Absatz um und schlenderte langsam zurück. Dann wurde ich immer schneller, weil ich dachte, ich verpasse was. Und seit fünf Minuten renne ich mir fast die Lunge aus dem Hals." Ich erklärte es ihm auf der rasenden Fahrt zum Flugplatz.

Erst als wir in Frankfurt aus dem Flugzeug stiegen und mir die kalte Winterluft entgegenschlug, merkte ich, dass ich meinen Wintermantel im Schrank in Washington vergessen hatte.

Das Reine Bewusstsein ist unser geistiges Äthernetz, das alles vergangene und zukünftige Wissen in der *Akasha*-Chronik gepeichert hat und das gesamte Universum durchdringt. *Akasha* heißt Äther oder Raum, das Element, das unsere räumliche Ausdehnung darstellt. So wie wir uns vor wenigen Jahren noch nicht vorstellen konnten, dass uns das Internet das gesamte hochgeladene Wissen der Weltbevölkerung durch Eingabe eines Suchworts auf unserem Smartphone zugänglich macht, genauso bezweifeln viele Menschen, die keinen Zugang zu Samadhi haben, dass es dieses kosmische Äthernetz überhaupt gibt. Patañjali aber sprach bereits vor Jahrtausenden davon, wie wir unseren Geist als Mobilfunk nutzen können. Also versuche ich einmal, mich im Geist mit ihm zu unterhalten.

Gespräch mit Patañjali

„Hallo Patañjali, bitte melde dich mal. Ich erkläre gerade dein Yoga-Sutra 3.19 über die Wissensgewinnung durch Telepathie."

„So? Was gibt es da zu erklären? Ich habe doch alles gesagt. Willst du mein Wissen verwässern?"

„Nein, im Gegenteil. Nur verständlich machen für unsre heutige Zeit."

„Was heißt verständlich? War ich nicht deutlich genug?"

„Doch, doch, natürlich. Aber nicht jeder hat heute Zugang zum Äthernetz. Manche bezweifeln sogar, dass es Samadhi und Reines Bewusstsein überhaupt gibt."

„Und du? Zweifelst du etwa nicht?"

„Ich merke ja, dass wir uns unterhalten. Wie kann ich daran zweifeln?"

„Bist du sicher, dass du dich wirklich mit mir unterhältst?"

„Ich höre ja im Geist deine Stimme. Und die Antworten sagen mir, dass du tatsächlich der Weise bist, den ich mir unter Patañjali vorstelle."

„Und wer sagt dir, dass du dich nicht mit deiner Vorstellung unterhältst?"

„Ich glaube nicht, dass ich mir die Antworten selbst ausdenken könnte."

„Wie würdest du denn antworten?"

„Tja! Eben ratloser, suchender, zweifelnder als der Weise Maharishi Patañjali."

„Und was sagst du, wenn ich dir verrate, dass du dich nur mit deiner Fantasie unterhältst?"

„Aber ich weiß doch gar nicht alles, was du mir erzählst."

„Bisher hast du mich nichts gefragt, was du dir nicht selbst beantworten könntest."

„Gut, dann machen wir die Probe aufs Exempel. Ich habe gelesen, dass die Gelehrten sich streiten, ob du die Sanyama-Techniken selbst herausgefunden oder nur zusammengestellt hast. Hast du die Techniken selbst alle gemeistert?"

Ich warte und lausche in mich hinein, aber es kommt keine Antwort.

„Hallo, Patañjali, hast du meine Frage nicht gehört?"

„Gehört schon."

„Aber?"

„Ich überlege, welche Wirkung meine Antwort auf dich haben könnte."

„Wieso? Sag doch einfach, wie es wirklich war."

„Wenn ich ja sage, fragst du sofort nach Beweisen. Aber wie willst du etwas als Beweis erkennen, was sich nur in deinem Kopf abspielt?"

„Du könntest mir ein Geheimnis verraten, das du im Yoga-Sutra bisher nicht beschrieben hast. Wenn es funktioniert, weiß ich, dass du der echte Patañjali bist."

„Im Äthernetz gibt es doch gar keinen echten Patañjali. Es gibt nur den Bereich, den du Patañjali nennst. Mit dem bist du verbunden, so lange du an mich denkst und mit mir sprichst. Die Verbindung funktioniert nur, weil du deinen Geist an meinen Namen gebunden und diesen Gedanken die ganze Zeit ausgedehnt hast. Und weil du währenddessen in Samadhi keine Eigengeräusche machst. Sobald du an etwa anderes denkst, ist Schluss."

„Nein, bitte nicht. Noch eines wüsste ich gerne."

„Und zwar?"

„Wie bist du überhaupt auf die Yoga-Sutras gekommen? War das eine spontane Eingebung, oder hast du sie geplant und lange am Text gefeilt?"

„Eingebung und Feilen widersprechen sich nicht. Der Schaffensprozess ist dynamisch. Selbst die schönste Rose kommt nicht fertig auf die Welt, sondern wächst zunächst als Keim und Knospe. Aber auch diese Antwort kannst du dir selbst geben."

„Ich wüsste nicht wie."

„Überleg mal, welchen Titel man mir gab: *Maharishi.* Was bedeutet das?"

„Ein *Rishi* ist ein Seher. Also hast du die Sutras geschaut."

„Und *Maharishi* heißt, dass ich die Gesellschaft lehren konnte. Und was braucht man dazu? Denk an deinen Traum!"

„Meinst du den von heute früh? Woher weißt du, dass ich von dir ...?"

„Dreimal darfst du raten. Was habe ich dir im Traum gesagt?"

„Dass du eine Yogaschule hattest."

„Ja, so kannst du es nennen. Auch wenn Yoga nicht mein einziges Fach war. Das Yoga-Sutra war mein Lehrplan. Ein Sutra nach dem anderen wurde abgehandelt."

„Wie lief das genau ab? Pro Sitzung ein Sutra?"

„Das kam auf die Schüler und ihre Fragen an. Manche Sutras waren jedem sofort klar, andere wurden tagelang besprochen. Und natürlich praktisch eingeübt. Die Sutras dienten als Leitfaden."

„Und wie kamst du gerade auf 195 Sutras? Zufällig hat unsere Großhirnrinde genau 195 Gruppen von Assoziationsfasern."

„Das ergab sich so. Schließlich hatte auch ich ein menschliches Gehirn. Und Medizin war eines meiner Fächer."

„Verstehe. Darf ich noch was Persönliches fragen? Wann und wo hast du gelebt? Warst du Mönch oder Hausvater? Wer gab dir den Titel Maharishi? Und wer war dein Meister?"

„Fragen darfst du. Aber erwarte bitte keine Antwort. Ich sehe, du willst mich vergraulen. So!"

Aufgelegt. Mist! Da war ich wohl etwas zu aufdringlich. Aber einiges habe ich doch herausgefunden. Zumindest weiß ich jetzt, dass es im Äthernetz des Bewusstseins einen Bereich namens Patañjali gibt, den ich befragen kann, wenn ich wieder über einem rätselhaften Sutra grübele.

||3.20||

na ca tat sālambanaṁ tasya aviṣayī-bhūtatvāt ||

Nicht jedoch dessen entsprechenden unerreichbaren Seinszustand.

na – nicht.
ca – doch, und, aber.
tat – das.
sa – er, diesen.
ālambanam – zugehörig, verbunden, entsprechend.
tasya – dessen.
aviṣayī – unerreichbar, unmöglich.
bhūtatvāt – Seinszustand.

Tja. Man darf Patañjali zwar alles fragen, bekommt aber nicht immer eine Antwort. Jeder Geist hat die Freiheit, zu antworten, wie er will. Schließlich hat jeder ein Recht auf Privatsphäre. Wo kämen wir hin, wenn wir mit Hilfe des geistigen Äthernetzes alles ausspionieren könnten? Wer getraute sich dann noch, heimlich etwas Persönliches zu denken? Anscheinend umgibt sich jeder Citta, jeder Geist, mit einer natürlichen Firewall, die ihn vor unerwünschten Netzwerkzugriffen auf vertrauliche Daten schützt.

||3.21||

kāya-rūpa-saṁyamāt tad-grāhya-śakti-stambhe
cakṣuḥ-prakāśāsaṁprayoge'ntar-dhānam ||

Durch Körperform-Sanyama auf Sichtbarkeitskraft-Stoppen: Auge ohne Lichtkontakt. Innen halten.

kāya – Körper.
rūpa – Form, Erscheinung.
saṁyamāt – durch *Sanyama.*
tat – das.
grāhya – sichtbar, wahrnehmbar.
śakti – Kraft, Fähigkeit.
stambhe – auf Stoppen.

cakṣuḥ – Auge.
prakāśa – Licht, Glanz, Helligkeit, Klarheit, Deutlichkeit.
asaṁprayoge – ohne Kontakt.
antar – innen, innerhalb.
dhānam – halten, festhalten.

Wenn wir die Sichtbarkeit einer Körperform aufheben wollen, müssen wir das Licht, das auf den Körper fällt, im Inneren halten, sodass es nicht zum Auge des Betrachters dringt. Gegenstände sind nur sichtbar, wenn sie Licht reflektieren. Je stärker das Licht zurückstrahlt, desto heller erscheint der Gegenstand. Deswegen glänzen glatte Oberflächen stärker als stumpfe. In totaler Dunkelheit werden selbst große Gegenstände unsichtbar, weil kein Licht auf sie trifft. Das weiß jeder, der schon einmal im Dunkeln mit dem Zeh gegen einen harten Gegenstand gestoßen ist. Je stärker wir die Aufmerksamkeit von der äußeren Körperform abziehen und das Licht „schlucken" können, desto weniger glänzt und strahlt der Körper nach außen.

Der Effekt der Unsichtbarkeit durch Absorbieren des Lichts wird auch als Bühneneffekt im Schwarzen Theater genutzt. Da schwarze, stumpfe Gegenstände am wenigsten Licht abstrahlen, wird alles, was für den Zuschauer unsichtbar bleiben soll, in tiefschwarzen Samt gehüllt. Selbst die Bühnenwände aus schwarzem Samt reflektieren kein Licht. Der Zuschauer sieht nur die glatten, nichtschwarzen Gegenstände, die das von vorne kommende Scheinwerferlicht reflektieren. Die Technik des Unsichtbarwerdens ist also kein Geheimnis.

Die Frage ist nur, wie stark wir durch Sanyama das auf die Körperform treffende Licht absorbieren und im Inneren halten können, sodass es keinen Kontakt zum Auge des Betrachters findet. Bemerkenswert an diesem Sutra ist, dass die Sichtbarkeit nicht als Eigenschaft, sondern als *Shakti*, als Kraft bezeichnet wird. Wir kennen die Fähigkeit mancher Menschen, ihre Sichtbarkeit zu steigern, indem sie sich durch auffälliges Verhalten, Kleidung und Frisur „ins rechte Licht rücken".

Weniger populär ist die Fähigkeit, unauffällig und ungesehen zu bleiben. Beides hängt aber vor allem von der äußeren Körperumhüllung, vom Verhalten und von der geistigen Einstellung ab. Nicht ohne Grund tragen introvertierte Menschen mit Vorliebe schwarz, die Farbe, die am wenigsten

Licht abstrahlt. Und manch einer kann dabei recht gut, wenn auch nicht unsichtbar, so doch unbemerkt bleiben. Auch die „Grauen Herren" in Michael Endes „Momo" blieben durch unauffällige Kleidung möglichst unerkannt und unsichtbar.

Unsichtbarkeit?

Mein Freund J. W. H. erzählte mir die folgende Erfahrung:

Einmal stand ich wegen geringer Vergehen im Zusammenhang mit Drogenbesitz vor Gericht. Ich wurde von zwei Polizisten in den Gerichtssaal begleitet und setzte mich zwischen ihnen auf eine Bank. Nach einer Weile wurde mein Name aufgerufen, und die Polizisten führten mich auf die Anklagebank.

Da ich die Nacht im Gefängnis verbracht hatte, sah ich wahrscheinlich ziemlich unordentlich aus und schämte mich sehr, obwohl die Anklagepunkte recht geringfügig waren. Darum wollte ich, als ich zur Anklagebank geführt wurde, am liebsten von niemandem gesehen werden. Ich trat auf die Anklagebank und sah dem Richter direkt in die Augen. Auf einmal kam es mir so vor, als wäre zwischen seinem und meinem Kopf eine durchsichtige Röhre, und ich war so scharf auf sein Gesicht fokussiert, dass für mich alles außerhalb dieser Röhre zu unscharfen Bildern wurde.

Nach einigen Augenblicken sah mich der Richter, der auf seinem Schreibtisch in den Akten gelesen hatte, direkt an und fragte mit lauter Stimme;

„Sind Sie John William Hannity?"

„Ja, Sir", sagte ich.

„Sie sind wegen Besitzes von dem und dem angeklagt, bekennen Sie sich schuldig oder nicht schuldig?

„Schuldig", sagte ich.

„Sie bekommen eine Geldstrafe von 50 Dollar. Brauchen Sie Zeit, um sie zu bezahlen?"

„Nein", sagte ich und schüttelte kurz den Kopf.

Derselbe Wortlaut wiederholte sich für die zweite Anklage. Dann wurde ich entlassen und aus dem Gerichtssaal zur Kasse geführt, um das Bußgeld zu bezahlen. Der gesamte Vorgang mit dem Richter dauerte nicht länger als 45 Sekunden. Vom Aufrufen meines vollen Namens bis zum Verlassen des Gerichtssaals waren insgesamt vielleicht zwei Minuten verstrichen.

Am selben Nachmittag lag ich später lesend auf meinem Bett und freute mich, wieder frei zu sein, als ich plötzlich Männer draußen im Garten herumlaufen hörte. Mein Freund, der im Bett am Fenster lag, sah erschrocken hinaus und rief: „Wir sind von Polizisten umzingelt!"

Irgendwie spürte ich, dass es um mich ging. Also ging ich zur Tür und stellte mich an den oberen Rand der Freitreppe, die zu unserer Wohnung im ersten Stock führte. Die Polizisten hatten sich gleichmäßig ums Haus verteilt und warteten auf ihren Einsatz. In diesem Moment kam ein dicker Wachtmeister um die Hausecke direkt auf die Treppe zugerannt. Auf halber Treppe blieb er stehen, schnappte nach Luft, stützte sich schwer auf das Geländer und schnauzte mich an: „Sind Sie Hannity?"

„Ja", sagte ich. Seine nächste Frage kam überraschend.

„Sind Sie heute aus dem Gericht ausgerückt?", fragte er etwas ruhiger.

„Nein, das bin ich nicht."

Der Wachtmeister sah mich verwirrt an und sagte nur: „Oh!"

Und ich fuhr fort: „Ich kann es beweisen. Ich habe zwei Quittungen von der Gerichtskasse über je 50 Dollar."

„Oooh!", entfuhr es ihm in einem enttäuschten Ton, während er sich am Kopf kratzte, als wolle er herausfinden, was da schief gelaufen war.

„Möchten Sie die Quittungen sehen?" fragte ich. Er nickte und wirkte immer verwirrter. Während er die restlichen Stufen heraufstieg, ging ich in mein Zimmer, holte die Quittungen heraus und reichte sie ihm. Er sah sie sich genau an und rief dann seine Männer zurück, die alle enttäuscht aufstöhnten, als sie das Gelände verließen.

Um es kurz zu machen: Der Wachtmeister entschuldigte sich bei meiner Vermieterin, erklärte ihr, es handele sich um ein Missverständnis, und ließ sich dann nicht wieder blicken.

Ich musste wohl in den offiziellen Gerichtsakten als „vermisst" geführt worden sein, sonst wäre die Polizei nicht mit einem Großaufgebot angerückt, um mich zu verhaften.

Bis heute frage ich mich, wie ein professioneller Gerichtsschreiber nicht mitbekommen konnte, dass mein voller Name mehrmals aufgerufen wurde, und mich nicht auf der Anklagebank stehen sah, als ich mit dem Richter sprach.

Hatte ich mich etwa vor lauter Scham tatsächlich unsichtbar gemacht?

||3.22||

sopakramaṁ nirupakramaṁ ca karma tat-saṁyamād
aparānta-jñānam ariṣṭebhyo vā ||

Auf begonnenes und unbegonnenes *Karma* Sanyama lässt zukünftiges Ende erkennen, auch durch Vorzeichen.

sopakramam – ausgeführt, *sa-upa* begonnen, *krama* Ablauf, Folge.
nirupakramam – anfangslos, *nir-upa* nicht begonnen.
ca – und.
karma – *Karma*, Handlung, Handlungsfrucht, Handlungsauswirkung.
tat – das.
saṁyamād – durch *Sanyama.*
aparānta – das Ende einer Zeitspanne, das zukünftige, entgegengesetzte Ende; *apara* diesseitig, zukünftig, ein anderer, entgegengesetzt; *anta* Ende.
jñānam – Wissen.
ariṣṭebhyaḥ – durch Symptome, *ariṣṭa* Omen, Symptom, Vorzeichen.
vā – oder, auch.

Dieses Sutra rät uns, einmal über die Folgen unserer eigenen Handlungen nachzudenken und zu prüfen, ob wir einen Zusammenhang zwischen unseren Taten und den Ereignissen erkennen, die uns zustoßen. Sicher hat sich schon jeder einmal gefragt: „Womit habe ich das verdient? Warum passiert das ausgerechnet mir?" Meistens fragen wir uns das, wenn uns etwas Unangenehmes zustößt, das wir als ungerecht empfinden, weil wir nicht den Zusammenhang zu den Handlungen erkennen, die das Ereignis bewirkt haben. Einfache und schnelle Kausalzusammenhänge werden uns dagegen leichter bewusst: Heute beginnt die Erkältung, weil ich vorgestern ohne Jacke durch den Regen lief. Aber schon gesundheitliche Schäden, die auf ungesunden Lebenswandel zurückzuführen sind, wollen wir oft nicht wahrhaben. Doch gerade die haben einen starken Einfluss auf unsere Lebenserwartung. Wir wissen zwar genau, was für uns das Gesündeste wäre, aber wir schlagen die Ratschläge in den Wind, weil wir nicht anders können. Erst wenn uns die Wirkungen deutlich zu schaffen machen, werden wir einsichtig und beginnen, ungesunde Gewohnheiten aufzugeben.

Oft fühlen wir uns von anderen Menschen ungerecht behandelt. Wenn wir uns jedoch etwas besinnen, kommt uns vielleicht ein Ereignis in Erinnerung, in dem wir uns anderen gegenüber genau so verhalten haben. Angenommen wir werden von einem Partner verlassen und haben Liebeskummer. In der Meditation erinnern wir uns, wie wir selbst einen früheren Partner verlassen haben und damals gar nicht verstehen konnten, warum sich der andere so an uns klammerte. Erst jetzt verstehen wir: „Ach, so fühlt sich das an! Das habe ich nicht gewusst."

Oder wir werden von einem Geschäftspartner betrogen, und irgendwann wird uns bewusst, dass wir früher einem anderen genau dasselbe angetan haben.

Aber nicht nur die sichtbaren Auswirkungen früherer Handlungen sind Thema dieses Sutras. Wenn wir zum Beispiel drei Tage nicht geschlafen haben und völlig aufgekratzt sind, ist die Ermüdung noch nicht eingetreten. Sie meldet sich erst in den nächsten Tagen. Also sollten wir lieber keine lange Autofahrt planen, sonst könnten wir einen Unfall verursachen, der im schlimmsten Fall mit unserem Ableben endet. Das heißt Nachdenken über das *Karma*, das noch nicht begonnen hat, sich zu manifestieren.

Genau wie dieses Beispiel gibt es vieles aus unserer Vergangenheit, das noch keine Wirkungen gezeigt hat, aber irgendwann Folgen haben wird. Das bezieht sich nicht nur auf Taten in diesem Leben. Welche Berufe hatten Sie in früheren Inkarnationen? Waren Sie einmal Krieger, Henker, Mörder, Hexe oder Hohepriesterin? Und wie könnten sich Handlungen von damals auf Ihr jetziges Leben auswirken? Sanyama über dieses Thema gibt Ihnen eine Vorahnung, wie Ihre jetzige Inkarnation einmal endet und ob das Ende glücklich oder unbefriedigt sein wird.

Noch deutlicher erkennen wir das Ende unserer Lebensspanne durch Krankheitssymptome oder andere Vorzeichen. Vorsicht ist allerdings geboten, wenn wir auf Grund von Leichtgläubigkeit ein Omen irrtümlich als Todesboten deuten. Das kann die Fehldiagnose eines Arztes sein, die Voraussage eines Handlesers oder Astrologen oder eine schwarze Katze, die uns von links über den Weg läuft. Wer glaubt, die schwarze Katze bringe ihm Unheil, der kann vor Schreck einen Herzschlag bekommen und tot umfallen. Womit sich das Omen genauso erfüllt wie eine Diagnose, die nur noch wenige Monate Lebensdauer voraussagt.

Aufgrund des Nocebo-Effekts kann der Arzt trotz fehlerhafter Diagnose Recht behalten. Wer die Diagnose dagegen nur als Vorwarnung und Herausforderung sieht, etwas im Leben zu ändern, um seine Lebenserwartung zu verlängern, der kann noch Jahrzehnte später lachend sagen: „Nach der Prognose meines Arztes müsste ich schon vor 20 Jahren gestorben sein."

Von den meisten Kommentatoren wird *„aparānta"* als *„Tod"* gedeutet und übersetzt. Es heißt aber wörtlich das *„diesseitige"* oder *„entgegengesetzte Ende"*. Zwar beendet der Tod unsere diesseitige Lebensspanne, aber unser *Dharma*, unser Daseinszweck, ist damit noch lange nicht abgeschlossen. Wenn sich unser Bewusstsein weit genug in Vergangenheit und Zukunft ausdehnt, sodass wir uns an die gesamte Handlungsfolge unserer Existenz seit dem Zeitpunkt erinnern können, als sich unsere individuelle Seele vom kosmischen Selbst abspaltete, dann erhalten wir durch Sanyama über das noch nicht begonnene Karma auch Einblicke in unser Dharma, unsere Lage und unseren Zustand in dem Augenblick, in dem wir wieder mit dem kosmischen Geist verschmelzen, sobald unser Dharma als Individuum erfüllt ist.

||3.23||

maitryādiṣu balāni ||

Auf Freundlichkeit und ähnliches: diese Kräfte.

maitrī – Freundlichkeit.
ādiṣu – und auf andere, ähnliche.
balāni – Kräfte, Stärken.

Es ist offensichtlich, dass Sanyama auf Freundlichkeit auf unser Gemüt abfärbt und uns mit der Zeit freundlicher macht. Genauso ist es mit den Eigenschaften Mitgefühl, Glücklichsein und Gleichmut, die in Sutra 1.33 aufgezählt wurden. Hier eine Erfahrung, die ich vor Jahren für einen Erfahrungsbericht aufschrieb.

Verbesserte Beziehungen

Kurz nachdem ich 1982 in Boppard am Rhein Maharishis Tausendköpfigem Puruscha beigetreten war, einer Gruppe alleinstehender Männer mit langem Meditationsprogramm, personifizierten sich die Qualitäten Freundlichkeit, Mitgefühl und Glücklichsein vor meinem inneren Auge, sobald ich das entsprechende Sutra dachte. Der Anblick dieser Personifizierungen war sehr erfüllend für Sinne und Herz.

Nach einigen Wochen hörte diese Erfahrung wieder auf, ich spürte jedoch, wie die Qualitäten in meinem Alltag immer lebendiger wurden. Mein Herz entwickelte sich, meine Beziehung zur Umwelt wurde liebevoller und fürsorglicher. Aus Fremden wurden Freunde, aus Freunden Brüder und Schwestern, Vater und Mutter, Sohn und Tochter. Dieses warme Gefühl führte zu mehr Anerkennung, Respekt und Verständnis und schließlich zu dem Gefühl, dass wir alle von innen her miteinander verbunden sind, nichts als Wellen des Ozeans der Glückseligkeit, der durch uns alle fließt.

Wenn ich jemanden anschaue, denke ich oft: „Wie ähnlich ist mir doch dieser Mensch." Und plötzlich sehe ich die Welt aus seiner Sicht. Wenn ich jemanden durch Worte oder Taten verletzt habe, spüre ich einen Schmerz, als hätte ich mich selbst verletzt, und habe den Wunsch, mich zu entschuldigen oder die Unstimmigkeit auf andere Weise zu glätten, indem ich zum Beispiel die verletzende Entscheidung zurücknehme. Das führe ich auf die Wirkung des Sutras für Güte zurück. In der Ruhephase nach der Meditation tauchte ich einmal in ein Meer von goldenem Licht, das ich als Meer der Liebe empfand, das allen Erscheinungen des Lebens zugrunde liegt. Ein sanfter Ton voller Liebe, Verständnis, Achtung, Trost und Zärtlichkeit schwang darin und rührte die Herzen aller Seelen von innen.

Seither schwimme ich in der Ruhephase oft in einem angenehmen Gefühl der Wonne, in dem ich alles um mich herum vergesse und nur noch merke, dass ich bin. Sobald ich dann an etwas denke, an eine Person, einen Planeten oder an Mutter Natur, fühle ich mich, als wäre ich dieses Objekt. Anschließend bin ich erfrischt und voller Ideen und Tatendrang. Das betrachte ich als Wirkung des Sutras für Glücklichsein.

Manchmal verwandelt sich das kitzelnde Liebesgefühl im Herzen zu weißem Licht, das sich ausbreitet auf den ganzen Körper, den Raum, das Haus, den Ort, das Land, den Erdball und schließlich auf das ganze Universum. Und diese zarten Wellen der Liebe nähren das Kollektivbewusstsein und erzeugen einen vereinenden Einfluss, den ich sehe wie eine Wasserflut, die immer höher steigt, bis kein trockenes Fleckchen mehr übrigbleibt und das ganze Universum zu einem einzigen Meer des Bewusstseins wird – zur Weltseele, die in sich immer neue Wogen des Glücks erschafft.

Auch wenn ich von Natur aus schon ein ziemlich glücklicher Mensch bin, wird das Glück noch stärker, wenn ich dazu beitragen kann, dass auch andere glücklicher werden. Freundlichkeit bewirkt, dass ich mich mit anderen verwandt fühle, Mitgefühl lässt mich andere von innen spüren, und Glücklichsein lässt mich das Glück mit anderen teilen. Je glücklicher die Welt, desto glücklicher bin ich selbst.

||3.24||

baleṣu hasti-balādīni ||

Auf Kräfte: Elefantenkraft und ähnliches.

baleṣu – auf Kräfte.
hasti-bala – Elefantenkraft.
ādīni – beginnend mit, und so weiter, und ähnliches.

Machen wir Sanyama auf die Kraft eines Elefanten, dann nimmt unser Geist ganz von selbst diese Eigenschaft in sich auf und lässt die belebende Kraft durch den Körper fließen. Das ist die Wirkung der Bindung des Geistes an die Kraft eines Elefanten. Das Wort „*bala*“ bedeutet aber nicht nur Kraft, sondern Fähigkeit allgemein. „Und ähnliches“ besagt, dass wir die freie Wahl haben, auf welche Fähigkeit wir Sanyama machen wollen.

Der Ausdruck „Elefantenkraft“ wird in Indien auch mit folgendem Verhalten eines Elefanten in Verbindung gebracht: Wenn ein Elefantenbaby mit einem Seil angebunden wird, lernt es, dass es durch das Seil an den Ort gebunden ist. Für einen erwachsenen Elefanten ist das Seil dagegen viel zu schwach, ihn festzuhalten. Trotzdem wird ein Elefant nicht mit einer starken Eisenkette, sondern mit dem Seil seiner Kindheit festgebunden. Die Eisenkette könnte er leicht sprengen, das dünne Seil dagegen erkennt er durch die frühkindliche Prägung als bindend an. Vielleicht könnte er durch Sanyama auf die Kraft des Elefanten auch diese in seinem Geist vorhandene Fessel sprengen.

Vibrierende Energie

Die Wirkung dieses Sutras spürte ich gleich nach Erlernen der Technik im Herbst 1977. Ich machte damals eine schwierige Phase durch, die ich normalerweise erst nach Monaten verkraftet hätte. Durch die Technik fühlte ich mich stärker und unabhängiger von den misslichen Umständen. Ein Kollege meinte sogar: „Seit du die Sidhis gelernt hast, bist du ein völlig anderer Mensch geworden." Seit meine Wirbelsäule gerade gerichtet wurde, spüre ich eine vibrierende Energie durch die Wirbelsäule in den Nacken steigen, die hinter den Ohren wie ein leises Katerschnurren klingt. Seither ist mein Körper viel flexibler geworden und friert auch weniger, weil die Energie mit Wärme verbunden ist.

Obwohl sich mein Schlaf auf rund vier Stunden reduziert hatte – die restliche Ruhezeit lag ich glücklich wach und badete im „bliss" –, hatte ich tagsüber so viel Schwung, dass ich oft in Windeseile vorwärts preschte, einfach weil mich die überfließende Energie und Lebensfreude voran trug.

Wenn ich bei diesem Sutra im Lotus saß, straffte sich häufig mein Körper wie ein aufgeblasener Autoreifen, meine Wirbelsäule richtete sich auf, mein Kopf schaute nach oben, und sogar meine Hände stiegen über den Kopf in die Luft, bis sie nicht mehr höher konnten. Die Energie drang bis in die Fingerspitzen und mein ganzer Körper vibrierte. Manchmal hielt ich minutenlang den Atem an und spannte alle Muskeln gleichzeitig, bis sich der ganze Körper hart anfühlte. Dann entspannte er sich wieder, und ein wunderbar sanftes Gefühl von Frieden, Stille und Weite breitete sich aus. Meine Hände sanken langsam wieder zu Boden, manchmal bewegten sie sich kreisend wie ein Goldregen, dessen Fontäne durch meinen Scheitel aufstieg und sich weich und erfrischend über den Körper ergoss. Dann atmete ich entspannt aus und brauchte minutenlang nicht einzuatmen, bis sich die Schlange erneut nach oben wand und meine Hände mit neuer Kraft nach oben hob. Manchmal durchströmte mich diese Energie bis zum Flug-Sutra und zog dann meinen ganzen Körper nach oben, sodass ich mich aus dem Sitz heraus aufrichtete und für Augenblicke auf den Zehenspitzen stand.

Energiefluss und Gehirnwellenmessung

1986 ließ ich auf Rat eines befreundeten Arztes meine Wirbelsäule gerade richten, damit die Lebensenergie ungehindert fließen und den Körper gesund erhalten kann. Als ein bestimmter Lendenwirbel gerade gerichtet wurde, erinnerte ich mich plötzlich an einen Kopfsprung vom Fünfmeterturm, bei dem ich mir als 13-jähriger beim Aufprall im Wasser die Wirbelsäule verstaucht hatte. Die Auflösung dieser Energieblockade brachte neben einem leichten Schmerz auch die Erinnerung an das Erlebnis zurück, das ich völlig vergessen hatte. Nachdem der Schmerz verklungen war, bemerkte ich während der Meditation einen ständigen Energiefluss, der vom Steißbein durch die Wirbelsäule nach oben floss, meinen Körper aufrichtete und im Nacken ein leises Vibrieren verursachte, das mich an das wohlige Schnurren eines Katers erinnerte. Dieser vibrierende Energiefluss ist seither zum ständigen Begleiter meiner Meditation und des TM-Sidhi-Programms geworden und hat sich im Laufe der Jahrzehnte so verstärkt, dass es manchmal meinen ganzen Körper schüttelt und erzittern lässt. Als ich hörte, dass ein befreundeter Gehirnforscher langjährig meditierende Versuchspersonen für eine Messung der Gehirnwellen suchte, war ich neugierig, ob und wie das „Katerschnurren" meine Gehirnwellen beeinflusste. Das folgende EEG vom 29. Juli 2015 zeigt die Messung meiner Gehirnwellenkohärenz für 800 Sekunden vor, während und nach meiner Meditation.

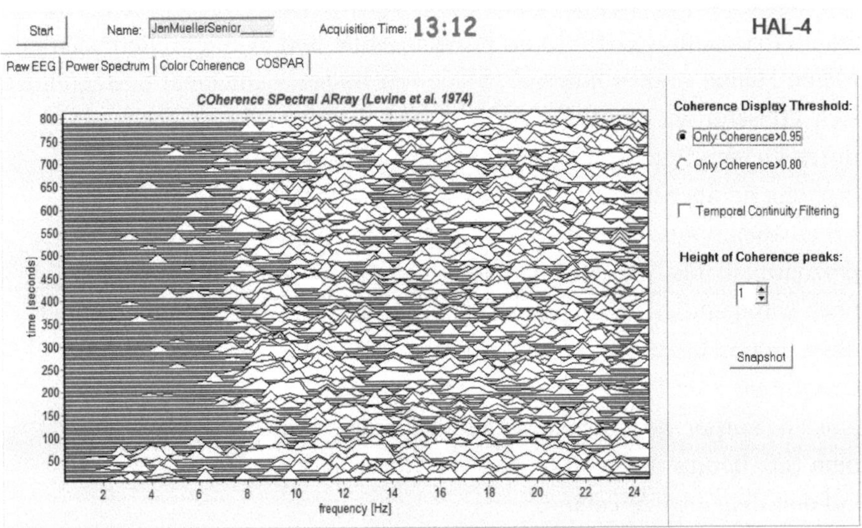

*COSPAR (COherent SPectral ARray) Sowohl am Anfang mit geöffneten Augen als auch während und nach der Meditation trat vereinzelte Delta- und Thetawellenkohärenz (2-8 Hz) auf, starke Alphawellenkohärenz (8-13 Hz) und besonders starke Betawellenkohärenz (13-25 Hz), was laut Versuchsleiter auf einen dauerhaften Zustand ruhevoller Wachheit hinweist.**[17]

||3.25||

pravṛtty-āloka-nyāsāt sūkṣma-vyavahita-viprakṛṣṭa-jñānam ||

Durch Fixieren auf Erscheinen inneren Lichts: Feines, Verstecktes, Fernes erkennen.

pravṛtti – Erscheinen, zum Vorschein kommen.
āloka – Innenschau, inneres Licht, Schau, Sicht, Erblicken, Schein.
nyāsāt – durch Richten, Ausrichten, Bündeln, Fokussieren, Fixieren.
sūkṣma – fein, dünn, klein, winzig, atomar, unfassbar.
vyavahita – versteckt, verhüllt, bedeckt, getrennt, entfernt.
viprakṛṣṭa – entfernt, weit weg.
jñānam – Wissen, erkennen.

Im *Nyaya*-System wird das „Innere Licht" beschrieben als „Lampe an der Tür", die sowohl ins Innere des Hauses als auch nach außen scheint. Wenn das innere Licht das Innere erhellt, nehmen wir unsere innere Welt, unsere Gedanken, Gefühle und Vorstellungen visuell wie in einem Traum wahr, und wenn die äußere Welt erleuchtet ist, sehen wir mit unserem inneren Auge Objekte der äußeren Welt, während unsere Augen geschlossen sind. Ob wir uns auf das innere Licht in uns selbst oder das innere Licht der virtuellen Teilchen des Feinen, Verborgenen und Fernen fixieren sollen, wird nicht näher definiert.

Der wiedergefundene Schlüsselbund

Im September 1992 besuchte ich mit einem Viererteam Knoxville, Tennessee, USA, um Vorträge über Ayurveda zu halten. Unsere Gastgeberin, die in einer Villa am Waldrand wohnte, stellte uns ein Apartment in der Stadt und ein Auto zur Verfügung, und nach unserem ersten Besuch bei ihr merkten wir, dass wir den Schlüsselbund mit Apartment- und Briefkastenschlüssel verloren hatten. Zum Glück konnten wir mit dem Zweitschlüssel wenigstens ins Apartment.

Ich machte Sanyama auf das innere Licht, sah aber nur den Schlüsselbund, wie ich ihn in Erinnerung hatte, in einer glatten grauen Ecke liegen, die aussah wie hinter der Schranke einer Ladentheke. Wir überlegten, wann wir den Schlüssel noch hatten. Wir mussten ihn auf dem Weg vom Apartment zur Gastgeberin verloren haben, aber wir hatten keinen Laden besucht und nirgends gehalten.

Schließlich breiteten wir den Stadtplan von Knoxville aus und betrachteten unsere Route. Wie und wo hatten wir den Schlüsselbund verloren? Da kam mir der Gedanke, meine Taschenuhr mit Kette als Pendel über eine Ecke des Stadtplans zu halten mit der Frage im Kopf: „Wo ist der Schlüsselbund?"

Zielstrebig schwang das Pendel in eine Richtung. Dann hielt ich das Pendel über die andere Ecke und merkte mir den Schnittpunkt der beiden Linien. Als wir diesen Punkt näher betrachteten, standen wir vor einem Rätsel. Er lag weder auf unserer Route noch in einem Einkaufsviertel mit Geschäften. Trotzdem machten wir uns auf den Weg und fuhren an die bezeichnete Stelle. Erst als wir dort ankamen, erkannten wir die Gegend wieder: Hier hatten wir uns verfahren und in dem Lädchen am Straßenrand nach dem Weg gefragt. Als wir den Laden betraten, rief uns die Verkäuferin zu: „Gut, dass Sie kommen. Sie haben Ihren Schlüssel liegen lassen." Unser Fahrer hatte den Schlüsselbund beim Gespräch mit der netten Verkäuferin gedankenverloren auf die Theke gelegt und sich für die Auskunft bedankt.

||3.26||

bhuvana-jñānam sūrye saṁyamāt ||

Kosmos-Wissen durch Sanyama auf *Surya*.

bhuvana – Welt, Kosmos, Wesen.
jñānam – Wissen.
sūrye – auf *Surya*, die Sonne.
saṁyamāt – durch *Sanyama*.

Surya, die Sonne, ist der Bereich, der unser Sonnensystem mit dem Rest des Weltalls verbindet. Wenn wir unseren Geist an die Sonne binden, verändert sich unser Blickpunkt: Wir sehen die Planeten samt Erdball um uns kreisen, aber auch, wie wir uns selbst um ein größeres Zentrum drehen. Wir sehen, welche Position wir innerhalb der Milchstraße einnehmen und welche Sterne unsere Nachbarn sind. Das ist das astronomische Wissen des Kosmos, das uns Sanyama auf die Sonne offenbaren kann.

Eine andere, feinstoffliche Sicht des Kosmos öffnet sich unserer Innenschau, wenn wir Surya aus astrologischer Sicht als Symbol unseres Selbst betrachten. Dann öffnet uns Surya den Zugang zu den feinstofflichen Ebenen der Schöpfung, die gewöhnlich als „himmlische Welten" bezeichnet werden und von denen die Schriften der verschiedensten Kulturen Unterschiedliches berichten. Aus christlicher Sicht wäre die Sonne dann das Tor zum Himmel oder der Schlüssel, mit dem uns Petrus den Himmel aufschließt. Was wir bei dieser Reise ins Himmelreich erleben, hängt von unserer kulturellen Prägung, unserer Vergangenheit und unseren persönlichen Vorstellungen, Wünschen und Ängsten ab. Meine ersten zaghaften Erfahrungen mit diesem Sutra beschrieb ich einmal wie folgt.

Besuch bei Surya

Bei Sanyama auf Surya sah ich einmal ein großes Tor mit Wolken dahinter, das sich öffnete, aber als ich näher kam, wieder schloss, als wäre der Öffnungswinkel an meine Nähe gekoppelt. Beim nächsten Mal öffnete sich das Tor weiter, ließ mich aber immer noch nicht ein. Das Tor verschwand vor meinen Augen, bevor ich es erreichen konnte. Erst in der dritten Sitzung öffnete sich das Tor und ließ mich ein. Ich kam näher und lehnte mich an den Pfosten, dann verschwand auch dieses Bild. Das nächste Mal war das Tor wieder halb geöffnet, aber ich konnte mich ihm nicht nähern. Ich nahm das Bild einfach in mich auf und transzendierte es.

Daraufhin fühlte ich mich in die Sonne hineingezogen, als sänke ich aus der dunklen Außenschicht in eine Welt des Lichts, wie das Eindringen in eine Glühbirne. Während ich ins Zentrum sank, sah ich plötzlich eine Küste und wollte hinübersegeln. Doch bevor ich die Küste erreichte, war das Bild schon wieder verschwunden.

In einer anderen Sitzung sah ich die Sonne immer näher kommen. Sie wurde so groß, dass ich nur die gekrümmte Oberfläche sah, die in Regenbogenfarben schillerte. Diese Krümmung teilte das Äußere vom weiß strahlenden Inneren der Sonne. Langsam durchdrang ich die Regenbogenschicht und gelangte ins Innere der Sonne. Ein andermal schwebte ich durch den Himmel, bis ich die Orientierung verlor. Plötzlich hörte ich im Kopf einen Knall wie beim Durchbrechen der Schallmauer. Es war, als bahne sich mein Bewusstsein durch meine Gehirnwindungen langsam den Weg zum Himmel. Seit dieser Zeit hatte ich oft das Gefühl, als wölbe sich meine Schädeldecke wie der Sternenhimmel über meine Welt.

Ein andermal fühlte ich, wie ich durch ein Tor in der Sonne den Himmel betrat. Ich wanderte durch weite Felder vorbei an Truppen von Wesen und wurde nach vorne geleitet, bis ich einen leuchtend weißen Berg erblickte. Ich wurde durch ein Tor geführt, bis ich mich still niederlassen und meine Augen auf den goldglitzernden Sandkörnern vor mir ruhen lassen konnte. Langsam wurde mir bewusst, dass der ganze Himmel vor mir lag. Die vielen Wesen wurden klein wie Ameisen. Und ich selbst war der leuchtende Berg, der schon bestand, bevor die Truppen entstanden und der noch blieb, wenn alle Welten wieder schwanden.

Nach dieser Art Wachtraum wurde mir immer klarer, dass das „Himmelreich“ in uns liegt. Gleichzeitig wurde mir bewusst, dass die himmlischen Welten nicht einfach passiv besucht, sondern von meinem Unterbewusstsein aktiv mitgestaltet werden. Die abstrakten Bewusstseinsebenen gelten zwar für alle, aber mein persönliches Erleben hängt genauso wie das Träumen von den Strukturen meines Unterbewusstseins ab.

Das Eintauchen in feinere Schichten der Schöpfung kann ich als Tauchen in tiefere Schichten des Ozeans wahrnehmen oder als Eintritt durch das Himmelstor und Wandern auf den Daunenfeldern der Ewigkeit. Ich kann es erleben als Durchbruch mit dem Kopf durch die Weltenkruste in eine andere Realität, wo mich uralte Erzfiguren nickend grüßen, oder als Heimkehr ins Zentrum meines Herzens, wo meine himmlischen Eltern im Heim allen Wissens sitzen und auf die Rückkehr des verlorenen Sohnes warten. Einmal besuchte ich das Milchmeer, wo Mutter Natur auf einer Lotosblüte saß, ein andermal die Insel der Schöpfer, wo viele Schöpfer ihre Universen träumen. Und das Universum war eine Seifenblase, die ich verlassen konnte, um in einem blauen Universum zu landen, in dem sich alles in streng geometrischen Figuren bewegte. So erschloss sich mir immer mehr mein inneres Firmament, und ich konnte Goethes Gedicht nachempfinden:

Wenn im Unendlichen dasselbe
sich wiederholend ewig fließt,
das tausendfältige Gewölbe
sich kräftig ineinander schließt,
strömt Lebenslust aus allen Dingen,
dem kleinsten wie dem größten Stern,
und alles Drängen, alles Ringen
ist ewige Ruh in Gott, dem Herrn. [*19]

Maharishi über die himmlische Welt

„Wir sehen vor uns die riesige Weite des Universums, so viele Welten überall, und wir fragen uns, ob Menschen wie wir oder Wesen oder Leben in diesen Welten existieren oder nicht. Schließlich erschafft der allmächtige Schöpfer nichts ohne Grund.

In diesem unbegrenzten Universum breiten sich unzählige unterschiedliche Schichten der Schöpfung aus, die wir kurz beschreiben können als grobstoffliche und feinstoffliche Ebenen der Schöpfung. Die grobstofflichen Ebenen sind die, in denen das Erdelement vorherrscht. Die feineren Schöpfungsschichten sind die, in denen das Wasserelement vorherrscht. Und in der vom Erdelement dominierten Schöpfung gibt es Millionen von Welten, die sich auf Millionen von Ebenen beziehen, in denen das Erdelement vorherrscht. Vorherrschendes Erdelement bedeutet: Über 50 Prozent Erdelement und 50 oder weniger Prozent der anderen vier Elemente. In den unzähligen Schichten, wo es von 99 bis zu 50 Prozent reicht, herrscht das Erdelement vor. Ebenso gibt es unzählige Welten in verschiedenen Schöpfungsschichten, in denen das Wasserelement vorherrscht, und unzählige Welten, in denen das Feuerelement oder das Luftelement dominieren. Und es gibt Welten, in denen Akasha-Tattva – das Raumelement – vorherrscht. Das ist die gesamte Reichweite des Universums, unbegrenzt, unvorstellbar groß, wir können sagen: Es dehnt sich bis zur Unendlichkeit aus.

Die Schöpfung, in der das Akasha-Tattva vorherrscht, ist der subtilste Bereich der Schöpfung. Dieser Bereich ist das Feld des Glühens, des Glanzes, des Leuchtens (the field of glow). Dort besteht die ganze Schöpfung aus reinem Licht, der Körper und alles, was es dort gibt, die

Körper der Menschen und aller Wesen, die dort wohnen, sind Himmelskörper aus jenem Leuchten, das wir auch in der Meditation erfahren. Die ganze Schöpfung besteht dort aus diesem „Glow", die Häuser sind aus diesem leuchtenden Material gebaut, so wie wir auf der Erde im irdischen Körper das Erdelement benutzen, um unsere Häuser zu bauen. Dort benutzen sie die himmlische Materie, das Glühen, aus der ihre Körper bestehen. Alles ist aus Licht gemacht. Irgendwo in der Schöpfung gibt es diese Welt des himmlischen Lebens, und das ist der Bereich, in dem Akasha Tattva vorherrscht. Diese Welten unterschiedlicher Dichte, von denen wir sprechen, von grobstofflich bis feinstofflich, werden durch unsere Meditationserfahrung bestätigt, wenn wir jenes Feld des Glühens erleben, das wir die Welt des himmlischen Lebens nennen. Diesen „Glow" erfahren wir, wenn das Mantra verklingt und wir in den subtilsten Schwingungszustand gelangen, den Bereich des Leuchtens in uns, der die Welt des himmlischen Lebens darstellt. Diesen Bereich kennen wir also aufgrund unserer Praxis, wenn wir ihn selbst erfahren. Wer dieses Glühen allerdings noch nicht erfahren hat, sollte nicht versuchen, es zu erfahren. Diese Erfahrung lässt sich nicht forcieren. Durch Anstrengung lässt sich das nicht erreichen.

Der natürlichste Weg ist, einfach das Mantra aufzunehmen und zu sehen, was geschieht. „Take it as it comes." Wir tauchen ein und lassen alles geschehen. Ganz natürlich gewöhnen wir uns daran, all diese verschiedenen Schöpfungsebenen wahrzunehmen. Und irgendwann merken wir, wie sich ganz allmählich auf natürliche Weise das Feld des Akasha Tattva – der Bereich des Glühens – vor uns auftut, und wir spüren das ihm zugrunde liegende Ananda – die Glückseligkeit."*[20]

||3.27||

candre tārā-vyūha-jñānam ||

Auf *Chandra:* Stern-Ordnung-Wissen.

candre – auf *Chandra*, den Mond.
tārā – Stern, Sternbild; funkelnd, flimmernd.
vyūha – Ordnung, Anordnung, Aufstellung, Verteilung.
jñānam – Wissen.

Chandra, der Mond ist unser nächster Nachbar, den wir hauptsächlich nachts zusammen mit dem Sternenhimmel erblicken. Aus menschlicher Sicht ist er seit frühester Kindheit mit der Sternenwelt verknüpft und gilt in unserem Unterbewusstsein als „Hüter der Sterne". Im *Jyotisch*, der vedischen Astrologie, gilt er als Symbol für unseren Geist. Es ist daher leicht nachvollziehbar, dass wir durch Sanyama auf Chandra die Ordnung der Sterne am Firmament aus seiner Sicht sehen.

Der Sternenhimmel aus Mondsicht

Anfangs konnte ich die unterschiedlichen Qualitäten unserer Sterne und Planeten nur vage auseinanderhalten. Beim Beobachten des Sternenhimmels sag ich nur, dass jeder Planet eine leicht unterschiedliche Färbung hat. Durch dieses Sutra nahm ich die Unterschiede der Planeten allmählich auch mit anderen Sinnen wahr: Jeder hatte einen anderen Geruch und Geschmack und hörte und fühlte sich anders an.

Einmal schlüpfte ich mit dem Geist in den Mond hinein und fühlte mich wie der Mond. Nun sah ich den Himmel aus der Sicht des Mondes: gleich neben mir der große Erdball und in der Ferne die anderen Planeten und Sterne. Auf der Erde stand ein einziger großer Mensch, als wollte er sagen: „Dieser Planet ist vom Menschen bewohnt."

Einige Zeit später, als ich an die Sonne dachte, sah ich sie als eine Art Mischung aus Himmelskörper und Persönlichkeit. Da spürte ich: Was wir mit den Augen von den Sternen wahrnehmen, ist nur ihre grobe, äußere Hülle. Mit dem Bewusstsein aber war es möglich, in jeden Stern einzudringen und seine Welt von innen zu erleben – als ein Reich, in dem besondere Wesen wohnen und wo eigene Naturgesetze herrschen. Jeder Planet, jeder Stern kann als lebendes Wesen erlebt werden, mit Gefühlen, Sprache und allen Eigenschaften eines lebenden Organismus.

Nach dieser Erfahrung fühlte ich mich in den Ruhephasen nach der Meditation immer, als spräche und verschmölze ich mit den Sternen, wobei ich ihre unterschiedlichen Eigenschaften spürte: Die Sonne war stark und strahlend wie ein Gladiator, der Mond weich und poetisch, der Mars mutig und geradeheraus, die Venus eine wunderschöne, aber unnahbare Frau und so fort. Seither fühle ich eine tiefe Liebe zu den Planeten und habe auch das Gefühl, dass sie mich lieben. Ich glaube nicht, dass irgendein Planet einen ungünstigen Einfluss auf mich hat, sondern fühle mich eher als „Liebling der Sterne", was mir ein Gefühl von Freude, Kraft und Sicherheit gibt.

||3.28||

dhruve tad-gati-jñānam ||

Auf *Dhruva:* Wissen über deren Lauf.

dhruve – auf den Polarstern, den Himmelsnordpol; *dhruva* fest, unbewegt.
tat – das, dessen, deren, jener, jenes.
gati – Gang, Bewegung, Verlauf.
jñānam – Wissen.

„*Dhruva*", das „Feststehende", bezeichnet den Punkt am Himmel, der genau über der verlängerten Erdachse steht, sodass er sich bei der täglichen Drehung der Erde um ihre eigene Achse aus unserer Sicht nicht zu bewegen scheint. Dieser Himmelsnordpol ist ideal dafür geeignet, den Sternenhimmel aus seiner Sicht zu betrachten und durch Bindung unseres Geistes an ihn die Bewegung der Sterne zu erforschen. Zur Zeit deutet die verlängerte Erdachse am Nordhimmel ziemlich genau auf das Deichselende des Sternbilds Kleiner Wagen bzw. auf das Schwanzende des Kleinen Bären, weshalb wir diesen Stern Polarstern nennen. Aufgrund der Präzession der Erdachse beschreibt der Himmelsnordpol jedoch einen Kreis und landet nur alle 26.000 Jahre wieder am jetzigen Polarstern. Die Bezeichnung „*Dhruva – das Feste*" bezieht sich daher nicht auf einen speziellen Stern, sondern auf den abstrakten geografischen Himmelspunkt, der sich genau auf der verlängerten Erdachse befindet und für uns „fest" steht.

Die Bewegung der Sterne

Vor einigen Jahren sah ich bei Sanyama auf *Dhruva* das Firmament wie einen um meinem Körper aufgespannten Schirm: Mein Kopf war der Polarstern, um den sich die Schirmspeichen spannten, meine Wirbelsäule der Stiel, und der Knauf am Ende der Wirbelsäule die Erde. Als ich einem Freund davon erzählte, lachte er mich aus und meinte, der Polarstern sei keinesfalls der Mittelpunkt des Himmels, sondern nur einer von vielen Sternen.

Entmutigt vergaß ich meine Erfahrung wieder, bis ich vor Kurzem erneut den gleichen Schirm sah. Dieses Mal zog sich der Schirm auf der Achse weiter nach oben, bis mein Kopf die Erde war. Dann dehnte sich das Schirmgewölbe aus und wurde zu einer sterngeschmückten Seifenblase rund um meinen Kopf. Genau auf Augenhöhe war der Himmelsäquator, der waagrecht um mich kreiste. Jetzt erkannte ich, dass die Vision des Schirms nur ein Hilfsmittel zur Konstruktion eines durchsichtigen Himmelsglobus mit rotierender Achse um meine Wirbelsäule war. Diese Rotationsachse war weit mehr als nur ein Bild. Ich spürte, wie sich die Achse in meiner Physiologie als Orientierungshilfe für die mentale Reise durch den Kosmos verankerte.

In der nächsten Sitzung fragte ich mich, wie es möglich sein könnte, die Erdumdrehung um sich selbst zu sehen. Wieder wurde mein Kopf zur Erde, und ich spürte die Achse zum Polarstern senkrecht über mir. Dann sah ich die Sonne in Frontansicht vor meinen Augen und dachte: Das ist 12 Uhr mittags. Die Sonne wanderte zu meinem linken Ohr und ich dachte: Das ist 6 Uhr abends. Als die Sonne genau hinter mir stand, wusste ich: Das ist Mitternacht. Und als sie bei meinem rechten Ohr angelangt war, war es 6 Uhr morgens.

In den folgenden Sitzungen lernte ich in einer Reihe von Lektionen anhand dieses Achsen-/Körpermodells die Grundlagen der Astronomie kennen. Ich sah und erlebte den Jahreszyklus der Erde um die Sonne, die Position der Sterne, wie sie von anderen Sternen oder Planeten aus gesehen werden. Mit jeder Sitzung wurden die drei orthogonalen Achsen mehr und mehr zu einem Teil von mir, so dass sie wie „Antennen" waren, die von der Mitte meines Kopfes ausstrahlten und mich führten, wohin ich ging. Mit der Zeit wurden die Achsen mit Maßeinheiten detaillierter, oder ich sah die Speichen des Schirms als Maßeinheiten, die den Himmel in Abschnitte unterteilten.

Als ich darüber mit einem Freund sprach, schlug er vor, einen Test zu machen und mit dem Sutra überprüfbare Daten abzufragen. Das nächste Mal sollte ich herausfinden, in welchem Sternzeichen sich Saturn gerade befand. Da ich in Astrologie und Astronomie absoluter Laie bin, hatte ich meine Zweifel, ob das klappen könnte. Aber während des Sutras hörte ich im Kopf deutlich die Antwort „Schütze". Und das stimmte tatsächlich.

||3.29||

nābhi-cakre kāya-vyūha-jñānam ||

Auf das Nabel-Chakra: Körperstruktur-Wissen.

nābhi-cakre – auf das Nabel-*Chakra.*
kāya – Körper.
vyūha – Ordnung, Anordnung, Aufstellung, Verteilung, Struktur.
jñānam – Wissen.

Haben Sie schon einmal eine Erbsenschote geöffnet und gesehen, wie die Erbsen mit hellem Stiel in der Schotenfurche angewachsen sind? Dieser Stiel ist das Verbindungsglied der Frucht zur Hülle, ohne das sich keine Frucht gebildet hätte.

Denselben Zweck erfüllt bei uns die Nabelschnur. Deswegen ist der Nabel nicht nur die Stelle, die den Kontakt zum Organismus der Mutter aufrecht hielt, sondern auch die älteste und ursprünglichste Stelle unseres Körpers. Von dort wurde unser gesamter Organismus einst mit Nährstoffen versorgt. Also muss es vom Nabel ein Versorgungsnetz zu allen Teilen des Körpers gegeben haben.

Schnupfen ausgeschnäuzt

Als ich die TM-Sidhi-Technik für dieses Sutras lernte, erfuhr ich, dass es auch helfen könne, den Körper zu heilen. Einmal spürte ich, wie meine Nase trocken und spröde wurde, als bahne sich ein Schnupfen an. Da dachte ich: „Wäre doch schön, wenn ich den Schnupfen mit dem Nabel-Sutra vermeiden könnte." Entgegen meiner Erwartung wurde jedoch während des Sanyama das dumpfe Gefühl hinter der Stirn immer stärker und unangenehmer, bis ich das Programm unterbrechen und ins Bad gehen musste, um meine Nase zu schnäuzen. Da kam der ganze angesammelte Schleim heraus. Zehn Minuten später setzte ich mich mit klarem Kopf wieder zur Meditation hin, und kurz darauf hatte ich bereits vergessen, dass sich ein Schnupfen angekündigt hatte.

Wachstum vom Ei zur Geburt

Das Wissen über die innere Struktur meines Körpers entfaltete sich in kleinen Schritten im Laufe einer Reihe von Sitzungen. In der ersten Sitzung sah ich, wie sich der Knoten im Nabel löste und mein Nabel wieder mit der Nabelschnur verbunden war. Dieses Bild der Nabelschnur kam zu Beginn jeder Sitzung und bildete den Ausgangspunkt der Assoziationsketten, die verschiedene Bilder hervorriefen. In der ersten Sitzung sah ich mich an der Nabelschnur als Embryo immer jünger und kleiner werden, bis ich wieder zum Ei wurde, aus dem der Körper entstanden war. Dabei dachte ich: „Das Wissen des Körpers ist enthalten in seinem Samen. Wenn ich verstehe, wie sich der Same entwickelt, kann sich daraus das Wissen über den Körper entfalten." In der nächsten Sitzung sah ich verschiedene Entwicklungsstadien des Embryos vom Zeitpunkt der Befruchtung bis zum Zeitpunkt der Geburt. Es begann mit mikroskopischen Bildern, wie das Spermium in das Ei eindrang und das Ei allmählich seine Form veränderte, indem es sich immer weiter furchte und sich nach innen wölbte zum Verdauungskanal, und endete mit Visionen verschiedener Methoden der Geburtshilfe.

In diesen Bildern diente die Nabelschnur nicht nur dazu, den Embryo zu ernähren, sondern auch als Informationskanal zum Organismus der Mutter über die konkreten Bedürfnisse des sich entwickelnden Organismus. Außerdem waren die Bilder mit innerlich gehörten Sätzen verbunden wie: „Das Wissen über den Zeitpunkt der Geburt ist im Nabel der Mutter gespeichert. Zieht sich ihr Nabel zusammen, beginnt der Vorgang der Geburt."

Aus Gedanke wird Materie

In einer anderen Sitzung sah ich so etwas wie eine „geistige Nabelschnur", die mich mit Mutter Natur im eigenen Herzen verband, wo das Wissen der menschlichen Evolution gespeichert war. Durch diese innere „Nabelschnur" nährte mich Mutter Natur mit ihrer Weisheit und Kreativität, ihrer Kraft und Liebe. In einer anderen Sitzung spürte ich, wie sich um einen Krümel in meiner Kehle Schleim sammelte, um den Krümel zu lösen. Dieser Hustenreiz diente mir als Auslöser für die Erkenntnis, wie ein Impuls des Geistes zur Erzeugung von Materie führt. Meine Aufmerksamkeit wanderte vom physischen Samen weg und hin zum Samen innerhalb des Bewusstseins, der zur Entstehung materieller Formen führt.

Die Hüllen von Atma

Ein andermal sah ich eine Art Nabelschnur, die den Nabel mit dem Gehirn verband. Als meine Aufmerksamkeit ins Gehirn wanderte, wurde daraus ein gelblich-weißes Licht, verbunden mit einem Gefühl der Leichtigkeit, als sei mein Kopf aus Watte.

Beim nächsten Mal fühlte sich mein Körper wie ein Luftkissen oder ein riesiger Wattebausch an. Arme, Beine und Kopf waren Wattebäusche aus gelblichem Licht oder fließender Energie, die ein angenehmes Kitzeln in meinen Handflächen und im Hinterkopf verursachte.

Ein andermal wanderte ich wie eine Ameise durch meinen Riesenkörper, den ich unterschiedlich wahrnehmen konnte: als Haus, als Tempel, als Landschaft und so fort. Je kleiner ich mich fühlte, desto größer war die Körperhülle um mich her. Manchmal sah ich in meinem Körper an der Stelle der Chakren rosa Blüten wachsen, und zwei Hände öffneten behutsam die Blütenblätter.

Oder ich nahm meinen Körper als mein Sternzeichen am Himmel wahr, und die Erde war ein winziger sich drehender Ball vor meinem Bauch. Es kam mir vor, als könnte ich die atomare und astronomische Struktur des Universums gleichzeitig wahrnehmen, da sich beides überlappte: die Sterne waren nichts als makroskopische Atome.

Wieder ein andermal vergaß ich jede Art vor Körpergefühl und fühlte nur ein endloses Fallen oder Schweben. Das ganze Universum schmolz zusammen. Je tiefer ich in mich eintauchte, desto größer fühlte sich mein Körper an – als bewege sich meine Aufmerksamkeit von meinem physischen Körper hin zum Feld des Glückseligkeitsbewusstseins, das alle Körper im Innersten durchdringt.

Diese Erfahrungen deute ich als Vorahnung auf die verschiedenen Hüllen von Atma, die im Yoga und Ayurveda als

Annamaya-Kosha – Nahrungshülle,
Pranamaya-Kosha – Energiehülle,
Manomaya-Kosha – Geisteshülle,
Buddhimaya-Kosha – Verstandeshülle und
Anandamaya-Kosha – Wonnehülle
beschrieben werden.

Körper als Hülle der Aufmerksamkeit

Seit vielen Jahren frage ich mich: Was ist die Verbindung zwischen meinem Körper und Reinem Bewusstsein? Wie hat Reines Bewusstsein meinen physischen Körper erschaffen? Was sind die Mechanismen?

Eine Antwort darauf habe ich während Sanyama auf das Nabel-Sutra erhalten. Als ich die Aufmerksamkeit auf meinem Nabel ruhen ließ, wurde mir wieder bewusst, dass der Nabel der Teil meines Körpers ist, der durch die Nabelschnur mit dem Körper meiner Mutter verbunden war. Durch die Nabelschnur wurde er im Mutterleib genährt, bis er sich so weit entwickelt hatte, dass er als separater Körper selbst atmen und leben konnte.

So wurde meine Aufmerksamkeit vom Nabel auf die Nabelschnur und weiter zurück in die Gebärmutter gelenkt, wo sie immer weiter zurückwanderte, bis sie den einfachsten Zustand meines Körpers erreicht hatte: die Eizelle, die Teil des Körpers meiner Mutter war. Und weiter wanderte meine Aufmerksamkeit in der Zeit zurück bis zum Nabel meiner Mutter und zu der Nabelschnur, die meine Mutter mit ihrer Mutter verbunden hatte und so weiter, bis sie in der langen Linie meiner mütterlichen Vorfahren einen physischen Körper erreichte, der nicht durch eine grobe physische Nabelschnur, sondern durch einen subtileren Kanal mit einem subtileren Körper verbunden war, und von diesem Körper weiter zurück zu immer subtileren Körpern, bis sie schließlich die allererste Form erreichte, die durch Reines Bewusstsein geschaffen wurde.

Und die Verbindung dieser zuerst geschaffenen Form zu Reinem Bewusstsein war eine sehr subtile Nabelschnur: ein rein geistiger Kanal der Aufmerksamkeit. Um sich selbst zu beobachten, hatte Reines Bewusstsein seine Aufmerksamkeit auf einen individuellen Standpunkt gelenkt und durch kontinuierliche Aufmerksamkeit eine Hülle um diesen Standpunkt geschaffen: den ersten subtilen Körper.

Ich erkannte, dass alle unsere Körper durch Reines Bewusstsein erschaffen wurden, indem es die Aufmerksamkeit kontinuierlich auf einzelne Standpunkte lenkte. Dieser Kanal der Aufmerksamkeit bildete eine subtile Nabelschnur, die den Fokus der Aufmerksamkeit nährte und um diesen Standpunkt eine Hülle bildete, bis dieser individuelle Standpunkt so weit entwickelt war, dass er selbständig atmete und als separate Einheit lebte.

Reines Bewusstsein ist unsere Urmutter, der Kanal der Aufmerksamkeit bildet eine Nabelschnur, und die Hülle um den einzelnen Standpunkt ist der sich bildende neue Körper, das Kind. Reines Bewusstsein erschafft alle Körper also durch Sanyama, durch ausgedehntes Binden der Aufmerksamkeit an einen individuellen Standpunk. Und durch unseren physischen Körper betrachtet Reines Bewusstsein sich selbst aus einem individuellen Blickwinkel und drückt die Qualitäten Reinen Bewusstseins aus diesem spezifischen Blickwinkel aus.

Als ich diese Parallele zwischen dem Kanal der Aufmerksamkeit und der Nabelschnur verstand, sah ich das traditionelle Bild von Narayana im Ozean Reinen Bewusstseins ruhen, aus dessen Nabel die erste Nabelschnur sprießt, der Stengel der Lotusblume, in der Brahma, der Schöpfer sitzt, der all die verschiedenen sterblichen Wesen erschuf, indem er seine Aufmerksamkeit auf einen bestimmten Standpunkt lenkte.

Röntgenblick

Vorgestern hatte ich eine ausführliche Erfahrung mit dem Nabel-Sutra. Um meine Aufmerksamkeit leichter an den Nabel binden zu können, ließ ich meinen Mittelfinger ganz leicht auf dem Nabel ruhen. Kurz darauf erschien mir der Finger wie ein Endoskop, durch das ich in meinen Körper schauen konnte. Mir wurde bewusst, dass die Nabelschnur einst den gesamten Körper mit Nahrung versorgt hatte, und mein Bewusstsein wanderte an die Stellen, die Aufmerksamkeit und Heilung vertragen könnten, wie beispielsweise mein leicht gelähmter Kehlkopf, der zu Hustenreiz führte, oder die vergrößerte Prostata.

Wie auf einer medizinischen Karte sah ich meinen Körper als Skelett mit Sehnen, Adern und Muskelpaketen, wovon mir fast schlecht wurde. Das Ganze währte ziemlich lange, auch als ich längst aufgehört hatte, meinen Geist an den Nabel zu binden. Noch beim Essen holen und bei der Mahlzeit empfand ich mich als Skelett mit Muskeln und sah mich mehr von innen als von außen. Da mir bei diesem seltsamen, medizinischen Körpergefühl leicht schlecht wurde, vermied ich es, das Nabel-Sutra die nächsten Tage anzuwenden. Es war kein sehr angenehmes Gefühl, als wandelndes Skelett durch die Gegend zu laufen.

Tränken schmerzender Körperstellen

Heute fühlte ich mich seltsam unwohl, schwitzte und hatte Bauchschmerzen. Schließlich fiel mir das Nabel-Sutra ein. Ich wartete, bis sich mein Atem beruhigt hatte, und prüfte, ob ich meinen Körper wieder von innen sehen konnte. Das war aber nicht der Fall. Schließlich richtete ich meine Aufmerksamkeit einfach auf die schmerzenden Stellen. Vor meinem geistigen Auge waren sie ausgetrocknet und dürsteten nach Aufmerksamkeit.

Diese Aufmerksamkeit bekamen sie jetzt. Ich stellte mir vor, sie mit *Soma* zu überfluten, zu übergießen wie eine Obsttorte mit Tortenguss oder wie eine Landschaft, die von Regen und Hochwasser überschwemmt wird.

Dieses geistige Tränken mit Soma mache ich öfter. Manchmal stelle ich mir vor, ich bin mit einer Nabelschnur verbunden, durch die mir über einen Trichter goldgelber Somasaft eingeflößt wird, der sich auf alle kranken Stellen ausbreitet, die geheilt werden wollen. Als der Körper saftig durchtränkt war, fühlte ich mich sofort viel besser. Ich blieb noch eine Weile liegen, bevor ich aufstand und wie üblich zum Essen ging, wieder schmerzfrei und innerlich gesund.

Trotzdem werde ich, falls sich das kranke Gefühl wiederholen sollte, lieber einmal mehr als einmal zu wenig zum Arzt gehen. Denn die Anwendung dieses Sutra ist kein Ersatz für einen Arztbesuch. Zwar beeinflusst unser Geist ständig unseren Körper, aber der Grad der Beeinflussung hängt immer vom Grad unserer Geist-Körper-Koordination ab.

Nach einem Schädelbasisbruch hatte ich jahrelang gezögert, mich am Auge operieren zu lassen, weil ich hoffte, den abgerissenen Nervenstrang auch durch geistige Einstellung heilen zu können. Erst nach Jahren kam mir die Erkenntnis, dass die geistige Einstellung, die zur Heilung führte, darin bestand, mit der Operation einverstanden zu sein. Seither kann ich wieder mit beiden Augen nach vorne sehen und verfalle nicht mehr dem Fehler, meinem Geist mehr zuzumuten als einem ausgebildeten Facharzt oder Chirurgen.

||3.30||

kaṇṭha-kūpe kṣut-pipāsā-nivṛttiḥ ||

Auf *Kaṇṭha-Kupa*: Hunger-Durst-Stillung.

kaṇṭha-kūpe – auf die Kehlgrube; *kaṇṭha* Hals, Kehle, *kūpa* Grube, Kuhle.
kṣut – Hunger.
pipāsā – Durst.
nivṛttiḥ – Stillung, Aufhören; *ni-* nieder-, zurück-; *vṛttiḥ* rollen, Aktivität.

Kantha-Kupa, die Kehlgrube, ist die Vertiefung zwischen den Schlüsselbeinen unter dem Kehlkopf in der Nähe von Schilddrüse, Luft- und Speiseröhre. Das Medizin-Lexikon beschreibt sie als die äußerlich sichtbare Kuhle am vorderen Hals, die nach unten durch das Brustbein und nach beiden Seiten durch die Ansätze der Kopfdrehmuskeln begrenzt wird. Von hier aus ist die Luftröhre erreichbar.

Hunger und Durst stillen

Bevor ich diese Technik erlernte, aß ich immer so viel, bis mein Magen richtig voll war. Nach dem Essen fühlte ich mich dann eine halbe Stunde lang ziemlich schlaff und träge. Nach dem Lernen dieser Technik fiel mir auf, dass ich allmählich immer eher aufhören konnte zu essen. Nur ein kleines bisschen eher. Ich ging mit weniger Heißhunger an den Mittagstisch. Ich war weniger verhaftet beim Essen, entspannter im Magen, und das machte sich auch in der Verdauung bemerkbar. Diese Wirkung im Alltag bemerkte ich, lange bevor ich irgendeine Erfahrung während des Sanyama hatte.

Ungefähr ein Jahr, nachdem ich dem Puruscha-Programm beigetreten war, hatte ich mehrere Wochen lang folgende Erfahrung: Sobald ich das *Sutra* dachte, spürte ich in meiner Speiseröhre hinter dem Kehlkopf etwas Schmackhaftes, das ich im Geist genüsslich kaute. Je nach Wunsch schmeckte es wie Nussnougat oder wie ein anderer Leckerbissen und war wunderbar befriedigend. Ich konnte alles schmecken, was ich mir wünschte, und kam mir vor, als hätte ich die märchenhafte Dauerwurst entdeckt, die nie alle wurde, wenn man ein Stück davon abbiss.

Einmal sah ich vor mir eine Schale Nachtisch, den ich naschte. Dann hatte ich Appetit auf eine herzhafte Hauptmahlzeit, und der Teller füllte sich mit leckerem Gemüse. Nach dieser geistigen Mahlzeit war mein Hunger gestillt, und die Bilder vor meinen Augen verschwanden wieder.

Heute hat sich der Vorgang der Nahrungsaufnahme gewandelt von einem unbewussten Hineinstopfen von Materie, die ich als Außenwelt betrachte, zu einem lebendigen Vorgang der Vereinigung mit dem, was ich als meinen eigenen Körper empfinde. Ich spüre, wie die Nahrung in meinem Verdauungssystem langsam durch den Stoffwechsel immer mehr verfeinert wird, bis sie wieder zu dem Bewusstsein wird, aus dem sie einmal entstanden ist. Ich nehme immer nur das zu mir, was ich leicht verdauen kann, und fühle keinerlei Gier oder Heißhunger. Ich nehme nur, was appetitlich aussieht, und fühle mich nach dem Essen leicht und gestärkt, aber nie überfüllt. Auch mein Durst ist mehr im Gleichgewicht. Früher habe ich oft so viel getrunken, dass ich mich anschließend schlecht fühlte.

Auch mein Hunger nach Sinneseindrücken ist zurückgegangen. Es gab eine Zeit, in der ich jedes Laster ausprobieren musste, um ja nichts zu versäumen. Heute nutze ich jede Minute, mein inneres Glücksgefühl zu steigern, anstatt flüchtigen und kurzlebigen Sinnesfreuden nachzulaufen, die sich anschließend als unbefriedigend oder sogar als schädlich herausstellen.

Genauso ist mein Wissensdurst mehr ins Gleichgewicht gekommen. Es gab eine Zeit, da musste ich jedes Buch mit interessantem Titel haben, selbst wenn ich gar keine Zeit fand, es zu lesen. Ich besuchte Vorträge, Workshops, Kinos, Ausstellungen, um immer auf dem Laufenden zu bleiben. Heute höre ich Vorträge über mein „inneres Telefon", Filme laufen auf meiner „inneren Leinwand" ab, und Bücher finde ich in meiner „vedischen Bibliothek", die ich in der Kammer meines Herzens finde.

Dieses Stillen von Hunger und Durst erinnert mich an Johannes 6.35, wo Jesus sagt: „Ich bin das Brot des Lebens. Wer zu mir kommt, den wird nicht hungern; und wer an mich glaubt, den wird nimmermehr dürsten."

||3.31||

kūrma-nāḍyāṁ sthairyam ||

Auf *Kurma-Naḍi*: Stabilität.

kūrma-nāḍī – „Schildkröten-Kanal", *Bifurcatio tracheae,* Luftröhrengabel, ; *kūrma* – Schildkröte; ein Körperwind; *nāḍī* – Röhre, Kanal, Energiekanal.
sthairya – Standhaftigkeit, Stabilität, Unbeweglichkeit, Dauerhaftigkeit, Ausdauer, Festigkeit; von *sthira* – unbeweglich, standhaft, fest, straff; von *sthā* – stehen, stillstehen, stehenbleiben.

Kurma-Nadi, wörtlich der „Schildkröten-Kanal“, ist wahrscheinlich die Luftröhrengabel, die Verzweigung der Luftröhre in die Bronchien, wo wir den Atem nicht mehr als Luftstrom von außen, sondern als Teil unserer Innenwelt empfinden. Haben Sie sich nicht schon einmal gewundert, wie der Sauerstoff der Luft ständig in unseren Organismus aufgenommen und in unsere Zellen integriert wird? Im Atemvorgang erleben wir jeden Augenblick das Wunder der Verwandlung von Außen- zu Innenwelt. Der Atem ist auch unmittelbar mit unserem Erregungszustand verbunden: Bei Aufregung atmen wir heftig, bei Erleichterung atmen wir tief aus, in Ruhe geht der Atem gleichmäßig, langsam und leise. Es ist also verständlich, dass die Bindung des Geistes an *Kurma-Nadi* unseren Organismus beruhigt, festigt und stabilisiert.

Beruhigung der Geisteswellen

Kürzlich hatte ich mit dieser Technik folgende Erfahrung: Ich merkte, wie mir viele Gedanken durch den Kopf schwirrten, und sah meinen Geist wie eine wild bewegte Wasseroberfläche. Da erschienen zwei Hände und glätteten die Oberfläche wie eine Mutter, die eine Tischdecke gerade zieht, bis das Wasser spiegelglatt war. Gleichzeitig begann es in meiner Stirn zu kitzeln, was ich häufig in der Meditation spüre. Der Wasserspiegel dehnte sich aus und setzte sich rings um meinen Kopf in alle Richtungen fort. Ich wurde still wie in tiefer Meditation. Dann sah ich feine Bläschen aufsteigen wie Luftblasen in einem Aquarium. Sie waren so fein und zart, dass sie kaum Wellen an der Oberfläche erzeugten. Das Wasser bewegte sich nur so minimal, dass es sich deutlich von einer leblosen Glasplatte unterschied. Und ich konnte die feinen Bläschen bis zu ihrem Entstehungspunkt zurückverfolgen.

Dieses Bild machte mir klar, dass mein Geist völlig ruhig und gleichzeitig auf feiner Ebene aktiv war. Dies war das erste Mal, dass ich bei dieser Technik ein Bild vor Augen sah.

Ein andermal wanderte meine Aufmerksamkeit in die Lunge, und die Atmung wurde immer ruhiger. Da wurde mir bewusst, dass Ruhe mit der Fähigkeit verbunden ist, gleichmäßig zu atmen. Ich atmete immer weniger, bis der Atem völlig still stand. Ich hatte keinerlei Bedürfnis einzuatmen. In der Zeit des Atemstillstands kam mein Stoffwechsel vollkommen zur Ruhe, mein Geist war ruhig und hellwach. Als ich das nächste Mal diese Technik begann, ließ ich ganz langsam die Luft ausströmen und hielt lange das Gleichgewicht, wobei mein Körper völlig ruhig wurde.

Im Alltag spüre ich die Wirkung dieser Technik seit langem. Bei geistiger Arbeit bleibt mein Kopf klar und wird nicht mehr so überschattet vom Strudel überschäumender Ideen. Ich mache mich einfach Schritt für Schritt an die Verwirklichung. Falls Widerstände oder Reibungen auftauchen, lasse ich locker und warte ab. Nach einiger Zeit ergibt sich vielleicht eine neue Gelegenheit, ein anderer Weg oder sogar eine bessere Idee, das Ziel zu erreichen. Aus Erfahrung weiß ich ja, dass evolutionäre Ideen ihre eigene Zeit haben, in der sie verwirklicht werden wollen.

Je mehr Hektik und Trubel um mich herum herrscht, desto ruhiger werde ich als Gegenpol und desto mehr betrachte ich mein Umfeld als unbeteiligter Beobachter. Früher wurde ich immer unruhig, wenn es um mich herum zu still war. Ich konnte nicht allein im Zimmer bleiben und mischte mich auf der Suche nach Geselligkeit unter die Menge. Heute kann ich mich stundenlang allein mit meiner Innenwelt beschäftigen und das innere Glücksgefühl auf vielfältige Art ausdrücken. Je tiefer die Stille in mir, desto erfreulicher und kreativer ist der Schaffensprozess.

||3.32||

mūrdha-jyotiṣi siddha-darśanam ||

Auf Kopf-Licht: *Siddha-Darshan.*

mūrdhan – Kopf, Stirn, Schädel; das Vorderste, Höchste.
jyotiṣi – auf das Licht.
siddha – verwirklicht, vollendet; *Siddha*, vollendetes Wesen, Heiliger.
darśana – *Darshan*, Sehen, Erblicken, Wahrnehmen.

„*Murdhan*“ bedeutet Kopf, auch in der übertragenen Bedeutung das Höchste oder Vorderste, daher innerhalb des Kopfes auch Stirn, Schädeldecke oder Scheitelpunkt. Wo wir also das Licht im Kopf sehen, liegt an unserer persönlichen Erfahrung. Sanyama auf das Licht im Kopf bewirkt die Sicht der Siddhas, der vollendeten Wesen, seien es alte Meister, Maharishis, lebende Heilige, Engel oder andere himmlische Wesen. Die Form, in der uns diese Wesen erscheinen, ist jedoch keine objektive Wirklichkeit, sondern richtet sich nach unseren Vorlieben, Wünschen und kulturellen Prägungen. Ein Christ sieht die „Göttin der Weisheit" sicher anders als ein Hindu, ein Indianer oder ein Angehöriger der australischen Aborigines.

Licht im Kopf durch Glockenschwung

Wie bereits zu Sutra 1.2 beschrieben, war das Licht im Kopf meine allererste frühkindliche Erfahrung, die ich beim Schaukeln in der Wiege erlebte. Das Schaukeln brachte die Glocke zum Schwingen, die mich beruhigte und mit innerem Glücksgefühl erfüllte. Manchmal schwang der Klöppel vom Scheitel bis zur Sohle, manchmal zwischen Stirn und Hinterkopf, immer aber war das Schwingen mit einem angenehmen Klang und mit Energie verbunden. Erst wenn es im Kopf hell und weit wurde und ich auf den Daunenfeldern des Himmels gelandet war, konnte ich einschlafen. Der Besuch der himmlischen Welt gehörte jahrelang zu meinem täglichen Einschlafritual, bis ich in die Schule kam und das himmlische Licht langsam vergaß.

Die Erinnerung daran erwachte erst wieder, als ich Transzendentale Meditation erlernte und das Mantra dieselbe Wirkung wie das Wiegen hatte: Es wurde wieder hell im Kopf, Geist und Körper wurden ruhig, die Gedanken wurden energiegeladen und wie durch Magnetismus geordnet.

Der Soma-Bulle über der Lehmhütte

Als Maharishi im Oktober 1981 den „Tausendköpfigen Puruscha" gründete, eine Gruppe alleinstehender Männer, die sich langen Meditationen und dem TM-Sidhi-Programm widmeten, war ich gerade bei einem Meditationslehrer auf Sri Lanka, der die buddhistische Bevölkerung in Transzendentale Meditation einführte. Auf dessen Kokosplantage baute ich mir eine Lehmhütte, in der ich von Silvester bis Ostern 1982 eine längere Schweigezeit einlegte. In den Lehm der Hütte ritzte ich Hymnen an Soma aus dem Neunten Mandala des

Rik-Veda, das ich begonnen hatte neu zu übersetzen. Und oft, wenn ich mich der Lehmhütte näherte, sah ich über der Hütte einen rötlichen, kräftig schnaubenden Bullen in der Luft. So erschien mir der im Neunten Mandala beschriebene Soma-Bulle, der mir in dieser Zeit einen ständigen Fluss von Liedern, Texten und Gedichten schenkte.

Erscheinung von Nacht und Morgenröte

Kurz nach meiner Schweigezeit auf Sri Lanka trat ich der Puruscha-Gruppe in Boppard am Rhein bei und hörte, wie Maharishi in einem Meeting beiläufig erwähnte, dass wir unsere Zeit nicht mit oberflächlichem Gerede verschwenden sollten, wenn wir doch die Möglichkeit hätten, uns innerlich mit Vyasa, Patañjali und anderen Weisen zu unterhalten. Also rief ich vor dem Schlafengehen als erstes innerlich die Göttin der Nacht herbei, um zu sehen, ob ich eine Antwort bekäme. Leider geschah zunächst so gut wie nichts. Ich sah weder ein Bild noch hörte ich eine Stimme im Kopf. Aber ich gab nicht auf.

Ich begann, der Nacht Loblieder zu singen und Verse zu dichten, und schließlich lugte hinter einer Ecke eine scheue, schlanke junge Frau hervor, mit bleichem Gesicht, tiefschwarzen Augen und einem langen schwarzen Zopf. Ich war glücklich und bat sie, mir die Gesetze der Nacht zu erklären, und sie schilderte mir die Unterschiede zwischen Anfang, Mitte und Ende der Nacht. Ihre tiefste Wirkung liegt in der Mitte, wo die Menschen am tiefsten in sich selbst eintauchen und sich ihre intimsten Wünsche erfüllen, sei es im Traum, in einer Liebesnacht oder unbeobachtet als Verbrecher in dunklen Gassen.

Ich fragte sie, ob sie jedem in dieser Form erschiene, und erfuhr, dass die Form, in der uns die Devatas, die feinstofflichen Verkörperungen von Naturgesetzen, erscheinen, vom Wunsch und von der Vorstellung des Beobachters abhinge.

Das Gleiche gilt für die Sprache, in der sie mit uns reden, denn die Unterhaltung in unserem Geist hat schließlich nur den Zweck, eine Botschaft zu übermitteln, die wir verstehen können. Als ich das Erlebnis am nächsten Tag einem Freund schilderte, meinte er, genau die gleiche Antwort habe er vor Kurzem von Maharishi gehört: Die Erscheinungsform der Devatas richte sich nach dem Wunsch des Betrachters.

Nach dieser Begegnung mit der Nacht schlief ich glücklich ein wie früher als Kind, und morgens hatte ich den Wunsch, die Morgenröte zu sehen, die im Rik-Veda als sinnliches und freizügiges Weib beschrieben wird. Ich begann auch für sie, Lieder und Lobeshymnen zu singen, und sie erschien mir als vollbusige Rothaarige mit wilder Mähne. Mein Körper erschien mir durchsichtig, mit sieben rosa Lotusblüten entlang der Wirbelsäule, die zum Teil noch geschlossen waren. *Uschas*, die Morgenröte, beträufelte die Blütenblätter mit Tau und begann, sie mit weichen Händen zu massieren und glattzustreichen, bis sich die Knospen öffneten. Das war mit einer so wohligen Wärme und einem so zarten Kitzel verbunden, dass ich von da an jeden Abend die Nacht und jeden Morgen die Morgenröte herbeirief, bis unser Aufenthalt in Boppard durch eine Reise nach Amerika unterbrochen wurde.

Ganesh vertreibt die Rakschasas

Zum Jahreswechsel 1983/84 kamen an der Maharishi International University in Fairfield, Iowa, USA, über 7.000 Sidhas und Meditierende zusammen, um der Welt durch Erzeugen von Gruppenkohärenz einen Vorgeschmack auf Utopia zu geben. Als wir alle zusammen im „Golden Dome" meditierten, machte ich manchmal während der Meditation die Augen auf und hatte das Gefühl, unter der Saaldecke schwebten Engel von einer Ecke in die andere. Es war kein sichtbares Bild, sondern eine Art „gefühltes Sehen", verbunden mit leise raschelndem Flügelschlag. Dieses „gefühlte Sehen" beschrieb auch ein anderer Kursteilnehmer, als er erklärte, wie er feinstoffliche Wesen durch visuelles Fühlen wahrnehmen könne.

Ein halbes Jahr später führte die Puruscha-Gruppe auf den Philippinen in einem Gefängnis an einem einzigen Tag 2000 Häftlinge in die Transzendentale Meditation ein. In jede Zelle ging je ein Meditationslehrer und unterrichtete die Gefangenen.

Als ich auf dem Gefängnisgelände in den Himmel schaute, sah ich einen riesigen *Ganesh*, der wie ein Wilder hin und her sprang und die *Rakschasas*, die Verkörperungen unguter Gedanken, mit kräftigen Fußtritten vom Gelände vertrieb. Dieses Bild sah so lustig aus und erschien so deutlich vor meinem inneren Auge, dass ich mich noch heute, 35 Jahre danach, an jede Einzelheit erinnere.

In Gefängnissen herrscht oft eine geballte Atmosphäre von Stress, weil viele Gesetzesbrecher auf engstem Raum zusammenleben und keiner dem anderen über den Weg traut. Das ist für die negativen Geisteskräfte, die wir *Rakschasas* nennen, ein gefundenes Fressen.

Dadurch, dass das gesamte Gefängnis an einem Tag anfing zu meditieren, wurden diese Kräfte entwurzelt, und sie schwirrten aufgeregt über dem Gelände durch die Luft. Als Vertreter der Vedischen Tradition, der für die Beseitigung von Hindernissen und für die Reinigung der Atmosphäre sorgte, trat *Ganesh* auf, der gleichzeitig der Hofnarr der Götter ist, und trat den *Rakschasas* mit sichtlicher Freude kräftig in den Hintern.

||3.33||

prātibhād vā sarvam ||

Oder durch Intuition: alles.

prātibhāt – durch Intuition, schnelles Begreifen.
vā – oder, auch.
sarvam – alles.

Falls Sie gerade wegen der vielen Sanyama-Bereiche aufstöhnen wollten, können Sie jetzt wieder aufatmen: Mit guter Intuition lassen sich alle bisher beschriebenen Wirkungen auch ohne Sanyama erreichen. Viele meiner Erfahrungen, die ich der Übersicht halber einem bestimmten Sutra zugeordnet habe, hatte ich aufgrund der regelmäßigen Erfahrung von Samadhi einfach während der Meditation.

||3.34||

hṛdaye citta-saṁvit ||

Auf das Herz: Geist verstehen.

hṛdaye – auf das Herz.
citta – Geist.
saṁvit – verstehen, wahrnehmen, Zusammenschau, Erkenntnis, Einverständnis, Übereinkunft; *sam-* zusammen, *vid* wissen, erkennen.

Heimkehr ins eigene Herz

In der Katha-Upanischad erklärt Yama dem Naciketas, dass Brahman, die Ganzheit, daumengroß in unserem Herzen wohnt. Daran musste ich denken, nachdem ich am 3.10.1983 in der Nacht zu meinem Geburtstag folgende Erfahrung hatte.

Kurz nach vier Uhr morgens, zur Stunde meiner Geburt, wachte ich auf und hörte in mir die Stimme des Meisters. Sie leitete meine Aufmerksamkeit nach innen und wurde immer höher und leiser, bis sie wie Vogelzwitschern und schließlich fast unhörbar klang und meine Wahrnehmung auf eine immer feinere Schwingungsebene hob. Diese kaum hörbare Schwingung führte mich immer tiefer nach innen bis in die Kammer meines Herzens. Es war aber kein Herz, sondern ein großes Gebäude, das „Heim allen Wissens". Dort saßen am Tisch meine göttlichen „Eltern" – der Schöpfer und die Schöpferin, oder in Begriffen des Yoga: das Transzendentale Bewusstsein, Puruscha, und Prakriti, seine ausgedrückte Natur. Sie begrüßten mich herzlich und freuten sich, dass der verlorene Sohn endlich den Weg zurück ins Heim allen Wissens gefunden hatte.

Staunend erfuhr ich, dass mein grobstofflicher Körper nur eine Illusion auf einem groben Frequenzbereich sei, den ich gerade transzendiert hätte. Innerhalb des Herzens gäbe es keine Körper aus Fleisch und Blut, sondern eine feinstoffliche Landschaft mit personifizierten Naturgesetzen und eine viel abstraktere Entstehungsgeschichte der Schöpfung als auf den grobstofflichen Ebenen, die von Physik, Chemie, Biologie etc. untersucht würden. Die einzige westliche Wissenschaft, die diesen abstrakten Bereich des Bewusstseins untersuche und exakt formulieren könne, sei die altehrwürdige

Königin der Wissenschaft und Künste, die Mathematik. Und ich wurde eingewiesen in die Gesetzmäßigkeiten des vedisch-mathematischen Mandalas, das den Kreislauf der Schöpfung zwischen Bewusstsein und Materie beschreibt und bald in einer eigenen Publikation dargelegt wird.

||3.35||

sattva-puruṣāyor atyantāsaṁkīrṇayoḥ pratyayāviśeṣo bhogaḥ parārthatvāt svārtha-saṁyamāt puruṣa-jñānam ||

Durch Zweckgerichtetheit auf Fremdes unterscheidet der weltliche Genuss nicht zwischen *Sattva* und dem unendlichen *Puruscha,* die unvermischt sind. Durch Sanyama auf Selbstzweck: Puruscha-Wissen.

sattva – Sein, Realität, Geist, Einheit, Wesen, Essenz, Natur, Charakter.
puruṣāyoḥ – zwischen *Puruscha.*
atyanta – über das Ende hinaus, endlos, übermäßig, *ati* jenseits, *anta* Ende.
asaṁkīrṇayoḥ – zwischen den Unvermischten, nicht Unreinen.
pratyaya – Verständnis, Gewissheit, Vorstellung; Grund, Ursache, Mittel.
aviśeṣo – ununterschieden.
bhogaḥ – Nutzen, (weltlicher) Genuss, Gebrauch.
para – weiterhin, ferner, jenseitig, verschieden, fern, weit, anders, höchst.
arthatvāt – durch Zweckgerichtetheit; *artha* Ziel, Zweck, -*tva* -heit.
svārtha – Selbstzweck, *sva* selbst, *artha* Zweck.
saṁyamāt – durch *Sanyama.*
puruṣa – *Puruscha.*
jñānam – Wissen.

Unter Sattva ist hier das Sein zu verstehen, der feinste Aspekt unseres relativen Daseins. Puruscha dagegen ist das transzendente Selbst, das laut Puruscha-Sukta „die Welt allseits durchdringt und um zehn Finger überragt." [*9] Sattwa schenkt uns den Genuss der relativen Existenz, hat also den Zweck, uns die äußere Welt angenehm erfahren zu lassen. Puruscha dagegen ist das selbstgenügsame Reine Bewusstsein, das um seiner Selbst willen existiert und nichts anderes als sich selbst bezweckt. Das Wissen von Puruscha entfaltet sich, wenn wir unsere Aufmerksamkeit auf den unterschiedlichen

Zweck dieser beiden abstrakten Begriffe lenken. Im Sommer 1987 erlebte ich an der MERU in Vlodrop, Holland, in lebendigen Bildern, wie es sich anfühlt, wenn mein Bewusstsein den Bereich der Schöpfung überschreitet und wieder an seinem Ausgangspunkt landet, an dem meine individuelle Existenz begonnen hat. Anschließend fasste ich dieses Erlebnis in folgende Worte.

Meine Erfahrung von „*Aham Brahmasmi*"

Während ich abends im Bett lag, spürte ich, wie sich mein Bewusstsein ausdehnte, bis ich mich wie der weite, funkelnde Sternenhimmel fühlte. Am nächsten Morgen sah ich während des Duschens den Erdball wie ein winziges Sandkörnchen vor mir, und mein Körper füllte fast das gesamte Universum aus. Schräg über mir war im Sternenzelt ein helles Loch, aus dem weißes Licht in die kleine Dachstube meines Universums fiel und meine Welt beleuchtete.

Dieses Loch ähnelte der Struktur eines vedischen Mandalas und erschien mir wie das Steuerrad der Zeit. Wenn ich an diesem Rad drehen könnte, würde sich die ganze Weltgeschichte weiterdrehen. Die kleinste Drehung an diesem Steuerrad hätte eine große Wirkung auf die Zeitgeschichte. Das Loch erschien mir wie das Tor zum Himmel, von dem Goethe in Faust I im Vorspiel auf dem Theater sagt:

Verhülle mir das wogende Gedränge,
Das wider Willen uns zum Strudel zieht.
Nein, führe mich zur stillen Himmelsenge,
Wo nur dem Dichter reine Freude blüht; [...]
Was sich die Lippe schüchtern vorgelallt, [...]
verschlingt des wilden Augenblicks Gewalt.

Später, als ich mit dem TM-Sidhi-Programm begann, sah ich wieder dieses weiße Loch. Als ich mich ihm näherte, wurden seine Ränder zu runden Lippen, und es erschien mir wie der Mund Brahmans. Ich hörte einen Summton wie „mmm", und als sich die Lippen öffneten, wurde ich in diesen Mund hineingesogen und verfolgte im Inneren, wie der Mund die einzelnen Laute des Wortes „*madriadrik*" aussprach. Dieses Wort kannte ich aus dem Rik Veda 6,22,11, wo es „zu mir her" oder „zu mir zurück" bedeutet.

Und von einem Laut zum anderen wurde ich immer weiter nach innen gezogen. Durch diesen Vorgang konnte ich unmittelbar verfolgen, wie Bedeutung und Wirkung der Sprachlaute durch die Art der Artikulation entstehen, durch die Lage und Bewegung der Lippen, Zähne, Zunge, des Zäpfchens etc. Der eine Konsonant verband, der andere trennte, ein Vokal erzeugte weißes Licht, andere gelbes, grünes, rotes, dunkelblaues und so fort. Als ich am hinteren Gaumen angelangt war, hörte ich „ik", und der Mund Brahmans hatte mich verschluckt. In diesem Augenblick kam mir der vedische Ausdruck in den Sinn, der Schöpfer sei der alles Verschlingende, da er die ganze aus ihm entstandene Schöpfung schließlich wieder verschlinge und in sich selbst zurückführe.

Sobald ich im Schöpfer gelandet war, verschmolz ich mit ihm und sah das Geschehen aus der genau entgegengesetzten Richtung: Plötzlich war ich nicht mehr der Verschluckte, sondern derjenige, der seine eigene Projektion verschluckt hatte, seine eigene Vorstellung, die als kleines Individuum durch die Weltgeschichte spaziert und nun wieder zu ihrem Ausgangspunkt zurückgekehrt war. Ich hatte den Helden meiner eigenen Geschichte verschluckt. Ich war nicht mehr die erzählte Romanfigur, sondern der Erzähler dieser Weltgeschichte, der die Gesetze der Geschichte selbst bestimmt.

Nach dieser traumhaften Erfahrung fühlte ich mich wie ein Zweimalgeborener. Ich erinnerte mich an die Zeit, als ich anfing zu meditieren und den Wunsch hatte, zurück zu meinem Ursprung zu finden und alle Unreinheiten zu löschen, die sich im Laufe meines Lebens angesammelt hatten. Ich wollte wieder das unbeschriebene Blatt werden, das ich vor meiner Wanderschaft durch diese Schöpfung gewesen war. Und ich musste an den Ausspruch von Jesus in Mathäus 18,3 denken: „*Wenn ihr nicht umkehrt und werdet wie die Kinder, so werdet ihr nicht ins Himmelreich kommen.*"

Ich hatte das Gefühl, auf einer neuen Realitätsebene geboren zu sein, in der Größenordnung, wo ganze Universen wie Individuen zusammenleben. Meine Vorstellungskraft hatte die Grenze meines eigenen Universums, in dem ich bisher gefangen gewesen war, erreicht und gesprengt wie ein Küken, das nach dem Ausbrüten mit dem Eizahn die harte Eierschale durchbricht, um in einer neuen Wirklichkeit geboren zu werden. Diese harte Eierschale war die Grenze meiner bisherigen Vorstellungskraft. Das

Universum, das ich bisher als meine Außenwelt betrachtet hatte, war nichts anderes als das Ei oder der Mutterschoß, in dem meine Vorstellungskraft wachsen konnte, bis sie reif war für die Neugeburt. In dem Augenblick, wo sie an ihre eigene Grenze stieß, platzte die Seifenblase und entließ mich in die nächsthöhere Größenordnung. Seit diesem Erlebnis lebte ich gleichzeitig in zwei Welten mit unterschiedlichen Maßstäben. Auf einmal verstand ich den Satz von Deepak Chopra: „In jedem von uns schlummert ein Gott oder eine Göttin mit dem Wunsch, geboren zu werden."

Ich fühlte mich wie eine hohle russische Matrjoschka mit ineinandergeschachtelten Matrjoschkas in vielen Größen. Sobald unser Bewusstsein seinen bisherigen Bezugsrahmen sprengt, erlebt es eine neue Realitätsebene. In der Katha Upanischad 1.2.20 heißt es, das Selbst sei *„anor aniyan mahato mahiyan* – kleiner als das Kleinste und größer als das Größte". Und auch der Vers aus dem Puruscha-Sukta [*9] bekam für mich eine neue Bedeutung: *„Tausend Köpfe hat Puruscha, tausend Augen, tausend Füße, er umringt allseits die Welt und überragt sie um zehn Finger."*

Da Puruscha unser tiefstes, transzendentales Selbst darstellt, das uns alle im Innersten belebt, wurde mir auch immer deutlicher die absurde Tatsache bewusst, dass sich jeder von uns als „Ich" bezeichnet und trotzdem glaubt, dass sein „Ich" vollkommen unterschiedlich von dem ist, was andere als „Ich" bezeichnen. Obwohl es doch eigentlich logisch wäre, dass dieselbe Bezeichnung auch ein und dasselbe meint. Mir wurde bewusst, dass alle Geschöpfe zusammen dieser „tausendköpfige Puruscha" sind, der diese relative Welt aus tausend Augen sieht und die vielfältigen Blickpunkte in tausend Stimmen aus tausend Mündern erklingen lässt.

Einmal öffnete ich während der Meditation die Augen und dachte: „Tatsächlich, ich bin der uralte Denker, der alles dieses ersinnt." Es war ein majestätisches Gefühl, als wäre ich nach Hause zurückgekehrt in meinen uralten Palast. Und ich fühlte mich riesig wie ein gewaltiger Berg. Dieses Gefühl der Ausdehnung habe ich jetzt häufig morgens beim Duschen, wenn ich nach vedischer Tradition mit einem Wasserguss die verschiedenen Wesen der Welten befriede. Wenn ich durch den Wald laufe, fühle ich mich manchmal mächtig wie ein Elefant, und wenn ich mit anderen spreche, kommt es mir vor, als unterhielten sich zwei Könige. Während ich auf der physischen Ebene durch die Welt laufe, sind die anderen Schichten des

Seins nicht vergessen. Ich blicke durch den Blätterteig der Ebenen. Während ich mich mit einem Freund unterhalte, bleibt die helle Himmelswiese im Inneren erhalten. Während sich mein Körper bewegt, ruht mein Bewusstsein gleichzeitig friedvoll in der stillen Kammer meines Herzens.

Oft empfinde ich mich als bloßes Sprachrohr des kollektiven Bewusstseins. Als Sprachrohr der Puruscha-Gruppe, als Sprachrohr meiner Nation, meiner Generation oder des großen kosmischen Selbst. Dieser Bericht über die ersten Kostproben der TM-Sidhis zum Beispiel drückt sicher auch die Erfahrungen von vielen anderen Puruscha-Mitgliedern aus, vor allem von den stillen Seelen, die sich gewöhnlich weniger lautstark zu Worte melden.

Und er drückt sicher auch das Erwachen all derer aus, die diesen Bericht gerade lesen und sich dabei an tiefere Schichten ihres eigenen Bewusstseins erinnern, die sie bisher nur als leise Ahnung in sich aufdämmern sahen.

Wenn ich mir die Frage stelle: „Wer bin ich?" kommt die Antwort: „Ich bin alle von uns." Ich bin alle von uns, die dieses Leben auf Erden teilen, um diesen Planeten zu neuer Glorie zu führen, damit die Spezies, die Gott zu seinem Ebenbild erschaffen hat, wieder ihr altes Hohelied erschallen lassen kann. Sich als das kosmische Selbst zu fühlen ist weitaus angenehmer als das Gefühl, ein kleines, isoliertes Individuum zu sein. Es ist wie baden im Meer der Glückseligkeit, sprechen aus dem Meer des Klangs und neue Einsichten schöpfen aus dem Milchmeer der Weisheit, um die ganze Schöpfung wieder mit Wissen, Witz und Liebe zu ihrer eigenen Glückseligkeit zurückzuführen. Meine Beziehung zur Umwelt ist seither viel liebevoller geworden.

Mein eigenes Wünschen ist identisch mit dem Wunsch der Natur, der sich im Wirken der Evolution ausdrückt. Die Maxime des Handelns ist ganz einfach geworden: Folge dem Weg des Glücks! Wenn ich mich bei einer Tätigkeit glücklich fühle, dann habe ich das Gefühl, richtig und evolutionsfördernd zu handeln. Und da Glück der stärkste und angenehmste Lebensantrieb ist, habe ich keine Neigung, diesen Pfad zu verlassen, der unser Leben lenkt, sobald wir mit der allmächtigen Kraft der Evolution verschmelzen.

Ich kann nur meine tiefe Dankbarkeit gegenüber Maharishi und der Tradition der Meister ausdrücken, die uns das Wissen und die Technologie gaben, um den Weg zurück nach Hause zu finden und zu erkennen, wer wir wirklich sind: das kosmische Selbst, das aus jedem unserer Münder spricht: „Ich bin Ich", und dabei merkt: „Ich bin alle von uns."

Das goldene Ich in mir,
das die Nacht über scheint
und mich und dich wonniglich eint,
dies Licht sind wir. [*1]

||3.36||

tataḥ prātibha-śrāvaṇa-vedanādarśāsvāda-vārtā jāyante ||

Dadurch entfalten sich Intuition,
Hören, Fühlen, Sehen, Schmecken, Riechen.

tataḥ – daher, daraus, dadurch, von dort.
prātibha – Intuition, schnelles Begreifen.
śrāvaṇa – Hören, Gehörtes.
vedana – Fühlen, Empfinden, Schmerzempfindung.
ādarśa – Sehen, Erblicken, Spiegel.
āsvāda – Schmecken, Kosten, Geschmack, Genuss.
vārtāḥ – Riechen, *vā* wehen, riechen, Geruch ausströmen, ausdünsten.
jāyante – sie werden geboren, entstehen, wachsen, entfalten sich.

Je mehr wir das Wissen von *Puruscha* und die Unterscheidung zu *Sattva* beleben, desto deutlicher entfalten sich unsere Intuition und unsere Sinne.

Verfeinerte Intuition

Zur richtigen Zeit den richtigen Einfall haben, das war die Wirkung, die ich durch die TM-Sidhi-Technik für Intuition immer deutlicher spürte. Wenn ich jemanden anrief, hörte ich oft: „Das trifft sich gut. Ich bin gerade zur Tür herein und wollte mich bei dir melden."

Über Jahre merkte ich, wie sich diese Synchronisation mit meiner Umwelt, die als angenehme Kohärenz empfunden wurde, immer deutlicher und präziser einstellte. Immer öfter hörte ich den Satz: „Toll. Wir liegen auf derselben Wellenlänge."

Während der Anwendung des Sutras kamen mir überraschende Einsichten, praktische Lösungen, klare Formulierungen, oder es stiegen Verse aus der Tiefe, die ich gleich nach dem Programm zu Papier brachte.

Die Lücke zwischen Worten spannt
die Brücke zu den Orten,
wo Stille spricht.
Wo sich die Fülle bricht,
wird Klang erkannt.

Im tiefen Meer der Stille
birgt sich des Klanges Fülle
im Ebenmaß.

Wer lauschen kann und schweigen,
dem zeiget sich der Reigen,
den er vergaß.

Dem spannet sich die Brücke
im Summen dieser Lücke
von Wort zu Wort.

Denn aus dem Urgedächtnis
spinnt ewiges Vermächtnis
sich fort und fort.

Etwa ein Jahr, nachdem ich der Purusha-Gruppe beigetreten war, erlebte ich, wie das Wissen, das in der Tiefe des Bewusstseins an der Grenze zur Transzendenz gespeichert ist, sich in mathematischer Präzision in meinem Geist zu entfalten begann. Im Sommer 1983 strukturierte Maharishi an der MERU in Boppard am Rhein Studiengruppen zur Erforschung der vedischen und der modernen, westlichen Wissenschaften. Jede Studiengruppe sollte zehn Teilnehmer haben, daher wurde die Bestuhlung im Vortragssaal in Zehnergruppen für die verschiedenen Disziplinen angeordnet. Da ich begonnen hatte, den Rik Veda neu zu übersetzen, wählte ich die Studiengruppe Veda-Mantra, die sich schnell mit zehn Teilnehmern füllte. Daneben aber gähnten zehn leere Stühle für die Studiengruppe Mathematik.

Als Maharishi die zehn leeren Stühle sah, fragte er: „Interessiert sich denn niemand für die Wissenschaft der Präzision?“

Dieser Ausdruck klang für mich so verlockend, dass ich dachte, ein Training in Präzision könnte sicher nicht schaden, wenn ich die Ebene der vedischen Mantras besser verstehen wollte. Denn das Studienziel war unter anderem, unser Bewusstsein auf die feine Ebene anzuheben, auf der die früheren Seher die Sutras formuliert und die vedischen Mantras geschaut hatten. Also setzte ich mich als erster auf einen der zehn leeren Stühle, bis sich die Gruppe zögernd ebenfalls gefüllt hatte.

Nachdem sich die Gruppen nach den Vorlieben der Teilnehmer gebildet hatten, gab Maharishi den vedischen Studiengruppen eine Studienanleitung, die mich sofort neidisch machte und mich fast bereuen ließ, die Gruppe gewechselt zu haben. Er sagte: „Kümmert euch nicht um die Schriften eurer Disziplin, sondern studiert ihren Namen. Analysiert alle Einzelteile des Namens und schaut im Wörterbuch nach der Bedeutung der Wurzeln, denn der Name enthält das Wissen der Disziplin in Samenform."

Diese Klanganalyse ist im Vedastudium durchaus üblich, da Klang und Bedeutung im Sanskrit eine sehr enge Beziehung aufweisen. Was aber sollte ich mit dem Namen der Mathematik anfangen, der offensichtlich nicht aus dem Sanskrit, sondern aus dem Griechischen kam?

Als ich jedoch diesen Namen einmal spielerisch genauer unter die Lupe nahm, entdeckte ich verblüfft darin immer mehr Wörter aus verschiedenen Sprachen, aus Griechisch, Sanskrit, Deutsch, Französisch, und diese Wörter bildeten Sätze, die echtes vedisches Wissen offenbarten.

Dabei wurde mir bewusst, dass die Wörter *Veda* und *Mathema* fast Synonyme waren. Während *Veda* reines Wissen bedeutet, das den Wissenden, den Wissensprozess und das Gewusste einschließt, bedeutet *Mathema* im Griechischen gleichzeitig Lernen, Lehren und Unterricht, gleichzeitig Wissen und Erfahrung, gleichzeitig Wissenschaft und Kunst.

Eines Tages, als ich gerade vom Speiseraum in mein Zimmer gehen wollte, spukte mir einer dieser Sätze wie ein Ohrwurm durch den Kopf, und die Klangfolge Mathematik wölbte sich plötzlich vor meinem inneren Auge vorwärts und rückwärts zu einem spiegelsymmetrischen Kreis in der Form eines vedischen Mandalas. Oft genug hatte uns Maharishi die Struktur der vedischen *Mandalas* erklärt, die den Kreislauf der Schöpfung zwischen Manifest und Unmanifest darstellten, zwischen Außen- und Innenwelt, zwischen Bewusstsein und Materie. Im Laufe der Jahre offenbarte mir meine ständige Beobachtung dieses mathematischen Mandalas die Hymnen der Mathematik in einer Sprache, die in seinem Namen enthalten ist.

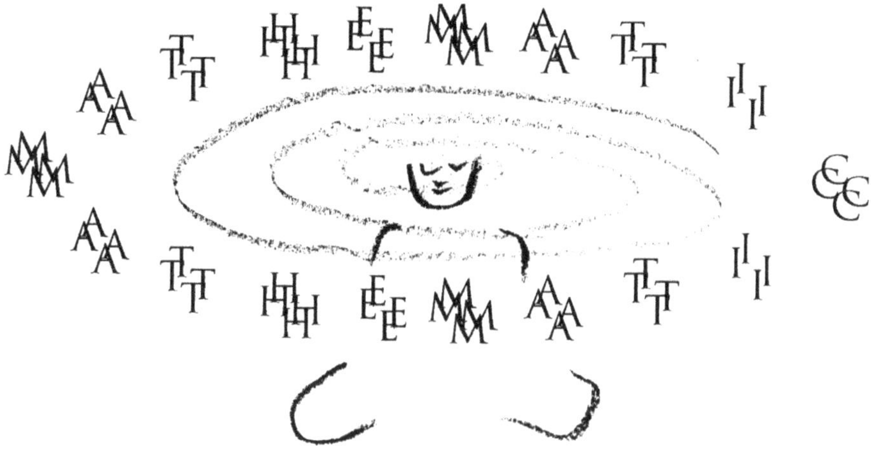

So wie die Erkenntnis des Veda zur Erkenntnis der *Vedangas* führte, – der Glieder des Veda *Shiksha, Chandas, Vyakaran, Nirukta* usw. - so führte die kontinuierliche Erforschung des mathematischen Mandalas im Laufe der Jahre zur Entfaltung einer eigenen Sprache mit Phonetik, Metrik, Grammatik, Etymologie usw., die sich im Namen der Mathematik verbirgt und zu Aussagen führt, die den vedischen Mantras zum Teil zum Verwechseln ähneln. Dem bekannten vedischen Ausdruck *„purnam adah, purnam idam – Jenes (Unmanifeste) ist Fülle, dies (Manifeste) ist Fülle“* entspricht in mathematischer Namensprache der Ausdruck:

Ehtà Mathê, Matìk idàm.
Dies ist Mathê (Materie, die objektive Außenwelt),
Matìk (Geist, die subjektive Innenwelt) ist dies.
Mathê emât e Matikît.
Mathê entsteht aus Matìk.
Mathem, Matikit amehtam, Matik îki tamêht.
Materie, des Geistes Nachbildung, verdichtet der Geist in sich.

Diese Wissensentfaltung ähnelte genau dem Prozess des Sanyama: Während ich meinen Geist an die Struktur des mathematischen Mandalas band (YS 3.1 *Dharana*) und meine Aufmerksamkeit längere Zeit auf dieser Klangfolge ruhen ließ (YS 3.2 *Dhyana*), tauchte mein Bewusstsein in die Mitte des

Kreises, bis der sich drehende „Ereignishorizont" fast völlig wie Null erschien (YS 3.3 *Samadhi*). Dadurch wurde die Wissensschau in Gang gesetzt (YS 3.5), indem „infolge der Geistesausrichtung ähnliche Gedanken erloschen und erschienen" (YS 3.12), die zur Entdeckung der mathematischen Namenssprache und zu den Hymnen der Mathematik führte.

Verfeinerung der Sinne

Als ich mit dieser Technik begann, hatte ich noch keine Ahnung, was mit Verfeinerung der Sinne gemeint sein könnte. Ich dachte, mir würden vielleicht mitten im Zimmer Götter und Engel erscheinen. Nach einiger Zeit jedoch wurde mir klar, dass sich nicht die Objekte der Wahrnehmung, sondern die Sinnesorgane selbst verfeinerten und die normale Außenwelt in einem anderen Licht erscheinen ließen.

Ich bemerkte, wie sich mein Gehör verfeinerte und die Umwelt glorifizierte, als das Summen einer Stubenfliege um meinen Kopf plötzlich wie das Rezitieren von *Sama-Veden* klang. Das Quietschen einer Tür wurde zum vierstimmigen Frauenchor. Ein startender Motor auf der Straße oder das ablaufende Wasser in einem Ausguss spielten ein faszinierendes Trommelsolo mit Exposition, Crescendo und Höhepunkt.

Als mein Tastsinn feiner wurde, fühlte sich das Kopfkissen wie die zärtliche Berührung einer Geliebten an. Eine ruhige Kerzenflamme verströmte den Frieden des kosmischen Selbst, das sein ewiges Licht an einem windstillen Ort verbreitet. In meiner Kehle schmeckte ich den süßen Geschmack von Honig, und der Duft einer Rose war so sättigend und erfüllend, dass ich nach ausgiebigem Riechen und Schnuppern auf das Abendessen verzichten konnte. Im Blütenstand eines Gänseblümchens sah ich die kosmische Ordnung der Fibonacci-Spiralen, und mir kam ein Vers von William Blake in den Sinn, der die Verfeinerung der Sinne wunderbar zusammenfasst:

Die Welt in einem Körnchen Sand,
den Himmel in der wilden Blume sehen,
Unendlichkeit in deiner offnen Hand
und Ewigkeit im Augenblicksgeschehen. [*21]

||3.37||

te samādhāv upasargā vyutthāne siddhayaḥ ||

Diese stören im Samadhi, aber erwecken die *Sidhis*.

te – diese.
samādhau – in *Samadhi.*
upasargāḥ – Störung, Widerwärtigkeit.
vyutthāne – im Aufsteigen, Erwachen. Erwecken.
siddhayaḥ – *Sidhis*, Yogakräfte, Erfolge; *siddhi* Ankunft am Ziel, das Gelingen, In-Ordnung-Kommen, Heilwerden, Heilung, Vollkommenheit, Vollendung, Beherrschung der Natur, Zauberkraft.

Beim Meditieren können wir Samadhi ungestört erfahren. Durch die Verfeinerung der äußeren Sinneswahrnehmungen und durch Sanyama kann diese tiefe Ruhe zwar gestört werden, dafür aber erwachen in uns die Yogkräfte, die *Sidhis*. Eine andere mögliche Übersetzung wäre: Im Samadhi sind diese eine Störung, im Wachzustand sind es Sidhis.

||3.38||

bandha-kāraṇa-śaithilyāt pracāra-saṁvedanāc ca
cittasya para-śarīrāveśaḥ ||

Durch Bindungsgrund Lockern und Wander-Kenntnis des Geistes: anderen Körper betreten.

bandha – Bindung.
kāraṇa – Ursache, Grund.
śaithilyāt – durch Lockerung, Lösung.
pracāra – Bewegung, Wandern.
saṁvedanāt – durch Verstehen, Kennen, Wahrnehmen.
ca – und.
cittasya – des Geistes.
para – anders, fern.
śarīra – Körper.
āveśaḥ – eintreten.

Im normalen Wachbewusstsein ist unser Geist fest an den Körper gebunden, den er bewegt und durch den er sich ausdrückt und handelt. Der Körper ist unser Werkzeug zum Handeln wie die Axt für den Holzfäller. Solange wir Holz fällen, müssen wir die Axt festhalten. Wenn wir das Werkzeug jedoch nicht mehr brauchen, legen wir es ab. Etwas Ähnliches geschieht im Träumen und Schlafen. Der Körper muss nur ruhig atmen, während sich der Geist vom Körper löst und in Traumlandschaften spazieren geht. Diese Lockerung der Bindung von Geist und Körper kann auch während der Meditation geschehen, wenn der Körper keine andere Aufgabe hat als ruhig zu sitzen und zu atmen. Stoffwechsel und Atemfrequenz sind sogar noch stärker reduziert als im Tiefschlaf. Daher kann sich der Geist auch auf eine Astralreise außerhalb des Körpers begeben.

Shankaras Seele im Körper des Königs

Von Adi Shankara (etwa 788–820) wird folgende Geschichte erzählt: Einst wurde er von einer Frau aufgefordert, mit ihr über *Kama*, die geschlechtliche Liebe, zu diskutieren.

Da er als Mönch darüber noch nichts wusste, erbat er sich einen Monat Aufschub, ließ seinen Körper in Samadhi von seinen Schülern bewachen und sagte ihnen, sie sollten ihn suchen gehen, falls er innerhalb eines Monats nicht zurückkehre. Dann schlüpfte in den Körper eines sterbenden Königs, um sich bei dessen hundert Frauen mit dem Diskussionsthema vertraut zu machen.

Die Höflinge erkannten an seiner Intelligenz, dass im Körper ihres Königs jetzt eine höher entwickelte Seele lebte, und suchten nach dem verlassenen Körper des zauberkundigen Yogi, um diesen zu verbrennen, damit sie den neubeseelten König behalten konnten.

Als Shankara nach einem Monat nicht in seinen Körper zurückkehrte, kamen seine Schüler als Musiker verkleidet an den Königshof und sangen ihm ein Lied vor, das Shankara selbst gedichtet hatte.

Da erinnerte er sich wieder, wer er wirklich war, dankte den Musikern für ihren Wink, verließ den Körper des Königs und erreichte seinen eigenen Körper gerade noch rechtzeitig, um mit einem Regenzauber die Flammen des Scheiterhaufens zu löschen, die ihn verbrennen sollten.

Spontane Astralreise

Als ich gerade einige Monate meditierte, saß ich oft stundenlang in der Meditation, weil die Erfahrung so schön war. Einmal öffnete ich meine Augen, sah meine nackten Füße vor mir liegen, und der vor mir liegende Körper kam mir vor wie ein entseelter Leichnam. Das war ein sehr befremdendes Gefühl.

In einer anderen Meditation war ich so tief in mich versunken, dass ich wahrscheinlich völlig aufgehört hatte zu atmen. Plötzlich schwebte mein Bewusstsein über meinem Körper in der Luft und sah den Körper auf dem Sofa liegen. Mein Blickpunkt stieg weiter nach oben durch die Zimmerdecke und durchs Dach, bis ich unser Haus unter mir liegen sah. Ich hatte das Gefühl, frei durch das Dorf und über die Wälder fliegen zu können und dabei jedes Zeitgefühl zu verlieren. In diesem Augenblick musste ich an meinen Körper denken: Wie lange flog ich bereits außerhalb des Körpers durch die Luft? Was geschah mit meinem Körper, wenn man ihn reglos im Zimmer liegen sah? Plötzlich bekam ich eine Heidenangst, lebendig begraben zu werden und im geschlossenen Sarg zu erwachen. Diese Angst erzeugte einen so starken Sog zurück in den Körper, dass ich mit einem lauten Sektkorkenknall zurück schlüpfte und heftig atmend, aber heilfroh die Augen aufriss. Nach diesem Erlebnis hatte ich nie mehr den Wunsch, mit dem Geist zu wandern und meinen Körper zu verlassen.

Aus dem Körper schlüpfen bei Gefahr

Schon öfter hatte ich gehört, dass Soldaten im Augenblick der Gefahr das Gefühl haben, sich selbst von außerhalb zu beobachten und den Körper fernzulenken. Aus der Sicht des Körpers kann der Soldat nicht wissen, wo die nächste Bombe oder Handgranate einschlägt, aus einer übergeordneten kosmischen Sicht dagegen kann er den einzigen sicheren Ort wissen und den Körper in Sicherheit bringen. Ein ähnliches Erlebnis, allerdings mit einer ganz anderen Art von Gefahr, erlebte ich im Herbst 1968, als ich als schwergewichtiger „Kunsthändler" mit 36 Kilobarren Gold am Körper auf den Philippinen landete und mich unauffällig durch den Zoll schmuggeln wollte. Während ich dem Ausgang der Flughafenhalle zustrebte, hatte ich unvermittelt das Gefühl, wie ein Schauspieler auf der Bühne von allen Seiten beobachtet zu werden. In diesem Augenblick spürte ich die Gefahr und sah meinen Körper aus fünf Meter Höhe. Ich beobachtete, wie sich mehrere Zollbeamte auf mich stürzten, die unter meinem Hemd versteckten Goldbarren abtasteten und mich mit strahlendem Lächeln zum Zollchef des Flughafens führten. Der am ärgsten befürchtete Augenblick war eingetroffen. Trotzdem verspürte ich weder Angst noch Ärger noch Trauer. Im Gegenteil: Als ich wieder im Körper war, musste ich fürchterlich lachen und freute mich mit den Zöllnern über ihren Fang. Mein Kumpel, der ebenfalls geschnappt war, knurrte mich an: „Was lachst du? Merkst du nicht, was passiert ist?" – „Klar. Aber was nutzt es jetzt, sich aufzuregen? Ändern können wir es sowieso nicht mehr."

Durch den Abstand zum Geschehen ließ ich alles ohne Stress über mich ergehen und konnte die Ruhe bewahren. Als uns der Zollchef stolz erzählte, er habe uns bereits auf dem Flug von Bangkok nach Manila beobachtet und in Verdacht gehabt, und uns aus Freude über seine erfolgreiche Ermittlung galant eine Manila-Zigarre anbot, empfand ich ihn fast als einen Verbündeten. Und mit dieser Gelassenheit gelang es mir zwei Monate später, kurz vor Weihnachten als Erster von sieben geschnappten Goldschmugglern unbemerkt zu fliehen und wohlbehalten wieder in Europa anzukommen, indem ich einfach mein Ticket für den unterbrochenen Flug nach Taipeh nutzte.

Die Hummel am Fenster

Ich saß in einer Nische des Kirchenschiffs in Vlodrop und meditierte, als ich plötzlich ein lautes Summen hörte. Ich öffnete die Augen und sah eine dicke Hummel, die gegen das vier Meter hohe Glasfenster in der Nähe stieß. Ich sah, dass nur das Klappfenster ganz oben offen war und ins Freie führte. Aber wie sollte die Hummel das wissen? Ich schloss die Augen und machte mich darauf gefasst, das Brummen und Anstoßen an die Scheibe die ganze Meditation über ertragen zu müssen,

Da kam mir die Idee, die Hummel im Geiste zur oberen Luke zu führen. Ich lauschte dem Summen und stellte mir vor, ich sei die Hummel, bis ich mich deutlich gegen das Fenster stoßen sah. Dann „flog" ich in meiner Vorstellung immer weiter nach oben, bis ich oben ankam und durch das offene Klappfenster nach draußen schlüpfte. In diesem Augenblick hörte das Summen auf, und ich konnte in Ruhe weiter meditieren.

||3.39||

udāna-jayāj jala-paṅka-kaṇṭakādiṣv asaṅga utkrāntiś ca ||

Durch *Udāna*-Beherrschung: über Wasser, Sumpf, Dornen und anderes ohne Kontakt und aufsteigen.

udāna – aufwärts gerichtet; aufsteigender Atem, *ud-ana* aufsteigende Luft.
jayāt – durch Sieg, Besiegung, Beherrschung, Meisterung, Steuerung.
jala – Wasser.
paṅka – Sumpf.
kaṇṭaka –Dorn.
ādiṣu – und über andere.
asaṅgaḥ – ohne Kontakt, kontaktlos.
utkrāntiḥ – aufsteigen.
ca – und.

Udana ist laut *Ayurveda* das *Vata-Subdoscha* zur Steuerung der Körperfunktionen. Es steuert die Sprache, die Nerven, das Gehirn und die Hormone und hat seinen Sitz in der Kehle. Es ist die Energie hinter dem Sprechen, Schlafen und beim Verlassen des Körpers im Traum und nach dem Tod. Die anderen *Vata-Subdoschas*: *Prana* steuert Atem, Lungen und Atemmuskeln und hat seinen Sitz in der Brust. *Apana* steuert Ausscheidung, Sexualität, Menstruation, Geburt und hat seinen Sitz im Becken. *Samana* steuert Verdauung und hat seinen Sitz im Bauch. Und *Vyana* steuert den Blutkreislauf und das Bewegungssystem und durchfließt den ganzen Körper.

Leichtigkeit beim Treppensteigen

Im Herbst 1993 besuchten einige Puruscha-Mitglieder an der Südküste der Krim Alupka, einen Kurort etwa 200 Meter oberhalb des Strandes am Schwarzen Meer. Um nach dem Baden wieder in den Ort zu kommen, mussten wir endlos bergauf gehen und Treppen steigen. Überall sah man die schnaufenden Kurgäste der Lungensanatorien. Nachdem ich beim ersten Aufsteigen genauso geschnauft hatte, entschied ich mich, das beschwerliche Hochschleppen des Körpers ein für allemal zu beenden. Ich richtete meine Aufmerksamkeit jeweils auf den nächsten Treppenabsatz und stellte mir vor, schwerelos ans Ziel zu fliegen. Der Körper folgte dem Geist und eilte so schnell wie möglich hoch. Ich spürte keinerlei Körpergewicht, sondern nur das näherkommende Ziel. Sobald ich angekommen war, setzte ich mich auf die Mauer und wartete, bis die anderen nachgekommen waren. Dann hatte ich genügend verschnauft, um den nächsten Treppenabschnitt federleicht hoch zu eilen. Dieselbe Technik wandte ich später auch auf den steilen Waldwegen in den Heavenly Mountains in North Carolina an, wo die Puruscha-Gruppe einige Jahre lebte. Ich hatte nur das jeweilige Ziel vor Augen, von dem der Körper magisch angezogen wurde.

||3.40||

samāna-jayāj jvalanam ||

Durch *Samana*-Beherrschung: Glanz.

jayāt – durch Sieg, Besiegung, Beherrschung, Meisterung, Steuerung
jvalana – flammend, leuchtend; Feuer, Flammen, Glanz, Strahlen.

Samana ist der mittlere Atemstrom im Bauchraum, der die Verdauung regelt. Zur Verdauung brauchen wir laut Ayurveda ein gutes *Agni*, ein starkes Verdauungsfeuer, das die Nahrung in Körpergewebe umwandeln kann. Je besser das Verdauungsfeuer funktioniert, desto feiner ist das Endprodukt des Stoffwechsels und wir können *Ojas* produzieren, das dem Körper Schönheit, Stärke, Glanz und Ausstrahlung verleiht.

Samana-Transformation

im Herbst 1970, als ich in Berlin in einer Drogenkommune lebte, schickte mir das TM-Center Wiesbaden eine Einladung zu einem dreiwöchigen Meditationskurs mit Maharishi in Österreich. Nach drei Wochen Meditation ohne Drogen, Zigaretten und Alkohol kehrte ich nach Berlin zurück und fühlte mich völlig verwandelt. Viele meiner Freunde waren so überrascht über meine strahlende Erscheinung, dass sie ebenfalls lernten zu meditieren. Jahre später erzählte mir ein befreundetes Paar, ich hätte so geleuchtet und so selbstbewusst gewirkt, dass sie überzeugt waren, diese Meditation, die in nur drei Wochen eine derart drastische Veränderung bewirkt hatte, müsse wirklich eine Wundertechnik sein.

||3.41||

śrotrākāśayoḥ saṁbandha-saṁyamād divyaṁ śrotram ||

Durch Sanyama auf Gehör-*Akāsha*-Verbindung: göttliches Hören.

śrotra – Gehör.
ākāśayoḥ – von *Akasha*, Raum, Äther.
saṁbandha – Zusammenhang, Verbindung, Beziehung.
saṁyamāt – durch Sanyama.
divyam – göttlich, himmlisch, magisch, bezaubernd.
śrotram – Hören.

Der Gehörsinn ist mit dem Raumelement verbunden. Während der äußere Schall durch die Luft an unser Ohr dringt, hören wir unsere Gedanken im Kopf aufgrund des Raumelements, das alles durchdringt. Der Raum wird als Element, als Äther, *Akasha* betrachtet. Dieses Element bildet das Äthernetz, aus dem wir mit dem inneren Ohr Botschaften empfangen können. Das ist das göttliche oder himmlische Hören.

Die innere Stimme begleitet uns ständig als unser eigenes Denken, wird aber durch Verspannungen im Nervensystem nur verzerrt wahrgenommen. Sobald das Nervensystem frei von Verspannungen ist, nehmen wir sie in ihrer Reinheit wahr, wie sie aus der Transzendenz aufsteigt.

Das ist der innere Ratgeber, der uns in jeder Lebenslage beisteht und uns unterstützt. Je nachdem, worauf wir unsere Aufmerksamkeit richten, können wir die Stimme Gottes hören, die Stimme unseres Meisters, die Stimme eines Engels oder eines anderen Wesens, das wir im Geist kontaktieren. Siehe dazu auch die Erfahrungen zu Sutra 3.19 und 3.36.

||3.42||

kāyākāśayoḥ saṁbandha-saṁyamāl laghu-tūla-samāpatteś cākāśa-gamanam ||

Durch Körper-*Akāsha*-Verbindung-*Sanyama* und watteleicht werden: *Akāsha* gehen.

kāya – Körper.
ākāśayoḥ – zwischen *Akasha*, dem Raum, dem Äther.
saṁbandha – Verbindung, Beziehung.
saṁyamāt – durch *Sanyama.*
laghu – leicht.
tūla – Baumwolle, Baumwollfaser.
samāpatteḥ – durch werden, Form annehmen, aufgehen in, einswerden mit.
ca – und.
ākāśa – *Akasha*, Raum, Äther.
gamanam – gehen, bewegen.

Wenn uns bewusst wird, welche Verbindung zwischen Körper und *Akasha* besteht, dem Raumelement, das den Körper durchdringt und umgibt, und wenn diese Verschmelzung von Körper und *Akasha* so leicht wird wie ein Samenfaden der Baumwolle, dann kann sich unser Körper frei durch den Raum bewegen und ist nicht mehr an die Schwerkraft gebunden. Die Fasern der Baumwolle schweben durch die Luft wie bei uns die Samen der Pusteblume. Sobald der Körper diese Leichtigkeit erreicht, kann er sich genauso leicht durch den Raum bewegen.

Das erste Mal in der Luft

Ich lernte die Anwendung dieses Sutras zu Weihnachten 1977 in Seelisberg am Vierwaldstättersee, hatte damit aber zunächst keine besonderen Erfahrungen. Ich saß still im Lotussitz wie in der Meditation, und bei der Anwendung des Sutras tat sich nichts. Ich wunderte mich nur, wieso sich manche Kollegen plötzlich schüttelten oder im Schneidersitz lachend durch die Luft hüpften. Etwa zwei Wochen später, in der ersten Januarwoche, saß ich wieder ruhig in einer Ecke des Raums, der mit Schaumstoffmatten ausgelegt war, und wandte das Sutra an. Da wurde ich plötzlich hochgehoben, landete zwei, dreimal auf den Schaumstoffmatten und saß unverhofft an der gegenüberliegenden Wand. Ich kam mir vor wie ein Pingpong-Ball, der über eine Tischtennisplatte schoss. Das kam so überraschend, dass ich mich, als ich die Augen wieder aufmachte, einfach nur wunderte, wieso ich plötzlich an der anderen Wand saß. Ich hatte nichts getan als das Sutra unbefangen genau nach Anweisung zu denken.

Beim Hoppen lacht der Kosmos

Dieses Sutra bewirkte bei mir für viele Jahre immer ein besonderes Gefühl der Erleichterung. Alle Sorgen, die gerade meinen Geist belasteten, verflüchtigten sich und wurden durch das intensive Gefühl der Leichtigkeit weggespült, durch die Wellen von Glück, die mich beim Abheben des Körpers erfassten. Diese Wirkung wurde weniger deutlich, als mich keine Sorgen mehr plagten. Inzwischen fühle ich mich seit vielen Jahren sorgenfrei, wie ein Kind in der Obhut von Mutter Natur.

Wie das Glücksgefühl auch die Umgebung erfassen kann, erfuhr ich am deutlichsten zum Jahreswechsel 1983-84 an der Maharishi International University, als dort über 7.000 Sidhas für drei Wochen zusammenkamen und gemeinsam das TM-Sidhi-Programm praktizierten. Eines Tages spürte ich, wie eine Welle von Glück die ganze Gruppe erfasste und die Begeisterung so überschwappte, dass alle gleichzeitig vom Boden abhoben und über die Schaumstoffmatten sprangen. Mir fiel auf, dass der Impuls zum Abheben immer von einer Stelle in der Gruppe ausging, und ich hatte den Wunsch, einmal dieser Ausgangspunkt zu sein.

In einer Welle von Glück hoben alle gleichzeitig vom Boden ab.

Kurz darauf erfasste mich ein intensives Glücksgefühl, das mich so schüttelte, dass ich nicht am Boden sitzenbleiben konnte. Ich begann zu hoppen und merkte, wie die Umgebung von meiner Begeisterung angesteckt wurde und ebenfalls abhob. In diesem Augenblick dehnte sich mein Bewusstsein auf die ganze Halle aus, dann über die Halle hinweg auf den ganzen Ort, über ganz Amerika, die ganze Erde. Das Glück dehnte sich weiter aus und füllte das gesamte Weltall bis zum Rand. Ich musste laut lachen und hatte das Gefühl, der ganze Kosmos lache mit. Dabei musste ich an Maharishis Worte denken, der einmal gesagt hatte: „*Every hop is a cosmic smile – bei jedem Hüpfer lacht der ganze Kosmos.*“

Das „Yogische Fliegen“ wurde oft öffentlich vorgeführt und hat, da es von außen betrachtet eher wie Froschhüpfen wirkt, viel Skepsis und Spott hervorgerufen. Ich selber erreichte beim „yogischen Hochsprung“ im Lotussitz eine Höhe von drei Schaumstoffmatten, das sind 45 cm. Wer glaubt, das sei eine rein sportliche Leistung des Körpers, der versuche nur einmal, ohne das Flug-Sutra im Lotussitz auf einen Stapel von drei Schaumstoffmatten zu springen.

Leichtigkeit auf Treppe und Trampolin

In Vlodrop, Holland, lebte ich eine Zeit lang im dritten Stock neben Dr. Bernd Zeiger, der zwar älter war als ich, aber immer wie ein junger Spund viel schneller als ich die Treppen hoch sprang und dabei nie außer Atem kam. Als ich ihn fragte, wie er das mache, war seine Gegenfrage: „Wozu haben wir denn das Flug-Sutra?“

Das ließ ich mir nicht zweimal sagen. Schließlich musste ich täglich sechs bis acht Mal 64 Stufen auf und ab steigen. Als er das nächste Mal wie ein junger Gott die Treppe hoch sprintete, dachte ich ebenfalls das Sutra, und das Treppensteigen ging plötzlich viel leichter. Wir sprangen wie Kinder die Treppe hoch. Seitdem nutze ich dieses Sutra oft auch im Alltag, wenn ich etwas Leichtigkeit benötige. Und seit einiger Zeit auch auf dem Trampolin. Die Sprünge werden dann höher und langsamer, als wäre ich am Scheitel mit einem Gummiband, das mich nach oben zieht, am Himmel befestigt.

||3.43||

bahir-akalpitā vṛttir mahā-videhā
tataḥ prakāśāvaraṇa-kṣayaḥ ||

Außerhalb natürliche *Vṛitti* groß körperlos.
Von daher *Prakasha*-Umhüllung aufgehoben.

bahiḥ – draußen, außerhalb.
akalpitā – nicht künstlich, natürlich.
vṛttiḥ – rollen, benehmen, Bewegung, Verhalten, Zustand, Vibration.
mahā – groß.
videhā – körperlos.
tataḥ – von da her, von dort, dann.
prakāśa – hell, leuchtend, glänzend; öffentlich, bekannt, klar, offensichtlich; Helligkeit, Licht, Erscheinung, Manifestation, das Offenbar-Werden.
āvaraṇa – bedeckend, verhüllend, das Verdecken, Verschließen, Unterbrechen; Hülle, Decke; Schild, Schutz, Wall, Zaun, Schloss; geistige Blindheit; Firewall.
kṣayaḥ – Verminderung, Vernichtung, verschwinden, weniger werden, zerstören, auflösen, aufheben, brechen.

Das Wort *Vritti* haben wir schon als gedankliche Aktivität kennengelernt, als Wellen, die wir mit dem menschlichen Gehirn verbinden. Dieses Sutra weist darauf hin, dass natürliche Wellenbewegung auch außerhalb des Körpers als das „Große Körperlose" existiert. Dadurch bleibt *Prakasha*, unser inneres Licht, in der Außenwelt nicht verhüllt: Die individuellen Vrittis, die Gedankenwellen einzelner, sind durch die große körperlose Wellenbewegung außerhalb unseres Körpers miteinander verbunden.

Dieses Sutra bestätigt die modernen Feldtheorien, nach denen wir alle von vielen uns umgebenden Feldern beeinflusst werden. Ein Radioempfänger kann nur dann Musik erklingen lassen, wenn er auf die genaue Frequenz eines unsichtbaren Feldes eingestellt ist.

Ähnlich lässt sich über die große körperlose Vritti die Informationsübertragung von einem menschlichen Geist zum anderen oder ins kollektive Bewusstsein einer ganzen Gesellschaft erklären, wie es durch den „Maharishi-Effekt"[*22] demonstriert wird: Durch die Gruppendynamik des Bewusstseins schaffen große Gruppen von Sidhas, die gemeinsam Gehirnwellenkohärenz erzeugen, Geordnetheit im Kollektivbewusstsein ihrer Umgebung, sodass weniger Unfälle, Verbrechen und ähnliche negative Phänomene auftreten.

Der natürliche Schutzschild, der das Individuum laut Sutra 3.20 vor der Spionage des Gedankenlesens schützt, kann nicht verhindern, dass wir von den Vrittis, die im Kollektivbewusstsein schwingen, beeinflusst werden.

Und auch wir können nicht verhindern, dass unsere Gedanken das Kollektivbewusstsein beeinflussen. Die „große körperlose Vibration" ist also Patañjalis zeitlose Bezeichnung für das, was wir heute Kollektivbewusstsein nennen und mit Begriffen der modernen Feldtheorie erklären können.

||3.44||

sthūla-svarūpa-sūkṣmānvayārthavattva-saṁyamād bhūta-jayaḥ ||

Durch *Sanyama* auf Grob-Eigenheit-Fein-Zusammenhang-Zweck: Elemente beherrschen.

sthūla – grob, dick, groß, feist, massiv.
svarūpa – Eigenform, Eigentümlichkeit, Wesen, Natur.
sūkṣma – fein, schmal, dünn, klein.
anvaya – Verbindung, der natürliche Zusammenhang der Dinge.
arthavattva – Bedeutsamkeit, Zweckgerichtetheit, Zweck.
saṁyamāt – durch *Sanyama.*
bhūta – Elemente.
jayaḥ – Sieg, Beherrschung.

Alle Erscheinungen haben entsprechend ihrem Wesen eine grobstoffliche und eine feinstoffliche Form, die zu einem bestimmten Zweck miteinander verbunden sind. Durch Sanyama über den Zusammenhang dieser Aspekte lernen wir, die Elemente zu beherrschen. Den nahtlosen Übergang von der grobstofflichen zur feinstofflichen Ebene habe ich bisher mit eigenen Augen nur bei philippinischen Geistheilern beobachten können.

Philippinischer Geistheiler-Kongress

Im Herbst 1984 fand in Manila im Haus des Geistheilers Alex Orbito ein Kongress statt, zu dem Geistheiler aus ganz Ostasien zusammenkamen. Etwa eine Stunde lang stand ich direkt neben der Operationspritsche in der Zuschauermenge und beobachtete, wie alle fünf Minuten ein anderer Heiler seine Künste zeigte.

Da ich mich jahrelang als Zauberkünstler betätigt hatte und mich mit den Tricks der Täuschungskunst auskannte, konnte ich den Unterschied zwischen einem „Fake Healer“ und einem echten „Faith Healer“ leicht erkennen. Bei einem war die aufgesetzte Show besonders offensichtlich. Während der Patient mit entblößter Bauchdecke vor ihm auf der Pritsche lag, öffnete der Fake Healer eine Bibel, hielt sie sich an die konzentriert gefaltete Stirn, legte sie neben den Behandlungstisch, strich mit den Fingerspitzen über die Seiten, um die „göttlichen Zauberkräfte“ daraus aufzusaugen, und drückte dann seine Fingerspitzen in die Bauchdecke des Patienten, bis es so aussah, als stieße er durch die Haut in den Körper hinein und hole dort krankes Gewebe heraus.

Die Assistentin musste eingeweiht sein, denn sobald er die Finger wieder „aus dem Bauch herauszog“, wischte sie mit einem Wattebausch über die „operierte Stelle“ und ließ dabei etwas rötliche Flüssigkeit und undefinierbares Gekröse sehen, das der Heiler angeblich aus dem Bauch gezogen hatte. Da ich bereits mehrere echte Geistheiler bei ihrem Eingriff beobachtet hatte, war der Unterschied für mich offensichtlich. Ich wunderte mich nur über die offenbare Blindheit und Leichtgläubigkeit des Publikums.

Nach diesem Fake Healer kam allerdings eine Heilerin, die einer über Kopfschmerzen klagenden Patientin mit zwei Fingern direkt durch die Stirn in den Kopf griff. Als sie die Finger wieder herauszog, war auf der Stirn nur ein leicht geröteter Fleck zu sehen, und die Patientin konnte sofort wieder aufstehen. Auch in diesem Fall wischte die Assistentin mit einem Wattebausch über die frisch operierte Stelle, auf der sich leichte Flüssigkeit gebildet hatte.

Da das Durchstoßen der Stirn offensichtlich nicht vorgetäuscht sein konnte, schöpfte ich zu dieser Heilerin Vertrauen und legte mich als Nächster auf die Pritsche, entblößte meine Bauchdecke und deutete auf die Narbe einer Harnleiterstein-Operation, die mir manchmal Narbenschmerzen verursachte. Bei der nun folgenden Operation an der vernarbten Stelle hielt ich die Augen geschlossen, damit mir nicht schlecht wurde, hatte aber das Gefühl, dass sich an dieser Stelle Stress gelöst hatte.

Und noch tagelang kam mir diese Körperstelle so vor, als sei eine Schutzschicht entfernt worden wie nach dem Abrasieren eines Bartes. Die Stelle fühlte sich kälter und schutzloser an, als müsse sich dort mein feinstofflicher Körper erst wieder neu bilden und das Loch in der Aura schließen. Die Narbenschmerzen kamen jedoch im Lauf der Jahre gelegentlich wieder.

Kampferfinger hinter dem Auge

Eine noch dramatischere Erfahrung mit einem philippinischen Geistheiler hatte ich 1996, nachdem mir durch einen Schädelbasisbruch ein Augenmuskelnerv abgerissen war, sodass mein rechtes Auge stark nach innen schielte. Als mir Ärzte zu einer Augenoperation rieten, meinte ein Bekannter, vielleicht könne ein philippinischer Eingriff helfen, und lud mich zu einer Behandlung in Bad Godesberg ein.

Ich zeigte dem Heiler auf einer medizinischen Karte, welcher Nerv abgerissen war, doch er meinte, er sei nur ein unschuldiges Werkzeug eines himmlischen Wesens, das durch seine Hände wirke, und habe selbst keinen Einfluss auf die Behandlung.

Vor dem Eingriff rieb er seine Fingerspitzen mit Kampfer ein, den ich deutlich riechen konnte, als sich seine Hände meiner Stirn näherten. Als Nächstes spürte ich das kühle Mentholgefühl des Kampfers hinter meinem Augapfel und wusste, dass seine Fingerspitzen jetzt mitten in meinem Kopf hinter dem Auge sein mussten. Bei diesem Gedanken wurde ich ohnmächtig.

Ich war aber nicht bewusstlos, sondern fand mich bei einem Friede ausstrahlenden Geistwesen im Himmel wieder. Irgendwann hörte ich meinen Bekannten meinen Namen rufen und fragen, ob mit mir alles in Ordnung sei. Da wachte ich auf und merkte, dass ich in Bonn auf der Pritsche des Geistheilers lag. Mein Bekannter und der Heiler hatten fünf Minuten in banger Sorge neben mir gestanden, ohne zu wissen, was geschehen war und was sie machen sollten.

Normalerweise wird der Patient nicht ohnmächtig, sondern verlässt die Pritsche nach einem solchen Eingriff möglichst schnell, damit der Nächste an die Reihe kommen kann.

Medizinisch hatte dieser Eingriff leider keine Wirkung. Der Nerv war abgerissen, und ich ließ mich Jahre später schulmedizinisch operieren. Aber die Tatsache, dass jemand mit den Fingern in meinen Kopf hinter den Augapfel greifen konnte, hat mein Weltbild über die Undurchdringlichkeit der Materie dauerhaft verändert.

Konnte der Heiler die Materie deswegen durchdringen, weil er die Verbindung zwischen grob- und feinstofflicher Materie und ihrem Wesen und Zweck besser verstanden hatte?

||3.45||

tato'ṇimādi-prādur-bhāvaḥ
kāya-sampat tad-dharmānabhighātaś ca ||

Dadurch Winzig-Erscheinen und anderes,
Körpervollkommenheit und dessen unverwundbare Natur.

tataḥ – daher, daraus, dadurch, von dort.
aṇiman – Winzigkeit, winzig, atomklein, Winzigwerden.
ādi – und anderes.
prādur-bhāvaḥ – das Zum-Vorschein-Kommen, Erscheinen, Manifestation; *prādus* hervor, *bhāvaḥ* werden, sein.
kāya – Körper.
saṁpad – Glücken, Gelingen, Geschick, Vollkommenheit, Wohlstand, Glück.
tat – das.
dharma – *Dharma*, Aufgabe, Bestimmung; Natur, Eigentümlichkeit.
anabhighātaḥ – Unverwundbarkeit, *an-* un-, *abhighātaḥ* Schlag, Angriff.
ca – und.

Zu diesen Yogakräften kann ich leider keine eigenen Erfahrungen beisteuern.

||3.46||

rūpa-lāvaṇya-bala-vajra-saṁhananatvāni kāya-sampat ||

Schönheit, Anmut, Kraft, stählerne Festigkeit: Körper vollkommen.

rūpa – (schöne) Form.
lāvaṇya – Schönheit.
bala – Kraft.
vajra – hart; Diamant, Stahl, Donnerkeil.
saṁhananatvāni – Festigkeit, Härte, *saṁhanana* gedrungen, Verhärtung, kräftiger Körperbau, Harnisch.
kāya – Körper.
saṁpad – Vorzüglichkeit.

Das sind die körperlichen Vorzüge eines verwirklichten Yogis.

||3.47||

grahaṇa-svarūpāsmitānvayārthavattva-saṁyamād indriya-jayaḥ ||

Durch *Sanyama* auf Begreifen von Eigenheit, Ichgefühl, Zusammenhang, Zweck: Sinne beherrschen.

grahaṇa – ergreifend, fassend, fangen, auffassen, schöpfen, gewinnen.
svarūpa – Eigenform, Eigentümlichkeit, Wesen, Natur.
asmitā – wörtlich: die Ich-bin-Heit, *asmi* ich bin; *tā* -heit.
anvaya – Verbindung, Verbundensein, natürlicher Zusammenhang.
arthavattva – Bedeutsamkeit, Zweckgerichtetheit.
saṁyamāt – durch *Sanyama.*
indriya – Sinne, Sinnesorgane.
jayaḥ – Sieg, Beherrschung.

Die Sutras zur Beherrschung der fünf Elemente und der fünf Sinne unterscheiden sich nur durch zwei Begriffe. Für die Elemente machen wir Sanyama auf *sthūla* und *sūkṣma*: das Grobstoffliche und das Feinstoffliche; für die Sinne dagegen auf *grahaṇa* und *asmitā:* das Begreifen und das Ichgefühl. Laut Ayurveda sind den fünf Elementen Erde, Wasser, Feuer, Luft und Äther folgende Sinne zugeordnet.

Äther – das Hören, Klang
Luft – wie oben, zusätzlich Berührung, Tastsinn
Feuer – wie alles bisherige, zusätzlich das Sehen, Farbe, Licht, Form
Wasser – wie alles bisherige, zusätzlich Geschmack
Erde – wie alles bisherige, zusätzlich Geruch

||3.48||

tato mano-javitvaṁ vikaraṇa-bhāvaḥ pradhāna-jayaś ca ||

Daraus Geistesschnelligkeit, verwandelt werden und Natur beherrschen.

tataḥ – daher, daraus, dadurch, von dort.
manaḥ – Geist.
javitvam – Schnelligkeit, *java* schnell.
vikaraṇa – eine Veränderung hervorrufend, das Verändern, Modifizieren; störende Einwirkung; ohne Organe oder Sinne.
bhāvaḥ – sein, werden, benehmen, gebahren; Zustand, Lage, Verhältnis.
pradhāna – Urmaterie, die Natur; Wesen; der höchste Geist, die Weltseele.
jayaḥ – Sieg, Beherrschung.
ca – und.

Durch die Beherrschung der Sinne können wir auch die Sinneswahrnehmung unserer Umgebung verändern und eine andere Form annehmen.

||3.49||

sattva-puruṣānyatā-khyāti-mātrasya
sarva-bhāvādhiṣṭhātṛtvaṁ sarva-jñātṛtvaṁ ca ||

Sattva-Puruscha-Unterschied-Einsicht-allein:
alles Seiende regieren und Allwissenheit.

sattva – *Sattva*, Sein, Existenz, Realität.
puruṣa – *Puruscha.*
anyatā – Andersartigkeit, Unterschied.
khyāti – Dafürhalten, Ruf, Vorstellung, Auffassung, Erkenntnis, Einsicht.
mātrasya – des Maßes, Maßstabs; nur, allein dadurch.
sarva – alles.
bhāva – Sein, Werden.
ādhi-ṣṭhātṛ-tvaṁ – Macht, Oberherrschaft.
sarva –alles.
jñātṛ-tvam – Wissenheit.
ca – und.

Allein die Einsicht des Unterschieds zwischen *Sattva*, der relativen Existenz, und der transzendenten Wirklichkeit des *Puruscha* bringt uns Macht über alles Seiende und Allwissenheit. Denn dadurch wird die in Sutra 2.5 definierte Unwissenheit beseitigt, die wiederum die Quelle allen Leidens ist.

||3.50||

tad-vairāgyād api doṣa-bīja-kṣaye kaivalyam ||

Selbst das gleichgültig. *Doscha*-Keim zerstört: *Kaivalya.*

tat – das.
vairāgyāt – aus Gleichgültigkeit, Erbleichen, Wunschlosigkeit für Weltliches.
api – sogar.
doṣa – *Doscha,* Unreinheit, Fehlerhaftigkeit, Mangel, Schaden, Gebrechen.
bīja - Samen, Saat, Keim.
kṣaye – im Verlust, Vermindern, Beenden.
kaivalyam – *Kaivalya,* Alleinheit, absolute Einheit, Singularität, Befreiung.

Wenn uns selbst die Macht über alles Seiende und die Allwissenheit kalt lassen und nicht überschatten, ist der Keim der Unreinheit und des Mangels wirklich beseitigt, und wir leben im Zustand absoluter Glückseligkeit: *Kaivalya.*

||3.51||

sthāny-upanimantraṇe saṅga-smayākaraṇaṁ punar-aniṣṭa-prasaṅgāt ||

Von Hochstehenden eingeladen: Verhaftung, Stolz, kein Grund, da wieder Unerwünschtes möglich.

sthānin – hochstehend.
upanimantraṇe – in der Einladung.
saṅga – Verhaftung, Hängenbleiben, Berührung, Kontakt.
smaya – Staunen, Verwunderung; Selbstgefühl, Hochmut, Stolz.
akaraṇam – grundlos, tatenlos, kunstlos, natürlich.
punaḥ – wieder, erneut.
aniṣṭa – unerwünscht.
prasaṅgāt – wegen der Möglichkeit.

Ein *Yogi,* der Yogakräfte besitzt, ragt aus der Menge heraus und zieht die Aufmerksamkeit hochstehender Persönlichkeiten an. Er sollte sich aber von solchen Einladungen nicht abhängig machen, denn das kann sein Ego wieder entfachen, sodass er sich nicht mehr mit *Puruscha*, sondern mit dem Relativen identifiziert und seine Macht und Allwissenheit wieder verliert.

||3.52||

kṣaṇa-tat-kramayoḥ saṁyamād vivekajaṁ jñānam ||

Durch Sanyama auf den Augenblick und dessen Abfolge: aus Unterscheidung geborenes Wissen.

kṣaṇa – Augenblick, Moment.
tat – das.
kramayoḥ – auf die Abfolge, Reihenfolge, Sequenz.
saṁyamāt – durch *Sanyama.*
viveka-jam – aus Unterscheidung geboren.
jñānam – Wissen.

Als Augenblick empfinden wir den Zeitraum von einem Lidschlag zum nächsten, also etwa zwei bis sechs Sekunden. Wer wach und bewusst im Jetzt lebt, erkennt die Gegenwart als Abfolge sich fortwährend verändernder Augenblicke. Je aufmerksamer wir die kleinen Veränderungen von einem Augenblick zum nächsten wahrnehmen, desto feinere Unterschiede werden uns nicht nur im Strudel ständig wechselnder Ereignisse, sondern in allen Erscheinungen des relativen Lebens bewusst. Einen winzigen Augenblick vom nächsten zu unterscheiden, macht unseren Intellekt messerscharf.

Im Sekundenstrudel der Sanduhr

Einige Monate, nachdem ich angefangen hatte zu meditieren, spürte ich eines Tages die Sekunden durch die Sanduhr meiner Lebenszeit rieseln und vom Zeitvorrat der Zukunft unwiederbringlich in die Vergangenheit übergehen. Die Gegenwart war der Hals der Sanduhr, in dem ich den unaufhaltsamen Strom der Sekunden erlebte. In jeder Sekunde änderte sich die Gegenwart und schob die augenblickliche Sinneswahrnehmung in den Bereich der Erinnerung.

Dieser Zeitstrudel war so stark, dass ich mich wie in einem reißenden Strom fühlte, in dem ich mit der Stirn stromaufwärts stand und die Zukunft gegen mich prallte. Wie beim Kribbeln eines eingeschlafenen Gliedes wurde mein ganzer Körper von Sand durchrieselt.

Glücklicherweise dauerte dieser Sekundenstrudel nicht lange. Nach dieser überwachen Bewusstwerdung des Zeitstroms floss die Gegenwart bald wieder in gewohnt ruhiger Geschwindigkeit. Ich merkte aber, dass jedes Individuum in seiner eigenen Geschwindigkeit lebte. Was manche Menschen als viel zu schnell und hastig empfanden, erschien anderen viel zu langsam und träge. Einige bewegten sich schwerfällig wie Faultiere, andere flink wie Wiesel oder Eintagsfliegen.

Als Eintagsfliege in der Tropfsteinhöhle von Porto Christo

Ende 1971 besuchte ich mit einer Freundin die Tropfsteinhöhlen von Porto Christo auf Mallorca. Nachdem wir die Touristenführung mitgemacht hatten, entdeckten wir abseits des Touristenstroms ein nicht erschlossenes Höhlensystem, das von Höhle zu Höhle immer tiefer in den Berg hineinführte, bis das Tageslicht nur noch in der Ferne schimmerte. Während ich immer tiefer ins Innere des Berges drang, hatte ich das Gefühl, ein Terrain zu betreten, das noch kein Mensch vor mir besucht hatte, und kam mir immer kleiner und unbedeutender vor. Hier unten lebten nur die feuchten Steine, die in regelmäßigen Abständen einen Tropfen fallen ließen und dadurch pro Jahrhundert etwa einen Zentimeter wuchsen. Manche Stalaktiten und Stalagmiten waren bereits zu Säulen verschmolzen.

Wie viele Jahrtausende wuchsen sie schon in dieser Stille? Und nun kam ich als kurzlebiger Mensch angekraxelt und störte sie in ihrer ewigen Ruhe. Ich setzte mich und lauschte in die Stille. Hier unten kam mir mein kurzes Menschenleben unendlich flüchtig vor, wie das Leben einer Eintagsfliege. Was hatte ich mir in diesem Leben alles vorgenommen? Was für großartige Werke wollte ich verrichten? Wie schlau, bedeutend und einzigartig kam ich mir vor? Aber was war mein flüchtiges Leben gegen diese ewigen Steine, die in vielen langen Jahrtausenden gewachsen waren? Wie klein und unbedeutend musste ich in ihren Augen sein? Ich saß in dieser Höhle nicht allein. Der Augenblick dehnte sich immer weiter aus und zog sich in die Länge. Hier tickte die Zeit in einem unendlich größeren Maßstab. Mein kleines, aufgeblasenes Ego zerpuffte zwischen diesen zeitlosen Riesen in nichts. Und eine bisher unbemerkte Arroganz fiel von mir ab.

||3.53||

jāti-lakṣaṇa-deśair anyatānavacchedāt tulyayos
tataḥ pratipattiḥ ||

Was durch Klasse-Merkmal-Ort-Unterschied unbestimmt ähnlich, wird dadurch erkannt.

jāti – Geburt, Klasse.
lakṣaṇa – Eigenschaft, Merkmal.
deśaiḥ – durch *deśa* Ort, Platz, Bereich, Lokalisation.
anyatā – Anderssein, Unterschied, Verschiedenheit.
anavacchedāt – durch Nichtbestimmtsein.
tulyayoḥ – der Ähnlichkeit, *tulya* gleich, ähnlich.
tataḥ – dadurch, von da her.
pratipattiḥ – Erlangung, Wahrnehmung, Erkenntnis, Wissen.

Wenn wir immer kürzere Augenblicke unterscheiden lernen, selbst wenn sich lange Zeit nichts zu verändern scheint, erkennen wir Unterschiede selbst in Dingen, die augenscheinlich identisch sind und sich scheinbar sogar am gleichen Ort befinden. Denn nie können sich zwei Dinge gleichzeitig an genau derselben Stelle befinden, sonst wären sie ja identisch. Treffen zwei Dinge am selben Ort zusammen, verschmelzen sie und werden eins. Auch Dinge, deren Merkmale und Klasse identisch sind, unterscheiden sich zumindest durch ihre unterschiedliche Lage in Raum und Zeit. Die Unterscheidung der Augenblicke einer einzigen Minute macht unsere Wahrnehmung „minuziös".

Das Schärfen des Intellekts

Auf meinem Ausbildungskurs zum Meditationslehrer und später in Maharishis Mitarbeiterstab oder in der *Puruscha*-Gruppe hörten wir viele Vorträge über die neuesten Forschungen und wissenschaftlichen Erkenntnisse, unter anderem von E. C. George Sudarshan oder von Nobelpreisträgern wie Brian D. Josephson und Ilya Prigogine. Da Maharishi selbst Physik studiert hatte, konnte er immer die Parallelen zwischen dem uralten vedischen Wissen und der vordersten Front der heutigen Forschung aufdecken. Oft hatte ich dabei das Gefühl, dass über abstrakte Dinge gesprochen wurde, die für mich wie ein und dasselbe klangen. Während ich einerseits von den Erkenntnissen fasziniert war, war ich von der Abstraktion der Ausführungen schnell überfordert. Wenn mich anschließend jemand fragte, worum es gegangen war, meinte ich lakonisch: „Um Nichts und wieder Nichts – nur aus verschiedenen Blickwinkeln."

Kurz nachdem ich 1983 in Boppard der Studiengruppe Mathematik beigetreten war, hatte ich folgende Erfahrung: Während der TM-Sidhi-Technik für verfeinerten Intellekt sah ich vor meinem inneren Auge in der Ferne einen Lichtpunkt, der langsam näher kam. Als er nahe genug vor mir war, erkannte ich, dass es zwei benachbarte Lichtpunkte waren, und ich selbst steuerte auf den Zwischenraum in der Mitte zu. Während die beiden Lichter rechts und links an mir vorbeizogen, erkannte ich vor mir einen dritten Punkt, dem ich mich ebenfalls näherte und der sich beim Heranzoomen wieder in zwei und schließlich in drei Punkte teilte, wobei der dritte wieder näher kam und so fort. Diese Erfahrung wiederholte sich mehrere Tage lang immer während des *Sutras* für verfeinerten Intellekt und erzeugte ein angenehmes Kitzeln hinter der Stirn. Nach diesem Erlebnis bemerkte ich bei den Vorträgen, dass ich immer genauer verstand, wovon geredet wurde.

Um etwas, was von weitem wie ein und dasselbe aussah, unterscheiden zu können, musste der Gegenstand nur nahe und genau genug betrachtet werden. Ich hatte das Gefühl, eine Klinge, die ich jahrelang immer nur mit der stumpfen Seite benutzt hatte, gewetzt und geschärft zu haben. Und ich war überrascht, dass meine Beiträge zu intellektuellen Gesprächen genauso klar und präzise waren wie die Argumente derer, die ich vorher abfällig – aus Schutz vor der Einsicht in meine eigene Dummheit – als „verkopfte Eierköpfe" abgetan hatte. Die Gespräche in der Mathematik-Gruppe über höhere Mathematik und über verschiedene Mächtigkeiten unendlicher Mengen beflügelten mich geradezu und versetzten mich in gehobene Stimmung.

||3.54||

tārakaṁ sarva-viṣayaṁ sarvathā-viṣayam
akramaṁ ceti vivekajaṁ jñānam ||

Erlösend ist das so alle Bereiche allezeit gleichzeitig wahrnehmende und aus Unterscheidung geborene Wissen.

tārakam – von *tar* übersetzend, hinüberbringend, befreiend, erlösend, rettend; zu *tārā* Stern gehörend, Stern, Sternenhimmel; Augenstern, Auge.
sarva – alles.
viṣayam – Gebiet, Bereich, Gegenstand, Sinnesobjekt.
sarvathā – allezeit, immer.
viṣayam – Fachgebiet, Wirkungskreis, Erscheinungsgebiet.
akramaṁ – ohne Folge, auf einmal.
ca – und.
iti – so.
viveka-jam – aus Unterscheidung geboren.
jñānam – Wissen.

||3.55||

sattva-puruṣayoḥ śuddhi-sāmye kaivalyam ||

Sattva-Puruscha* Reinheit ähnlich: *Kaivalya.

sattva – *Sattva.*
puruṣayoḥ – des *Puruscha.*
śuddhi – Reinheit.
sāmye – in Gleichheit, Ähnlichkeit.
kaivalyam – *Kaivalya,* Alleinheit, absolute Einheit, Singularität, Befreiung; *kevala* allein, einzig, vollständig, ganz; das Eine ohne ein Zweites.

Wenn wir die relative Schöpfung so rein und *sattvisch* erfahren wie das transzendente Feld, das alles durchdringt, dann erleben wir *Kaivalya,* absolute Glückseligkeit oder Einheitsbewusstsein. Dieser Bewusstseinszustand wird im nächsten Pada näher beschrieben.

Der Intellekt verschmilzt mit Reinem Bewusstsein

Eines Tages sah ich mich während des TM-Sidhi-Programms auf einer kleinen Insel stehen, die immer tiefer sank, bis sie völlig im Meer verschwunden war. Und ich selbst war ein Brocken Salz, der sich im Wasser auflöste und mit dem Meer verschmolz. Diese Vision war für mich ein anschauliches Seelenbild für das Einswerden meines Intellekts mit dem Meer Reinen Bewusstseins.

Zu dieser Zeit entdeckte ich auch den mathematischen Namenskreis und tauchte beim Betrachten in das weiße Feld in der Mitte, bis alles Denken zur Ruhe gekommen und Zeit und Raum völlig vergessen waren. Erst wenn ich wieder in der Gegenwart erwachte, spürte ich, wie das Wort Mathematik, das früher nur ein einziges Wort gewesen war, in verschiedene Einzelwörter zerfiel, die durch die Wortlücken grammatische Beziehungen zueinander eingingen sodass das Wort ganze Sätze in der ersten Person zu mir sprach:

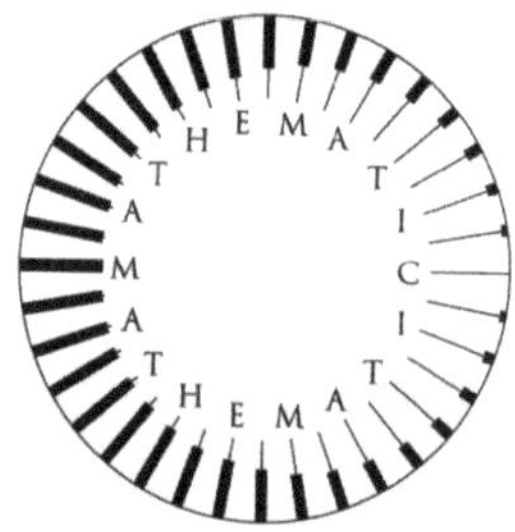

Mathe – ma Tic. – Materie: meine Vorstellung.
Ma Thema – Tic. – Mein Thema: Vorstellung.
Ma Thematik – Mathema-Tic.
Meine Thematik: das Wissens-Konzept.

Aber wer sprach da eigentlich in der ersten Person? War es das Wort, das ich betrachtete, das Objekt der Betrachtung? Oder war es der Vorgang der Betrachtung, der diesen Satz hervorbrachte? Oder war es mein eigenes Bewusstsein, also das betrachtende Subjekt? Die Antwort auf diese Frage gibt Patañjali meiner Meinung nach in Sutra 1.41 mit dem Ausdruck *Samāpatti*: Einswerden des Betrachters mit Betrachtung und Betrachtungsgegenstand.

In der Ruhephase nach dem TM-Sidhi-Programm überkam mich oft ein Gefühl des inneren Friedens, der sich über den ganzen Raum ausbreitete und alle anderen mit einschloss. Meine geschlossenen Augen richteten sich nach oben, als wollten sie in den Kopf schauen, und es war, als hörte das ständige Flüstern des Intellekts auf, der mir den Unterschied zwischen mir und meinen Gedanken vor Augen führen wollte. Alles verschmolz auf einmal zu einer integrierten Einheit. Ich nahm weiterhin mein Denken und die Bewegungen meines Körpers wahr, aber die Trennung zwischen Beobachter und Beobachtungsobjekt rückte völlig in den Hintergrund. Ich wurde gleichsam zum Vorgang der Beobachtung, der beide Enden miteinander verband. Das stille Selbst wurde sich der Bewegungen bewusst, die sich innerhalb des Selbst abspielten. Ein Zustand, der sich vielleicht am besten als „vereinter Intellekt" beschreiben ließ.

Maharishi spricht in seiner Vedischen Wissenschaft vom Zustand der *Samhita*, der Verbundenheit, dem Drei-in-Einem-Zustand von Beobachter,

Beobachtungsobjekt und Vorgang der Beobachtung. In diesem vereinten Zustand, so scheint es mir, dient jeder Gedanke lediglich dazu, die ewige Wahrheit des Selbst auszudrücken.

Erfahrungsberichte beleben die Erfahrung

1987 hing an der MERU in Vlodrop am Schwarzen Brett (das allerdings nicht schwarz, sondern weiß war) eine Notiz, dass für eine geplante Publikation Erfahrungsberichte mit dem TM-Sidhi-Programm und der Erfahrung von „*Aham Brahmasmi*" gesucht würden. „Schade", dachte ich, „dass ich dazu leider nichts beitragen kann."

Als ich mich aber zum Meditieren hingesetzt hatte, merkte ich, dass ich mich unbewusst immer genauer beobachtete. Irgendeine Instanz in meinem Hinterkopf wollte herausfinden, ob ich wirklich keine Erfahrungen zu dem geplanten Buch beisteuern konnte. Und das Überraschende geschah: Sobald ich mit dem TM-Sidhi-Programm begann, hatte ich bereits beim ersten Sutra eine zwar nicht umwerfende, aber doch erwähnenswerte Erfahrung. Und so setzte ich mich am Nachmittag an den Computer, um diesen ersten kleinen Vorgeschmack auf die Wirkung der TM-Sidhis in Worte zu fassen. Dadurch war meine Aufmerksamkeit auch im normalen Wachbewusstsein auf die feine Bewusstseinsebene an der Grenze zur Transzendenz gerichtet, auf der unser Geist während des TM-Sidhi-Programms funktioniert.

Als ich mich am späten Nachmittag zur nächsten Meditation hinsetzte, war die Erfahrung während des TM-Sidhi-Programms viel wacher und bewusster als sonst, und ich hatte wieder etwas aufzuschreiben und einen Grund, mich auch außerhalb der Meditationszeiten bewusst mit der Ebene an der Grenze zur Transzendenz auseinanderzusetzen, um das feine und nur schwer fassbare Geschehen in Worte zu kleiden.

Auf diese Weise wurden meine Erfahrungen von Tag zu Tag klarer und die Beschreibungen der Kostproben auf die Sidhis wurden immer deutlicher und anschaulicher, bis ich nach etwa einem Monat rund fünfzig Seiten mit Erfahrungen zu den meisten Sutras gefüllt hatte.

Ich merkte, dass das Aufschreiben der Erfahrungen wie eine Zusatztechnik wirkte, um die Erfahrungen, die sich auf der tiefsten Ebene des Bewusstseins abspielten, ins normale Tagesbewusstsein zu rücken und diese beiden Ebenen miteinander zu verbinden.

Jetzt verstand ich auch, warum Maharishi, als er 1976 das TM-Sidhi-Programm eingeführt hatte, jeden Kursteilnehmer gebeten hatte, allmonatlich einen Erfahrungsbericht einzuschicken. Während dieser Zeit hatte ich im Kommunikationsbüro in Seelisberg oft die eingehende Post sortiert und über den täglichen Berg von Briefen mit den exotischsten Briefmarken aus aller Welt und der Aufschrift „Erfahrungsbericht" gestaunt.

Ob diese Briefe jemals geöffnet und gelesen wurden, weiß ich nicht. Aber allein die Tatsache, dass sie geschrieben und abgeschickt wurden, war für die Schreiber sicherlich eine wertvolle Hilfe, sich der feinen Ebene bewusster zu werden, auf der, wie in Sutra 3.3 beschrieben, „das wahre Objektmaß im Eigenzustand wie Null erscheint" und wir Samadhi erfahren.

iti patañjali-viracite yoga-sūtre tṛtīyo vibhūti-pādaḥ ||
So in Patañjalis komponiertem Yoga-Sutra dritter Schritt:
***Vibhūti* – Yogakräfte.**

caturthaḥ kaivalya-pādaḥ ||

Vierter Schritt: *Kaivalya* – Einheitsbewusstsein

Dieser vierte Teil behandelt *Kaivalya*, den Zustand der Befreiung. Er geht speziell auf *Karma* und *Dharma* ein und beschreibt auch den Zwiespalt des Intellekts, der im Laufe der Entwicklung gelernt hat, zwischen Selbst und Nicht-Selbst zu unterscheiden, diese Unterscheidung aber im Zustand von *Kaivalya* paradoxerweise wieder aufgeben muss. Wer diesen beflügelten Bewusstseinszustand bereits lebt, erfährt in diesem Teil, dass er keineswegs ein Sonderling, „Mystiker", „Spinner" oder „Spökenkieker" ist, sondern lediglich das erlebt, was frühere Yogameister bereits vor Jahrtausenden erfahren und beschrieben haben. Er ist also ein ganz normaler „*Yogī*".

caturthaḥ – vierter.
kaivalyam – *Kaivalya*, Alleinheit, absolute Einheit, Singularität, Befreiung, Einheitsbewusstsein; *kevala* der Eine ohne ein Zweites.
pādaḥ – Fuß, Schritt, Viertel, Teil.

Der Ewiggleiche
beschauet die reiche
Vielfalt der Welt.
In sich erhält
Er alles Werden
bis es zerfällt.

Schafft Er auf Erden
endlose Fülle
findet Sein Wille
wieder zurück
in dieses stille
ewige Glück.

Wille voll Stille
ist Wille voll Macht
denn aus der Stille
wird alles vollbracht.[*1]

चतुर्थः कैवल्यपादः ।

जन्मौषधिमन्त्रतपःसमाधिजाः सिद्धयः ॥ १ ॥

जात्यन्तरपरिणामः प्रकृत्यापूरात् ॥ २ ॥

निमित्तमप्रयोजकं प्रकृतीनां वरणभेदस्तु ततः क्षेत्रिकवत् ॥ ३ ॥

निर्माणचित्तान्यस्मितामात्रात् ॥ ४ ॥

प्रवृत्तिभेदे प्रयोजकं चित्तमेकमनेकेषाम् ॥ ५ ॥

तत्र ध्यानजमनाशयम् ॥ ६ ॥

कर्माशुक्लाकृष्णं योगिनः त्रिविधमितरेषाम् ॥ ७ ॥

ततस्तद्विपाकानुगुणानामेवाभिव्यक्तिर्वासनानाम् ॥ ८ ॥

जातिदेशकालव्यवहितानामप्यानन्तर्यं स्मृतिसंस्कारयोरेकरूपत्वात् ॥ ९ ॥

तासामनादित्वं चाशिषो नित्यत्वात् ॥ १० ॥

हेतुफलाश्रयालम्बनैः संगृहीतत्वादेषामभावे तदभावः ॥ ११ ॥

अतीतानागतं स्वरूपतोऽस्त्यध्वभेदाद्धर्माणाम् ॥ १२ ॥

ते व्यक्तसूक्ष्मा गुणात्मानः ॥ १३ ॥

परिणामैकत्वाद्वस्तुतत्त्वम् ॥ १४ ॥

वस्तुसाम्ये चित्तभेदात्तयोर्विभक्तः पन्थाः ॥ १५ ॥

न चैकचित्ततन्त्रं वस्तु तदप्रमाणकं तदा किं स्यात् ॥ १६ ॥

तदुपरागापेक्षित्वाच्चित्तस्य वस्तु ज्ञाताज्ञातम् ॥ १७ ॥

सदा ज्ञाताश्चित्तवृत्तयस्तत्प्रभोः पुरुषस्यापरिणामित्वात् ॥ १८ ॥

न तत्स्वाभासं दृश्यत्वात् ॥ १९ ॥

एकसमये चोभयानवधारणम् ॥ २० ॥

चित्तान्तरदृश्ये बुद्धिबुद्धेरतिप्रसङ्गः स्मृतिसंकरश्च ॥ २१ ॥

चितेरप्रतिसंक्रमायास्तदाकारापत्तौ स्वबुद्धिसंवेदनम् ॥ २२ ॥

द्रष्टृदृश्योपरक्तं चित्तं सर्वार्थम् ॥ २३ ॥

तदसंख्येय-वासनाभिश्चित्रमपि परार्थं संहत्यकारित्वात् ॥ २४ ॥

विशेषदर्शिन आत्मभावभावनाविनिवृत्तिः ॥ २५ ॥

तदा विवेकनिम्नं कैवल्यप्राग्भारं चित्तम् ॥ २६ ॥

तच्छिद्रेषु प्रत्ययान्तराणि संस्कारेभ्यः ॥ २७ ॥

हानमेषां क्लेशवदुक्तम् ॥ २८ ॥

प्रसंख्यानेऽप्यकुसीदस्य सर्वथा विवेकख्यातेर्धर्ममेघः समाधिः ॥ २९ ॥

ततः क्लेशकर्मनिवृत्तिः ॥ ३० ॥

तदा सर्वावरणमलापेतस्य ज्ञानस्यानन्त्याज्ज्ञेयमल्पम् ॥ ३१ ॥

ततः कृतार्थानां परिणामक्रमपरिसमाप्तिर्गुणानाम् ॥ ३२ ॥

क्षणप्रतियोगी परिणामापरान्तनिर्ग्राह्यः क्रमः ॥ ३३ ॥

पुरुषार्थशून्यानां गुणानां प्रतिप्रसवः कैवल्यं
स्वरूपप्रतिष्ठा वा चितिशक्तिरिति ॥ ३४ ॥

इति पतञ्जलिविरचिते योगसूत्रे चतुर्थः कैवल्यपादः ।

इति पातञ्जलयोगसूत्राणि ॥

||4.1||

janmauṣadhi-mantra-tapaḥ-samādhi-jāḥ siddhayaḥ ||

Durch Geburt, Heilkraut, Mantra, Tapas, Samadhi entstehen Sidhis.

janma – Geburt.
auṣadhi – Heilkraut.
mantra – *Mantra.*
tapaḥ – *Tapas,* Hitze, Glut, Entfachen der Lebensglut.
samādhi – *Samadhi.*
jāḥ – geboren, entstanden, erzeugt, verursacht.
siddhayaḥ – *Sidhis,* Yogakräfte, Erfolge, Vollkommenheiten.

Offensichtlich gibt es viele Wege, sogenannte *Sidhis,* Yogakräfte zu erreichen. Manche kommen bereits mit der Anlage zu diesen Fähigkeiten zur Welt, andere nutzen die Kraft der Heilkräuter und *Mantras,* das Entfachen ihrer Lebensglut durch *Tapas* oder tauchen während der Praxis des *Sanyama* in *Samadhi.* Heilkräuter kommen zum Beispiel in *ayurvedischen Rasayanas* zur Anwendung und *Mantras* dienen in der Transzendentalen Meditation dazu, *Samadhi* zu erfahren, was Teil des TM-Sidhi-Programms ist.

||4.2||

jāty-antara-pariṇāmaḥ prakṛty-āpūrāt ||

Geburtsstand innere Entwicklung durch Natur-Überfluss.

jāti – Geburt; Daseinsform durch Geburt; Stellung, Stand; Familie, Stamm.
antara – innerlich, im Inneren; nahestehend; das Innere, Kern, Seele, Herz.
pariṇāmaḥ – Veränderung, Umwandlung; Folge, Schluss; Entwicklung.
prakṛti – Natur, Gestalt, ursprüngliche Form, Grundform; von Natur.
āpūrāt – durch die Flut, durch Überfluss; *āpūra* sich füllend; *ā* her, herzu; *pūra* füllend, erfüllend; befriedigen, zufriedenstellen; anschwellen; Strom.

Nachdem verschiedene Möglichkeiten genannt wurden, Yogakräfte zu entfalten, wird jetzt erklärt, wie diese Entwicklung abläuft. Selbst wer bereits mit der Anlage für Sidhis auf die Welt kommt, muss diese Kräfte erst im Laufe des Wachstums entfalten. Während die äußere Entwicklung das Wachstum des Körpers vom Baby zum Erwachsenen bewirkt, entfalten sich die Sidhis, die uns zur Vollkommenheit führen, durch Entwicklung unserer inneren Fähigkeiten aufgrund der natürlichen Tendenz des Lebens nach mehr und mehr. Die Natur des Lebens fließt spontan zu immer größerer Erfüllung.

Natürlicher Fluss der inneren Entwicklung

Als Kleinkind hätte ich mir nie träumen lassen, dass ich einmal die älteste Schrift des Yoga, das jahrtausendealte Yoga-Sutra neu übersetzen und kommentieren würde. Dazu war eine lange innere Entwicklung nötig. Als ich zu meinem dreizehnten Geburtstag von meinem Vater Yoganandas „Autobiographie eines Yogi" bekam, begannen meine ersten Meditationsversuche. Ich schaute minutenlang in eine Kerzenflamme, und als ich anschließend das Nachbild des Eindrucks der Kerzenflamme an der Wand sah, schrieb ich in mein Tagebuch: „Habe ich eben Gott gesehen?"

Durch die Beschäftigung mit Yoga wurde mir bewusst, dass die Gesellschaft im Vergleich zum Ziel des Yoga ziemlich unterentwickelt war und dringend einer Erneuerung bedurfte. Die meisten Erwachsenen wollten davon aber nichts wissen. „Werde erst mal älter, dann siehst du, dass das Leben anders ist, als du denkst", meinte meine Stiefmutter. „Wenn es so ist, wie du sagst", widersprach ich, „begehe ich lieber Selbstmord, als in dieser Welt zu leben."

In diesem Zustand jugendlichen Unmuts stieß ich am Museum Wiesbaden auf das Plakat mit Maharishis Bild. „Diesen bärtigen Yogi," dachte ich, „höre ich mir an. Er hat sicher andere Vorstellungen vom Leben als meine Stiefmutter." Den Vortrag im Museum hielt allerdings nicht der bärtige Yogi, sondern ein sechzigjähriger Fettfabrikant aus Frankfurt mit Wiener Akzent, der für meinen Revoluzzerblick viel zu bürgerlich wirkte.

Um so überraschter war ich, als er sagte, dass die Jugend mit Recht die Gesellschaft verändern wolle. Endlich ein Erwachsener, der mich verstand! Wenn die Meditation aus Erwachsenen so vernünftige Menschen machte, dann musste da was dran sein. Aber er sagte auch: „Wer die Welt verändern will, muss mit sich selbst beginnen. Sonst kann er lange warten und verändert nichts. Ein Wald ist nur so grün wie die alle Bäume. Wenn jeder Baum blüht, blüht der ganze Wald.

Außerdem erfuhr ich damals, dass unsere subjektive Welt nicht nur eine Grenze zur objektiven Außenwelt hat, die wir mit den äußeren Sinnen wahrnehmen, sondern auch eine Grenze nach innen zur Transzendenz. Er zeigte ein Blasendiagramm, das die Entstehung der Gedanken aus der Tiefe zeigte.

Unser Wachbewusstsein war vergleichbar mit der kleinen Spitze des Eisbergs, die aus dem Wasser ragte. Wenn wir die Gedanken bis zu ihrer Quelle zurückverfolgen könnten, dann könnten wir die Begrenzung unseres subjektiven Bewusstseins überschreiten und die Unbegrenztheit der Transzendenz erfahren, wo der Geist völlig zur Ruhe käme. Dass Patañjali diesen Zustand gleich zu Beginn als Yoga definiert, wusste ich damals noch nicht. So begann meine innere Entwicklung, von der Patañjali in diesem Sutra spricht.

Außenwelt

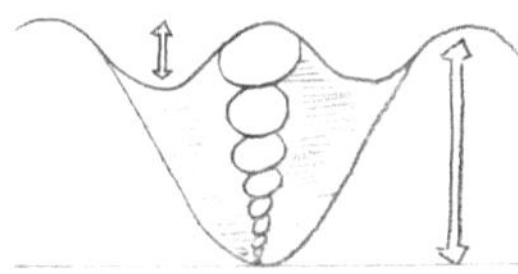

Transzendenz

||4.3||

nimittam aprayojakaṁ prakṛtīnāṁ varaṇa-bhedas tu tataḥ kṣetrikavat ||

Ziel der Naturen ziellos. Doch dann Damm durchbrechen wie ein Feldbesitzer.

nimittam – Ziel; Zeichen; Grund, Ursache.
aprayojakaṁ – ziellos, wirkungslos, grundlos; *a-* un-; *prayojaka*, bewirkend; Urheber; wesentlich, unumgänglich, einen Auftrag erteilend.
prakṛtīnāṁ – der *Prakritis*, der Grundformen, Naturen, Ursprungsformen.
varaṇa – Wall, Damm; umringen, umgeben.
bhedaḥ – spalten, durchbrechen, durchbohren; Spalte, Öffnung; Unterbrechung, Störung; Zwiespalt.
tu – doch, nun, aber.
tataḥ – darin, von da her, dort, darauf, dann, daher, darum, deshalb.
kṣetrikavat – *kṣetrika* Feldbesitzer, Landwirt, Ehemann; *-vat* wie.

Wenn unsere Natur durch innere Entwicklung überzufließen beginnt und immer neue Talente zu Tage fördert, dann interessieren wir uns plötzlich für tausend Bereiche und wissen gar nicht, was wir als Erstes beginnen sollen, bis uns die Natur auf ihre Weise in die richtigen Bahnen lenkt.

Die Bewässerungskanäle der Natur

Bevor ich anfing zu meditieren, wollte ich Deutsch- und Kunstlehrer werden, um Schülern zu helfen, ihre schöpferischen Fähigkeiten zu entfalten. Sobald ich anfing, tiefer nach innen zu tauchen, öffneten sich immer neue Möglichkeiten, die ich in meinem jugendlichen Leichtsinn alle ergründen wollte. Glücklicherweise schob mir die Natur immer rechtzeitig einen Riegel vor und leitete mich wie ein Feldbesitzer, der das Wasser dorthin fließen lässt, wo die Pflänzchen wachsen sollen.

Als ich in meiner Berliner Studentenzeit kurz davor war, ein Drogendealer zu werden, flatterte vom TM-Center Wiesbaden eine Einladung zu einem Kurs mit Maharishi in Österreich ins Haus, mit der Bemerkung: „Letzte Möglichkeit, Maharishi in Europa zu treffen, bevor er sich endgültig nach Indien zurückzieht."

In Kössen, Österreich, lernte ich ein Mädchen kennen, das auf abenteuerliche Weise zu Geld gekommen war und damit meine Ausbildung zum Meditationslehrer finanzierte. So fand ich mich unverhofft auf einem Achtmonatskurs auf Mallorca und in Italien wieder, wo wir auf Sanskrit die *Guru-Puja* lernten, die Dankbarkeitszeremonie zu Ehren der Vedischen Tradition der Meister.

Als Meditationslehrer lehrte ich auch die Wissenschaft der Kreativen Intelligenz, in der Maharishi die Grundlagen des Yoga in der Sprache des Westens verständlich machte. In dieser Wissenschaft machte ich 1980 an der Maharishi European Research University in Seelisberg, Schweiz, meinen „Bachelor of the Science of Creative Intelligence".

So erfüllte sich tatsächlich mein Berufswunsch, den Menschen zur Entfaltung ihrer schöpferischen Fähigkeiten zu verhelfen. Wie ein Feldbesitzer lenkte die Natur durch Öffnen verschiedener Dämme mein Leben genau in die für mich richtigen Bahnen.

||4.4||

nirmāṇa-cittāny asmitā-mātrāt ||

Bilden von Geistern nur durch Ichbewusstsein.

nirmāṇa – Messung, Maß; Strecke; bilden, schaffen; Schöpfung, Werk.
cittāni – Geister; *citta* Denken, Gewahrsein, Bewusstsein, Gemüt, Geist.
asmitā – Ich-bin-Heit, Ichbewusstsein.
mātrāt – aus Maß, in vollem Maße; nur, ausschließlich.

Der Feldbesitzer, die Intelligenz des Einheitlichen Feldes der Naturgesetze, kann Individuen mit eigenem Geist nur erzeugen, indem er Rollen annimmt, denen er ein Ichbewusstsein einhaucht. Diese Absonderung von der Allseele kann in christlicher Terminologie vielleicht als die „Erbsünde" betrachtet werden. Erst wenn wir wieder mit der Weltseele verschmelzen und den Zustand des *Yoga*, die Einheit, erfahren, sind wir von dieser Erbsünde befreit und erleben *Mokscha*, die Befreiung.

||4.5||

pravṛtti-bhede prayojakaṁ cittam ekam anekeṣām ||

Fortschreiten im Trennen bewirkt der eine Geist der Uneinen.

pravṛtti – Fortschreiten, Hervortreten, Erscheinen, Entstehung, Ursprung; Funktion, Benehmen; Fortdauer; Los, Schicksal; Kunde, Nachricht.
bhede – in der Spalte, Öffnung, Trennung, Unterbrechung, Störung; Zwiespalt, spalten, durchbrechen, durchbohren.
prayojakaṁ – bewirkend; Urheber; wesentlich, unumgänglich.
cittam – Geist.
ekam – einer.
anekeṣām – der Uneinen, nicht Einen, mehr als Einer, mannigfach.

Es ist der Eine Geist ohne ein Zweites, der aus sich selbst heraus durch fortschreitende Teilung die vielen Individuen erzeugt, die glauben, sie seien nicht der Eine.

||4.6||

tatra dhyānajam anāśayam ||

Dann durch *Dhyana* bewirkt ohne Eindrücke.

tatra – da, dort, dahin, dorthin, dann, bei dem Anlass, in dem Fall.
dhyāna-jam – durch *Dhyana* geboren; *dhyāna* Vertiefung, religiöse Beschauung, Meditation, Nachdenken; *jam* geboren, bewirkt, erzeugt.
anāśayam – *an-* un-; *āśaya* Lager, Sitz, Ort, Sitz der Gefühle, Herz, Gemüt; Absicht; Denkweise; gespeicherte Eindrücke; *Karma.*

Jede Handlung, die nicht im Einklang mit dem kosmischen Gesetz, oder – in religiösen Begriffen – mit dem Willen Gottes steht, erzeugt *Karma.* Wenn wir jedoch durch *Dhyana* – durch Meditation – die geistige Aktivität beruhigen und wieder in Einklang mit dem Willen der Evolution handeln, dann leben wir unser *Dharma*, unsere Bestimmung, und sammeln kein neues *Karma* an.

||4.7||

karmāśuklākṛṣṇaṁ yoginaḥ trividham itareṣām ||

Nicht weiß, nicht schwarz des Yogi Tat, dreifach die der anderen.

karma – *Karma,* Handlung, Tat, handeln.
aśukla – nicht weiß.
akṛṣṇaṁ – nicht schwarz.
yoginaḥ – des *Yogi.*
tri-vidham – von dreierlei Art, dreifach, dreifältig.
itareṣām – der anderen.

Der verwirklichte Yogi, der im Einklang mit dem Naturgesetz lebt und sein Dharma erfüllt, erzeugt durch sein Handeln keinerlei Reibung mit der Natur und weder gutes noch schlechtes, weder weißes noch schwarzes Karma. Die anderen dagegen erzeugen durch jede Tat entweder eine gute, eine schlechte oder eine gemischte Wirkung, die irgendwann als Reaktion auf sie zurückfällt.

||4.8||

tatas tad-vipākānuguṇānām evābhivyaktir vāsanānām ||
Daher erscheinen genau zu den Folgen passende Eindrücke.

tataḥ – darin, von da her, dort, darauf, dann, daher, darum, deshalb.
tat – das.
vipāka – reif, kochen, reifen, Frucht tragen, die Folgen.
anuguṇānām – der Passenden, Ähnlichen, entsprechend den Verdiensten.
eva – so, gerade, wohl, wirklich.
abhivyaktiḥ – offenbarwerden, erscheinen.
vāsanānām – der Kleider, Gewänder, Hüllen; Eindrücke, Vorstellungen.

Wenn wir uns manchmal wundern, warum wir ganz bestimmte Wünsche, Vorlieben, Ängste oder Fähigkeiten und Kenntnisse haben, dann liegt das an unseren vergangenen Handlungen, unabhängig davon, ob wir uns daran erinnern oder nicht. Denn unser Handeln hat in unserem Nervensystem und in unserem Unterbewusstsein eine Nachwirkung hinterlassen.

||4.9||

jāti-deśa-kāla-vyavahitānām apy ānantaryaṁ
smṛti-saṁskārayor eka-rūpatvāt ||
Selbst durch Geburt, Ort, Zeit getrennt bleibt die Folge
der *Samskaras* aus Einförmigkeit im Gedächtnis.

jāti – Geburt.
deśa – Ort.
kāla – Zeit.
vyavahitānām – getrennt, unterbrochen.
api – sogar.
ānantaryaṁ –unmittelbare Folge.
smṛti – Erinnerung.
saṁskārayoḥ – der *Samskaras*, Eindrücke.
eka-rūpatvāt – aus Einförmigkeit.

Die Handlungen, deren Folgen wir als *Samskaras*, als unerledigte Eindrücke erfahren, können bereits in vergangenen Leben geschehen sein, an anderen Orten und zu anderen Zeiten, und doch bleiben sie durch den Zusammenhang von Ursache und Wirkung, von Handlung und Eindruck im Gedächtnis unserer individuellen Existenz.

||4.10||

tāsām anāditvaṁ cāśiṣo nityatvāt ||

Und deren Anfangslosigkeit durch des Wunsches Beständigkeit.

tāsām – deren, von diesen, von denen.
anāditvaṁ – Anfangslosigkeit.
ca – und.
āśiṣaḥ – aus dem Wunsch; *āśis* Wunsch, Segen, Bitte, Bittgebet.
nityatvāt – aus Sichgleichbleiben, Beständigkeit, ewiger Dauer; Notwendigkeit, Unumgänglichkeit; *nitya* stetig, immerwährend, durchgängig, ewig.

Oft wissen wir nicht, warum uns ein bestimmtes Ereignis widerfährt oder wieso wir bestimmte Sehnsüchte und Wünsche haben. Wir erinnern uns nicht an die Taten, die diesen Eindruck bewirkten. Aber der Wunsch, der dadurch entstand, hat unser Gedächtnis überdauert. Unser Unterbewusstsein hat den Wunsch im „Langzeitgedächtnis" gespeichert, das weit über die Grenzen unserer jetzigen Inkarnation zurückreicht bis in den Beginn unserer individuellen Existenz, als sich unsere Seele von der Weltseele abspaltete.

||4.11||

hetu-phalāśrayālambanaiḥ saṁgṛhītatvād eṣām
abhāve tad-abhāvaḥ ||

Ursache-Folge-Empfänger-Grundlage durch Ansammeln.
Fehlt dieses, gibt es das nicht.

hetu – Ursache, Verursacher.
phala – Frucht, Folge, Ergebnis.

āśraya – Behälter, Empfänger, Sitz, Zuflucht, Hilfe.
ālambanaiḥ – durch Stützen, Haltepunkte, Grundlagen.
saṁgṛhīta-tvāt – aus Zusammengezogenheit, Ansammlung; *sam* zusammen, *grabh* greifen, *tva* -heit.
eṣām – von diesen.
abhāve – im Nichtexistieren, Fehlen, Abwesenheit.
tat – das.
abhāvaḥ – Nichtexistieren, Fehlen, Abwesenheit.

Wenn wir im Einklang mit dem Naturgesetz, mit dem „Willen Gottes" leben, sammelt sich kein neues Karma an. Wir leben unser Dharma, unsere Berufung, und erfüllen genau die Aufgabe, die wir uns vor dieser Inkarnation gestellt haben. Folgen wir unserem Dharma, dann sind wir „voll in unserem Element", alles fließt „wie geschmiert", alles „ist in Butter", wir sind „im Fluss" und werden „von der Welle getragen". Das Leben trägt uns ohne Anstrengung zu immer höheren Ebenen der Erfüllung. Die Wünsche, die uns Mutter Natur eingibt, kommen zur rechten Zeit am rechten Ort und lassen sich leicht und mühelos verwirklichen. Das ist der Zustand von Yoga, der Vereinigung mit dem Naturgesetz, das die Schöpfung in ihrer Gesamtheit regiert.

||4.12||

atītānāgataṁ svarūpato'sty adhva-bhedād dharmāṇām ||

Vergangenheit-Zukunft bestehen im Wesen aus Zeitscheide der Aufgaben.

atīta – vorbeigegangen, Vergangenheit, *ati* vorbei, *ī* gehen.
anāgataṁ – noch nicht gekommen, Zukunft.
svarūpataḥ – im Wesen, Eigentümlichkeit.
asti – ist, besteht, existiert.
adhva – Weg, Entfernung, Reisen; Zeit, Reisezeit.
bhedāt – aus der Trennung, Scheidung, Teilung, Unterbrechung.
dharmāṇām – der Aufgaben, der unterschiedlichen *Dharmas.*

Wenn wir durch das Abspalten von der Weltseele eine individuelle Erlebniswelt erfahren, haben wir bestimmte Aufgaben, die wir als Wünsche spüren und unbedingt erfüllen wollen. Die Reihenfolge, in der diese Aufgaben erledigt wurden oder noch auf uns warten, macht uns den jetzigen Augenblick und unser gegenwärtiges *Dharma* bewusst.

Der Zeitpunkt zwischen erledigten und unerledigten Aufgaben

Meine individuelle Seele hat sich von der Allseele abgespalten mit dem Wunsch, die relative Welt aus möglichst vielen Blickwinkeln kennenzulernen, und mit dieser Aufgabe habe ich viele Inkarnationen verbracht. Schon in meinem letzten Leben hatte ich den Wunsch, meine Lebenserfahrungen zu Papier zu bringen und die Leser zu inspirieren, wieder zu ihrem kosmischen, transzendentalen Ursprung zurückzufinden. Aber mein Leben wurde gewaltsam beendet, bevor ich diese Aufgabe erfüllen konnte, was in mir ein unangenehmes Gefühl des Noch-Nicht-Erledigt-Habens hinterließ, verbunden mit dem brennenden Wunsch, dies in meiner jetzigen Inkarnation nachzuholen.

Und an dieser Zeitscheide der erledigten und noch nicht erledigten Aufgaben befinde ich mich jetzt. Zu Anfang hatte ich die Aufgabe, zu wachsen und mit Yoga, Samadhi und Sanskrit vertraut zu werden. Als ich zum ersten Mal auf das älteste überlieferte Sprachzeugnis der Menschheit stieß, den Rik-Veda, kam in mir der Wunsch auf, diese Ursprache zu verstehen und neu zu übersetzen, sodass ich mich vierzig Jahre lang mit keinem anderen Sanskrittext beschäftigte. Nie wäre ich auf die Idee gekommen, einmal das Yoga-Sutra neu zu übersetzen und mit eigenen Erfahrungen zu kommentieren.

Dieser Wunsch entstand erst vor wenigen Wochen, als ein Bekannter eine umfangreiche Neuübersetzung des Yoga-Sutra mit eigenem Kommentar herausbrachte. Als ich ihm vorschlug, was er alles verbessern könnte, und merkte, dass er davon nicht begeistert war, wurde mir klar, dass ich den griffigen Ratgeber, der mir als Leitfaden auf dem Weg des Yoga vorschwebte, schließlich selbst in Angriff nehmen musste.

Ich unterbrach die Arbeit an dem illustrierten Märchenband, den ich gerade zusammenstellen wollte, und machte mich an die ersten Sutras. Die Reue über diesen Entschluss kam erst, als ich merkte, wie sperrig sich Patañjalis Stichwortsammlung dagegen sträubte, in flüssige, leicht verständliche

Sätze umgegossen zu werden. Und wie unterschiedlich sie von verschiedenen Interpreten gedeutet wurde. Nein, in diese Fußstapfen wollte ich nicht treten! Ich wollte diesen Sutrastil erhalten. Aber dazu musste ich zunächst den Sinn begreifen, der sich auf den ersten Blick oft nicht erkennen ließ.

Meine Trostlosigkeit begleitete mich bis in den Traum. Ich träumte von einem sperrigen Klappfenster, das tief ins Erdreich führte und in das ich nur mit Mühe einsteigen und wieder aussteigen konnte. Am nächsten Tag träumte ich von einer Wagenkolonne voller lebensgroßer Schachfiguren aus Stein. Dieser leblose Tross verkörperte die Sutras, die sich jeder Sinngebung entzogen. Erst in der dritten Nacht, nachdem wir einige harte Nüsse geknackt hatten, träumte ich von einem Frühstück mit Erdbeertorte und Sahne. Und dann verstand ich auch, warum ich ausgerechnet beim Yoga-Sutra gelandet war. Schließlich ist Yoga die Disziplin, die unser Bewusstsein auf die Ebene der Transzendenz hebt, auf der wir auch den Rik Veda erkennen und verstehen können. Das alles ist jetzt schon Vergangenheit. Meine augenblickliche Aufgabe ist die Deutung von Sutra 4.12, das die gegenwärtige Zeitscheide meiner Aufgaben definiert.

Meine zukünftige Aufgabe ist das Entschlüsseln der Sutras 4.13 bis 34. Dann das Veröffentlichen und das Ertragen niederschmetternder und lobender Kritiken, ohne mich zu sehr mit meinem kleinen Ego zu identifizieren, und so fort. Die Gegenwart ist also die Scheide zwischen den erledigten und noch nicht erledigten Aufgaben. Was immer wir als Aufgabe erkennen, wir warten nicht bis morgen: Wir sind *gegen-warten.* Wir erfüllen sie und sehen, was als Nächstes auf uns *zu-kunft.* Denn was erledigt ist, ist schon *vergangen-(heit).*

||4.13||

te vyakta-sūkṣmā guṇātmānaḥ ||

Diese sind offenbare und feinstoffliche *Guṇas* von *Atma.*

te – diese.
vyakta – offenbar, wahrnehmbar.
sūkṣmāḥ – fein, dünn, feinstofflich.
guṇa – *Guna,* Wirkkraft.
ātmānaḥ – des *Atma,* des Selbst, des Wesens, von Natur aus.

Die *Gunas* (siehe Glossar) werden als Wirkkräfte der Natur beschrieben, deren Wechsel- und Zusammenspiel den ständigen Wandel aller relativen Erscheinungen bewirken. Aber wer oder was ist mit Natur gemeint? Es ist die Natur von Atma, dem kosmischen Selbst, der Weltseele, die in uns wirkt, indem sie uns Wünsche eingibt, die wir erfüllen wollen. Die Wünsche, die wir spüren, treiben uns zum Handeln und zur Erfüllung unserer Aufgaben an. Aber es gibt auch feinstoffliche, noch nicht offenbare Wünsche, die aufgrund früherer Eindrücke im Äthernetz gespeichert sind.

Diese Aufgaben sind uns noch nicht bewusst geworden und kommen noch auf uns zu. Früher oder später treten sie durch das Wirken der Gunas aus dem feinstofflichen in den wahrnehmbaren Zustand und melden sich als Wünsche, die wir uns noch unbedingt erfüllen wollen.

Wer voll in seinem Dharma lebt und seiner Berufung folgt, braucht nichts anderes zu tun, als täglich die Wünsche zu erfüllen, die ihm die Natur gerade eingibt. Er erfüllt seine Aufgabe, indem er im Jetzt in Einheit mit dem Schöpfer dessen Unterweisung folgt, wie es im ersten Sutra heißt: *atha yogānuśāsanam – Jetzt der Einheit Unterweisung.*

||4.14||

pariṇāmaikatvād vastu-tattvam ||
Wandlung aus EINS-Sein: der Dinge DAS-Sein.

pariṇāma – Veränderung, Umwandlung, Folge, Entwicklung.
eka-tvāt – aus EINS-Sein Alleinsein; *eka* eins; *-tva* -heit, Zustand.
vastu – Sitz, Ort; Ding, Stoff, Gegenstand.
tat-tvam – die wahre Natur, das DAS-Sein; *tat* das; *tva* -heit, Zustand.

Unser Dasein ist in Wirklichkeit ein DAS-Sein: „DAS bist du – *tat tvam asi*", sagt Uddalaka zu seinem Sohn Shvetaketu in Vers 6.8.7 der Chandogya-Upanischad. Das bedeutet, wir sind in Wahrheit alle Teil des absoluten, reinen Seins, ein Teil von DAS. Dieses Sein ist die Eine Wirklichkeit ohne ein Zweites, das EINS-Sein, das sich aus der Einheit in die Vielfalt seines eigenen Rollenspiels verwandelt, um auf der relativen Ebene des Da-Seins, des Das-Seins, Das-Eins, aus sich selbst heraus das Uni-Versum, die Einheit-in-Vielfalt zu erzeugen.

||4.15||

vastu-sāmye citta-bhedāt tayor vibhaktaḥ panthāḥ ||

Das gleiche Ding in anderem Geist geht zwei getrennte Pfade.

vastu – Ding.
sāmye – in Gleichheit.
citta – Geist.
bhedāt – aus Unterbrechung, Scheidung, Uneinigkeit, Zwiespalt.
tayoḥ – der beiden.
vibhaktaḥ – Getrenntsein, Verschiedenheit, Unterschied, getrennt, geteilt.
panthāḥ – Pfad, Weg, Bahn.

Das Yoga-Sutra hat sich seit Jahrtausenden nicht verändert und wird stets im selben Wortlaut überliefert. Aber die Stichwörter sind nur als Gedächtnisstütze für den Yogi gedacht, der sowieso weiß, was er sagen will. Die zahlreichen Übersetzungen zeigen, wie unterschiedlich ein und derselbe Text gedeutet werden kann. Es bleibt das gleiche Ding, doch jeder Geist sieht darin etwas anderes und lässt den Sinn in eine andere Richtung fließen.

||4.16||

na caikacitta-tantraṁ vastu tad-apramāṇakaṁ tadā kiṁ syāt ||

Aber kein einmütiger Grundton. Das Thema ist ja unermesslich. Was könnte es dann sein?

na – nicht.
ca – und, auch, selbst, sogar, und zwar, gerade, eben; aber, dagegen.
ekacitta – Einmütigkeit, Übereinstimmung; *eka* ein, *citta* Geist.
tantram – Grundlage, Grundform; Norm, Richtschnur; Grundlehre, Theorie, fortlaufende Reihe, Grundwerk, Grundordnung, System, Zusammenhang; das Durchlaufende, Wesentliche, Gleichbleibende, der Grundton.
vastu – Ding, Stoff, Gegenstand, Thema, Angelegenheit.
tat – das.
apramāṇa – unermesslich, maßlos; ohne Bedeutung; keine Autorität.
kaṁ – wohl, gut, ja; Wasser; Speise; Kopf; wünschen, begehren, wollen.

tadā – dann, in dem Falle.
kiṁ – was.
syāt – es könnte sein, vielleicht.

Ein einziger Geist kann diesen Leitfaden des Yoga unmöglich voll ausschöpfen. Er kann nur seinen Beitrag dazu leisten, aus den vielen Deutungsmöglichkeiten die Botschaft des Augenblicks herauszulesen, die dem Leser in seiner gegenwärtigen Lage gerade weiterhilft.

Stellen Sie sich eine Frage, schlagen Sie das Buch irgendwo auf und lesen Sie das Sutra, auf das Ihr Finger gerade deutet. Lassen Sie den Satz auf der Zunge zergehen und überlegen Sie, ob Ihnen der Sinn der Sanskritwörter eine Botschaft vermittelt, die Ihre Frage in ein neues Licht rückt oder eine Lösung andeutet. Fragen kostet nichts. Ob Patañjali antwortet oder nicht, liegt nicht in unserer Macht. Er spricht ja nur mit wem und wann er will.

||4.17||

tad-uparāgāpekṣatvāc cittasya vastu jñātājñātam ||

Dessen Färbung aus Erwartung des Geistes.
Thema begriffen, nicht begriffen.

tad – das, dessen.
uparāga – färben, beeinflussen; Färbung, Verfinsterung; Unfall; Tadel.
apekṣatvāt – aus Erwartung, Hoffnung, Bedürfnis; *apekṣa* Erwartung.
cittasya – des Geistes.
vastu – Ding, Ort, Thema.
jñāta – gewusst, bekannt, verstanden, begriffen.
ajñātam – unbekannt, unverständlich; nicht verstanden, nicht begriffen.

Je nach unserer Erwartungshaltung geben wir dem Yoga-Sutra eine andere Färbung und Bedeutungsnuance. Es liegt an unserem Geist, ob wir das Thema verstehen oder nicht. Je mehr uns das Thema vertraut ist, je tiefer wir in Theorie und Praxis des Yoga eingetaucht sind, desto mehr können wir mit dieser Stichwortsammlung anfangen und desto nützlicher für uns und andere wird unsere Deutung sein. Wem das Thema noch unbekannt ist, dem bleiben auch die Wörter unverständlich.

||4.18||

sadā jñātāś citta-vṛttayas tat-prabhoḥ
puruṣasyāpariṇāmitvāt ||

Immer erkannt werden Geisteswellen, weil deren Herr, Puruscha, unveränderlich ist.

sadā – immer.
jñātāḥ – bekannt, verstanden, erkannt, wahrgenommen; Intelligenz, Wissen.
citta-vṛttayaḥ – *Vrittis*, Vibrationen, Aktivitäten des Geistes.
tat – das.
prabhoḥ – des Herrn, Meister, *prabhu* mächtig, übertreffend; Herr, Gebieter.
puruṣasya – des *Puruscha*, des Transzendentalen Bewusstseins.
apariṇāmitvāt – aus Unveränderlichkeit; weil unveränderlich.

Puruscha ist das unveränderliche Reine Bewusstsein, ohne das wir unsere Gedanken, die *Vrittis*, die Aktivitäten unseres Geistes, nicht bewusst wahrnehmen könnten. Diesem Reinen Bewusstsein in uns sind alle Gedanken der Menschen bekannt, denn es erlebt alles, was wir wahrnehmen, aus unseren Augen mit. Es ist die Schaltzentrale, in der die Informationen aller versteckten Kameras, unserer Augen, zusammenkommen. Wir können nichts tun, ohne dass der Allwissende es mitbekommt. Wenn wir glauben, etwas heimlich tun zu können, dann vergessen wir, dass wir selbst unser heimliches Tun bewusst miterleben. Das Bewusstsein in uns ist der Herr, der ewige, unveränderliche, allwissende *Puruscha.* Deswegen heißt es im Zehnten *Mandala* des *Rik Veda*: *„Tausend Köpfe hat Puruscha, tausend Augen, tausend Füße."* [*9]

||4.19||

na tat svābhāsaṁ dṛśyatvāt ||

Das scheint nicht selbst, da wahrnehmbar.

na – nicht.
tat – das.
svābhāsam – selbststrahlend; *sva* selbst; *ābhāsa* Glanz, Erscheinung.
dṛśyatvāt – aus Sichtbarkeit, Wahrnehmbarkeit.

Der Geist ist sich nicht seiner selbst bewusst, sondern wird vom Bewusstsein wahrgenommen. Nur das Bewusstsein strahlt aus sich selbst heraus und stellt die grundlegende Ebene unserer menschlichen Erkenntnisfähigkeit dar.

||4.20||

eka-samaye cobhayānavadhāraṇam ||

Und gleichzeitig beides nicht wahrnehmbar.

ekasamaye – gleichzeitig; *eka* eins, das Eine; *samaye* im Zusammentreffen.
ca – und.
ubhaya – beide.
anavadhāraṇam – *an-* un-; *avadhāraṇam* erfassen, Wahrnehmung.

Wenn der Geist ein Objekt wahrnimmt, kann er nicht gleichzeitig sich selbst wahrnehmen. Über sich selbst reflektieren kann nur das Selbst. Das ist mit Selbsterkenntnis gemeint: Wir identifizieren uns nicht mehr mit unserer relativen Erscheinungsform, sondern mit unserem wahren Selbst. Und das kann, wie der Ausdruck „bewusst sein" sagt, nur unser „Bewusst-Sein".

||4.21||

cittāntara-dṛśye buddhi-buddher
atiprasaṅgaḥ smṛti-saṃkaraś ca ||

Geist von innen gesehen. *Buddhi* aus *Buddhi*
zu weite Ausdehnung und Gedächtnisvermischung.

oder: **Geist von außen gesehen: *Buddhi* des *Buddhi***
Überlagerung und Gedächtnisvermischung.

citta – Geist.
antara – nahe, im Inneren, innerlich; das Innere; Abstand; das Äußere.
dṛśye – im Sehen, im Sichtbaren.
buddhi – *Buddhi,* Intellekt, Einsicht, Urteilskraft.
buddheḥ – des Intellekts.
atiprasaṅgaḥ – zu große Neigung, zu weite Ausdehnung, Überlagerung; Endlosschleife; *ati* über, hinüber,; *prasaṅga* Neigung; Anwendbarkeit; *pra*

vor, sehr; *saṅga* haften, berühren, Kontakt.
smṛti – Erinnerung, Gedächtnis.
saṁkaraḥ – Vermengung, Vermischung, Mischling.
ca – und.

Unser Geist wird von unserem Bewusstsein im Inneren wahrgenommen. Wenn wir etwas denken, hören wir innerlich einen gedachten Satz. Aber es ist nicht der Geist, der den Satz hört, sondern unser Bewusstsein. Der Geist hat den Satz durch seine Tätigkeit, die Vrittis, nur hervorgebracht. Wir müssen unterscheiden zwischen dem geistigen Sprecher und dem geistigen Hörer: Der Geist ist der Sprecher, das Bewusstsein aber der Wahrnehmende. Dieses Bewusstsein ist das kosmische Selbst, unser innerstes Wesen, das mit allen anderen Wesen von innen her verbunden ist.

Wie kommt es aber, dass wir mit diesem Bewusstsein, das alle Wesen durchdringt, nicht in andere Geister hineinschauen und deren Gedanken von innen wahrnehmen können? Das geschieht zu unserem eigenen Schutz: Die tiefste Ebene unseres individuellen Geistes ist der Intellekt, *Buddhi*, die Unterscheidungsfähigkeit, die zwischen dem Relativen, Vergänglichen, und dem Absoluten, Ewigen, unterscheiden kann. Wenn dieser Intellekt in andere Intellekte hineinschauen könnte, gäbe es eine Überlagerung, eine Endlosschleife zweier sich selbst betrachtender Individuen, was eine heillose Verwirrung unserer Wahrnehmung und unserer Erinnerung mit sich brächte.

Wir sind gewohnt, die Umwelt nur aus einem einzigen Blickwinkel, aus unserem individuellen, gegenwärtigen Standpunkt wahrzunehmen. Würden wir gleichzeitig in einen anderen Geist hineinblicken und die Welt aus seinem Standpunkt wahrnehmen, dann wären wir völlig desorientiert und wüssten nicht, wo sich unser Körper tatsächlich befindet. Wir würden uns an Dinge erinnern, die wir gar nicht selbst erlebt haben. Um diese Gedächtnisvermischung zu vermeiden, wird jeder Geist nur vom eigenen Bewusstsein wahrgenommen, und nicht vom Bewusstsein eines anderen.

In Sutra 3.19 haben wir zwar erfahren, dass es möglich ist, das Wissen eines anderen Geistes anzuzapfen, aber in Sutra 3.20 wurde erklärt, dass uns der Seinszustand des fremden Geistes verschlossen bleibt. Jetzt wissen wir warum: wegen der Verwirrung, die unser Intellekt dann erfahren würde.

||4.22||

citer apratisaṁkramāyās tad-ākārāpattau
sva-buddhi-saṁvedanam ||

Aus des Geistes unwiderstehlichem Lauf dessen Wesen annehmend, wird *Buddhi* sich selbst bewusst.

citeḥ – des Geistes; aus dem Geist.
aprati – *a-* un-; *prati* gegen; *aprati* unwiderstehlich, ohne Gegner.
saṁkramāyāḥ – des, aus dem Gang, Lauf, Übergang, Brücke.
pratisaṁkrama – Wiedereingehen, Auflösung; Eindruck.
tat – das.
ākāra – Form, Wesen, Natur.
āpattau –im Annehmen.
sva – selbst, eigen.
buddhi – *Buddhi*, Intellekt.
saṁvedanam – erkennen, bewusst werden, empfinden; melden, verkünden; *sam-* zusammen; *vedana* verkündend; Erkenntnis, Wissen, Empfindung.

Buddhi, unser Intellekt, nimmt im Laufe der Bewusstseinsentwicklung immer feinere Unterschiede wahr. Im Kosmischen Bewusstsein unterscheidet er deutlich zwischen dem ewigen Selbst im Inneren und dem vergänglichen Nicht-Selbst im Äußeren. Im Einheitsbewusstsein erkennt er schließlich, dass er zwar etwas Flüchtiges und Nicht-Ewiges ist, aber dennoch ein Teilaspekt von *Atma*, und erkennt am Grunde seiner eigenen Natur das wahre Selbst.

||4.23||

draṣṭṛ-dṛśyoparaktaṁ cittaṁ sarvārthaṁ ||

Seher-Gesehenes gefärbt, Geist beachtet alles.

draṣṭṛ – Seher.
dṛśya – sichtbar, anzublicken, sehenswert; Gesehenes.
uparaktam – gefärbt, beeinflusst, erhitzt, entflammt, beeinträchtigt; upa- herzu, hinzu, ferner; *rakta* gefärbt, rot; lieblich, reizend.

cittam – Geist.
sarvārtham – alle Dinge, Dinge aller Art; zu allem dienlich, für alles anwendbar; auf alles achtend; *sarva* alle; *artham* Zweck, Ziel; Ursache; Vorteil, Nutzen; Objekt; Besitz, Reichtum; Begehr, Bedarf; Sinn; Art und Weise.

Sobald sich der Geist des Sehers bewusst ist – des ewigen Selbst im Inneren, des Reinen Bewusstseins – kann er auch das äußere Objekt wahrnehmen, ohne überschattet zu werden. Er nimmt sowohl das Selbst als auch das Objekt gleichzeitig wahr. Das Objekt färbt seine Wahrnehmung mit den relativen Eigenschaften des Gesehenen, und der Seher im Inneren färbt den Geist mit dem Gefühl der Ewigkeit und Unveränderlichkeit, dem inneren Frieden unendlicher Ruhe und Gedankenstille. So erfreut sich der Geist gleichzeitig der inneren Fülle und der äußeren Fülle. Das ist 200-prozentige Erfüllung, nach dem Motto der Brihadaranyaka Upanischade: „*Purnam ada, purnam idam – Dies ist Fülle, das ist Fülle.*"

||4.24||

tad asaṁkhyeya-vāsanābhiś citram api
parārthaṁ saṁhatya-kāritvāt ||

Das durch unzählige Eindrücke Bunte hat auch jenseitige Bedeutung, weil verbunden handelnd.

tat – das.
asaṁkhyeya – unzählig, unzählbar.
vāsanābhiḥ – durch Eindrücke.
citram – augenfällig, sichtbar, ausgezeichnet; hell, licht; verschiedenfarbig, bunt, scheckig; bewegt; mannigfaltig, allerlei; wunderbar; Buntheit.
api – sogar, selbst; auch, noch, ferner; aber; nur, wenigstens.
para – weiterhin, jenseitig, ferner; früher; später; der beste; anderer.
artham – Zweck, Ziel, Bedeutung.
saṁhatya – verbunden, Verbindung, Einheit.
kāritvāt – aus Handeln, Aktivität; *kāri* Künstler, Handwerker.

Jetzt erst wird das Leben richtig bunt: Wir genießen mit gelassenem Abstand die Vielfalt der äußeren Welt als reizvolles Spiel der *Maya* und sind dabei gleichzeitig tief in der Transzendenz verankert und empfinden uns als das ewig währende Bewusstsein, das gerade einen Ausschnitt seiner eigenen Schöpfung aus einem bestimmten Blickwinkel genießt. Wir regen uns nicht über kleine Unzulänglichkeiten und Störungen auf, denn wir wissen, dass die Evolution des Lebens ständigen Wandel erfordert. Dazu muss notwendigerweise der bisherige Zustand beendet, das heißt zerstört werden, damit der nächste Zustand entstehen kann. Fortschritt bedingt das fortwährende Zusammenspiel der destruktiven und konstruktiven Kräfte.

Daher akzeptieren wir unsere eigenen Schattenseiten, die Unzulänglichkeiten unseres eigenen Körpers und Geistes samt der noch verbliebenen Unwissenheit, die uns vor Augen führt, dass Demut und Bescheidenheit angemessener für den Menschen sind als Großspurigkeit und Besserwisserei.

||4.25||

viśeṣa-darśina ātma-bhāva-bhāvanā-vinivṛttiḥ ||

Des Unterschied-Sehenden Nachdenken über *Atma*-Sein hört auf.

viśeṣa – Unterschied, Unterscheidung, Besonderheit.
darśinaḥ – des Sehenden.
ātma – Atma, das Selbst.
bhāva – sein, existieren, verweilen.
bhāvanā – wünschen, fühlen, vorstellen, nachdenken.
vinivṛttiḥ – aufhören, beenden; Beendigung.

Auch wenn wir den Unterschied zwischen dem ewig unveränderlichen Absoluten und dem ständigen Wechsel des Relativen erkennen, sehen wir doch in beiden Erscheinungsformen das Wirken derselben Urkraft, des ewig aus sich selbst heraus erschaffenden Reinen Bewusstseins, das wir *Atma* nennen und dessen Eigenschaften sich in all seinen Geschöpfen widerspiegeln, und brauchen nicht mehr darüber nachzudenken.

||4.26||

tadā viveka-nimnaṁ kaivalya-prāgbhāraṁ cittam ||

Dann Unterscheidungskraft vertieft, in *Kaivalya* gipfelt der Geist.

tadā – dann.
viveka – Unterscheidungskraft.
nimnam – Tiefe, Vertiefung, Niederung; tiefliegend, vertieft, tief eingedrückt.
kaivalya – *Kaivalya*, Befreiung, Einheitsbewusstsein.
prāgbhāram – Berggipfel; Menge, Masse; Neigung, Berggefälle; nahesein.
cittam – Geist.

Sobald der Geist zwischen dem Flüchtigen und dem Ewigen, dem Nicht-Selbst und dem Selbst unterscheiden kann und die relative Erscheinung der Welt nicht mehr mit dem transzendenten Selbst verwechselt, erreicht er den Zustand der Einheit und sieht in allen Erscheinungsformen Atma, das ihnen zugrundeliegende Selbst.

||4.27||

tac-chidreṣu pratyayāntarāṇi saṁskārebhyaḥ ||

In dessen Unterbrechungen andere Ideen durch *Samskaras*.

tat – das.
chidreṣu – in den Löchern, Öffnungen, Unterbrechungen.
pratyaya – Glaube, Überzeugung; Verständnis, Idee; Ursache; Mittel.
antarāṇi – andere; inmitten, darin, dazwischen; unterwegs, beinahe.
saṁskārebhyaḥ – durch die *Samskaras*, durch die Eindrücke.

Die letzten *Samskaras*, die Wünsche und Eindrücke aus vergangenen Handlungen, sorgen dafür, dass diese Unterscheidungsfähigkeit manchmal kurzfristig unterbrochen wird und andere Gedanken wieder hochkommen.

Der Garten der Lüste auf dem Weg zum Paradies

Wie bereits bei Sutra 3.32 erwähnt, wohnte ich im Herbst 1981 bei einem TM-Lehrer auf Sri Lanka. Die meiste Zeit verbrachte ich im Freien zwischen den Palmen seiner Kokosplantage. Eines Tages meinte er: „Bald beginnt die Regenzeit. Wenn du im Freien bleiben willst, brauchst du ein Dach über dem Kopf. Wir könnten dir eine Lehmhütte mit Kokospalmendach bauen."

Dieser Vorschlag gefiel mir, und schon am nächsten Tag ragten an den Ecken meiner Wolldecke dünne Stämme mit Astgabeln nach oben, auf denen die Querstreben für das Dach befestigt wurden. Abgefallene Palmenwedel wurden geflochten und in Doppellagen so auf das Dach gedeckt, dass zwar Luft, aber kein Regen durchkommen konnte. In einer Kuhle wurde lehmige Erde mit Wasser und Kuhmist vermischt und mit Füßen zu Brei gestampft, aus dem „Lehmbrote" für die Wände geknetet wurden. Nachdem ich das Prinzip verstanden hatte, baute ich den Rest der Wände samt Tür- und Fensteröffnungen selbst und fühlte mich wie ein Kind im Sandkasten. Kurz vor Neujahr war die Hütte fertig, samt Lehmfiguren von *Buddha* und *Ganesh*, die ich zu Ehren der regionalen Kultur um die Hütte gestellt hatte.

Seit Januar 1972 war ich gewohnt, das Jahr mit einer Woche Schweigen zu beginnen. Da ich damals auf meinem Ausbildungskurs zum Meditationslehrer unter Maharishis Aufsicht mehrere Monate geschwiegen und dabei tiefe Erfahrungen gemacht hatte, erklärte ich meinem Wirt, dass sich mein Schweigen auch diesmal länger ausdehnen könnte. Je tiefer ich in die Stille tauchte, desto schwerer fiel es mir, diesen wunderbaren Zustand der Klarheit und des Friedens wieder abzubrechen.

Mein Wirt meinte, ich könne so lange schweigen, wie ich wolle. Also verbrachte ich den ganzen Tag stumm zwischen Palmen und Büschen in der Hütte und ging ins Haus nur zum Essen, das seine Frau gekocht hatte. Bald war ich so tief in die Stille versunken, dass ich mehr in der Ewigkeit als im 20. Jahrhundert lebte. Den Wald um mich herum empfand ich als die Urheimat des Menschen. Nichts erinnerte an die Neuzeit, alles sah aus wie zu biblischen Zeiten, ich kam mir vor wie Adam, der ins Paradies zurückkehrte, aus dem er vertrieben worden war.

Auf diesem Heimweg aber kam ich im Geist am Garten der Lüste vorbei, wo die verlockendsten Versuchungen auf mich warteten, um mich vom Heimweg ins Paradies abzubringen. Mit Schrecken entdeckte ich, welche perversen Gelüste in der Tiefe meiner Seele schlummerten und mir unverhohlen zu Bewusstsein kamen. Auf einmal konnte ich nachvollziehen, warum Menschen zum Verbrecher wurden, zum Triebtäter, zum Mörder, und ich konnte diese Menschen nicht verurteilen, sondern nur bemitleiden: Im Gegensatz zu mir lebten sie ihre Triebe aus, ohne zu merken, dass sie sich dadurch selbst schadeten.

Ich merkte, dass die Welt, die ich erlebte, nur ein Spiegel meines Innenlebens war, und alles, was ich meiner Umwelt antat, auf mich selbst zurückfiel, denn die Umwelt war ein Teil von mir. Also wartete ich einfach ab, bis sich die seltsamen Gelüste, die aufgrund der *Samskaras* – der früheren Eindrücke – in mir aufstiegen, wieder gelegt hatten und ich den Weg ins Paradies fortsetzen konnte.

||4.28||

hānam eṣām kleśavad uktam ||

Beenden dieser wie bei Leiden gesagt.

hānam – Zerstörung.
eṣām – dieser, von diesen.
kleśavat – wie Leid, Leidensquelle.
uktam – gesagt, erwähnt, das Gesagtwordensein, Wort, Ausdruck.

In Sutra 2.10 und 2.11 wurde erklärt, wie Leidensquellen aufzulösen sind: durch Rückkehr zum Ursprünglichen und durch Dhyana, Meditation. In Sutra 2.15 wurde alles Leid auf Verletzen der Naturgesetze, der Guna-Vrittis, zurückgeführt. Und als Ursache dafür wurde die Unwissenheit genannt. Sobald die Unwissenheit aufgelöst ist, sind nicht nur die Leiden beendet, sondern auch die letzten Samskaras.

||4.29||

prasaṁkhyāne'py akusīdasya sarvathā viveka-khyāter dharma-meghaḥ samādhiḥ ||

Des selbst im Nachdenken nicht Faulen voll unterscheidende Erkenntnis: *Dharma-Megha-Samādhi.*

prasaṁkhyāne – im Sammeln, Zählen, Nachdenken; Ruhm, Ruf.
api – sogar, auch, selbst.
akusīdasya – eines nicht ohne Interesse; *a-* un-; *kusīda* auf einem Fleck sitzend, faul, träge, apathisch.
sarvathā – in jeder Hinsicht, auf jede Weise, durchaus, vollständig.
viveka-khyāteḥ – (aus) der unterscheidenden Erkenntnis.
dharma – *Dharma,* Bestimmung, Berufung; Pflicht; Gesetz; Wesen.
meghaḥ – Wolke; Sprüher; Menge; *migh, mih* „Miktion", Wasser lassen, besamen; Nebel, Dunst, Regenschauer.
samādhiḥ – *Samadhi.*

Dharma ist unsere vom kosmischen Naturgesetz vorgesehene Aufgabe, unsere Bestimmung, die wir als unsere Berufung empfinden. Wenn wir unserem *Dharma* folgen, fühlen wir uns voll im Fluss und in unserem Element. Wir sind mit unserer Tätigkeit zufrieden und fühlen, dass wir unsere Aufgabe erfüllen. Und wir leben in der Gegenwart.

Megha ist die Regenwolke, die in heißen, trockenen Ländern als vom Himmel kommender Segen empfunden wird. Wie in dem Lied „Am Tag als der Regen kam", das 1959 von Dalida gesungen wurde und die Spitze der deutschen Hitparade eroberte. Es drückt das Lebensgefühl von *Dharma-Megha-Samādhi* sehr eindrucksvoll aus.

Am Tag, als der Regen kam:
Lang ersehnt, heiß erfleht,
auf die glühenden Felder,
auf die durstigen Wälder, ...
da erblühten die Bäume,
da erwachten die Träume.
Da kamst du ...

Ich war allein im fremden Land.
Die Sonne hat die Erde verbrannt.
Überall nur Leid und Einsamkeit
Und du, ja du, so weit, so weit.
Doch eines tags von Süden her,
da zogen Wolken über das Meer,
Und als endlich dann der Regen rann,
fing auch für mich das Leben an." [*23]

Am Tag als der Regen kam

Dieser Liedertext und der Ausdruck *Dharma-Megha-Samādhi* erinnern mich an die Zeit in der Lehmhütte, in der ich meine zweite Hälfte wiederfand, den Teil meiner Seele, der bei meiner Abspaltung als Individuum im Absoluten, in der Transzendenz geblieben war und still und geduldig darauf gewartet hatte, dass ich den Weg zurück fände, um mich wieder mit meiner „besseren Hälfte" zu vereinen.

Anfang Januar 1982 hatte ich in der Kokosplantage auf Sri Lanka zwischen laut schmetternden Tropenvögeln und keuchenden, durch die Palmen springenden Affenherden angefangen zu schweigen. Ab und zu streifte ein exotisches Reptil an meiner Hütte vorbei, aber der Regen ließ auf sich warten. Der Boden trocknete aus, bis unser Ziehbrunnen versiegt war und wir das Wasser aus einem tiefer liegenden Brunnen schöpfen mussten.

Während der langen Schweigezeit tauchte mein Bewusstsein von Woche zu Woche in immer tiefere und feinere Energiefelder ein, die Gedanken fühlten sich immer flüssiger, klarer und kraftvoller an. Reden wäre mir wie der Lärm eines Presslufthammers erschienen, der die Symphonie der Stille aus dem Inneren zerstört hätte.

Wenn wir die Stimmbänder bewegen, resoniert unser Geist mit dem Körper und bewirkt eine starke Anbindung unseres Bewusstseins an unsere physische Erscheinung. Fällt diese Resonanz eine Zeit lang weg, dann taucht die Seele in feinstoffliche Ebenen der Schöpfung und erlebt die geistige Welt immer konkreter und greifbarer.

Ich lebte zwar in der Lehmhütte und ging jeden Mittag zum Essen ins Haus, aber vor meinem inneren Auge spielten sich Szenen ab, die aus uralter Erinnerung aufstiegen, und wurden so sichtbar wie Träume mit offenen

Augen. Ich durchdrang immer tiefere und abstraktere Schichten meines Bewusstseins, die sich vor meinen Augen visualisierten und zu Landschaften oder lebenden Wesenheiten wurden.

Die bessere Hälfte wartet geduldig im Paradies.

Aufgrund meiner frühkindlichen kulturellen Prägung erlebte ich diese Heimkehr zum Selbst als Rückkehr ins Paradies, wo die bessere Hälfte meiner Seele auf mich wartete, mich als Eva in die Arme nahm und mir köstlich duftenden Cappuccino anbot. Natürlich stammte der Cappuccino nicht aus dem Alten Testament, sondern würzte die biblische Zeit mit dem Aroma meines neuzeitlichen Appetits.

Diese Heimkehr in die Heimat meiner Seele und die Wiedervereinigung mit meiner zweiten Hälfte war ein derart überwältigendes Gefühl, dass ich wochenlang zu Tränen gerührt war. Plötzlich konnte ich die unterschiedlichsten Geschichten nachempfinden, vom Hohelied Salomos über den Opernstoff eines Parzival bis zum Märchenprinz mit Prinzessin oder zum Försterroman, wo die Förstersbraut geduldig auf die Rückkehr ihres Liebsten wartet.

Als die Regenzeit endlich anbrach, strömte es mächtig über Wald und Flur, sodass ich einen Damm um meine Hütte bauen musste, damit sie nicht überschwemmt wurde. Bei meinem Wirt fand ich das Buch „Liebe und Gott" von Maharishi und war von jeder Zeile zu Tränen gerührt, denn sie drückte genau das aus, was ich gerade erlebte: die Einheit meiner Seele mit ihrem göttlichen Ursprung.

Wenn die Ebene der Transzendenz in unserem Bewusstsein nicht mehr schwindet, sondern lebendig bleibt, haben wir das Gefühl, wieder mit unserer fehlenden Hälfte vereint zu sein, die uns mit der Transzendenz verknüpft und dort still und geduldig auf unsere Rückkehr gewartet hat. Das ist mein persönliches Erlebnis von *Dharma-Megha-Samadhi.*

Auch in diesem Sinne lässt sich die Zeile im obigen Schlagertext verstehen: „*Da kamst Du.*"

Ich selbst drückte mein Gefühl in folgendem Gedicht aus.

Wie still du bist, wie voll du bist,
du meine gute Seele,
wie still du bist, wie voll du bist,
du gute alte Haut.
Wie still sie ist, wie voll sie ist,
sie ruht in meiner Höhle,
wie still sie ist, wie voll sie ist,
die jungfräuliche Braut.
Wie still du bist, wie voll du bist,
wie still du meine Seele küsst,
wie still du bist, wie voll du bist,
wie ehestill du bist.
Wie still sie ist, wie voll sie ist,
wie still sie meine Ehe ist,
wie still sie ist, wie voll sie ist,
die Stille, die mich küsst. *1

||4.30||

tataḥ kleśa-karma-nivṛttiḥ ||

Dann Leid und Karma unwirksam.

tataḥ – daher, von da her, dahin, darauf, dann.
kleśa – Leid, Schmerz, Plage.
karma – *Karma.*
nivṛttiḥ – zur Ruhe kommen, aufhören, nicht mehr wirksam, untätig.

Dieses Sutra erklärt, warum Kaivalya als Zustand der Befreiung definiert wird: Wir sind befreit von Leiden und von dem bindenden Einfluss von Handlungen, die nicht im Einklang mit dem kosmischen Gesetz standen.

||4.31||

tadā sarvāvaraṇa-malāpetasya jñānasyānantyāj jñeyam alpam ||

Dann aller Schleier, Schmutz weichenden Wissens aus dem Unendlichen. Zu wissen wenig.

tadā – dann.
sarva – alle.
āvaraṇa – Schleier.
mala – Unreinheit, Schmutz, Unrat: schmutzig, ungläubig, gottlos.
apetasya – des verschwundenen, zurückgezogenen, entflohenen.
jñānasya – des Wissens.
anantyāt – aus Unendlichkeit.
jñeyam – zu wissen, zu erforschen, zu verstehen, zu erfahren.
alpam – wenig, klein.

Sobald wir den Zustand des Yoga, der Einheit mit Atma erreicht haben, können wir alles bisherige Wissen, das uns half, den Rückweg zu finden, wieder vergessen, denn das brauchen wir jetzt nicht mehr. Von Maharishi hörte ich einmal folgende Analogie: Wenn wir jemanden ins Trockene führen wollen, der tief im Sumpf steckt, müssen wir ihn zunächst zu einer Stelle führen, wo der Sumpf flacher ist. Wir sagen zwar, hier geht es ins Trockene, aber in Wahrheit ist der Sumpf nur weniger tief.

Genauso führen wir Menschen, die tief in Maya, in Sinnestäuschung verstrickt sind, nur durch ein Wissen aus der Maya heraus, das ebenfalls noch *Maya* ist. Dieses Wissen, das uns Schritt für Schritt aus der *Maya* zum Selbst zurückführt, ist die *Maha-Maya,* die große Maya, die uns zwar eine Welt vorgaukelt, uns am Ende aber zu *Ved-Anta* führt – zum „Ende des Wissens".

Wissenschaft ist Stufenwissen,
das wir wi(e)der-rufen müssen,
schreiten wir die Leiter heiter weiter.
Gehen wir die Wendeltreppe
drehend bis zum letzten Stück,
sehen wir am Ende Ebbe:
Alles Wissen ebbt zurück.
Auf der höchsten Ebene
fällt die Leiter um.
Wir sind der Ergebene,
herrlich depp und dumm. *1

Die Eselsbrücke wird hinfällig

Ich erinnere mich noch an den Tag, als ich Transzendentale Meditation erlernt und gerade meine erste tiefe Meditation erfahren hatte. Als ich zu Hause ankam, musste ich an meine Schulzeit denken und dachte: „Dieses ganze Wissen wird jetzt wieder gelöscht, damit ich einen freien Kopf bekomme.“ Natürlich hatte ich auch viel Brauchbares gelernt, aber im Vergleich zu dem wachen Geisteszustand, der durch Meditation entstand, war das gesamte Schulwissen recht unbedeutend. Selbst das Yoga-Sutra ist nur eine Eselsbrücke auf dem Weg zu reiner Wissenheit, wo das jeweils nötige Wissen aus der Tiefe unseres Bewusstseins aufsteigt und uns leitet, das augenblicklich Richtige zu tun.

Wissen ist die Eselsbrücke,
womit ich die Wesenslücke
im Gedächtnis überwinde
und das lückenlose, ewige
Vermächtnis wiederfinde,
wo Gedächtnis überfließt
und im Fließen seine Lücke schließt.
Dann erkennt Gedächtnis,
dass es ewig schon Vermächtnis,
dass die Lücke nur erlogen
und die Brücke nur der Bogen
für den Esel, der ich selbst gewesen war.
Wissen löst sich auf in dichtes Licht,
Licht in Nichts,
und Nichts ist –
wunderbar. [*1]

||4.32||

tataḥ kṛtārthānām pariṇāma-krama-samāptir guṇānām ||

Dann der Ziele Entwicklung erfüllt. Folge der Gunas beendet.

tataḥ – daher, von da her, dahin, darauf, dann.
kṛta – getan, erledigt, erfüllt.
arthānām – der Zwecke, Ziele.

pariṇāma – Wandel, Entwicklung.
krama – Folge, Abfolge.
samāptir – Ende, beendet.
guṇānām – der *Gunas*, der Wirkkräfte (siehe Glossar).

In der *Bhagavad-Gita* rät *Krishna* dem *Arjuna* in Vers 2.45:

> *„trai-guṇya-viṣayā vedā nistrai-guṇyo bhavārjuna.*
> *Drei Gunas sind der Veden Thema. Sei ohne die drei Gunas, Arjuna."*

Die Veden handeln vom Wissen innerhalb der Schöpfung, die durch die drei *Gunas* aufrechterhalten wird. Krishna rät Arjuna, sich jenseits dieses Wissens zu begeben. Das ist das Ziel der Entwicklung: Durch das ständige Wechselspiel der drei Gunas, der grundlegenden Wirkkräfte der Natur, findet das Spiel der Schöpfung statt. Sobald unser Bewusstsein in der Transzendenz verankert ist, erleben wir zwar dieses Wechselspiel im Relativen, aber es kann uns nicht mehr erschüttern und aus der Bahn werfen. Wir sind fest im eigenen Selbst gegründet und folgen unbeirrt unserem eigenen Dharma. Die Folge der Gunas hat keine Macht mehr über unser voll erwachtes Selbst-Bewusstsein.

||4.33||

kṣaṇa-pratiyogī pariṇāmāparānta-nirgrāhyaḥ kramaḥ ||

Verdauung zusammenhängender Augenblicke letztes Ende. Folge dem Schritt!

kṣaṇa – Augenblick, Zeitabschnitt; Gelegenheit; Abhängigkeit; Mitte.
pratiyogī – zusammenhängend, Zusammenhang, Korrelation, Partnerschaft; *prati-* gegen, nach, zu, gegenüber; *yogin* verbunden, begleitet, bezüglich.
pariṇāma – Veränderung; Verdauung; Folge, Ende; Entwicklung.
aparānta – an der westlichen oder östlichen Grenze wohnend, letztes Ende; *apara* der hintere, spätere, folgende; *anta* Ende, Rand, Saum, Ausgang.
nirgrāhyaḥ – zu verfolgen; *nis-* aus, weg; nicht-; *grah, grabh* greifen.
kramaḥ – Schritt, Gang, Fuß, Folge, Abfolge; Ordnung, Rangordnung.

Normalerweise erleben wir den Zeitstrahl als Fließen der Zukunft in die Vergangenheit. Die Vergangenheit ist endgültig vorüber, es gibt kein Zurück.

Anders ist es, wenn unser Geist nach innen, in tiefere Schichten der Erinnerung taucht. Wir erleben Augenblicke wieder, die wir früher einmal erlebten. Da Gedächtnis im Inneren gespeichert ist, nennen wir das Er-Innerung. Tauchen wir weit genug ins Innere, landen wir schließlich am Grunde unseres Bewusstseins, in der Transzendenz, wo die Erinnerung an den Ursprung unserer individuellen Existenz gespeichert ist. Dann haben wir das Gefühl, am Anfang der Schöpfung angelangt zu sein. Weiter zurück reicht die Erinnerung nicht. Wir haben den Ablauf zusammenhängender Augenblicke verdaut und verinnerlicht.

Ist die Vergangenheit verarbeitet und verkraftet, sind wir frei für die unbefangene Wahrnehmung des Augenblicks. Das Einzige, was jetzt anliegt, ist der jeweils nächste Schritt, den wir daran erkennen, welcher Wunsch in unserem Geist gerade auftaucht.

Leben wir voll im Einklang mit dem Naturgesetz, in Yoga mit Atma, dann ist dieser Wunsch genau die Aufgabe, die wir jetzt zu erfüllen haben. Das Leben wird vollkommen einfach: Wir folgen immer nur dem nächsten Schritt.

Der Donnerschlag am Donnerstag

Ich erinnere mich noch gut an den Augenblick, an dem ich das Gefühl hatte, zum ersten Mal voll in der Gegenwart angekommen zu sein. Während der Regenzeit in Sri Lanka stand ich im Freien im Lendenschurz vor meiner Lehmhütte und ließ den platschenden Regen über mich fließen. Nur sieben Breitengrade nördlich des Äquators war der Regen eine herzhafte Erfrischung. In der Ferne grollte der Donner. Die Kokosplantage wirkte verwildert wie Urwald, fern von jeder Zivilisation. Ich war zurück im Paradies und stand mitten im Garten Eden, in der Ewigkeit des Augenblicks.

Beim Hören des Donners wurde mir bewusst, dass wir gerade Donnerstag hatten. Und mit einem Mal traf es mich wie ein Schlag. Ich hörte einen lauten Knall, als hätte ich die Schallmauer durchbrochen. Ich dachte an Indras Keule und an Thors Hammer und hatte das Gefühl, mit einem Keulenschlag auf den Kopf aus einem Traum geweckt zu werden.

Der Traum war der Strom von Zukunft in Vergangenheit, der Wandel der Augenblicke, den wir als Verstreichen der Zeit empfinden. Aus diesem Traum wurde ich geweckt und stand plötzlich im reichen Garten meiner Gegenwart, im blühenden Garten Eden, in dem ich ewig nur stehen und atmen konnte. Ich nahm eine lange Stange mit angebundener Machete, stellte mich unter die nächste Kokospalme, hackte eine orangefarbene *King Coconut* ab und fing sie auf. Ich kappte den oberen Rand und setzte sie an den Mund, um den herrlichen Saft der Kokosnuss zu genießen. In mein Tagebuch schrieb ich:

Im Regenschauer-Donnerstag
erweckt mich Indras Donnerschlag.
Ich stehe still im Garten
zeitloser Gegenwarten.

||4.34||

puruṣārtha-śūnyānāṁ guṇānāṁ pratiprasavaḥ kaivalyaṁ
svarūpa-pratiṣṭhā vā citi-śaktir iti ||

Puruscha-Zweck der nichtigen Guṇas Rückkehr: *Kaivalya*.
Im Eigenzustand wahrlich gefestigte Bewusstseinskraft. So!

puruṣa – *Puruscha.*
artha – Zweck, Ziel.
śūnyānām – der leeren, unbewohnten, öden, inhaltslosen, unausgeführten, fehlenden, nichtigen.
guṇānām – der *Gunas*, der Wirkkräfte.
pratiprasavaḥ – Gegenbefehl, entgegengesetzte Wirkung, Rückkehr zum Ursprünglichen; *prati* gegen; *prasava* Antrieb, Schwung; Zeugung, Geburt,.
kaivalyam – *Kaivalya*, Einheitsbewusstsein; *kevala* der Eine.
svarūpa – Eigenzustand, Selbst-Form, Natur, Wesen, Eigenheit.
pratiṣṭhā – feststehend, gefestigt, gegründet; *sthā* stehend, bleibend.
vā – oder; wie; wahrlich; selbst, sogar.
citi – Bewusstsein.
śaktiḥ – Kraft.
iti – so! So ist es! Ende.

Sobald unser Bewusstsein dauerhaft in der Transzendenz gefestigt ist, haben die Gunas ihre Herrschaft über uns verloren, sind also für uns nichtig, ohne Wirkung. Der Zweck, warum sich Puruscha, das transzendente Selbst, in uns verkörpert hatte, ist erfüllt, unsere individuelle Seele hat zu ihrem Ursprung zurückgefunden. Wir sitzen fest im Sattel unserer eigenen Natur und drücken unsere Persönlichkeit in allem, was wir tun und sagen, aus. Egal, welchen Beruf wir ausüben, wir sind voll in unserem Element und dienen in größtmöglicher Weise unserer Umwelt.

Im Selbst verankert um die halbe Welt

Das Verankert-Sein im eigenen Selbst spürte ich anschaulich, als ich zu Ostern 1982 mein Schweigen in der Lehmhütte beendete und einige Wochen zu einer Brahmanenfamilie nach Jaffna im Norden Sri Lankas zog.

Eines Tages beobachtete ich einen Hahn, der wild scharrend und krähend einer Henne nachlief. Ich sah in ihm aber nicht den Hahn, sondern Brahman in der Rolle eines Hahns. Ich musste lächeln und drohte ihm mit dem Finger: „Du Schelm, ich weiß genau, dass du Brahman bist. Aber du spielst den Hahn so überzeugend, dass man glauben könnte, du wärst tatsächlich nichts als ein Hahn."

Brahman spielt täuschend echt einen Hahn.

Kurz darauf wurden alle in Sri Lanka und Indien tätigen westlichen TM-Lehrer nach Boppard am Rhein eingeladen, und ich bewegte mich drei Tage lang innerlich unbewegt über den Erdball. Auf Reisen haben wir ja normalerweise das Gefühl, uns durch die Landschaft zu bewegen. In meinem Fall aber war es umgekehrt: Nicht *ich* bewegte mich, sondern die Landschaft. Ich saß im Bus von Jaffna nach Colombo, saß auf dem Flugplatz Colombo, saß im Flugzeug nach Bombay, saß im Flughafen Bombay, saß im Flugzeug nach Delhi, saß im Flugzeug nach Frankfurt, saß im Bus nach Boppard, und saß schließlich nach drei Reisetagen im Vortragsraum bei einem Treffen mit Maharishi. Drei Tage lang hatte ich fest im Selbst verankert auf einem Stuhl gesessen, der nur ab und zu seine Form wechselte, während unter mir ein Viertel des Erdballs vorbeigeschoben wurde.

Stellen Sie sich eine Uhr vor, in der sich nicht der Zeiger, sondern das Zifferblatt dreht. Ich saß die ganze Zeit auf zwölf Uhr Mittags im Zenit, während sich der kleine Erdball unter mir von Westen nach Osten drehte. Natürlich war das meine subjektive Sicht, aber genau darum geht es im *Yoga*: um die subjektive Wahrnehmung der Welt.

Als Maharishi dann in der dritten Person über Brahman sprach, wunderte ich mich noch mehr. Gerade hatte ich entdeckt, dass Brahman in mir selbst steckte und die Schöpfung nur ein Rollenspiel des Schöpfers war. Warum sprach Maharishi dann nicht von Brahman in der ersten Person? In der Brihadaranyaka Upanishade heißt es doch: „*Aham Brahmāsmi – Ich bin Brahman.*" Und dieses „Ich" steckt doch in jedem von uns. Es dauerte eine Weile, bis ich verstand, dass ein Meister, auch wenn er Brahman selbst verwirklicht hat, seine Schüler nicht verwirren darf. Die Bhagavad-Gita sagt in Vers 2.26: „Der Weise verwirre nicht den Geist des Unwissenden."

Unter dem Stuhl dreht sich die Welt.

Jetzt die Yoga-Unterweisung

Fertig! Wir haben es geschafft. Wieder ein Teil meines Dharmas erledigt. Jetzt kann ich mich in meinem Stuhl am Schreibtisch zurücklehnen und in den Garten des Friedenspalastes Oebisfelde schauen oder den Grünfinken auf meinem Fensterbrett beim Picken von Sonnenblumenkernen zusehen.

Ich lausche in mich hinein, was als Nächstes anliegt. Das ist einfach: Mittagszeit. Also Essen fassen. Ich gehe mit dem Tablett in den Speiseraum und fülle meinen Teller. Aber das ist heute gar nicht so einfach. Alles sieht lecker aus, nur mein Appetit lässt zu wünschen übrig.

Seit einer halben Stunde fühle ich mich nicht wohl. Habe ich was Falsches gefrühstückt? Keine Ahnung. Auf jeden Fall esse ich heute in Ruhe allein im Zimmer. Ich bringe das Tablett in mein Apartment und stelle es auf die Ablage neben der Tür. Eigentlich habe ich gar keinen Appetit. Eher ein Ruhebedürfnis. Was soll ich tun? Ich lasse das Tablett stehen und setze mich aufs Bett.

Was sagt meine innere Stimme, jene leise Stimme aus der Transzendenz, die im Zehnten Mandala des Rik Veda der „ratwissende Freund" genannt wird, der uns den Pfad des rechten Handelns weist? In Sukta 72 heißt es, dass zwar nicht jeder diese Stimme hört, wer sie aber hört, dem öffnet sie sich bereitwillig:

Mancher, der sieht, erschaute nie die Stimme,
mancher, der hört, hat sie noch nie gehört.
Einem aber tat sie ihren Leib auf wie
ein verliebtes, schönumhülltes Weib dem Mann.
Wer den ratwissenden Freund verlassen hat,
nimmt an der Stimme keinen Anteil mehr.
Wenn er sie hört, hört er sie ohne Wirkung.
Er weiß nichts mehr vom Pfad des rechten Handelns. [*24]

In Patañjalis Worten könnten wir diese innere Stimme als die „Yoga-Unterweisung" bezeichnen, von der bereits im ersten Sutra die Rede ist. Erinnern Sie sich? Als Einleitung zu einem Yoga-Ratgeber wird das meist gedeutet als „Jetzt *beginnt* die Yoga-Unterweisung." Aber es kann auch gedeutet werden als „*Im* Jetzt *geschieht* die Yoga-Unterweisung." Was sagt mir also jetzt die Unterweisung für das richtige Handeln, die aus der Tiefe der Einheit mit Atma aufsteigt?

„Vergiss das leckere Essen! Dein Organismus braucht Ruhe. Lege dich hin und schlafe. Mindestens zwei, drei Stunden. Das ist jetzt das einzig Richtige. Alles andere später. Du wirst sehen: Nach dem Ruhen fühlst du dich wieder wohl."

Schade um das schöne Essen, denke ich. Aber ich folge der Yoga-Unterweisung im Jetzt und lege mich hin. Ich decke mich warm zu und merke: Ja, Ruhe ist gerade jetzt das einzig Richtige.

Zwei Stunden später wache ich wie neugeboren auf. Das war gut! Wie weggeblasen ist das Unwohlsein. Und ich fühle mich wieder pudelwohl.

iti patañjali-viracite yoga-sūtre caturthaḥ kaivalya-pādaḥ ||
So in Patañjalis komponiertem Yoga-Sutra vierter Schritt:
***Kaivalya* – Einheitsbewusstsein.**

|| iti pātañjala-yoga-sūtrāṇi ||
So Patañjalis Yoga-Sutras.

Yoga-Sutra nur Sanskrit-Deutsch [*2]

||1||

prathamaḥ samādhi-pādaḥ ||

Erster Schritt: *Samadhi* – ruhevolle Wachheit

||1.1||

atha yogānuśāsanam ||

Jetzt die *Yoga*-Unterweisung.

||1.2||

yogaś citta-vṛtti-nirodhaḥ ||

Yoga: Geistes-Wellen-Beruhigung.

||1.3||

tadā draṣṭuḥ svarūpe 'vasthānam ||

Dann Seher im Eigenzustand gegründet.

||1.4||

vṛtti-sārūpyam itaratra ||

Denkwellen gleicher Form von hier nach hier.

oder: Mit Denkwellen gleichförmig andernfalls.

||1.5||

vṛttayaḥ pañcatayyaḥ kliṣṭākliṣṭāḥ ||

Denkarten sind fünffach – leidvoll, nicht leidvoll:

||1.6||

pramāṇa-viparyaya-vikalpa-nidrā-smṛtayaḥ ||

Erkenntnis, Irrtum, Einbildung, Schlaf, Erinnerung.

||1.7||

pratyakṣānumānāgamāḥ pramāṇāni ||

Wahrnehmen, Folgern, Zeugnis sind Erkenntniswege.

||1.8||

viparyayo mithyā-jñānam atad-rūpa-pratiṣṭham ||

Irrtum ist falsches Verständnis, das nicht auf Fakt beruht.

||1.9||

śabda-jñānānupātī vastu-śūnyo vikalpaḥ ||

Wortwissen folgend, doch gegenstandslos ist Einbildung.

||1.10||

abhāva-pratyayālambanā vṛttir nidrā ||

Auf Abwesenheit von Vorstellung gründender Zustand ist Schlaf.

||1.11||

anubhūta-viṣayāsaṁpramoṣaḥ smṛtiḥ ||

Unvergessener Erfahrungsinhalt ist Erinnerung.

||1.12||

abhyāsa-vairāgyābhyāṁ tan-nirodhaḥ ||

Durch Übung und Gelassenheit werden diese beruhigt.

||1.13||

tatra sthitau yatno ’bhyāsaḥ ||

Darin Stillstehen sorgfältig üben.

||1.14||

sa tu dīrgha-kāla-nairantarya-satkārāsevito dṛḍha-bhūmiḥ ||

Wer dieses lange Zeit regelmäßig aufmerksam praktiziert, ist fest gegründet.

||1.15||

dṛṣṭānuśravika-viṣaya-vitṛṣṇasya vaśīkāra-sañjñā vairāgyam ||

Gesehenes, gehörtes Ding des nicht Dürstenden meisternd
ist ein Zeichen von Gleichmut.

||1.16||

tat paraṁ puruṣa-khyāter guṇa-vaitṛṣṇyam ||

Das Höchste durch Selbsterkenntnis ist Freiheit von den *Guṇas.*

||1.17||

vitarka-vicārānandāsmitā-rūpānugamāt saṁprajñātaḥ ||

Wortdenken, Feindenken, Glücksgefühl, Ich-Bin –
aus dieser Formfolge: *Saṁpragyāta.*

||1.18||

virāma-pratyayābhyāsa-pūrvaḥ saṁskāra-śeṣo ’nyaḥ ||

Anhalten des Denkens vorher geübt: *Samskara*-Rest – der andere.

||1.19||

bhava-pratyayo videha-prakṛti-layānām ||

Durch Geburt ist der Körperlose mit *Prakṛti* verschmolzen.

||1.20||

śraddhā-vīrya-smṛti-samādhi-prajñā-pūrvaka itareṣām ||

Vertrauen, Stärke, Erinnerung gehen für andere dem *Samadhi*-Wissen voraus.

||1.21||

tīvra-saṁvegānām āsannaḥ ||

Den ernsthaft nach Erlösung Verlangenden ist es nahe.

||1.22||

mṛdu-madhyādhimātratvāt tato ’pi viśeṣaḥ ||

Schwach, mittel, stark, auch darin liegt der Unterschied.

||1.23||

īśvara-praṇidhānād vā ||

Oder durch Hinwendung zu *Ishvara.*

||1.24||

kleśa-karma-vipākāśayair aparāmṛṣṭaḥ puruṣa-viśeṣa īśvaraḥ ||

Von Leid, *Karma*, Reife und Veranlagung unberührt,
von der Person getrennt ist *Ishvara.*

||1.25||

tatra niratiśayaṁ sarvajña-bījam ||

Dort liegt der unübertroffene allwissende Keim.

||1.26||

sa pūrveṣām api guruḥ kālenānavacchedāt ||

Er war auch der Alten Lehrer, da zeitunabhängig.

||1.27||

tasya vācakaḥ praṇavaḥ ||

Dessen Ausdruck ist *Praṇavaḥ.*

||1.28||

taj-japas tad-artha-bhāvanam ||

Das zu wiederholen erzeugt diesen Zweck.

||1.29||

tataḥ pratyak-cetanādhigamo ’py antarāyābhāvaś ca ||

Dann richtet sich die Wahrnehmung nach innen, und auch Blockaden schwinden.

||1.30||

vyādhi-styāna-saṁśaya-pramādālasyāvirati-bhrānti-darśanālabdha-
bhūmikatvānavasthitatvāni citta-vikṣepās te ’ntarāyāḥ ||

Krankheit, Trägheit, Zweifel, Nachlässigkeit, Faulheit,
Ausschweifung, Missverständnis, Nichterreichen der Ebenen,
Unbeständigkeit, Geistesablenkungen: Dies sind die Hindernisse.

||1.31||

duḥkha-daurmanasyāṅgam-ejayatva-śvāsa-praśvāsā vikṣepa-sahabhuvaḥ ||

Schmerz, Verstimmung, Gliederzittern, schnaufendes Atemholen
begleiten die Ablenkung.

||1.32||
tat-pratiṣedhārtham eka-tattvābhyāsaḥ ||
Dem vorzubeugen: die eine Wahrheit wiederholt üben.
||1.33||
maitrī-karuṇā-muditopekṣaṇāṁ sukha-duḥkha-puṇyāpuṇya-viṣayāṇāṁ
bhāvanātaś citta-prasādanam ||
Freundlichkeit, Güte, Glücklichsein der Ausgeglichenen in Glück und Leid,
in guten und bösen Umständen zu entwickeln, beruhigt den Geist.
||1.34||
pracchardana-vidhāraṇābhyāṁ vā prāṇasya ||
Auch ausatmen und anhalten des Atems.
||1.35||
viṣayavatī vā pravṛttir utpannā manasaḥ sthiti-nibandhanī ||
Auch ein Gebiet fortschreitend erforschen,
bewirkt des Geistes feste Bindung.
||1.36||
viśokā vā jyotiṣ-matī ||
Sorgenfrei auch voll inneren Lichts.
||1.37||
vīta-rāga-viṣayaṁ vā cittam ||
Wunschloser Bereich auch der Geist.
||1.38||
svapna-nidrā-jñānālambanaṁ vā ||
Oder Traum-Schlaf-Wissen erhalten.
||1.39||
yathābhimata-dhyānād vā ||
Wie auch durch *Dhyana*, Versenken in Erwünschtes.
||1.40||
paramāṇu-parama-mahattvānto 'sya vaśīkāraḥ ||
Vom allerkleinsten zum allergrößten Ende ist dessen Herrschaft.
||1.41||
kṣīṇa-vṛtter abhijātasyeva maṇer grahītṛ-grahaṇa-grāhyeṣu
tat-stha-tad-añjanatā samāpattiḥ ||
Bei beruhigtem Denken wie klarer Kristall, ruhen Kenner,
Erkennen, Erkanntes, sich einander spiegelnd: *Samāpatti.*

||1.42||

tatra śabdārtha-jñāna-vikalpaiḥ saṁkīrṇā savitarkā samāpattiḥ ||

Dort mit Klang-Sinn-Wissen-Vielfalt vermischt: *Savitarkā Samāpatti.*

||1.43||

smṛti-pariśuddhau svarūpa-śūnyevārtha-mātra-nirbhāsā nirvitarkā ||

Von Erinnerung frei, im Eigenzustand wie leer,

Ziel allein erscheint: *Nirvitarkā.*

||1.44||

etayaiva savicārā nirvicārā ca sūkṣma-viṣayā vyākhyātā ||

Ebenso sind *Savicārā* und *Nirvicārā* im feinen Bereich erklärt.

||1.45||

sūkṣma-viṣayatvaṁ cāliṅga-paryavasānam ||

Und feinstoffliche Gegenständlichkeit endet im Merkmalslosen.

||1.46||

tā eva sabījaḥ samādhiḥ ||

Diese sind noch *Sabījaḥ Samādhi.*

||1.47||

nirvicāra-vaiśāradye 'dhyātma-prasādaḥ ||

In *Nirvicāra*-Klarheit ist *Adhyātma*-Reinheit.

||1.48||

ṛtaṁ-bharā tatra prajñā ||

Dort ist *Ritam-Bharā-Pragyā.*

||1.49||

śruta-anumāna-prajñābhyām anya-viṣayā viśeṣārthatvāt ||

Anders als gehörtes und gefolgertes Wissen

zeigt es die Besonderheit des Objekts.

||1.50||

taj-jaḥ saṁskāro 'nya-saṁskāra-pratibandhī ||

Der entstandene Eindruck steht dem anderen Eindruck entgegen.

||1.51||

tasyāpi nirodhe sarva-nirodhān nirbījaḥ samādhiḥ ||

Wenn sogar das beruhigt aus Beruhigung von allem: *Nirbija-Samadhi.*

iti patañjali-viracite yoga-sūtre prathamaḥ samādhi-pādaḥ ||

So in Patañjalis komponiertem Yoga-Sutra erster Schritt:

Samadhi. – ruhevolle Wachheit.

||2||

dvitīyaḥ sādhana-pādaḥ ||

Zweiter Schritt: *Sādhana* – der Weg zum Erfolg

||2.1||

tapaḥ-svādhyāyeśvara-praṇidhānāni kriyā-yogaḥ ||

Tapas, Selbst-Studium, *Ishvara*-Versenkung: *Yoga* der Tat.

||2.2||

samādhi-bhāvanārthaḥ kleśa-tanū-karaṇārthaś ca ||

Samadhi erreichen ist Ziel und Leiden verringern Nutzen.

||2.3||

avidyāsmitā-rāga-dveṣābhiniveśāḥ kleśāḥ ||

Unwissenheit, Ichbezogenheit, Verlangen, Abneigung,
Lebensdrang sind Leidensquellen.

||2.4||

avidyā kṣetram uttareṣāṁ prasupta-tanu-vicchinnodārāṇām ||

Unwissenheit Grundlage der folgenden
latenten, schwachen, abgebrochenen, aktiven.

||2.5||

anityāśuci-duḥkhānātmasu nitya-śuci-sukhātma-khyātir avidyā ||

Im Vergänglichen, Unreinen, Leid und Nicht-Selbst
das Ewige, Reine, Glück und Selbst zu sehen ist Unwissenheit.

||2.6||

dṛg-darśana-śaktyor ekātmatevāsmitā ||

Seher-Ansichts-Kräfte wie eins gleichsetzen: Ichbezogenheit.

||2.7||

sukhānuśayī rāgaḥ ||

Freude führt zu Verlangen.

||2.8||

duḥkhānuśayī dveṣaḥ ||

Leid führt zu Abneigung.

||2.9||

sva-rasa-vāhī viduṣo 'pi tathā rūḍho 'bhiniveśaḥ ||

Selbsterhaltungstrieb hat selbst der Weise,
daher auch aufsteigenden Überlebensdrang.

||2.10||

te pratiprasava-heyāḥ sūkṣmāḥ ||

Rückkehr zum Ursprung löst diese Feinen.

||2.11||

dhyāna-heyās tad-vṛttayaḥ ||

Dhyana, Meditation löst diese *Vṛittis* auf.

||2.12||

kleśa-mūlaḥ karmāśayo dṛṣṭādṛṣṭa-janma-vedanīyaḥ ||

Leidursache *Karma*-Speicher im sichtbar-unsichtbaren Leben zu erfahren.

||2.13||

sati mūle tad-vipāko jātyāyur-bhogāḥ ||

Besteht dieser Grund, folgen Geburt, Lebensspanne, Erfahrungen.

||2.14||

te hlāda-paritāpa-phalāḥ puṇyāpuṇya-hetutvāt ||

Freude und Schmerz sind Früchte der guten und schlechten Ursache.

||2.15||

pariṇāma-tāpa-saṁskāra-duḥkhair guṇa-vṛtti-virodhāc
ca duḥkham eva sarvaṁ vivekinaḥ ||

Wandel, Schmerz, *Samskaras* durch Mühen aus *Guṇa-Vṛitti*-Widerstreit,
und so alles Leid des Unterscheidenden.

||2.16||

heyaṁ duḥkham anāgatam ||

Vermeide die Gefahr, die noch nicht gekommen ist.

||2.17||

draṣṭṛ-dṛśyayoḥ saṁyogo heya-hetuḥ ||

Die Seher-Gesehenes-Identifikation ist die zu vermeidende Ursache.

||2.18||

prakāśa-kriyā-sthiti-śīlaṁ bhūtendriyātmakaṁ bhogāpavargārthaṁ dṛśyam ||

Licht, Handlung, Gestalt ist des Gesehenen Natur, aus Elementen
und Sinnen bestehend, zum Zwecke der Erfahrung und Befreiung.
wörtlich: Licht-Handlung-Form-Natur, Element-Sinn-Wesen,
Genuss-Befreiung-Zweck: Gesehenes.

||2.19||

viśeṣāviśeṣa-liṅga-mātrāliṅgāni guṇa-parvāṇi ||

Bestimmt und unbestimmt, mit und ohne
messbare Merkmale sind die *Guna*-Zustände.

||2.20||

draṣṭā dṛśi-mātraḥ śuddho 'pi pratyayānupaśyaḥ ||

Der Seher ist Sehen in vollem Maße, rein, sogar Grund wahrnehmend.

||2.21||

tad-artha eva dṛśyasyātmā ||

Der wahre Zweck des Gesehenen: *Atma.*

||2.22||

kṛtārthaṁ prati naṣṭam apy anaṣṭaṁ tad anya-sādhāraṇatvāt ||

Zweck erreicht, für ihn erledigt, noch
unerledigt für andere aus Gemeinsamkeit.

||2.23||

sva-svāmi-śaktyoḥ svarūpopalabdhi-hetuḥ saṁyogaḥ ||

Der beiden selbst-Selbst-Kräfte
Selbst-Gestalt-wahrnehmen-Grund: Verbindung.

||2.24||

tasya hetur avidyā ||

Deren Ursache: Unwissenheit.

||2.25||

tad-abhāvāt saṁyogābhāvo hānaṁ tad dṛśeḥ kaivalyam ||

Ist das nicht mehr, ist die Identifikation beseitigt,
das befreit den Seher: *Kaivalya.*

||2.26||

viveka-khyātir aviplavā hānopāyaḥ ||

Unterscheidende Erkenntnis ungetrübt: Befreiungsweg.

||2.27||

tasya saptadhā prānta-bhūmiḥ prajñā ||

Dessen sieben Ebenen gipfeln in *Pragya.*

||2.28||

yogāṅgānuṣṭhānād aśuddhi-kṣaye jñāna-dīptir ā-viveka-khyāteḥ ||

Durch *Yoga*-Glieder-Praxis Unreinheit beseitigt:
Weisheitslicht bis unterscheidende Erkenntnis.

||2.29||

yama-niyamāsana-prāṇāyāma-pratyāhāra-
dhāraṇā-dhyāna-samādhayo 'ṣṭāv aṅgāni ||

Yama, Niyama, Āsana, Prāṇāyāma, Pratyāhāra, Dhāraṇā, Dhyāna, Samādhi: die acht Glieder.

||2.30||

ahiṁsā-satyāsteya brahmacaryāparigrahā yamāḥ ||

Ahimsa, Satya, Asteya, Brahmacharya, Aparigraha: die *Yamas.*

||2.31||

jāti-deśa-kāla-samayānavacchinnāḥ sārva-bhaumā mahā-vratam ||

Von Geburt, Ort, Zeit, Brauch unabhängig, globale, große Regel.

||2.32||

śauca-saṁtoṣa-tapaḥ-svādhyāyeśvara-praṇidhānāni niyamāḥ ||

Reinheit, Zufriedenheit, *Tapas*, Selbststudium, in *Ishvara* versenken: die *Niyamas.*

||2.33||

vitarka-bādhane pratipakṣa-bhāvanam ||

Zum Zweifel ausräumen: Gegenteil denken.

||2.34||

vitarkā hiṁsādayaḥ kṛta-kāritānumoditā lobha-krodha-moha-pūrvakā
mṛdu-madhyādhimātrāduḥkhājñānānanta-phalāitipratiprakṣa-bhāvanam||

Erwägen von Gewalt und Ähnlichem, ob getan, veranlasst, gebilligt, beruht auf Gier, Zorn, Irrtum, mild, mittel, übermäßig. Unendliches Leid und Unwissenheit sind Folgen. Also: Gegenteil fördern.

||2.35||

ahiṁsā-pratiṣṭhāyāṁ tat-saṁnidhau vaira-tyāgaḥ ||

Ahimsa gefestigt: in dessen Umkreis verschwindet Feindschaft.

||2.36||

satya-pratiṣṭhāyāṁ kriyā-phalāśrayatvam ||

Satya gefestigt: Handeln von Erfolg gekrönt.

||2.37||

asteya-pratiṣṭhāyāṁ sarva-ratnopasthānam ||

Asteya gefestigt: aller Wohlstand tritt ein.

||2.38||
brahmacarya-pratiṣṭhāyāṁ vīrya-lābhaḥ ||
Brahmacharya gefestigt: Vitalität gewinnen.
||2.39||
aparigraha-sthairye janma-kathaṁtā-saṁbodhaḥ ||
Aparigraha gefestigt: Wie und Warum der Geburt verstehen.
||2.40||
śaucāt svāṅga-jugupsā parair asaṁsargaḥ ||
Durch Reinheit: körperlicher Fitnesswunsch, von anderen unberührt.
||2.41||
sattva-śuddhi-saumanasyaikāgryendriya-jayātma-darśana yogyatvāni ca ||
Und *Sattva,* Klarheit, gute Laune, Zielgerichtetheit,
Sinnesbeherrschung, Selbstverwirklichung und Fitness.
||2.42||
saṁtoṣād anuttamaḥ sukhalābhaḥ ||
Aus Zufriedenheit: unübertroffenes Glück gewinnen.
||2.43||
kāyendriya-siddhir aśuddhi-kṣayāt tapasaḥ ||
Körper-Sinne-Vollendung durch Unreinheit-Beseitigen aus *Tapas.*
||2.44||
svādhyāyād iṣṭa-devatā-saṁprayogaḥ ||
Durch Selbststudium: Kontakt zur verehrten Gottheit.
||2.45||
samādhi-siddhir īśvara-praṇidhānāt ||
Samadhi-Vollendung durch Vertiefen in *Ishvara.*
||2.46||
sthira-sukham āsanam ||
Standfester, bequemer Sitz: *Asana.*
||2.47||
prayatna-śaithilyānanta-samāpattibhyām ||
Anspannung loslassen, Unendlichkeit erfahren.
||2.48||
tato dvandvānabhighātaḥ ||
Dadurch von Gegensätzen unbeeinträchtigt.

||2.49||

tasmin sati śvāsa-praśvāsayor gati-vicchedaḥ prāṇāyāmaḥ ||

Darin bleibend Ein-und-Ausatem-Fluss teilen: *Pranayama.*

||2.50||

bāhyābhyantara-stambha-vṛttir
deśa-kāla-saṁkhyābhiḥ paridṛṣṭo dīrgha-sūkṣmaḥ ||

Ausatmen, einatmen, Stillstand, Frequenz nach
Stelle, Dauer, Anzahl beachten: lang, fein.

||2.51||

bāhyābhyantara-viṣayākṣepī caturthaḥ ||

Den äußeren und inneren Bereich transzendiert der Vierte.

||2.52||

tataḥ kṣīyate prakāśāvaraṇam ||

Dann schwindet Lichtumschleierung.

||2.53||

dhāraṇāsu ca yogyatā manasaḥ ||

Und Geist für *Dharana* fähig.

||2.54||

sva-viṣayāsaṁprayoge cittasya svarūpānukāra ivendriyāṇāṁ pratyāhāraḥ ||

Ohne eigenen Objekt-Kontakt des Geistes Selbstnatur nachahmend,
gleichsam der Sinne Rückzug: *Pratyahara.*

||2.55||

tataḥ paramā vaśyatendriyāṇām ||

Dadurch höchste Beherrschung der Sinne.

iti patañjali-viracite yoga-sūtre dvitīyaḥ sādhana-pādaḥ ||

So in Patañjalis komponiertem Yoga-Sutra zweiter Schritt:
Sadhana – der Weg zum Erfolg.

||3||

tṛtīyo vibhūti-pādaḥ ||

Dritter Schritt: *Vibhūti* – Yogakräfte

||3.1||

deśa-bandhaś cittasya dhāraṇā ||

Bereich-Bindung des Geistes: *Dharana.*

||3.2||

tatra pratyayaika-tānatā dhyānam ||

Dort den einen Gedanken ausdehnen: *Dhyana.*

||3.3||

tad evārtha-mātra-nirbhāsaṁ svarūpa-śūnyam iva samādhiḥ ||

Das wahre Objektmaß scheint im Eigenzustand wie Null: *Samadhi.*

||3.4||

trayam ekatra saṁyamaḥ ||

Drei in einem: *Sanyama.*

||3.5||

taj-jayāt prajñālokaḥ ||

Durch dessen Meisterschaft: Wissensschau.

||3.6||

tasya bhūmiṣu viniyogaḥ ||

Dessen Anwendung in Stufen.

||3.7||

trayam antar-aṅgaṁ pūrvebhyaḥ ||

Dreiheit Innenglied zu den Vorigen.

||3.8||

tad api bahir-aṅgaṁ nirbījasya ||

Selbst das ein Außenglied von *Nirbija.*

||3.9||

vyutthāna-nirodha-saṁskārayor abhibhava-prādurbhāvau
nirodha-kṣaṇa-cittānvayo nirodha-pariṇāmaḥ ||

Wenn Aufsteigen und Beruhigen der *Samskaras* verschwindet,
erscheint beruhigter Augenblick. Diese Geistesverbindung
hat Beruhigung zur Folge.

||3.10||

tasya praśānta-vāhitā saṁskārāt ||

Dessen ruhiges Fließen aus dem *Samskara.*

||3.11||

sarvārthataikāgratayoḥ kṣayodayau cittasya samādhi-pariṇāmaḥ ||

Zerstreutheit und Zielgerichtetheit des Geistes
schwindet und wächst infolge von *Samadhi.*

||3.12||

tataḥ punaḥ śāntoditau tulya-pratyayau cittasyaikāgratā-pariṇāmaḥ ||

Dort erlöschen und erscheinen wieder ähnliche Gedanken
infolge der Geistesausrichtung.

||3.13||

etena bhūtendriyeṣu dharma-lakṣaṇāvasthā-pariṇāmā vyākhyātāḥ ||

Dadurch wird in Elementen und Sinnesorganen der Wandel
von Aufgabe, Merkmal und Zustand erklärt.

||3.14||

śāntoditāvyapadeśya-dharmānupātī dharmī ||

Dem beendeten, gegenwärtigen und unbestimmten *Dharma*
passt sich der *Dharmin* an.

||3.15||

kramānyatvaṁ pariṇāmānyatve hetuḥ ||

Veränderungsprozess Ursache in Evolutionswandel.

||3.16||

pariṇāma-traya-saṁyamād atītānāgata-jñānam ||

Durch *Sanyama* auf den Dreierwandel: Vergangenheit-Zukunfts-Wissen.

||3.17||

śabdārtha-pratyayānām itaretarādhyāsāt saṁkaras
tat-pravibhāga-saṁyamāt sarva-bhūta-ruta-jñānam ||

Klang-Sinn von Begriffen verschieden von einem zum anderen.
Aus Missdeutung Verwirrung. Durch *Sanyama* auf diese Einteilung:
aller Wesen Lautverständnis.

||3.18||

saṁskāra-sākṣat-karaṇāt pūrva-jāti-jñānam ||

Durch *Samskara*-vor-Augen-führen: frühere Leben wissen.

||3.19||

pratyayasya para-citta-jñānam ||

Eines Gedanken: Wissen vom fernen Geist.

||3.20||

na ca tat sālambanaṁ tasya aviṣayī-bhūtatvāt ||

Nicht jedoch dessen entsprechenden unerreichbaren Seinszustand.

||3.21||

kāya-rūpa-saṁyamāt tad-grāhya-śakti-stambhe
cakṣuḥ-prakāśāsaṁprayoge 'ntar-dhānam ||

Durch Körperform-*Sanyama* auf Sichtbarkeitskraft-Stoppen:
Auge ohne Lichtkontakt. Innen halten.

||3.22||

sopakramaṁ nirupakramaṁ ca karma tat-saṁyamād
aparānta-jñānam ariṣṭebhyo vā ||

Auf begonnenes und unbegonnenes *Karma Sanyama*
lässt zukünftiges Ende erkennen, auch durch Vorzeichen.

||3.23||

maitryādiṣu balāni ||

Auf Freundlichkeit und ähnliches: diese Kräfte.

||3.24||

baleṣu hasti-balādīni ||

Auf Kräfte: Elefantenkraft und ähnliches.

||3.25||

pravṛtty-āloka-nyāsāt sūkṣma-vyavahita-viprakṛṣṭa-jñānam ||

Durch Fixieren auf Erscheinen inneren Lichts:
Feines, Verstecktes, Fernes erkennen.

||3.26||

bhuvana-jñānaṁ sūrye saṁyamāt ||

Kosmos-Wissen durch *Sanyama* auf *Surya.*

||3.27||

candre tārā-vyūha-jñānam ||

Auf *Chandra:* Stern-Ordnung-Wissen.

||3.28||

dhruve tad-gati-jñānam ||

Auf *Dhruva:* Wissen über deren Lauf.

||3.29||

nābhi-cakre kāya-vyūha-jñānam ||

Auf das Nabel-*Chakra:* Körperstruktur-Wissen.

||3.30||

kaṇṭha-kūpe kṣut-pipāsā-nivṛttiḥ ||

Auf *Kaṇṭha-Kupa*: Hunger-Durst-Stillung.

||3.31||

kūrma-nāḍyāṁ sthairyam ||

Auf *Kurma-Naḍi*: Stabilität.

||3.32||

mūrdha-jyotiṣi siddha-darśanam ||

Auf Kopf-Licht: *Siddha-Darshan.*

||3.33||

prātibhād vā sarvam ||

Oder durch Intuition: alles.

||3.34||

hṛdaye citta-saṁvit ||

Auf das Herz: Geist verstehen.

||3.35||

sattva-puruṣāyor atyantāsaṁkīrṇayoḥ pratyayāviśeṣo
bhogaḥ parārthatvāt svārtha-saṁyamāt puruṣa-jñānam ||

Durch Zweckgerichtetheit auf Fremdes unterscheidet
der weltliche Genuss nicht zwischen *Sattva* und
dem unendlichen *Puruscha*, die unvermischt sind.
Durch *Sanyama* auf Selbstzweck: *Puruscha*-Wissen.

||3.36||

tataḥ prātibha-śrāvaṇa-vedanādarśāsvāda-vārtā jāyante ||

Dadurch wachsen Intuition, Hören, Fühlen, Sehen, Schmecken, Riechen.

||3.37||

te samādhāv upasargā vyutthāne siddhayaḥ ||

Diese stören im *Samadhi*, aber erwecken die *Sidhis.*

||3.38||

bandha-kāraṇa-śaithilyāt pracāra-saṁvedanāc ca cittasya para-śarīrāveśaḥ ||

Durch Bindungsgrund Lockern und Wander-Erfahrung des Geistes:
anderen Körper betreten.

||3.39||

udāna-jayāj jala-paṅka-kaṇṭakādiṣv asaṅga utkrāntiś ca ||

Durch *Udana*-Beherrschung: über Wasser, Sumpf, Dornen
und anderes ohne Kontakt und aufsteigen.

||3.40||

samāna-jayāj jvalanam ||

Durch *Samana*-Beherrschung: Glanz.

||3.41||

śrotrākāśayoḥ saṁbandha-saṁyamād divyaṁ śrotram ||

Durch *Sanyama* auf Gehör-*Akasha*-Verbindung: göttliches Hören.

||3.42||

kāyākāśayoḥ saṁbandha-saṁyamāl
laghu-tūla-samāpatteś cākāśa-gamanam ||

Durch Körper-*Akasha*-Verbindung-*Sanyama*
und watteleicht werden: *Akasha* gehen.

||3.43||

bahir-akalpitā vṛttir mahā-videhā tataḥ prakāśāvaraṇa-kṣayaḥ ||

Außerhalb natürliche *Vṛitti* groß körperlos.
Von daher *Prakasha*-Umhüllung aufgehoben.

||3.44||

sthūla-svarūpa-sūkṣmānvayārthavattva-saṁyamād bhūta-jayaḥ ||

Durch *Sanyama* auf Grob-Eigenheit-Fein-Zusammenhang-Zweck:
Elemente beherrschen.

||3.45||

tato 'ṇimādi-prādur-bhāvaḥ kāya-saṁpat tad-dharmānabhighātaś ca ||

Dadurch Winzig-Erscheinen und anderes,
Körpervollkommenheit und dessen unverwundbare Natur.

||3.46||

rūpa-lāvaṇya-bala-vajra-saṁhananatvāni kāya-saṁpat ||

Schönheit, Anmut, Kraft, stahlharte Festigkeit: Körper vollkommen.

||3.47||

grahaṇa-svarūpāsmitānvayārthavattva-saṁyamād indriya-jayaḥ ||

Durch *Sanyama* auf Begreifen von Eigenheit, Ichgefühl,
Zusammenhang, Zweck: Sinne beherrschen.

||3.48||

tato mano-javitvaṁ vikaraṇa-bhāvaḥ pradhāna-jayaś ca ||

Daraus Geistesschnelligkeit, verwandelt werden und Natur beherrschen.

||3.49||

sattva-puruṣānyatā-khyāti-mātrasya
sarva-bhāvādhiṣṭhātṛtvaṁ sarva-jñātṛtvaṁ ca ||

Sattva-Puruscha-Unterschied-Einsicht-allein:
alles Seiende regieren und Allwissenheit.

||3.50||

tad-vairāgyād api doṣa-bīja-kṣaye kaivalyam ||

Selbst das gleichgültig. *Doscha*-Keim zerstört: *Kaivalya.*

||3.51||

sthāny-upanimantraṇe saṅga-smayākaraṇaṁ punar-aniṣṭa-prasaṅgāt ||

Von Hochstehenden eingeladen: Verhaftung, Stolz,
kein Grund, da wieder Unerwünschtes möglich.

||3.52||

kṣaṇa-tat-kramayoḥ saṁyamād vivekajaṁ jñānam ||

Durch *Sanyama* auf den Augenblick und dessen Abfolge:
aus Unterscheidung geborenes Wissen.

||3.53||

jāti-lakṣaṇa-deśair anyatānavacchedāt tulyayos tataḥ pratipattiḥ ||

Was durch Klasse-Merkmal-Ort-Unterschied
unbestimmt ähnlich, wird dadurch erkannt.

||3.54||

tārakaṁ sarva-viṣayaṁ sarvathā-viṣayam akramaṁ ceti vivekajaṁ jñānam ||

Erlösend ist das so alle Bereiche allezeit gleichzeitig wahrnehmende
und aus Unterscheidung geborene Wissen.

||3.55||

sattva-puruṣayoḥ śuddhi-sāmye kaivalyam ||

Sattva-Puruscha Reinheit ähnlich: *Kaivalya.*

iti patañjali-viracite yoga-sūtre tṛtīyo vibhūti-pādaḥ ||

So in Patañjalis komponiertem Yoga-Sutra dritter Schritt:
Vibhuti – Yogakräfte.

||4||

caturthaḥ kaivalya-pādaḥ ||

Vierter Schritt: *Kaivalya* – Einheitsbewusstsein

||4.1||

janmauṣadhi-mantra-tapaḥ-samādhi-jāḥ siddhayaḥ ||4.1||

Durch Geburt, Heilkraut, *Mantra, Tapas, Samadhi* entstehen *Sidhis.*

||4.2||

jāty-antara-pariṇāmaḥ prakṛty-āpūrāt ||

Geburtsstand innere Entwicklung durch Natur-Überfluss.

||4.3||

nimittam aprayojakaṁ prakṛtīnāṁ varaṇa-bhedas tu tataḥ kṣetrikavat ||

Ziel der Naturen ziellos. Doch dann

Damm durchbrechen wie ein Feldbesitzer.

||4.4||

nirmāṇa-cittāny asmitā-mātrāt ||

Bilden von Geistern nur durch Ichbewusstsein.

||4.5||

pravṛtti-bhede prayojakaṁ cittam ekam anekeṣām ||

Fortschreiten im Trennen bewirkt der eine Geist der Uneinen.

||4.6||

tatra dhyānajam anāśayam ||

Dann durch *Dhyana* bewirkt ohne Eindrücke.

||4.7||

karmāśuklākṛṣṇaṁ yoginaḥ trividham itareṣām ||

Nicht weiß, nicht schwarz des *Yogi* Tat, dreifach die der anderen.

||4.8||

tatas tad-vipākānuguṇānām evābhivyaktir vāsanānām ||

Daher erscheinen genau zu den Folgen passende Eindrücke.

||4.9||

jāti-deśa-kāla-vyavahitānām apy ānantaryaṁ

smṛti-saṁskārayor eka-rūpatvāt ||

Selbst durch Geburt, Ort, Zeit getrennt, bleibt die Folge

der *Saṁskaras* aus Einförmigkeit im Gedächtnis.

||4.10||

tāsām anāditvaṁ cāśiṣo nityatvāt ||

Und deren Anfangslosigkeit durch des Wunsches Beständigkeit.

||4.11||

hetu-phalāśrayālambanaiḥ saṁgṛhītatvād eṣām abhāve tad-abhāvaḥ ||

Ursache-Folge-Empfänger-Grundlage durch Ansammeln.
Fehlt dieses, gibt es das nicht.

||4.12||

atītānāgataṁ svarūpato 'sty adhva-bhedād dharmāṇām ||

Vergangenheit-Zukunft bestehen im Wesen aus Zeitscheide der Aufgaben.

||4.13||

te vyakta-sūkṣmā guṇātmānaḥ ||

Diese sind offenbare und feinstoffliche *Guṇas* von *Atma.*

||4.14||

pariṇāmaikatvād vastu-tattvam ||

Wandlung aus EINS-Sein: der Dinge DAS-Sein.

||4.15||

vastu-sāmye citta-bhedāt tayor vibhaktaḥ panthāḥ ||

Das gleiche Ding in anderem Geist geht zwei getrennte Pfade.

||4.16||

na caikacitta-tantraṁ vastu tad-apramāṇakaṁ tadā kiṁ syāt ||

Aber kein einmütiger Grundton. Das Thema ist ja unermesslich.
Was könnte es dann sein?

||4.17||

tad-uparāgāpekṣatvāc cittasya vastu jñātājñātam ||

Dessen Färbung aus Erwartung des Geistes. Thema begriffen, nicht begriffen.

||4.18||

sadā jñātāś citta-vṛttayas tat-prabhoḥ puruṣasyāpariṇāmitvāt ||

Immer erkannt werden Geisteswellen,
weil deren Herr, *Puruscha*, unveränderlich ist.

||4.19||

na tat svābhāsaṁ dṛśyatvāt ||

Das scheint nicht selbst, da wahrnehmbar.

||4.20||

eka-samaye cobhayānavadhāraṇam ||

Und gleichzeitig beides nicht wahrnehmbar.

||4.21||

cittāntara-dṛśye buddhi-buddher atiprasaṅgaḥ smṛti-saṁkaraś ca ||

Geist von innen gesehen. *Buddhi* aus *Buddhi*
zu weite Ausdehnung und Gedächtnisvermischung.
oder: Geist von außen gesehen: *Buddhi* des *Buddhi*
Überlagerung und Gedächtnisvermischung.

||4.22||

citer apratisaṁkramāyās tad-ākārāpattau sva-buddhi-saṁvedanam ||

Aus des Geistes unwiderstehlichem Lauf dessen Wesen annehmend,
wird *Buddhi* sich selbst bewusst.

||4.23||

draṣṭṛ-dṛśyoparaktaṁ cittaṁ sarvārtham ||

Seher-Gesehenes gefärbt, Geist beachtet alles.

||4.24||

tad asaṁkhyeya-vāsanābhiś citram api parārthaṁ saṁhatya-kāritvāt ||

Das durch unzählige Eindrücke Bunte hat auch
jenseitige Bedeutung, weil verbunden handelnd.

||4.25||

viśeṣa-darśina ātma-bhāva-bhāvanā-vinivṛttiḥ ||4.25||

Des Unterschied-Sehenden Nachdenken über *Atma*-Sein hört auf.

||4.26

tadā viveka-nimnaṁ kaivalya-prāgbhāraṁ cittam ||

Dann Unterscheidungskraft vertieft, in *Kaivalya* gipfelt der Geist.

||4.27||

tac-chidreṣu pratyayāntarāṇi saṁskārebhyaḥ ||

In dessen Unterbrechungen andere Ideen durch *Saṁskāras.*

||4.28||

hānam eṣāṁ kleśavad uktam ||

Beenden dieser wie bei Leiden gesagt.

||4.29||
prasaṁkhyāne 'py akusīdasya sarvathā-viveka-khyāter
dharma-meghaḥ samādhiḥ ||
Des selbst im Nachdenken nicht Faulen voll unterscheidende Erkenntnis:
Dharma-Megha-Samādhi.

||4.30||
tataḥ kleśa-karma-nivṛttiḥ ||
Dann Leid und *Karma* unwirksam.

||4.31||
tadā sarvāvaraṇa-malāpetasya jñānasyānantyāj jñeyam alpam ||
Dann aller Schleier, Schmutz weichenden Wissens aus dem Unendlichen.
Zu wissen wenig.

||4.32||
tataḥ kṛtārthānāṁ pariṇāma-krama-samāptir guṇānām ||
Dann der Ziele Entwicklung erfüllt. Folge der *Guṇas* beendet.

||4.33||
kṣaṇa-pratiyogī pariṇāmāparānta-nirgrāhyaḥ kramaḥ ||
Verdauung zusammenhängender Augenblicke letztes Ende.
Folge dem Schritt!

||4.34||
puruṣārtha-śūnyānāṁ guṇānāṁ pratiprasavaḥ kaivalyaṁ
svarūpa-pratiṣṭhā vā citi-śaktir iti ||
*Puruscha-*Zweck der nichtigen *Guṇas* Rückkehr: *Kaivalya.*
Im Eigenzustand wahrlich gefestigte Bewusstseinskraft. So!

iti patañjali-viracite yoga-sūtre caturthaḥ kaivalya-pādaḥ ||
So in Patañjalis komponiertem Yoga-Sutra vierter Schritt:
Kaivalya – Einheitsbewusstsein.

|| iti pātañjala-yoga-sūtrāṇi ||
So Patañjalis Yoga-Sutras.

Wenn ich langsam wieder werde,
was ich stets gewesen bin,
dämmert mir das Umgekehrte
und verkehrt der Wesen Sinn.

Alle Wesen sind im Grunde
Teile aus dem Gegenteil.
Mit dem Gegenteil im Bunde
werden alle Wesen heil.

Und ich stehe neu gewonnen,
wie seit ehe ungeteilt.
Alle Risse sind zerronnen,
alle Schmisse sind verheilt.[*1]

Nutzen des Yoga-Sutra im Alltag

So! Jetzt wissen wir alles über *Yoga.* Zumindest alles, was *Patañjali* wichtig genug fand, in seinen Leitfaden über *Yoga* aufzunehmen. Wir wissen, dass das Ziel des *Yoga* die Einheit unserer individuellen Seele mit dem transzendentalen Selbst ist. Das beseitigt die Unwissenheit, die als Grundursache für Leiden gilt. Und der Weg zur Einheit ist die Beruhigung der Geisteswellen. Der erste und wichtigste Schritt dazu ist *Samadhi.*

Was im Westen häufig unter *Yoga* verstanden wird, nämlich körperliche *Yoga*-Übungen, ist nur eines von acht Gliedern, das ruhig, bequem und ohne Anstrengung ausgeführt werden sollte. Wer sich dabei anstrengt, hat *Patañjali* nicht verstanden und macht etwas falsch.

Wie können wir nun seine Ratschläge im Alltag nutzen? Ganz einfach: Lernen Sie als erstes, Ihre geistige Aktivität zur Ruhe zu bringen. Dazu dient im *Yoga* seit jeher das Meditieren. Setzen Sie sich möglichst morgens und abends bequem zum Meditieren hin. Ob die von Ihnen gewählte Methode erfolgreich ist, merken Sie daran, dass Ihr Geist zur Ruhe kommt und dass Sie sich danach entspannter, erfrischter, kreativer und kraftvoller fühlen.

Ist das nicht der Fall, schauen Sie sich nach einer anderen Methode um. Meine Methode kennen Sie inzwischen. Die kann ich guten Gewissens empfehlen. Über andere Methoden kann ich mir kein Urteil erlauben, damit habe ich keine Erfahrung.

Meine Erfahrungen mit der Transzendentalen Meditation und dem TM-Sidhi-Programm habe ich geschildert, um zu zeigen, welchen Nutzen *Yoga* – vor allem *Samadhi* und *Sidhis* – uns im Alltag bringen kann. Aber jedes Nervensystem ist anders. Was Sie während der Meditation erleben, ist nur zweitrangig. Wichtig ist, dass Ihr Alltag außerhalb der Meditation glücklicher und erfolgreicher wird.

Wer sich mit den *Sutras* auf Sanskrit beschäftigen möchte, um die entsprechenden Bereiche im eigenen Gehirn zu beleben, kann sich die Rezitationen im Internet anhören und dabei die *Sutras* auf Sanskrit und Deutsch ohne Kommentar mitlesen, bis er die Sanskrit-Sutras verstehen kann. Audioaufnahmen zum Mitsprechen und Singen finden Sie unter anderem auf Youtube.

Ich wünsche Ihnen viel Kraft und Freude auf dem Weg zum Selbst.

Ich weiß von Nichts.
Es tut sich kund.
Von selber spricht's
aus meinem Mund.

Hat die Natur
auch mich erwählt,
sieh, wie sie nur
von sich erzählt.

Im wirren Weh des Denkens
erstrahlt ein neuer Ton.
Die Stille des Versenkens
zahlt ihren Finderlohn. [*1]

Danksagung

Ich danke Patañjali für seine geniale Stichwortsammlung, die uns so wertvolle Hinweise über den Sinn einer menschlichen Inkarnation gibt, dass sie die Jahrtausende überdauert hat. Ich danke meinem Meister Maharishi, der uns die wichtigsten Techniken des Yoga in ihrer Reinheit und in leicht verständlicher Sprache übermittelt hat. Und ich danke allen, die das Yoga-Sutra vor mir übersetzt und kommentiert haben. Durch ihre unterschiedlichen Deutungen erwachte in mir die Neugier am Original und der Wunsch, den Zugang zu Patañjalis Yoga-Sutra auch denen zu vermitteln, die keine Vorkenntnisse in Sanskrit haben. Ich hoffe, das ist mir gelungen.

Ich danke allen, die mir geholfen haben, den oft rätselhaften Sinn der Sutras besser zu verstehen und möglichst leicht verständlich auszudrücken: Allen voran meiner Lektorin Marret Hansen, mit der ich oft tagelang alle Nuancen eines Sutras erwog, bis das Aha-Erlebnis kam, was vielleicht damit gemeint sein könnte. Meinen vielen Probelesern, die nicht nur die Fehlerteufelchen auf hoffentlich „*shunya iva* – gleichsam auf Null" reduzierten, sondern auch wertvolle Anstöße zur Verbesserung des Manuskriptes gaben. Detlef Eichler lieferte und überprüfte die Sanskrit-Sutras in Devanagari und Umschrift. Adrienne Schweiger fand beim ersten Manuskript den Anfang viel zu trocken, weil darin erst ab dem dritten Pada die akribische Wortanalyse der Sutras mit der Schilderung eigener Erfahrungen aufgelockert wurde. Jürgen Wieland vermisste von mir selbst gezeichnete Bilder und schlug vor, den Leitfaden zur Einheit, den das Yoga-Sutra darstellt, auch grafisch zu veranschaulichen. Wolfgang Möckel, Wolfgang Schaufler und Ingeborg Neff haben ebenfalls dazu beigetragen, die jetzige Fassung immer runder zu machen.

Die erste Auflage erschien am 7. Mai 2019, an *Akshaya Tritiya*, dem „Tag des dauerhaften Erfolgs", die zweite am 21. Juni, dem Weltyogatag. Aber das ist nicht das Ende der Entwicklung. Ich danke jetzt schon allen Lesern, die mir Vorschläge für spätere Auflagen senden, sodass *Patañjalis* jahrtausendealter Leitfaden auch auf deutsch weiter reifen kann, bis ich die Aufgaben, die in dieser Inkarnation noch auf mich warten, erledigt habe.

Jede Kritik ist hochwillkommen. Einfach senden an: alfa-veda@email.de. Ich trage keinen Schlips, auf den Sie treten können!

Die Stunde ist gekommen,
da sich kein Wort mehr fügt,
da nur im Blick, im Stummen,
das ganze Sagen liegt.
Ich stehe fassungslos
und atme bloß.[*1]

Quellennachweis

*1 Alle Gedichte aus: Jan Müller: Der Kreis der Augenblicke, Gedichte und Kurzprosa, Oebisfelde, 2015

*2 Original Yoga-Sutras in Devanagari und Transliteration von: Detlef's Sanskrit Documents: Patañjali's Yoga-Sūtras (PDF) HTM http://www.detlef108.de/DetlefsSanskritDocuments.htm

*3 Bildquelle: https://www.lebensqualitaet-technologien.de Wissenschaftliche Studien, Gehirnwellenmessungen.

*4 http://www.yoga-welten.de/sutras/kapitel-1/sutre-4.htm

*5 Maharishi Mahesh Yogi: The purpose of desire, Rishikesh, 1967.

*6 Helena Olson: Als Maharishi kam, Oebisfelde, 2018, S. 130 und 136.

*6a https://de.wikipedia.org/wiki/Jan_Born

*7 Maharishi Mahesh Yogi: Gaining knowledge on the level of Ritam Bhara Pragya, Videovortrag, Humboldt State University, Arcata, CA, USA, 26. Juli 1971.

*8 Tony Nader: Menschlicher Körper – Ausdruck des Veda und der Vedischen Literatur, Vlodrop, Niederlande, 1994, Kapitel 17, S. 100.

*9 Rik Veda: Neuntes Mandala und 40 ausgewählte Hymnen des Zehnten Mandala: Im Lichte von Maharishis Vedischer Wissenschaft und Technologie aus dem vedischen Sanskrit übersetzt von Jan Müller. Oebisfelde, 2013, RV10.90.1-3, S. 137f

*10 William F. Sands, Ph.D.: Maharishi's Yoga, The Royal Path to Enlightenment, Fairfield, Iowa, USA, 2013, Chapter 11.

*11 Maharishi Mahesh Yogi: The Philosophy of Yoga—A Vision of the Integrated State of Life: Establishing Life in Pure Consciousness, the Basis of Life-Supporting Thought, Speech, and Action, Videovortrag, Humboldt State Collage, Arcata, CA, USA, 16. August 1971.

*12 Maharishi Mahesh Yogi: Patanjali and the Eight Limbs of Yoga, Videovortrag, Humboldt State Collage, Arcata, CA, USA, 18. August 1971. Zitiert in: William F. Sands, Ph. D.: Maharishi's Yoga, The Royal Path to Enlightenment. Fairfield, Iowa, USA, 2013, Chapter 11.

*13 Matthäus Evangelium: 18.3

*14 Maharishi Mahesh Yogi: Die Wissenschaft vom Sein und die Kunst des Lebens, 1967, S. 89 ff

*15 Johann Wolfgang von Goethe: West-östlicher Divan, Buch des Sängers, Talismane. Stuttgart, 1819. Seite 10
*16 Maharishi Mahesh Yogi: Die Wissenschaft vom Sein und die Kunst des Lebens, 1967, S. 24
*17 Quelle: EEG-Messung von Roman Zidaric, Oebisfelde, 29. Juli 2015.
*18 Maharishi Mahesh Yogi: The History of the Movement, Vortrag, Dal-See, Kaschmir, Indien, April 1969
*19 Johann Wolfgang von Goethe: Goethes Werke, IV. Band. Stuttgart und Tübingen, 1828. Zahme Xenien VI, Seite 372
*20 Maharishi on Akasha Tattva – Celestial, audio recording 1959
*21 William Blake: Auguries of Innocence. London und Cambridge, 1863 Übersetzung aus: Der Kreis der Augenblicke, siehe *1
*22 Elaine and Arthur Aron: The Maharishi Effect: A Revolution Through Meditation, E. P. Dutton, New York, 1986
*23 Französischer Originaltext von Pierre Delanoe, deutsch von Ernst Bader.
*24 Rik Veda: Neuntes Mandala und 40 ausgewählte Hymnen des Zehnten Mandala, Oebisfelde, 2013, RV10,71.6+4, S. 133.

Nützliche Links im Internet

http://www.detlef108.de/YogaSutras-DT.pdf
http://www.detlef108.de/YogaSutras-DT.htm
(die Sanskrit-Sutras in Devanagari und Umschrift in verbundener und grammatisch aufgeschlüsselter Form)

Maharishi discusses Yoga
Maharishi Mahesh Yogi on Yoga, Patanjali and Devotion
Maharishi Mahesh Yogi on Patanjali, Vedanta and the 6 systems
(Maharishis Vorträge, aus denen ich zitiert habe, auf Youtube)

Patanjali's Yoga Sutras - An Introduction & Complete Chanting
(das Chanting der Sutras beginnt nach etwa fünfeinhalb Minuten)
Yoga Sutra Chanting Tutorial Chapter I-Srivatsa Ramaswami
Patanjâli Yoga Sutra Teaching Sample (*zum schrittweisen mitsingen*)

Glossar

Adhyātma – das höchste Selbst; *adhi* oben, über, *ātman* Selbst.

Aham Brahmāsmi – Ich bin *Brahman*, die Ganzheit, ein *Mahavakya* (großer Ausspruch) aus der Brihadaranyaka Upanischad 1.4.10

Ahiṁsā – Nichtverletzen, Gewaltlosigkeit; *a* nicht, un-, *hiṁsa* verletzend. *2.35: Ahimsa gefestigt: in dessen Umkreis verschwindet Feindschaft.*

Âkāśa – *Akasha*, Raum, Äther, das feinste Element, das mit dem Gehörsinn verbunden ist.

Ânanda – Glückseligkeit, Glücksgefühl, Wonne.

Aparigraha – Nicht-Habgier; *a-* un, *pari* rings, umher, *graha* „grabschen", horten. *2.39: Aparigraha gefestigt: Wie und Warum der Geburt verstehen.*

Âsana – *Asana*, Sitzen, Sitz; Körperstellung; *ās* sitzen, sich setzen; stillsitzen, *2.46: Standfester, bequemer Sitz: Āsana.*

Asmitā – Ichgefühl, Ichbewusstsein; Ich-bin-Heit, *asmi* ich bin; *-tā* -heit.

2.6: Seher-Ansichts-Kräfte wie eins gleichsetzen: Ichbezogenheit.

Asteya – Nichtstehlen; *a* nicht, un-, *steya* Diebstahl.

2.37: Asteya gefestigt: aller Wohlstand tritt ein.

Atha – jetzt, ab jetzt. Das Anfangswort des Yoga-Sutra. Nach dem Sutra von Panini *Ādir antyena sahetā* enthalten Anfang und Ende alles dazwischen.

Âtmā – Wesen, Natur, *Atma*, das Selbst.

Avidyā – Unwissenheit. *Avidya* ist der Grund für alle Leidensursachen.

2.5: Im Vergänglichen, Unreinen, Leid und Nicht-Selbst das Ewige, Reine, Glück und Selbst zu sehen ist Unwissenheit.

Brahmacharya – Keuschheit, Enthaltsamkeit, *brahma* das *Brahman*, das Absolute; Weisheit; *carya* wandern, wandeln; Frömmigkeit; *brahma+carya* in *Brahma* wandeln. *2.38: Brahmacarya gefestigt: Vitalität gewinnen.*

BSCI – Bachelor of the Science of Creative Intelligence; ein Diplom der Maharishi European Research University (MERU), Seelisberg, Schweiz.

Buddhi – Intellekt, Einsicht, Urteilskraft.

Chandra – der Mond, Im *Jyotisch*, der vedischen Astrologie, gilt er als Symbol für unseren Geist.

Citta – von der Wurzel *cit*, wahrnehmen, begreifen, sich zeigen. *Citta* ist das, was merkt, das Aufmerken, Denken, Bewusstsein, Gemüt, Geist.

Devanāgarī – „Schrift der Götterstadt", die Originalschrift für *Sanskrit.*

Dhāraṇā – tragend, haltend, bewahrend; *dhar* halten, tragen, stützen.
3.1: Bereich-Bindung des Geistes ist Dhāraṇā.

Dharma – Bestimmung, Berufung, Daseinszweck; nach dem Prinzip der Funktionalität die Ursache für den Wandel dessen, das diese Aufgabe hat.

Dharma-Megha-Samādhi – Wenn unser Handeln voll mit unserem *Dharma* übereinstimmt, fühlen wir uns voll in unserem Element. *Megha*, die Regenwolke, wird in heißen Ländern als Segen des Himmels empfunden.

Dharmin – der Träger des *Dharmas*, das Werkzeug zur jeweiligen Aufgabe. Der *Dharmin* passt Merkmale und Zustand der gegenwärtigen oder kommenden Aufgabe an, um diese zu erfüllen. *3.14: Dem beendeten, gegenwärtigen und unbestimmten Dharma passt sich der Dharmin an.*

Dhruva – das Feststehende, der Himmelsnordpol, der Polarstern, der am nördlichen Himmel auf der verlängerten Erdachse steht, sodass er seine Position bei der Erdrotation um sich selbst nicht zu verändern scheint.

Dhyāna – Meditation, Nachsinnen, Vertiefen, gedankliches Versenken; *dhi* erfreuen; *dhī* Erkenntnis, Intelligenz; *āna* einatmen.
3.2: Dort den einen Gedanken ausdehnen ist Dhyāna.

Doṣa – *Doscha*, Unreinheit, Fehlerhaftigkeit, Mangel, Schaden, Gebrechen.

Guṇa – die drei Grundeigenschaften der Natur: *Sattva* Reinheit, *Rajas* Aktivität und *Tamas* Trägheit, die sowohl die materielle Welt durchdringen als auch die feinstoffliche Welt unserer Gefühle und Gedanken bis hin zu den aller abstraktesten Erscheinungen, die bis ins Unmanifeste, in die Transzendenz reichen.

guṇa-vṛtti – die Aktivität der drei Grundkräfte, die das Naturgesetz der Schöpfung aufrechterhalten.

Îśvara – Herr, Herrscher, Gebieter; der höchste Gott; *īś* besitzen, vermögen, gebieten, herrschen; Gebieter, Herr: *vara* Raum, Umkreis; der beste, vorzüglichste, schönste; *īś+vara* der beste Herrscher oder der beherrschende Raum: = das „Einheitliche Feld der Naturgesetze".

īśvara-praṇidhāna – Versenkung in *Ishvara*, Hingabe zu Gott oder Ergebung in Gottes Willen; *īś+vara+praṇi+dhāna* Hinführen zum beherrschenden Raum, zum Einheitlichen Feld der Naturgesetze.

Kaivalya – Alleinheit, Einheit, Singularität, Befreiung, absolute Glückseligkeit, Einheitsbewusstsein; *kevala* absolut, das Eine ohne ein Zweites.

Kaṇṭha-kūpa – Halsgrube, die Vertiefung zwischen den Schlüsselbeinen unter dem Kehlkopf, in der Nähe der Luft- und Speiseröhre.

Karma – Handlung, Auswirkung vergangener Handlungen.

Kūrma-nāḍī – der „Schildkröten-Kanal", wahrscheinlich *Bifurcatio tracheae,* die Luftröhrengabel, die Verzweigung der Luftröhre in die Bronchien.

madriadrik – zu mir her, Rik Veda 6,22,11.

Mantra – ein Klang, der uns hilft, den Geist zur Ruhe zu bringen.

MERU – Maharishi European Research University, Seelisberg, Schweiz.

MTHP – Maharishi Thousand Headed Purusha; eine internationale Gruppe zur Erforschung höherer Bewusstseinsstufen durch intensives TM- und TM-Sidhi-Programm, die Maharishi am 20. Oktober 1981 gründete.

Nābhi-cakra – das Nabel-*Chakra,* die Stelle, die einst den Kontakt unseres Körpers zur Mutter aufrechterhielt.

Nirbīja – keimlos, samenlos. *Nirbija-Samadhi* ist das keimlose *Samadhi*, der Zustand, in dem wir so im Einklang mit der Natur denken und handeln, dass wir keine Keime für neue *Samskaras* oder neues *Karma* erzeugen; ein Zustand unbegrenzter Bewusstheit, in dem selbst *Sanyama* hinfällig und als äußerliches Glied des *Yoga* betrachtet wird.

Nirvicārā – wörtlich ohne *Vicara*, ohne zu überlegen, nachzudenken, sich zu besinnen, zu grübeln oder zu zweifeln.

Nirvitarkā – unreflektiert, ohne nachdenken; ohne *Vitarka*: nicht mit Vorstellung verbunden.

Niyama – Bändigung, Zurückhaltung, Beschränkung, Lebensregel, Gelübde; *nī* leiten, führen, lenken; *nī+yama* hinführen auf *Yama*, den Lenker.

Patañjali – *pat* fliegen, sich schnell durch die Luft bewegen; sich herablassen, niederwerfen; vom Himmel zur Erde niederfahren; *añjali* die beiden hohl aneinandergelegten Hände zum Empfangen einer Gabe, wenn zur Stirn erhoben ein Zeichen der Unterwerfung; Gruß, Respekt, Segen.

Prajñā – *Pragya*, Wissen, Erkenntnis, Bewusstsein, Einsicht; *pra* füllend, erfüllend, *jñā* kundig, verständig, intelligent.

Prakāśa – hell, leuchtend, glänzend; öffentlich, offensichtlich; Helle, Licht, Offenbarwerden, Erscheinung, Manifestation.

Prakṛti – Natur, Gestalt, natürliche Form.

Praṇava – der Klang *Om; pra-* vor, fort; *nu* nun, jetzt; schallen, jubeln; *praṇa* uralt; *pra-ṇu* brummen, vibrieren; *nava* neu, frisch, jung; Lob.

Prāṇāyāma – *Pranayama*, Atemübung; *prāṇā* Hauch, Atem, Lebenskraft; *āyāma* Spannung, Dehnung, Ausdehnung; anhalten, hemmen; *yāma* Bewegung; Anhalten; *yam* halten, zusammenhalten, bändigen, zügeln. *2.50: Ausatmen, einatmen, Stillstand, Frequenz nach Stelle, Dauer, Anzahl beachten: lang, fein.*

Pratyāhāra – *Pratyahara*, Zurückziehen der Sinne; *prati* gegen, entgegen, *āhāra* Nahrung, Nahrung einnehmen; *har* tragen, halten; bringen, holen; *2.54: Ohne eigenen Objekt-Kontakt des Geistes Selbstnatur nachahmend, gleichsam der Sinne Rückzug: Pratyāhāra.*

Puruṣa – Person, Mann. *Puruscha*, das wahre, transzendente Selbst, die Weltseele, die der gesamten Schöpfung zugrundeliegt.

Purnam adah purnam idam – *»Voll(kommen) ist jenes (Unmanifeste), voll(kommen) ist dieses (Manifeste)«*, Brihadaranyaka Upanishade 5.1.1

Ritam – recht, rechtschaffen, wahr, glänzend; feste Ordnung, göttliches Gesetz, Recht, Wahrheit, der rechte Weg, Naturgesetz.

Ritam-Bhara-Pragya Wissensebene der reinen Wahrheit.

Sabīja – mit Samen, mit Keim. *Sabija Samadhi*: das *Samadhi* mit Samen.

Sādhana – zum Ziel führend, bewirkend, bewältigen, ausführen, gewinnen; Mittel, Werkzeug; Erfolg, Ergebnis; der Weg zum Erfolg.

Shakti – Kraft, Fähigkeit, Vermögen, Geschick, Wirksamkeit.

Samādhi – Transzendieren; Zusammenfügen, Verbindung; Andacht, Vertiefung, Aufmerksamkeit auf das Höchste; *sam* zusammen; *sama* eben, ebenmäßig, gleich, sich gleich bleibend: Friede; Ebene, Gleichmäßigkeit; *ādhi* Gedanke; *ādhī* meditieren, beachten, verstehen; *dhī* denken, wahrnehmen, betrachten; Andacht, Einsicht, Erkenntnis, Geist, Intelligenz. *3.3: Das wahre Objektmaß scheint im Eigenzustand wie Null: Samādhi.*

Samāna – der mittlere Atemstrom im Bauchraum, der die Verdauung regelt.

Samāpatti – Zusammenfallen, Zusammentreffen, Gewahrsein, Versenkung, Absorbieren, Vollendung; *sama* gleich, gleichartig, eben, *pad* fallen.

Saṁprajñāta – genaues Wissen, Wissenheit; *sam-* zusammen, gemeinsam, vereint, verbunden; *pra-* vor, fort, weg; *prajñā* – einsichtig, klug, weise.

Saṁskāra – *Samskara*, Eindruck, Nachwirkung.

Saṁyama – *Sanyama*, der Vorgang aus *Dharana*, *Dhyan* und *Samadhi*; die Aufmerksamkeit kontinuierlich an einen Bereich zu binden, dort auszudehnen und in tiefer Ruhe *Samadhi* zu erfahren.

Sanyama – siehe *saṁyama,* gesprochen *Sanyama.*

Sattva – das Sein, Existenz, Realität, das gute Wesen; eines der drei *Gunas.*

Satya – Wahrheit; *2.36: Satya gefestigt: Handeln von Erfolg gekrönt.*

Savicārā – mit Nachdenken, von Erwägungen begleitet, mit feinem Denken.

Savitarkā – mit *Vitarka,* Vorstellung, Meinung, Absicht, Vermutung.

Savitarka Samapatti – die mit Vorstellung verbundene Versenkung.

Siddha-Darśana – die Erscheinung der *Siddhas,* der Vollendeten, seien es alte Meister, Maharishis, Heilige, Engel oder andere himmlische Wesen.

Siddhi – *Sidhi,* Yogakraft, Erfolg, Vollkommenheit; Ankunft am Ziel, Gelingen, Heilwerden, Vollendung, Beherrschung der Natur, Zauberkraft.

Sidha – Praktizierende/r des TM-Sidhi-Programms

Sūrya – die Sonne, der Bereich des Alls, der unser Sonnensystem mit dem Rest des Weltalls verbindet.

Sūtra – Faden, Leitfaden, Lehrsatz; der Faden, der zwei Teile zusammennäht und verbindet.

Sva – das, was einem *selbst* gehört, der eigene Besitz, das kleine Selbst, das Ego, wir *selbst,* mit kleinem S geschrieben.

Svādhyāya – Selbststudium, *sva* selbst, *adhyāya* lesen, studieren; Kapitel.

Svāmi – *Svami,* Eigner, Besitzer, Gebieter; der Herr, der das kleine Selbst besitzt; unser kosmisches, großes Selbst, mit großem S geschrieben.

Svarūpa – Selbst-Form, eigene Gestalt, Wesen, Natur, Eigenzustand, Eigenform, Eigentümlichkeit, Eigenheit; *sva* Selbst, eigen, zu einem selbst gehörend; *rūpa* Form, Charakter, Natur, Zustand.

Tapaḥ – *Tapas,* Wärme, Hitze, Glut; Verinnerlichung, Beschaulichkeit, Versenkung nach innen; Askese, Selbstdisziplin; Entfachen der Lebensglut.

Udāna – nach oben gerichtet; aufsteigender Atem, *ud-ana* aufwärtssteigende Luft; einer der fünf im Ayurveda genannten *Vata-Subdoschas* zur Steuerung der Körperfunktionen; steuert Sprache, Nerven, Gehirn und Hormone und hat seinen Sitz in der Kehle.

Vibhūti – Entfaltung, Vervielfältigung, Fülle; Manifestation einer Kraft; Yogakraft; Erfolg, Herrlichkeit, Wohlergehen, Glück; Glücksgüter, Reichtum.

Vicāra – feines Denken, feine Unterscheidungsfähigkeit, Untersuchung, Prüfung, Ahnung, Erforschung.

Vitarka – grobes Denken, Überlegen, Vermuten, Erwägen, Sprachdenken.

Viveka-Khyāti – Unterscheidungskraft durch Erkenntnis.

Vṛtti – *Vritti,* **das Rollen, Bewegen, Verhalten, die Aktivität, Funktion, Vibration;** *vart,* **sich drehen, rollen, sich rollend bewegen, ablaufen.**

Yama – Zügel; Lenker; *Yama,* der Verwalter; festgesetzte Ordnung; Selbstbeherrschung; *yam* halten, tragen; schwingen; aufrichten; zügeln, bändigen.

Yoga – Verbindung, Vereinigung, Selbstversenkung, Verschmelzen, Einheit des Individuums mit dem kosmischen Selbst; *yuj* verbinden, vereinen.

1.2: Yoga: Geistes-Wellen-Beruhigung.

Yogi – ein *Yoga*-Praktizierender oder ein in *Yoga* Gefestigter, dessen Handlung im Einklang mit der Natur steht und kein neues *Karma* erzeugt.

4.7: Nicht weiß, nicht schwarz des Yogi Tat, dreifach die der anderen.

Zur Aussprache der Sanskritlaute

ā̂ ā â – lang wie in Vater.

c̄ c ch tsch – palatales tsch am vorderen Gaumen wie in Chili oder Kitsch.

ḍ̄ ḍ – retroflex mit zurückgebogener Zungenspitze wie in englisch bird.

ḥ̄ ḥ – stimmloses h, bei dem der vorangehende Vokal meist leicht nachklingt, etwa wie in aha, hihi, huhu.

ī̂ ī î – lang wie in Liebe.

j̄ j – stimmhaftes dsch wie in Dschungel.

ṁ̄ ṁ – der Punkt deutet an, dass sich die Aussprache des Nasals jeweils nach dem darauffolgenden Konsonanten richtet.

ṅ̄ ṅ – ng wie in Finger.

ñ̄ ñ – palatales nj am vorderen Gaumen wie gn in Champagner.

ṇ̄ ṇ – retroflex mit zurückgebogener Zungenspitze wie in englisch burn.

ṝ ṛ ri – vokalisches r wie in Baur oder Meyr.

ṣ̄ ṣ sch – retroflex mit zurückgebogener Zungenspitze wie in Schuh.

ś̄ ś sh – palatal am vorderen Gaumen etwa wie in Ski oder Ship

ṭ̄ ṭ – retroflex mit zurückgebogener Zungenspitze wie in englisch hurt.

ū̂ ū û – lang wie in Uhu.

Helena Olson: Als Maharishi kam – Los Angeles 1959

Wie der Yoga in den Westen kam

Als Maharishi 1959 in Los Angeles ankam, waren Themen wie Ayurveda, Gandharva-Veda, Meditation, Jyotisch, Vastu, Yagya oder Yoga im Westen noch kaum bekannt. Sein Lebenswerk war es, das versprengte vedische Wissen in ein ganzheitliches System der Vedischen Wissenschaft zu bringen und für den modernen Menschen nutzbar zu machen. Im Mai 1959 brachte er das Thema Meditation in Hollywoods Masquers Club.

Im Publikum sitzen damals auch Helena und Roland Olson. Sie sind begeistert! Sie laden ihn für eine Woche in ihr Haus ein, doch aus einer Woche wird ein ganzer Sommer. Denn bald laufen in ihrem Haus alle Fäden zusammen: Von hier aus verbreitet sich die Transzendentale Meditation schnell über die westliche Welt. Die amüsanten und manchmal recht heiklen tagtäglichen Begebenheiten, der Blick auf eine bezaubernde Persönlichkeit und der Wunsch, Maharishis Worte der Weisheit mit anderen zu teilen, veranlassten Helena Olson, die Geschichte von Maharishis Anfangszeit im Westen zu erzählen.

---

284 Seiten mit vielen Dokumentaraufnahmen

Taschenbuch ISBN 9783945004227, Hardcover 9783945004296

Bestellung: Alfa-Veda Verlag – www.alfa-veda.com – alfa-veda@email.de

H.H. Maharishi Mahesh Yogi: Liebe und Gott

Der poetische Augenblick der Gottverwirklichung

Dieses Kleinod von 1964 aus den frühen Schriften Maharishis gibt auf poetische Weise Einblick in drei entscheidende Meilensteine auf dem spirituellen Weg zur Gottverwirklichung.
Mit der Suche nach einem geeigneten Meister beginnt der Weg des wahrhaft Gottsuchenden, und Maharishi bringt uns die Persönlichkeit seines eigenen Meisters näher.

Der zweite Teil gibt dem fließenden Gefühl Ausdruck, das uns ergreift, wenn sich die Blütenblätter des Herzens entfalten und uns mit allem verbinden, was uns umgibt. Und im dritten Teil erleben wir das innere Selbstgespräch, das sich abspielt, wenn die individuelle Seele wieder mit ihrem eigenen Ursprung verschmilzt und eine Einheit bildet. Wir werden Zeuge, wie Maharishis Bewusstsein das Einswerden mit Gott erlebt und in poetische Form bringt. Eine Innenschau, die uns besonders ergreift, wenn wir einen dieser Schritte gerade selbst erleben.

---

67 Seiten

Taschenbuch ISBN 9783945004234, Hardcover 9783945004326

Bestellung: Alfa-Veda Verlag – www.alfa-veda.com – alfa-veda@email.de

Rik Veda Neuntes und Zehntes Mandala

Urklang zwischen Schöpfung und Transzendenz

Der Rik-Veda ist der älteste überlieferte Ausdruck indoeuropäischer Sprache und Kultur. Laut Maharishi ist der Veda der Ausdruck reinen Bewusstseins, das sich selbst als Erkennender, Erkennen und Erkanntes begreift und sich der inneren Wechselwirkung dieser drei Aspekte bewusst wird.

1. Weder Nichtsein noch Sein waren ehedem.
Weder der Luftraum noch jenseits der Himmel.
Was vibrierte? Wo? In wessen Obhut?
Wasser? Was war das? – Unergründliche Tiefe.
2. Weder Tod noch Unsterblichkeit gab es da
noch die Erscheinung von Tag und Nacht.
Es atmete windstill aus eigener Kraft
dieses Eine. Nichts anderes war da.
6. Wer weiß es wirklich, wer kann es hier sagen,
woher diese Welt kam, woraus sie entstand?
Die Götter gab es erst nach der Erschaffung;
wer also weiß es, woraus sie hervorging? – RV 10,129

---

250 Seiten mit ausführlich erklärendem Nachwort
Taschenbuch ISBN 9783945004135, Hardcover 9783945004333

Bestellung: Alfa-Veda Verlag – www.alfa-veda.com – alfa-veda@email.de

Reich über Nacht – Wunderware Geschichten

Hauptberuflich meditieren … Geht das?

Im Oktober 1981 gründete Maharishi eine Gruppe alleinstehender Männer, die hauptberuflich in die Stille tauchen und Kohärenz erzeugen sollten. Aber wovon sollten sie leben? Wer bezahlt sie schon fürs Meditieren? Sind sie von Natur aus reich, oder bekommen sie Spenden, weil sie Kohärenz erzeugen?

»Reich über Nacht« erzählt vom abwechslungsreichen Leben einer solchen Gruppe. Schließlich können sie nicht den ganzen Tag nur meditieren. Vor allem nicht, wenn für sie gerade ein neues Spirituelles Zentrum mitten im tiefsten Regenwald der Blue Ridge Mountains entsteht. Im Land der unbegrenzten Möglichkeiten, wo die seltsamsten Geschichten zirkulieren, von denen keiner genau weiß, ob man sie glauben darf oder nicht. Wir lernen 13 phantastische Erzähler kennen, die im August und September 2001 einen spannenden Geschichtenwettbewerb abhalten, bis ein unglaubliches Ereignis plötzlich alles verändert.

---

200 Seiten reich illustriert

Taschenbuch ISBN 9783945004067, Hardcover 9783945004319

Bestellung: Alfa-Veda Verlag – www.alfa-veda.com – alfa-veda@email.de